—— 献给莹莹爱妻！ ——

回眸百年大变局，深彻感到：万物多元，皆有生灵之光，终将交相辉映；志韧如金，笃行至难至险，必登远峰之巅。

——窦国庆

美国百年全球战略

THE CENTENNIAL GLOBAL STRATEGY OF THE UNITED STATES

第一次世界大战以来
美国全球霸权的
历史演进

The Historical Evolution of
American Global Hegemony Since World War I

窦国庆　著

社会科学文献出版社
SOCIAL SCIENCES ACADEMIC PRESS (CHINA)

前　言

当今世界正处于百年未有之大变局，回顾百年过往，展望未来，必须以超越一时一事、一地一域的宏阔视野，瞄定时代发展的方向。

从第一次世界大战至今，世界在风云变幻中，经历了"凡尔赛－华盛顿体系"与"雅尔塔体系"等数次深刻而又全面的国际体系转换，工业化、信息化科技革命及其引发的全球性政治、经济变革，造就了人类历史进程中最为色彩斑斓的一百年。其中，美国作为当今唯一超级大国，伴随时代演进，以己之心度他人之需、以己之力自行标定"世界公理"。以美国百年全球战略为缩影，从中窥探世界不可逆转大势，不失为一个可取视角。

今天，人类文明多元并存，国际秩序激荡难测。美国作为变局中最重要的变量，无论继续强盛或者转而衰弱，继续主导国际秩序或者回归孤立主义，都将对世界变局的整体走向产生决定性影响。研究未来世界变局，必先研究美国百年全球战略。

美国成为全球霸权的历史过程，不仅是单纯的美国军队由弱变强的历史过程，更是美国自第一次世界大战以来，在波诡云谲的国际形势中，运用国家实力谋求战争胜利、建立军事优势、塑造国际秩序的历史过程。回顾这一历史过程，我们会发现，作为当今最强大国家的美国，既享受过辉煌胜利之后的自豪，也品尝过惨痛失败之后的苦楚；既时时不忘展示"天使般"的理想，又体现着肤浅的自负；既忍受了巨大的牺牲，也获取了令所有大国羡慕、嫉妒的巨大收益。美国是否会在未来更加复杂的现实世界中变得清醒和谦卑，取决于它能否认识到一条经常被忽略（也许是故意被忽略）的历史定律，霸权衰落的"种子"在其兴起时就已经埋下。

历史上称霸者，无一不尽力将先天优势发挥至极致。相对于古代罗马、近代英国等"前辈"们，作为霸权"继承者"的美国具有两大先天优势。

一是从未遭受封建集权制度的"侵蚀"，成为最富内在创新活力的大国。15 世纪，为躲避欧洲（尤其是英国）宗教迫害的清教徒，怀揣反对集权压迫、追求公正的心灵向往，源源不断地奔向美洲新大陆。他们自称"朝圣者"，志在将此生之地变成"令万民仰望的山巅之城"①。独立战争之前，作为英国殖民地的这块土地，居住着"最不老实的臣民"。他们支持共和政体、反对英国国王在议会同意前征税。独立战争之后，美国成为一个新生国家。南北战争之后，奴隶制被废除，更多的公民获得选举权，国会须经各州人民选举后产生。19 世纪中后期，美国创建了世界上最完善的公立教育体系，为构建社会公平、激发社会活力奠定了坚实的基础。19 世纪末期，美国国内进步主义运动兴起，该运动致力于督促政府努力消除腐败、保护劳工权益、注重环境和食品安全等。20 世纪 60 年代后，美国又逐步完成了根除种族隔离和歧视制度的立法。尽管美国国内弊端百出，但仍然在时代前进中建树良多。

二是身处独特的地理位置，远离频繁的大国纷争而聚精会神地增强综合国力。美国与战火纷飞的欧洲和亚洲，分别相隔广阔的大西洋和太平洋，可以"保持与众不同的独立地位，按照自己的利益选择战争或者和平"②。国父乔治·华盛顿多次深谋远虑地告诫后人，远离外部战乱，保持有益的中立。彼时，欧洲列强正"心怀高傲地用轻蔑的眼光，注视着年幼的美国"③。连在独立战争期间给予美国重要帮助的法国，也"执行阴险的政策，试图把美国变成听任摆布的附庸"④。如若"选边站队"，无论

---

① Daniel J. Boorstin, *The Americans: The Colonial Experience*, New York: Vintage Books, 1958, p. 10.

② John C. Chalberg, *Isolationism: Opposing Viewpoint*, San Diego, Cal.: Greenhaven Press, Inc., 1995, p. 26.

③ Gary M. Watton and Ross M. Robertson, *Economy History of the United States*, New York: Harcourt & Brace Company, 1983, p. 148.

④ Thomas A. Bailey, *A Diplomatic History of the American People*, Englewood Cliffs: Prentice Hall Inc., 1980, p. 63.

主动抑或被迫，美国必将成为欧洲大国的"棋子"，难有"寝食之安"。华盛顿的优秀继任者们，尽管内政之治声誉不一，但在外交上始终"独善其身"，安全渡过了最脆弱的时期。美国在"丛林法则"盛行的残酷世界中，将商业利益作为最高准则，几乎从未在政治上主动谋求有所作为。建国后100多年间，尤其是南北战争之后，美国经济实力快速增强，至19世纪末，已然引起欧洲列强敬畏，但"华盛顿还没有出现任何一个欧洲强国的大使级外交官"①。对此，美国依然默默无闻地醉心于追求财富，无视被当作二流国家的尴尬。然而，美国也在积极扩张领土。美国建国之初仅有13个州，起初从墨西哥手中武力夺取新墨西哥州，利用拿破仑战争获得路易斯安那州，并在西部大力拓荒。1867年，美国以720万美元低价从克里米亚战争之后财政窘迫的俄罗斯手中购得"不毛之地"阿拉斯加。1898年，美国打败衰落的西班牙，控制了古巴、波多黎各、关岛和菲律宾。1901年，美国从英国手中获得开凿、管理、防卫巴拿马运河的特权。获得这些"不起眼"的地方，"花费"不大但极具实效。与此同时，美国始终避免卷入欧洲列强在欧洲、东亚、中南半岛、非洲等地的争斗风暴。这种克制与低调是美国基于难言优势的实力地位时，面对杂乱无章的强权政治的明智选择，使之借机完成了历史上速度令人难以置信的领土扩张，成为幅员辽阔、人口众多、资源丰富的大国。总之，凭借大洋屏障和精明的暗自用力，美国抓住了宝贵的战略机遇，"在不知不觉中强大得足以掌握自己的命运"②。第一次世界大战前，与众不同的美国已经令欧洲大国刮目相看。

　　先天优势从来不会自动发挥作用。美国的先天优势得以发挥作用，得益于各个时期的政府、民众、军队合理地运用了这些优势，以识别和规避风险，创造和抓住机遇。其中，有四个方面值得着力关注。

　　第一，美国全球霸权的时代机遇：经济科技崛起之时恰逢世界变局。

---

① Ernest May, *Imperial Democracy: The Emergence of America as a Great Power*, New York: Harcourt & Brace Company, 1961, p. 3.

② John C. Chalberg, *Isolationism: Opposing Viewpoint*, San Diego: Greenhaven Press, Inc. , 1995, p. 34.

19 世纪中后期，全球被列强瓜分完毕。英国凭借强大的海军和工业实力，构建了欧洲大陆均势体系，主导着全球海洋，控制着全球贸易航线，成为"日不落"帝国；法国掌控太平洋部分岛屿、中南半岛、北部非洲；俄罗斯在中亚和东北亚有着强大影响力；德国和日本分别在非洲和东亚扩张；美国推行门罗主义控制了美洲大陆。按照传统的博弈定律，有各自势力范围的列强本应"井水不犯河水"。然而，两个因素迫使列强们眺望远方，协力制造世界变局。一是工业革命将全球各区域连接。远洋邮轮、跨国铁路、越洋电报等新兴科技成果，以及工业巨头、跨国公司、金融寡头等新兴商业力量崛起，驱动着洲际贸易和跨国贸易扩大为全球贸易。利害安危的略域难存之下，列强顺之则兴，逆之则衰。二是大国矛盾错综复杂，全面激化。美国、德国、日本相继崛起后，英德矛盾、法德矛盾、德俄矛盾、奥俄矛盾、俄日矛盾、美日矛盾、美英矛盾等，使欧洲的混乱与全球的混乱无序，世界秩序重构大势步入了一触即发的风暴酝酿期。

正当欧洲、亚洲、非洲饱受战火蹂躏时，北美大陆却享受着和平安宁。南北战争之后，国内统一、政治稳定的美国，获得了全球大多数地方都无法获得的繁荣经济、稳定社会所必需的外部和平。经过了近 40 年的黄金发展期，美国在人类历史进入 20 世纪时，成为全世界少有的富庶之地。其中，科技最具根本性作用。英国和法国掀起第一次工业革命，推动手工产业向机器产业升级。美国对其成果充分利用，引领第二次工业革命，推动以能源革命为基础的新兴产业群蓬勃发展。美国的汽车、航运、石油、建筑、电力、钢铁等新兴产业，对欧洲具有不可超越的优势。据统计，"1897~1901 年，美国年平均国民生产总值为 354 亿美元，1907~1912 年，这一数字增至 525 亿美元"[1]，"对外贸易总额从 1900 年的 13.94 亿美元增至 1914 年的 23.65 亿美元"[2]，"1910 年，美国制造业产值达 200 亿

[1]　U. S. Department of Commerce, *Historical of Statistic of Colonial Time to 1970*, Washington: Government Printing Office Publishing, 1971, p. 252.

[2]　U. S. Department of Commerce, *Historical of Statistic of Colonial Time to 1970*, Washington: Government Printing Office Publishing, 1971, p. 860.

美元，同时期英国、德国分别为 70 亿美元、120 亿美元"①，"1913 年，美国国民生产总值是英国的两倍，人均国民生产总值也超过了英国；法国和德国的人均国民生产总值也仅比美国的五分之三稍多一点"②。这些令人震惊的数据，使英国、法国这两个老牌工业强国，感到除来自"近在咫尺"的德国的威胁之外，远在大西洋彼岸，还有一个更加恐怖的巨人美国。

伍德罗·威尔逊 1913 年 3 月正式就任总统时，无可匹敌的经济实力和庞大的人口数量，使美国军事潜力远大于欧洲和日本。此时，欧洲离战争越来越近，在亚洲，日本的野心昭然若揭。旧世界面临崩溃，新世界又将走向何处？旧式大国无法回答。

旧世界的国际秩序之于美国，犹如一件童衣被强行套在快速发育的青壮年身上，终究被"胀破"。美国毫不意外地将目光越出国界、洲界，投向被列强把控的世界，像在一群抢食秃鹰中，再飞来一只更大、更特别的秃鹰，新的争斗即将开始。然而，打破列强势力范围谈何容易，美国欲改变"先占先得"的竞争规则，必须具备极大的耐心，"着重依靠道义的优越地位，避免凭借实力陷入冒险和结盟泥潭"③。这又说明，任何时代都是利弊相伴。内强外乱是美国走向世界舞台中心的根源。

第二，美国全球霸权的行为根源：稳健而不失灵活的全球战略。

被历史表象误导的概率远高于从中得到真知灼见的概率。仅从表象来看，美国夺取全球霸权有两个前提：一是建立在强大的综合国力基础上的军事优势。二是欧亚大陆矛盾此起彼伏，既可使受两洋屏护的美国"坐收渔利"，又可使其进退自如。许多人认为，美国全球战略成功的根源在于远离世界乱源的优越的地缘政治条件。但是，这种观点却不能解释加拿

①　H. Faulkner, *American Economic History*, New York: Harper & Brothers Publishing, 1960, p. 514.

②　Paul Bairoch, "International Industrialization Levels from 1750 to 1980," *Journal of European Economic History*, Vol. 11, No. 6, 1982, pp. 276, 283.

③　Raymond A. Esthus, "Isolationism and World Power," *Diplomatic History*, Vol. 2, No. 2, Spring, 1978, p. 123.

大、阿根廷、墨西哥、巴西等同样远离世界乱源的国家，为何没有取得美国那样的成就。

美国与其他大国一样，也是从险恶环境中诚惶诚恐地起步，先是执行孤立主义，完成领土扩张；再执行门罗主义，控制美洲，同时兼顾太平洋，提出"门户开放、利益均等"，拓展亚洲市场；打败衰落的西班牙，在西南太平洋获得"桥头堡"；而后执行国际主义，利用两次世界大战，获得全球霸权地位。冷战至今，美国始终是世界超级大国。纵观历史，步步为营的全球战略使美国几乎在每个阶段都合理运用了天时地利，面对全球乱局，既保持了足够的耐心，守拙以避免成为众矢之的，又敏锐地瞅准时机，主动作为；既不陷入敏感的地缘政治旋涡，又充分利用大国矛盾"另辟蹊径"地扩张。美国表现得不像新兴大国，反倒像经验丰富的传统大国，谨慎、灵活、坚定，始终位于全球棋盘的最佳"方格"，进则无须顾忌后方，退则有掩护屏障，成为世界变局的最大受益者，尽管也遭遇过强力挑战和惨败。

美国在巨大的风险与挫折中形成了稳健而灵活的全球战略，是它成为自三十年战争以来对人类历史影响最广泛、最深刻的霸权的保障。如果未来的美国不够稳健和灵活，必将招致危险。百年历史证明了这一点。

第三，美国全球霸权的实现路径：利用战争和危机，谋求和塑造国际秩序中的有利位置。

美国在两次世界大战中有两条富有启示意义的经验。一是利用国际战略格局变化，趋利避害地实现美英权力和平转移。第一次世界大战中，美国一边支持英国，一边大力扩充海军；巴黎和会后，一边与英国合作，一边取得与英国平起平坐的海上地位；第二次世界大战中，一边与英国结盟，一边在殖民地、贸易、金融等领域与英国展开竞争，最大化谋求自己的利益。英国首尾难以兼顾，在权衡利弊之后，只能容忍美国崛起。美国既不与英国对抗，又合理地挖英国霸权墙脚，这是"性价比"极高的成就霸权的关键一步。二是树立远见，谋划全球军事布局。1942 年 4 月，美国在太平洋战争中仍处于被动，总统富兰克林·罗斯福极富远见与雄心地指示军方，研究战后美国在全球建立军事基地的构想。1945 年初，大战胜利在望之际，罗斯福要求国务院和军方联合研究美军战后进驻战略要地中东。当时，中东仍然是英国、法国的势力范围。美国能在两次世界大战中，成为参战最晚、消耗较小、收益最大的战胜国，与其说是源于坐拥地利的机会主义，不如说是源于洞悉全局的敏锐眼光和见微知著的远见卓识。

美国地缘政治战略大师尼科拉斯·斯派克曼指出："在一个由现实权力主导的世界中，美国全球地位的保证是在西欧和东亚维持均势。"① 美国的地缘政治成就远超斯派克曼的期望。冷战之初，美国建立北约和美日同盟，在西欧和东亚驻足；朝鲜战争之后，进入欧亚大陆东端；苏伊士运河危机之后，进入中东；同时对任何在西半球的威胁"零容忍"。"9·11"之后，美国进入中亚，2021 年，美国虽然撤出阿富汗，但始终避免被动适应国际形势变化。

第四，美国全球霸权的内在动力：其他国家军队难以追赶与仿效的军事变革能力。

第二次世界大战之后，从独拥原子弹、远程轰炸机开始，美国战略力量（如核武器、运载火箭、空天武器等）垄断地位被多次打破，但美军作战方式总是"开风气之先"。这容易造成"美军靠技术优势打仗"的印象，使人认为，过度依赖先进装备，令美军遭受了朝鲜战争、越南战争的失败，也对塔利班、基地组织的散兵游勇缺乏有效办法。

然而，当表象令人印象深刻时，本质却常常要么被忽略、要么被混淆。如果将美军置于战争演进历史全貌时会发现，其根本优势是自我变革能力。美军用打世界大战的经验打朝鲜战争、越南战争，错误百出后开始了艰难、漫长的变革。从基于朝鲜战争教训提出有限战争理论开始，美国政府先后提出大规模报复战略、灵活反应战略，尤其是越南战争之后，里

---

① Nicholas J. Spykman, *The Geography of Peace*, New York: Harcourt & Brace Company, 1944, p. 60.

根政府提出低烈度战争战略。不同时期，美国政府总是出台不同的国家安全战略和军事战略，驱动美军创新作战方式，从一支侧重于打世界大战、打毁灭性核战争的大规模军队转变为既能打世界大战、打毁灭性核战争，又能打小型常规战，进行特种作战的灵活多能的军队。冷战时期，美军每变革一次，每更新一种能力，都凸显苏军缺陷，使之被迫成为美军新型作战能力的追赶者，自我变革能力受到扼杀的同时，还背上沉重的军备竞赛负担。美国败于越南后主动变革，终于在海湾战争中尝到"甜头"。冷战结束后，环顾世界，美军已经没有对等对手。按照常理，每支军队，相对于其他对手的优势越大时，变革难度越大。但是，美军从未停止变革。其新型作战思想、武器装备层出不穷，变革力度、深度、广度，为世界军事史所罕见。美军自我变革能力优势的最大战略价值是，引领世界军事潮流，其他各国军队担心落后，唯恐学之不及，于是争相模仿，由此不断塑造新的优势。

　　美军自我变革注重先于对手反思和纠错，进行能力重塑和优化。这归咎于举国之力。国会出台法律、政府制定政策、大学等智库出谋划策、军工企业研发装备、部队在作战训练中验证问题并提出需求。本质上，美军自我变革是商业资本在逐利天性下，运用科技、市场的力量不断冲击既定利益格局所致，是国家整体性变革重要产物。

　　纵观美国百年全球霸权，可以判定，它在未来不可能放弃独特的理想主义，也不可能放弃具体利益，也必将对未来世界的格局变化更为敏感。然而，当今美国似乎正在违反全球共同逐利与自我逐利的基本原则，正制造着"自我拆台"的危险前景。这种危险前景是否会在将来真实显现，不仅取决于美国，也取决于世界。

$\mathbf{C}$目录
$\mathbf{C}$ontents

第一章 走向世界与霸权奠基 （1914~1945 年）

大国矛盾不可调和时，预示着一个历史阶段即将终结。两次世界大战表明，全球竞争已不可能为任一列强驾驭。美国凭借超强实力成为两次世界大战的最大受益者。威尔逊领导美国起步走向全球，其主张虽有瑕疵且实践难言完美，但其道义衣钵被罗斯福继承后巧妙地与现实利益黏合，在全球传导美国的声音与力量。第二次世界大战结束之际，美国成为世界上最强国家，这一历史阶段为美国全球霸权奠定了基础。

第一节 初登世界舞台 （1914~1920 年）

第一次世界大战表明，欧洲"沉疴"不可自愈。威尔逊主义代表着美国作为一个新兴强国，冲击欧洲旧式格局、构建世界新式格局的首次尝试，成为继英国全球殖民时代之后，新的全球时代即将来临的标志。美国开启了走向全球、在改造全球秩序中实现自我利益的起点。

一 加入协约国

1914 年 8 月 4 日，威尔逊总统致电英国、法国、俄罗斯、德国、奥匈帝国等参战国政府时称，美国"有为维护世界和平进行调停争端的特殊权利与必要责任"①。次日，他在国会发表演说宣称："如果美国被迫卷入战争，就无法不偏不倚的调停，世界将遭受灾难。"② 数日后，他又强调：

---

① Arthur S. Link ed. , *The Papers of Woodrow Wilson: A Press Release, August 4, 1914* , New Jersey: Princeton University Press, 1975, p. 142.

② Arthur S. Link ed. , *Woodrow Wilson: Revolution, War, and Peace* , Illinois: AMH Publishing Corporation, 1979, pp. 22 – 23.

"我们已经成为具有国际责任的世界大国，应当为尽快结束战争发挥重要作用，为全人类和平事业做出最大贡献。"① 战争态势决定旁观者的权衡之术。开战之初，同盟国和协约国针锋相对的表象难掩它们未经充分准备就投入战争的"冒失"。由于机关枪、火炮等缺乏机动性能的武器和庞大笨重的部队，以及僵化的迂回攻击战术，希望速战速决的双方军队经过短暂且激烈对攻后，陷入了消耗战。战争将把欧洲大国消耗殆尽的前景非常明显。1914 年 10 月，第一次世界大战爆发仅仅两个月后，威尔逊极为倚重的亲信爱德华·M. 豪斯预言："经此一役，欧洲难言复兴，十年内美国必将取而代之，以执世界牛耳。"② 威尔逊政府也许并没有像历史阴谋论者认为的那样，幸灾乐祸般地看待欧洲爆发大战，但的确认为，出现了美国的机遇。无论基于利益还是理念，美国都无法、也不希望在此时偏安于美洲一隅。

鉴于全球贸易不断扩展和工业体系对原材料、劳动力日益依赖，英国、法国、俄罗斯、德国、奥匈帝国等主要参战国，均不可能独立承受战争的无度消耗。美国成为决定欧洲命运的力量。

1915 年 10 月，威尔逊政府宣布，允许交战国在美国国内筹措战争贷款。这一为不堪重负的交战国的战争输血之举，对美国外贸产生强劲刺激。1913 年，美国出口总额约为 23.9 亿美元，1916 年，激增至 56.1 亿美元，同期进口总额从 17.6 亿美元增至约 24.6 亿美元。从战争爆发至 1917 年 4 月，美国从协约国赚取了价值超过 10 亿美元的黄金。举债求胜的欧洲交战国急剧萎缩的国库与美国飙涨的财富的鲜明对比，显示了威尔逊主义的真谛。

中立地位始于利益，终于威胁。强大的英国皇家海军牢牢地掌控着大西洋，既能够阻止德国从海外获得战争物资，也能够对美国造成威胁。中

---

①　William C. Wilder, *Henry Cabot Lodge and the Search for an American Foreign Policy*, Berkeley: University of California Press, 1985, p. 76.

②　B. J. Hendrick, *The Life and Letters of Walter H. Page*, New York: Doubleday Page Company, 1930, p. 341.

立的美国尽管对英国海权不满，也必须偏向于在大西洋上更加强势的协约国。1914 年，美国向协约国的出口贸易总额为 7.5 亿美元，1915 年激增到 13 亿美元，1916 年达到 27.6 亿美元。1914～1916 年，协约国从美国获得价值达 31 亿美元战争物资，美国与德国的贸易却相形见绌。1914 年，美国对德国出口贸易总额为 3.5 亿美元，次年锐减至 0.3 亿美元，1916 年，更是只有可以忽略不计的 200 万美元。威尔逊政府允许交战国在美国国内筹措战争贷款后的一年时间内，协约国从美国获得的战争贷款达 23 亿美元，同盟国仅获不足 3000 万美元。经济利益超越国界时，资本安全就是国家安全。美国与大战双方的贸易关系严重失衡，预示着如果协约国输掉战争，必定要吞下经济苦果。

巨大的经济利益和英国对大西洋的超强控制能力，注定美国与德国走向敌对。与德国价值观差异，则加速了美国与德国走向敌对的进程。美国的价值观由"市场竞争""商业利益""权力制衡"等观念构成。德国依靠容克贵族集权，信奉垄断企业主导市场。显然，如果协约国赢得战争，欧洲市场会继续向美国企业开放，如果德国赢得战争，欧洲市场将被德国企业垄断，美国企业将被拒之门外。何况，建立宪政与共和政体的美英法本是"同道中人"。威尔逊有足够理由相信："如果德国获胜，将迫使我们走上军事化道路，我们赖以繁荣的文明轨迹将从此中断。"[1] 总统个人感情倾向、性格是美国价值观的缩影。

无限制潜艇战和齐默尔曼电报事件仅是揭示美国真实意图的"导火索"。1917 年 4 月 2 日，威尔逊政府发表向德国宣战演说，谴责了德国无限制潜艇战后强调："我们不是为追求霸权和势力范围，或为自利、索赔、占有、征服的目的而战，是为人类良知和国际公理而战。"[2] 大国战争成为民族主义思潮下民众精神之力、社会组织之力、经济资源之力的全面对

---

[1] Arthur S. Link ed., *The Papers of Woodrow Wilson: A Press Release, August 4, 1914*, New Jersey: Princeton University Press, 1975, p. 462.

[2] Woodrow Wilson, Advising Congress to Declare War on Germany, Washington: National Archives and Daily Records Congress, April 2, 1918, p. 14.

抗。威尔逊的言辞，以人类良知和国际公理而不是以民族主义的战争伦理为动机，具有积极的历史进步意义。

口号越高尚，越容易引起旁观者、敌对者、友好者细致入微的关注。这是强权支配秩序的必然反应。威尔逊政府对德国宣战既是应对安全压力，更是迫于无法继续两边渔利的现实。美国超脱于欧洲政治纷争，不是永久不变的立场，只是适应形势变化的策略。可见，威尔逊主义不仅制定了美国构建新世界的道义标准，还启蒙了实用主义的行为逻辑：根据荣誉和道德的感召，将追求现实利益与天赋理想相结合，在复杂形势中进退自如、灵活取舍，而非满足于孤芳自赏般超然处之。美国参战正值战局僵持，德国似乎占据着更大的战略主动权，因为德军统帅部速战速决的愿望更加强烈、将领指挥更加高效、部队更加讲究纪律以及更加擅长机动作战等。然而，两线作战的德国消耗比英法更甚，速战速决的愿望难以达成。美国陆军部队抵达欧洲大陆后，尽管指挥、战术、作战技能难言卓越，但强大国力迸发出压倒性军事优势：参战短短一年半之内，美军总兵力由1917年的64.4万骤然扩充至1918年的近290万，武器装备规模超过英法德三国军队总和。美国的总体国力优势弥补了军事劣势，使德国逐渐失去优势并最终走向失败。

德国投降时，美国的最大收益不仅在欧洲，还在全球，其不仅在与欧洲的战时贸易中赚取巨额利润，还利用欧洲列强自顾不暇之际，巩固了门罗主义。门罗主义主张：美洲事务与欧洲无关。英国、法国等殖民大国在第一次世界大战后，因国力不济而退出美洲大陆。至此，美国不仅完全控制了美洲，还染指欧洲和亚洲，可以无"后顾之忧"地在全球"大展身手"。

二　夺取全球海权的准备

从大航海时代开始，游弋于世界洋面上的海军便成为列强力量与地位的重要象征。早在1900年，西奥多·罗斯福（也称为老罗斯福）总统就决心让美国扬国威于海外。规模仅排在世界15名开外的美国海军，从此在美国政治、经济、社会、科技等领域全方位的强力支撑下，以难以置信的速度成为实力上乘的海上力量。

富有远见的军事思想与政治家的雄心紧密结合，必然产生伟大的军事创举。在老罗斯福大力推崇下，阿尔弗雷德·赛耶·马汉的《海权论》由一部争夺海权的军事思想传世佳作，变为影响美国国家命运的国策指南。《海权论》主要有四个观点：只有控制海洋，才能控制世界；一个国家只有拥有强大的海上力量，才能控制海洋；强大的海上力量不仅包括强大的海军舰队，还包括分布在世界各地的海外港口与贸易力量；美国要走向全球，就必须重视发展、利用强大的海上力量。马汉的开创性思想被老罗斯福及其继任者转化为积极的海外行动：优先发展远洋海军、开凿巴拿马运河、在夏威夷和菲律宾等地兴建大型海军基地、在亚洲推行"门户开放、利益均沾"的地区政策。美国超越两大洋大步向外迈进，利益边际和安全边界急速外移，"逼"得美国海军加快发展。

国策权重决定财政资源的分配。伴随美国海外投资、港口建设工程等快速增长，海军战略地位日益显要，受到美国经济发展的最大眷顾。据统计，"1912 年，美国的国家财政总开支为 6.9 亿美元，海军开支多达 1.28 亿美元，接近国家财政总开支的 19%"[1]。正是在 1912 年，美国海军规模仅次于英国皇家海军和德国世界舰队而位居世界第三，包括"32 艘战列舰、28 艘巡洋舰、50 艘驱逐舰、25 艘鱼雷艇、26 艘潜艇"[2]。

另外，美国海军还形成了三个独特优势。

一是主战舰艇的关键技术优势。在巨舰决战定海战胜负的时代，主战舰艇的吨位和舰炮射速、口径、打击距离与精度等是主要技术指标。美国海军主战舰艇的技术性能总体上与英德海军相比毫不逊色，甚至一些关键技术性能还强于它们。比如，1906 年，英国皇家海军装备第一艘"无畏"级战列舰，美国海军立即决定建造战列舰。1912 年下水的"内华达"级

① White House, *History of the Budget of Federal Government*, Washington：Government Printing Office Publishing, 2006, pp. 26 – 29.

② K. Jack Bauer and Stephen S. Roberts, *Register of Ships of U. S. Navy, 1775 – 1990*, Westport, CT：Greenwood Press, 1991, pp. 104 – 130.

战列舰，"标准排水量为 2.75 万吨，最大航程为 1.75 万海里，装备 10 门 12 英寸口径的舰炮"①。这些技术指标超过了英国皇家海军最新式"无畏"级战列舰。另外，美国海军还研发了持续瞄准式炮击装置、用于射击瞄准的标点器、望远式炮架瞄准镜和光学测距仪，使美国海军主战舰艇比英德海军主战舰艇，能够更快速、准确地发现和打击目标。在英德海军竞赛加剧的背景下，美国海军尽管受到瞩目，却几乎在未受到欧洲海上强国军事压力下强劲发展。

二是舰队战术优势。军事竞争的主动权取决于新型战术。1910 年 4 月，美国海军成功进行了飞机从巡洋舰上起降的地面试验。美国国会决定拨款 2500 万美元用于研究海军作战飞机。1911 年 6 月，美国海军又成功进行了加装着陆装置的飞机在"宾夕法尼亚"号巡洋舰甲板上的滑行降落试验，开创了飞机与舰艇协同作战先河，萌发了海军战术革命。

三是海上敌友态势的战略环境优势。第一次世界大战之前，英国同时应对德国和美国，已经力不从心。无意介入欧洲列强之间矛盾的美国与最有可能威胁自己的英国达成客观默契，获得了比陷入海军竞赛的英德更加稳定的战略环境。

对新技术的敏锐和积极探索、作战方式的创新、庞大的规模以及最强对手忙于竞争与对抗等有利因素，令美国海军难以估量。德国挑战的是英国的欧洲大陆均势体系，染指欧洲和亚洲的美国则是在挑战英国的全球地位。

然而，强大的军事力量不一定会成为有效的战略工具。美国在处理国际事务时，极力避免咄咄逼人，无形中产生一定程度的自我束缚。日俄战争后，美国与日本由共同遏制俄罗斯的伙伴变成竞争对手。日本 1907 年制定的《国防方针》，将美国定为位列俄罗斯之前的头号假想敌，开始建造"八八舰队"，企图掌控远东制海权。尽管美国意识到有必要在远东海

---

① K. Jack Bauer and Stephen S. Roberts, *Register of Ships of U. S. Navy, 1775 – 1990*, Westport, CT: Greenwood Press, 1991, p. 113.

域保持强大的军事存在，却陷入被动防御的思维窠臼。美国海军 1913 年制订的"橙色作战计划"设想："如果美日爆发远东战争，日军将把菲律宾作为首要攻击目标，菲律宾的安全取决于美国海军的驰援速度。"① 这样的被动防御设想与正在快速扩大的海军舰队规模极不相称。如果美国海军利用正在增强的舰队实力直接震慑，制订主动进攻日本海军的作战计划，按照计划进行兵力布局，便可以形成威逼之势，日本也许不至于日渐猖狂，最终点燃万劫不复的战火。珍珠港的祸根起始于美国在太平洋的军事保守，缺乏对海外事务适度的军事介入准备，难以在危机逼近时主动应变。

威尔逊宣誓就任总统时，欧洲和远东已经势如"干柴"，但是他对海军仍然重视建设而轻视运用。1913 年年底，威尔逊要求国会批准"建造 2 艘最新型'宾夕法尼亚'级战列舰、8 艘驱逐舰和 3 艘潜艇"②。这一提案仅获部分批准。

由于没有及时将海军建设成果用于保护大西洋和太平洋上攸关生死的海上航线，美国在紧张加剧的欧洲和远东局势中处于被动。第一次世界大战爆发次日，英国政府为阻止德国从海外获得战争物资，向所有中立国政府开列出一份"包括 12 类绝对违禁品、13 类限制违禁品的禁运清单"③。作为欧洲最大贸易伙伴的美国，成为英国此举的最大受害者。这表明，美国与欧洲之间的大西洋航线上的主宰者是英国皇家海军，而不是美国海军，可供威尔逊的止损选择非常有限。

针对英国的海上禁运清单，美国国务院分别向英国、法国、俄罗斯、德国、奥匈帝国等外交部发出照会，提议"为防止交战国与中立国之间产

---

① Louis Morton, "War Plan Orange, Evolution of a Strategy," *World Policys*, November 2, 1959.

② Steghen Howen, *To Ocean Under the Sun: U. S. Navy*, New York: The Macmillan Company, 1997, p. 136.

③ State Department, *The Ambassador in Great Britain (Page) to the Secretary of State*, *Supplement in the World War*, *August 5*, *1914*, Washington: Government Printing Office Publishing, 1928, p. 215.

生严重误解，各国应当切实遵守《伦敦宣言》"①。1908 年 12 月至 1909 年 2 月，英国、法国、美国、日本派出代表参加在伦敦召开的国际海军会议，签署了《伦敦宣言》。宣言共 9 章 70 条，对"战时海上封锁、战时禁运品、违反中立的行为、中立捕获船的毁坏、改悬中立旗、敌性、护航、抵抗搜查、赔偿"等做出周密详细的规定。《伦敦宣言》建立了交战国与中立国的关系准则，限制了交战国的战时权利，维护了中立国的战时权利。然而，讽刺的是，《伦敦宣言》被会议举办国英国的上议院否决，在美国也未被国会批准，使威尔逊政府要求欧洲交战国遵守《伦敦宣言》，显得荒谬而软弱。1914 年 8 月 18 日，威尔逊发表了美国采取中立立场的正式声明："战争对美国的影响取决于公民的态度。真心爱护美国的公民应当秉承真正的中立精神，不偏不倚地表现出对交战双方的友爱。"② 曲高和寡的"和事佬"之言自然会被现实主义者束之高阁。在经历了数百年冷酷政治的欧洲看来，这样的道德说教无非希冀掩盖渔利的欣喜与自傲。英国政府认为，美国只想着发战争财，因而只是给予"提醒"："南北战争时，北方也采取过海上禁运，试图阻止南方获得战争物资。"③ 显然，英国的"提醒"，反唇相讥中略带威胁。

　　美国国务卿罗伯特·兰辛在参议院对外关系委员会上讲道："英国能够破坏美国与欧洲大陆的贸易利益，是英国皇家海军在公海占绝对优势的结果。历史表明，交战国中拥有制海权的一方，能够有效阻止对方从中立国获得战争必需品。"④ 威尔逊认识到，虽然国际法对美国有利，但当英

---

① State Department, *The Ambassador in Great Britain (Page) to the Secretary of State, Supplement in the World War, August 5, 1914*, Washington: Government Printing Office Publishing, 1928, p. 216.

② Arthur S. Link ed., *The Papers of Woodrow Wilson: A Press Release, August 4, 1914*, New Jersey: Princeton University Press, 1975, p. 393.

③ State Department, *The British Ambassdor (Spring Rice) to President Wilson, the Lansing Paper, 1914 – 1920, Washington, October 15, 1914*, Washington: Government Printing Office Publishing, 1939, p. 250.

④ State Department, *The Secretary of State to Chairman of the Committee on Foreign Relations Committee (Stone), Supplement in the World War, 1914*, Washington: Government Printing Office Publishing, 1914, p. 6.

国皇家海军牢牢地控制着大西洋时，任何外交技巧都会显得苍白无力。如果一味反对英国海上禁运，必将招致更大损失。何况，美国也需要遏制德国。因此，威尔逊政府回应英国海上禁运的极限止于外交斗争。1914 年 10月 22 日，美国国务院宣布收回要求英国等欧洲交战国遵守《伦敦宣言》的外交照会。同样需要美国支持以对抗德国的英国，立即对此表示欢迎。

美英之间关于中立国权益的纠纷虽然短暂，但产生了深远影响。首先，美国塑造属于自己的世界海权时代的决心与意志变得更加坚决、明确。奉行多年冷酷实力政策的欧洲大国认为："美国人看待欧洲战争就像坐在赛场看台上的观众，比赛越激烈，自己越享受。"① 英国实施海上禁运表明，欧洲不会顾及美国的安全、利益、尊严，美国只能依赖自己的力量掌控世界海洋。其次，美英基于共同威胁而妥协合作的框架就此确定，美英之间即便不存在高度相似的文化，也存在比其他任何两个国家都要深刻的利害关联。德国独霸欧洲大陆是美英共同威胁，这决定了二者不可能兵戎相见，只能在和平让渡或者妥协中解决矛盾。美国在军事上支持英国对抗德国，但又必须以极大的耐心与巧妙的妥协，迫使英国接受金融、贸易等领域的改弦更张。

利益攸关者作壁上观的时间总是有限的，大战双方的生死搏斗全面展开，美国与欧洲贸易额激增，但令人担心的前景随之出现：遥遥无期的战争极有可能令欧洲列强经济破产，美国银行提供的大量贷款将会"打水漂"。心态复杂的威尔逊在 1915 年 1 月指派亲信豪斯远赴欧洲调停。后者在欧洲之行中首次正式倡议尊重"公海航行自由"，主要有四方面内容：一是违禁品仅限于真正的战争必需物品，其他一切物品均应视为正常贸易货物；二是不运载违禁品的商船，无论属于中立国还是交战国，均有权在领海之外任何海域自由航行；三是中立国商船有权不受阻碍地驶入交战国港口，除非该港口被敌国军舰封锁；四是主要港口应当保持开放，军舰只

---

① John Milton Cooper, Jr., *The Vanity of Power: American Isolationism and the First World War 1914 – 1917*, Westport, CT: Greenwood Press, 1969, p. 22.

能以防卫为目的，用来阻止敌方军队登陆。

此时，德国陆军在欧洲大陆的胶着战况中占据主动，英国皇家海军却保持对海洋的绝对掌控。对英国而言，"公海航行自由"将使德国非常容易地从海外获得战争物资；对德国而言，将默许美国偏向于海上力量占据优势的英国；对美国而言，只是以战争调停之名行发战争财之实，助长了战争的敌对氛围。因此，倡议"公海航行自由"被认为是在"火上浇油"。"丛林法则"支配的世界变局，出现了一个深不可测的黑洞，所有大国难以在利益诉求与理想价值之间寻求平衡，即使存在发自内心的纯洁高尚动机，也不可避免地外化为显而易见的极端自利。

英国依托全球殖民体系和与美国的战时贸易，获得了相对充足的战争物资，德国的战争潜力则相形见绌。1915 年 2 月，德国宣布实施旨在摧毁英国战争潜力的无限制潜艇战。当时，大国海军将发展战列舰及其相关配套战舰（如驱逐舰等）作为重点。潜艇作为新型战舰出现时，反潜作战能力是大国海军相对薄弱之处。1915 年 5 月爆发的"卢西塔尼亚"号邮轮事件，不仅表明无限制潜艇战对美英造成的严重威胁，还反映了战争与军队作战能力之间的复杂关联：无论一个国家多么富庶、战争潜力多么巨大，如果军队没有针对对手的特定作战能力，很难在战争中躲避灾难。

"卢西塔尼亚"号邮轮事件之后，尽管德国宣布停止无限制潜艇战，但威尔逊认识到，只要大战持续，此类悲剧便很难避免，因而决定建立足够强大的海上护航力量，保证"公海航行自由"和维护战时贸易利益。1916 年，威尔逊推动国会两次通过海军法案。《1916 年海军法案》规定："三年内建造 10 艘战列舰、16 艘巡洋舰、50 艘驱逐舰、72 艘潜艇和 14 艘辅助舰。"[1] 随着德国无限制潜艇战威胁增加，《1916 年海军法案修正案》规定："再增加建造 108 艘驱逐舰。"[2]

---

[1] U. S. Navy, *Office of the Comptroller Expenditures of the Navy*, Washington：Government Printing Office Publishing，1960，pp. 59 – 61.

[2] Gcorge Bear, *One Hundred Years of U. S. Navy, 1890 – 1990*, California：Stanford University Press，1996，p. 62.

此时，美国已经公开站在协约国一边。日德兰海战后，德国在 1917 年 1 月宣布恢复中止的无限制潜艇战。次月，美国"塞克索斯"号商船被德国潜艇击沉，威尔逊政府宣布断绝与德国的外交关系。1917 年 3 月，"英国商船被德国潜艇击沉的总吨位达 60 万吨，此前月平均被击沉商船总吨位为 30 万吨"①。美国参战仅仅需要一个合理的借口。齐默尔曼电报事件发生后，1917 年 4 月 2 日，威尔逊政府正式向德国宣战。

战争是检验军事力量的唯一"试金石"，也为军事力量发展提供参照。参战之际，美国海军"包括 37 艘战列舰、33 艘巡洋舰、66 艘驱逐舰在内的庞大舰队，……其中只有三分之一的舰艇能够执行作战任务，百分之九十人员编制不齐"②。强大的标准不是规模，而是针对具体情况的能力。美国海军难以适应战争需求。深感震惊的威尔逊决心让"美国海军在世界上无可匹敌"③。从此，美国海军在战争需求刺激下，以令人惊叹的速度快速发展。

海上战争的本质是技术与实力双重消耗的竞赛。随着舰艇技术进步，海军已经发展成为包括多个舰种的军事力量，且每种战舰都有独特的技战术性能。由于建造海军需要大量经费和科技资源，一旦确定舰种发展重点，发展方向便无变更可能。在横跨大西洋漫长的海上航线上，只要有一处疏忽，运送战争物资或者陆军部队的船只就有可能遭到德国潜艇袭击而沉入海底。因此，海军必须同时满足舰队决战和全程海上护航的要求。

负责研究护航的美国海军上将威廉·西姆斯向威尔逊总统建议："根据战争的急切需要，应当尽可能多地建造驱逐舰，才能尽早派出护航力量。"④ 威尔逊立即予以采纳。紧迫的军事需求一旦引起政治关注，经济

---

① Bernard, Ireland, *War at Sea 1914 – 1915*, London：Cassell Wellington House Publishing, 2003, p. 66.

② James M. Morris, *History of the U. S. Navy*, New York：People Publishing House, 2003, p. 100.

③ U. S. Navy, *American Naval Policy from 1790 to 1924*, Washington：Government Printing Office Publishing, 1944, p. 88.

④ Allan P. Mlillett and Peter Maslowski, *A Military History of the United States*, New York：Freedom Press Publishing, 1984, p. 343.

力量就能快速转化为军事力量。建立以驱逐舰为主体的海上护航力量成为美国扩充海军的第一要务。1917 年下半年，美国开工建造的驱逐舰仅有 20 艘，1918 年飙升至 245 艘。随着美国海军护航力量不断增强，大西洋海面也越来越安全。"1917 年 10 月，德国潜艇击沉商船为 45 万吨，1918 年 4 月下降至 27 万吨。"[1] 美国陆军 200 万部队顺利踏上欧洲大陆，成为决定性庞大兵力。

美国海军不仅适应现实需求，还敏锐地看到了航空技术对海战产生的革命性影响。军事博弈的一条基本规律是，比对手更早将新技术转化为新型作战能力，能够占据战略主动权。"美国海军自加入战争开始，便组建海军航空兵部队，1917 年 9 月计划装备 700 架飞机，1918 年计划装备 1700 架。战争结束时，美国海军共装备有 2000 架飞机。"[2] 远见和雄心结合超强的经济实力，美国海军拥有世界上规模最大的空中力量（海军航空兵部队），不仅在护航中担负侦察和轰炸潜艇等重要任务，还比其他国家海军更早、更全面地创新和变革作战方式。

力量变化必然带来策略变化，强大的护航舰队和海军航空兵部队，以及庞大的海外商业运送舰队，标志着工业和科技实力雄厚的美国，成为足以与英国媲美并且潜力远胜于它的"海上巨龙"。威尔逊尚未等战争结束，便迫不及待地提出"十四点计划"。其中第二条是直到今天仍被强调的"公海航行自由"："在主权所属领海之外公海，航行自由在任何时候（无论战争时期或者和平时期）必须得到绝对保证。只有在执行国际公约的国际行动中，才可以封锁部分或者全部公海。"[3]

战争结束后，在巴黎和会的预备会议上，威尔逊代表豪斯告诉英国

---

① James M. Morris, *History of the United States Navy*, New York：People Publishing House, 2003, p. 101.

② Allan P. Mlillett and Peter Maslowski, *A Military History of the United States*, New York：Freedom Press Publishing, 1984, p. 346.

③ State Department, *Address of the President of the United States Delivered at a Joint Session of the Two Houses of Congress, January 8, 1918, Supplement in the World War*, Washington：Government Printing Office Publishing, 1933, p. 15.

政府代表，包括"公海航行自由"在内的"十四点计划"应当成为和会基础。美国已经不再心甘情愿地屈从于英国建立的海上秩序，挑战英国的全球海洋霸主地位成为必然。

战后的美国，经济和军事实力傲视群雄，疲惫不堪的英国甚至渴望美国的经济救助。按照常理，英国应当顺理成章地赞同"公海航行自由"。然而，凭借实力战胜敌人是一回事，强迫盟友做出"牺牲"又是另外一回事。美英同为重要战胜国，"终结一段历经百年的海洋秩序不会轻松自如"[1]。经过"'最自由''最开明'的讨论"[2]，美国、英国、法国政府代表在 1918 年 11 月 4 日达成一份备忘录，对"公海航行自由"保留意见，只是同意将"十四点计划"其余内容作为和会基础，其中的主要原因有三个方面。一是英国信奉现实主义。英国拒绝接受"公海航行自由"的本质是无法接受他人与自己分享垄断权力，从而质疑国际法理在"丛林"般的国际社会中的生存能力。欧洲多年来战争频发的历史表明，盟约和法律时常作为大国谋求私利的工具和权宜之计。尽管英国是国际法思想和精神的重要发源地之一，但更加倾向于依据历史经验预判未来。

二是美国仍然需要英国。大战之前，欧洲巨大的消费市场吸引了美国资本，而欧洲列强强大的军事实力排斥美国在全球拓展利益。英国皇家海军是世界上唯一一支能给美国制造麻烦的海上军事力量，英国拥有全球庞大的令所有列强垂涎的殖民体系提供的市场和工业原料，干预欧洲大陆秩序的经验也最为丰富。总之，英国既是美国最大安全威胁，发起最激烈的全球竞争，也是美国介入欧洲大陆和全球市场的"桥头堡"。大战结束后的美国，如果与英国走向对立，有可能失去整个欧洲，陷入胜而不利的窘境。

三是日本崛起和英日同盟对美国造成巨大压力。作为日俄战争和第一次世界大战中的胜利国，强势崛起的日本在远东的影响力与日俱增，成为

---

①　Josephus Daniels, *The Wilson Era, Years of War and After, 1917 - 1923*, Chapel Hill：North Carolina University Press，1946，p. 367.

②　State Department, *The Special Representative（House）to the Secretary of State*, *Supplement in the World War*, *Paris*, *November 3*, *1918*, Washington：Government Printing Office Publishing，1933，p. 456.

美国在太平洋的主要竞争对手。凭借三次英日同盟，日本成为英国制衡美国的帮手。如果同时与欧洲和远东的两支最强大力量走向对立，不符合美国的安全利益。

英国拥有当时世界上实力最强大的海军和全球范围内最广袤的殖民地，美国拥有当时世界上最强大和最具活力的经济，以及世界上发展速度最快的海军。英国的利益在于维护在全球殖民体系中的垄断地位，美国的利益在于打破大国各自的势力范围，寻求广阔市场。因此，美英之间的根本矛盾是反对抑或维系既定世界海权秩序和与之相伴相生的贸易与金融秩序。这一根本矛盾与二者相近的语言和文化，以及互利性双边贸易共同作用，使任何一方既要面对与对方冷冰冰的竞争，又要与对方携手应对共同挑战。

美英既受现实博弈制约却又极度互相依赖，成败在于二者能否自我超越，共同肩负起国际责任。后来的历史证明，在弱肉强食的世界中，国际责任只是为现实利益服务的手段。当威尔逊主义没有在欧洲获得"合理"响应时，美国高唱道德追求利益的本质一览无遗。英国仍然奉行"光荣孤立"，满怀欣喜地看着其他大国缠斗不止，坐享全球殖民体系带来的巨大利益。不承担共同的国际责任，令美英均无法达成所愿，最终只好寻求短期妥协。在巴黎和会的海军谈判上，英国首相劳合·乔治直接告诉威尔逊，除非美英在海军造舰计划上达成一致，否则不再讨论《国联盟约》条约。面对英国人近乎要挟的态度，威尔逊认识到，作为美国推行"公海航行自由"的最大障碍，"英国的海洋霸权不会比德国人的野心更好"[1]。基于这个认识，他决心"建立一支比英国更加庞大的并足以令自己为所欲为的海军"[2]。《1919 年海军法案》正是这一决心的具体体现。它规定"在《1916 年海军法案》基础上，未来 3 年再建造 10 艘战列舰、6 艘战列巡洋舰、10 艘巡洋舰、160 艘驱逐舰，扩编太平洋舰队，使之与大西洋舰队规

---

① Bernard Ireland, *War at Sea 1914 - 1915*, London：Cassell Wellington House Publishing, 2003, p. 114.

② U. S. Navy, *American Naval Policy from 1790 to 1924*, Washington：Government Printing Office Publishing, 1944, p. 85.

模相近。"①。

同时，威尔逊为"顾全构建国际秩序的大局"，表示："英国自治领地分布较广，理解它们保持海军优势的渴望与权力。"② 他也承诺"美国将在尊重现实实力对比的基础上制订造舰计划，原则上同意美国海军主力战舰不高于英国皇家海军的三分之二"③，且同意英国不受"公海航行自由"限制。但是，威尔逊在达成协定后提出："美国拥有漫长的海岸线，必须拥有大规模海军。我们的海军规模理应根据协定确定，但我们的目标应当是利用强大的海军优势反对共同的敌人。"④ 美国的高明之处在于，没有生硬地挑战英国的全球海权，而是一边扩充舰队，一边提议共同担负全球"海上警察"角色，软化英国立场。两手策略使美国既可以加快发展海军，还可以利用英国在战后的经济疲态，以共同行动为名"搭便车"，即英国皇家海军到达哪里，美国海军就应当拥有能够到达那里的战舰，隐形的海军竞赛使"疲惫不堪的英国看不到任何胜利的可能"⑤。

此时，美国缺乏的只是迫使列强接受主张的有利时机。但是，历史证明，只要力量足够强大，机会"不请自来"。美国海军力量不可阻挡的增长和"公海航行自由"的提出，将海权秩序变为实力与道义的结合物。

三 在远东谋求影响力

20 世纪初期，面对欧洲列强混乱而又无休止的纷争，美国在欧洲执行孤立主义，而在远东却主动介入。地大物博、人口众多的亚洲足以引起

---

① George Bear, *One Hundred Years of U. S. Navy, 1890 – 1990*, Califoria：Stanford University Press，1996，pp. 62 –65.

② Arthur S. Link ed. ，*The Papers of Woodrow Wilson：Negotiation about Navy，March 7，1918*，New Jersey：Princeton University Press，1981，p. 470.

③ Arthur S. Link ed. ，*The Papers of Woodrow Wilson：Negotiation about Navy，March 7，1918*，New Jersey：Princeton University Press，1981，pp. 143 –144.

④ Arthur S. Link ed. ，*The Papers of Woodrow Wilson：Negotiation about Navy，March 7，1918*，New Jersey：Princeton University Press，1981，pp. 470 –471.

⑤ Bernard Ireland, *War at Sea, 1914 – 1915*，London：Cassell Wellington House Publishing，2003，p. 115.

美国资本对市场的天然渴望，为寻求和扩大商机，美国先提出"门户开放、利益均沾"，再调停日俄战争，将道义责任引入现实权力安排。

第一次世界大战之后，美国和日本互为对方在亚洲最危险对手。充满戏剧感的是，美国和日本同属协约国阵营，但欧洲战事对二者影响不对等。美国既需要关注欧洲，也需要关注远东，日本则只需要关注远东。协约国任何胜利机遇或者失败危险都会影响远东。

双方僵持之际，任何一方同盟中重要成员出现变化，都将影响战局走势。俄罗斯独力苦撑与德国惨淡战局，由于将领平庸、士气低迷、战术落后、军纪松弛，俄军在装备精良、训练有素的德军面前一败涂地。对外战争失利容易引起国内政治动荡。1917 年 11 月 17 日，十月革命爆发，俄罗斯苏维埃联邦社会主义共和国成立，不久便在经济崩溃、军事无力、社会混乱的压力下，与德国签订了做出巨大让步的《布列斯特和约》。

幅员辽阔的苏俄具有巨大的战略纵深，即使保持最低限度抵抗，也能吸引大量德军。威尔逊政府意识到："如果作为重要盟友的苏俄退出战争，大战将延长至少两至三年。"① 对英法而言，苏俄退出战争不仅令德国两线作战的危险消失，可将东线精锐部队调往西线，还可从苏俄获得大量粮食、油料和兵员，后果绝不仅为战争延长。

协约国防止战争前景变黯淡的可行策略是推翻决意退出战争的苏维埃政府，"挽救"苏俄，使之重新加入协约国。但是，英法不仅兵力捉襟见肘，还在波罗的海和黑海方向缺乏战略通道深入苏俄境内。协约国只能寄希望于美国、日本联合武装干预，将苏维埃政府扼杀在摇篮中。

各怀异志的盟友之间，协调一致行动的难度往往堪比合力迎敌。协约国集团主要成员之间心生间隙，美日联合武装干预苏俄的过程自然会充满曲折。英法的意图有两方面：一是阻止苏俄政府扣留英国存放在符拉迪沃斯托克（海参崴）的大批军需品，将它们交给德国；二是控制西伯利亚铁

---

① State Department，*The Lansing Papers*，*1914 - 1920*，*Washington*，*December 9*，*1917*，Washington：Government Printing Office Publishing，1940，p. 343.

路，深入苏俄境内，武力推翻苏维埃政府。

苏俄成立仅一周，英国"邀请"日本政府出兵控制西伯利亚铁路，承诺推动其他大国承认日本作为国际受托国的地位。1918 年 1 月 30 日，英国外交部向美国国务院通报，将敦促各盟国"邀请"日本作为受托国，出兵占领西伯利亚。英国此举既出于无奈，也暗含精明。日本出兵西伯利亚，将强化其在远东的战略地位，不仅有利于制衡美国，还可以"激起日本与德国的公开敌意"①。英国向美国通报的用意在于，使美国认识到，如果不出兵西伯利亚，在远东具有天然地理优势的日本就会占得先机。

英国经历了欧洲 400 多年大国纵横，以"光荣孤立"为名的制衡之术早已炉火纯青。但是，新的世界格局激荡重构，旧式权谋即使再老练娴熟，也难有作为。美国国务院的回应是，如果日本出兵占领西伯利亚，苏俄境内非布尔什维克派的温和力量有可能与布尔什维克派共同倒向德国。日本政府也认为，由于没有受到德国直接威胁，苏俄也没有成为德国盟国或者被德国完全控制，所以"作为西太平洋自由国家，将根据形势发展采取行动"②。

已经向欧洲派出大量部队的威尔逊政府，一方面不希望在欧洲战场之外再陷入新的战场；另一方面，即使美军在遥远的西伯利亚站稳脚跟，也可能为与西伯利亚仅隔海相望的日本作嫁衣；再一方面，日本摆脱不了对美国石油、钢铁的依赖，威尔逊无须过于焦虑。

日本政府故意玩弄某种心理与外交技巧，向英国施加压力。因为控制西伯利亚铁路将令日本成为远东变局的最大受益者。1918 年 2 月初，根据日本政府提议，协约国在东京讨论直接武装干涉西伯利亚。日本参会代表提出："日本军队希望沿西伯利亚大铁路行动，延伸至它与阿穆尔铁路的

---

① Arthur S. Link ed. , *The Papers of Woodrow Wilson: Crisis in Russian*, *January 17*, *1918*, New Jersey: Princeton University Press, 1981, p. 181.

② Arthur S. Link ed. , *The Papers of Woodrow Wilson: Crisis in Russian*, *January 17*, *1918*, New Jersey: Princeton University Press, 1981, p. 395.

会合处。"① 此时，日本不急不躁的真实意图得以显露，向英国"提高要价"和试探美国。

1918 年 2 月 19 日，英国政府再次敦促日本政府出兵占领从符拉迪沃斯托克（海参崴）至车里雅宾斯克的西伯利亚大铁路，还列举了尽人皆知的理由：支持苏俄境内非布尔什维克的力量，使苏俄留在协约国，使德国继续腹背受敌。此时，美国已向欧洲战场派出规模达 100 万的部队，对战局影响举足轻重。英国敦促日本出兵必须获得美国理解，因而建议日本政府公开军事计划，通过协约国最高军事委员会向美国施压。但是，威尔逊政府仍然不为所动地认为，日本出兵西伯利亚既不可能增强其在远东的战略地位，也无法改变西线的危急之势。美国和英国对同盟的影响力开始改变。

日益焦急之下，英国外交部 1918 年 2 月 27 日向美国国务院提出："希望美国与日本共同出兵西伯利亚，控制西伯利亚大铁路，直至车里雅宾斯克或者鄂木斯克地区。"② 同时，英国外交部还转引法国驻日本大使的一份电报，电报称："日本外相本野愿公开宣布，日本对西伯利亚毫无兴趣，可以向盟友承诺军事行动限定在乌拉尔山脉以东。"③ 对此，美国国务院向日本政府递交照会，强调拒绝出兵西伯利亚的两点理由：第一，容易将苏俄政府推向德国；第二，有悖于宣战时的道义目标。

威尔逊政府一再拒绝使英国和日本备受压力。日本政府发表声明称："日本无意在与美国协调前单方面行动，但如果出现严重威胁，将不得不进行有力自卫。"④ 1918 年 3 月 15 日，第四次全俄苏维埃非常代表大会通过《布列斯特和约》，标志着苏俄正式退出战争。3 天后，西线德军发动

---

① Arthur S. Link ed. , *The Papers of Woodrow Wilson: Crisis in Russian, January 17, 1918*, New Jersey: Princeton University Press, 1981, p. 281.

② Arthur S. Link ed. , *The Papers of Woodrow Wilson, Crisis in Russian, January 17, 1918*, New Jersey: Princeton University Press, 1981, p. 471.

③ Arthur S. Link ed. , *The Papers of Woodrow Wilson, Crisis in Russian, January 17, 1918*, New Jersey: Princeton University Press, 1981, p. 474.

④ State Department, *1918, Russia, Vol. 2*, Washington: Government Printing Office Publishing, 1931, p. 82.

春季攻势，一周之内向西推进 60 多公里，美英法联军陷入极大被动。4 月 20 日，英国外交部告诉美国国务院，获得苏俄军粮的德军 40 个师即将投入西线。美国依然反对出兵西伯利亚。英国和日本越着急，威尔逊越倾向于拒绝。

实际上，威尔逊并非不担心苏俄退出协约国后战争延长，更无须说输掉战争，其反对出兵西伯利亚，只是在种种矛盾的目标之间，进行难以使用数学和逻辑方式解释的权衡。威尔逊希望战胜德国，但不希望帮英国"火中取栗"，希望苏俄留在协约国集团，但不希望日本强化在远东的战略地位。因此，除非威尔逊政府意识到战争延长甚至失败的风险远大于英国和日本面临的"麻烦"，否则不会被说服。

当各方围绕同一问题权衡时，结束权衡的时机总是容易出现。1918年 4 月 5 日，日本军队借口 3 名日本人遇害，派出 1 个步兵旅在符拉迪沃斯托克（海参崴）登陆。5 月 16 日，日本政府对中国北洋政府威逼利诱，秘密签订了《中日陆军共同防敌军事协定》，规定日本在战争期间可以进驻中国境内；日军在中国境外作战时，中国应派兵支援；作战期间，两国互相供给军需品与武器。4 月和 5 月的事态表明，日本正在为出兵西伯利亚准备并获得了一些有利条件，中国东北成为日本出兵西伯利亚的"跳板"。

1918 年 5 月，苏俄境内爆发捷克军团事件。第二次世界大战爆发后，奥匈帝国军队中约 7 万名捷克军人叛逃加入俄军，称为捷克军团。《布列斯特和约》签订后，捷克斯洛伐克共和国成立，捷克军团军人强烈渴望返回捷克斯洛伐克共和国，于是与苏俄政府达成协定，所有人员交出武器后，经由西伯利亚大铁路运送至符拉迪沃斯托克（海参崴），再由协约国提供船只经海路回到欧洲。但是，捷克军团中许多军人藏匿武器，被苏俄政府发现后进行追缴。追缴过程中，双方在中西伯利亚地区爆发武装冲突。此时，已经有约 1 万捷克军团军人抵达符拉迪沃斯托克（海参崴），正在等待上船。他们获悉中西伯利亚地区的武装冲突后，于1918 年 6 月折返，援助陷入武装冲突的捷克军团的其他军人。捷克军团事件不仅伤及威尔逊的道义感，还增加了威尔逊对苏俄成为德国盟友的忧虑。

《中日陆军共同防敌军事协定》和捷克军团事件对战局的影响无法与德军春季攻势相提并论。但是，英国随即于7月2日联合法国向协约国最高军事委员会提交议案，"呼吁美国立即同意对苏俄武装干预"①。并且，英国外交部向美国驻英国使馆透露，苏俄政府正在武装同盟国军队战俘，准备包围捷克军团。这一信息包含了苏俄和德国结盟的危险。

威尔逊总统方才同意与日本联合出兵西伯利亚，但提出附加条件：必须尊重苏俄完整；在苏俄政治中保持中立；军事行动的目标是控制西伯利亚大铁路；美国、捷克军团、日本共同代表协约国干涉。

日本在远东的强势、英法等欧洲盟国失败的风险、捷克军团事件带来的道义责难和苏德结盟的可能性，促成了美国出兵西伯利亚。虽然美国与日本联合对苏俄武装干预最终没有成功，但这是美国首次综合衡量地缘政治态势、敌友利害关系、道义标准设定、意识形态好恶四个因素，这四个因素成为以后美国政府战略决策、军事决策的基本依据。

相对于联合出兵西伯利亚，美国与日本围绕中国的矛盾，是远东的中心问题。第一次世界大战之前，美国最明智之举莫过于倡导保证中国（先是晚清政府再是北洋政府）的领土主权完整。中国位于远东中心地带，对周边地区拥有长久的文化影响力，而且中国政府希望利用美国制衡其他列强，美国更容易利用资本和道义的双重优势，在中国获得特殊的商业利益。第一次世界大战爆发时，中国正处于北洋政府时期。各政治派系纷纷寻求外国支持。英法俄德忙于欧洲战场，美国与占尽地利的日本之间围绕中国的争夺日趋白热化。

美日双方在中国博弈的关键不仅是地理位置，更是实力与道义。

---

① State Department, *1918*, *Russia*, *Vol. 2*, Washington：Government Printing Office Publishing，1931，p. 248.

从晚清时期开始直到北洋时期，日本的恶意欺压，被中国当作第一大威胁。北洋政府向德国宣战的目的之一，就是避免给日本扩大欺压提供口实。

第一次世界大战结束后，尽管中国与日本同为战胜国，但积贫积弱的中国无力阻止日本夺取德国在山东特权的野心。美国成为中国积极争取的最重要的外部力量。此时，威尔逊在中日之间陷入矛盾：一方面，美国需要日本的配合，推动建立国际联盟，推行"十四点计划"，实现世界性裁军，中国无足够力量为威尔逊的"世界理想"提供支持；另一方面，威尔逊需要中国制衡强势的日本。

威尔逊处理远东问题时不可能超越他的"世界理想"。美国想"管"的事情太多，日本却只需"管"远东。面对英日同盟，威尔逊政府只能牺牲中国换取日本在其他问题上的让步。1917 年 11 月 2 日，美日达成《兰辛－石井协定》，协定主要包括两方面内容：一是美日重申双方均"无意以任何方式侵犯中国的独立和领土完整"，在中国坚持"门户开放"和"工商业机会均等"原则；二是美国承认日本在中国有因"与日本属地接壤"而产生的工商业"特殊利益"。

美日关于中国问题的"谅解"在巴黎和会上确认。1919 年 4 月 30 日，美英法日在巴黎和会上达成协议：日本全部接收原德国在中国的租借地，以及中德两国条约中规定的一切权利；日本将全部租借地归还，但保留经济权利。

中国主权遭到侵害、日本野心得到纵容，美国并无实际损失，不仅在远东的地缘政治地位和商业利益获得日本认可，还避免了因为中国与日本"提前摊牌"的风险。

美国牺牲中国利益似乎是一种让步，但给日本贴上了侵略者的标签，把它推向欺诈弱者、索求无度的国际道义低谷。美日之间在远东矛盾不断加剧，经济萧条和实力下降的英国因而陷入两难境地，动摇了对日本极为重要的英日同盟。同时，中国与日本的对立进一步加深，为美国后来利用中国抗衡日本留足了余地。日本看似得逞，但受到的束缚越来越多。

美国尽管由于各种因素做出退让，但孤立了日本，被中国当作"朋友"。美国也没有像英国、法国、日本那样强烈地敌视苏俄，而是与苏俄保持着潜在合作可能性。美国在远东可进可退，影响力稳步增强，只是威尔逊口中高尚的美国式国际道义被证明存在些许虚幻。

四　威尔逊主义的成与败

威尔逊抵达巴黎参加和会当天，受到民众的欢呼与赞美，是任何一位欧洲之外的领导人在欧洲中心城市从未享受过的。他有足够的理由自信满满地畅想，已经成为世界第一经济强国又在大战中成为胜利国的美国，即将按照"天赋理想"重构世界。

建立新国际秩序的前提是找到旧国际秩序终结的症结。怀揣"世界理想"的威尔逊认为："失控的民族主义和建立在强迫基础上的均势体系使旧世界冲突不断。"[①] 他把大战归咎于"丛林法则"支配国际社会，各个大国狭隘的民族主义盛行和欧洲几百年"均势—破坏均势—再均势"的往复循环。威尔逊心中的国际秩序可以概括为：全球自由贸易和互利代替各守畛域，和平竞争代替均势、同盟、秘密外交等。一言以蔽之，集体安全取代"丛林法则"。

民族主义因大国战争频发刺激民族情绪而成，均势体系下的旧式循环因越来越多大国相继崛起导致竞争日趋激烈。"丛林法则"不是根源，而是结果。迷醉于远见时，容易忽略现实之残酷。第一次世界大战正是大国争相竞逐和封闭所属殖民体系所致。对大战根源的判断本末倒置，证明威尔逊有远见却无卓识。即便时至今日，在威尔逊主义中也无法找到众多国际病症的"良方"。因为站在道德制高点上解决因多年历史积怨积累而成的现实矛盾，注定无从下手。

---

① Cordon Martel, *American English Relation Reconsidered, 1890 – 1993*, London：Rootledge II New Fetter Lane, 1994, p. 58.

　　威尔逊个人风格不利于解决复杂的现实问题。威尔逊认为，"欧洲从未企望长久和稳定的和平"[1]。他在 1912 年的一次演说中谈道："我们应当把所有人的利益联结起来，反对特殊利益者把持国家命运。"[2] 在现代民族国家成为国际行为主体的时代，与冷酷现实格格不入的道德优越感，反而容易显现出令人无法接受的自负、高傲的清高。威尔逊在巴黎和会开场时便宣扬："美国对人道精神的追求远远超越了对个人财产权和自由商业的追求。"[3] 如此言辞，作为自由政治思想发源地的英国和经历过共和革命的法国的会议代表尚可理解，但经历长期封建专制的德国、意大利、日本等会议代表，既无法理解，更无法认同，即便没有当场嗤之以鼻，也会把它当作伪善的极致化身。所有参与巴黎和会的代表，心理与价值观上的鸿沟也许不会溢于言表，但一定会影响利益权重的决策。美国在巴黎和会上的失败起始于心怀异志的英国、法国、意大利、日本等，被现实主义和历史积怨支配，拒绝接受威尔逊的道德说教。

　　历史上常常出现一条定律：迫使其他大国接受它们经验之外的安排，首先必须颠覆它们的经验。亲身参加巴黎和会的威尔逊真诚地推动"十四点计划"，以期保障战后世界和平。一切看似正当其时，但随着议程的推进日益失望。英法德日（尤其是英法）等历史经验局限于大国协调、均势、制衡、结盟、秘密外交等现实主义策略。英法处于险胜之后余悸、惊喜、自负、理性等混合的心理状态，日本处于机会出现时的喜悦与紧张状态，德国处于战败之后惊恐、彷徨状态，希望降低战败后的损失。它们对威尔逊的妥协是出于对美国实力的敬畏和现实利益的诉求，而不是真心认为他能解决所有难题。

　　超越历史的政治安排必须得到最重要的盟友支持，才可能最终成为可

① August Heckscher ed., *The Politics of Woodrow Wilson: Selections from His Speech and Writings*, New York: Harper & Brothers Publishing, 1956, p. 348.

② Arthur S. Link ed., *The Papers of Woodrow Wilson: Speech for Peace, 1912*, New Jersey: Princeton University Press, 1973, p. 204.

③ Arthur S. Link ed., *The Papers of Woodrow Wilson: Diplomatic in Paris, January 18, 1919*, New Jersey: Princeton University Press, 1973, pp. 330-331.

落实的共识。英国、法国、意大利、日本等主要战胜国无法"体谅美国的一片苦心"。对"十四点计划"最强力的反对者是英国和日本。英国在与美国激烈的贸易和金融竞争中，无法接受海上垄断地位遭到冲击。日本不仅担心无法全面垄断亚洲市场和原材料产地，更加担心因稀缺的资源和狭小的国土而不得不仰仗美国鼻息。两种国际秩序前景就此出现：一种是近代400年来欧洲秩序的往复并扩大至全球，均势体系与实力政策主导国际秩序；另一种是自由贸易普遍化，尊重各个地区（民族）的政治自决权力。后者是对殖民体系的颠覆，有利于美国发挥经济和道德的双重力量优势，摒弃秘密外交、结盟、追求均势等旧式竞争规则。但是，在小国软弱无力、大国意志决定世界事务的年代里，两种秩序斗争的本质是美国与欧洲列强、日本实力的博弈，而不是两种道义的博弈。可见，威尔逊在巴黎和会上的遭遇，根源于美国与欧洲列强、日本利益的对立。

威尔逊不仅在欧洲遭遇挫折，还受到国内掣肘。按照美国政治制度，所有外交条约必须得到国会批准，方可由政府执行。威尔逊在巴黎和会上达成的所有共识，只有迎合国会或者说服国会，才能成为可执行的法律条文。威尔逊在巴黎和会上曾短暂回国，其间收到参议院超过三分之一议员递交的史称"圆形签名信"的联名信，信中称："反对在欧洲承担普遍义务，应当回避集体安全原则。"[①] 威尔逊遇到不可回避和克服的阻力，唯一可行的解决方法就是力主在《国际联盟》条约中加入"门罗主义"字眼。

门罗主义代表着美国在西半球对欧洲列强的排斥，更代表着美国崛起后与欧洲列强分庭抗礼。如果巴黎和会支持门罗主义，代表希望打破各个大国势力范围的美国，却要保持和巩固自己的势力范围。威尔逊此举给欧洲列强造成的印象是，美国可以在欧洲、亚洲自由行动，欧洲却不能在美

---

① Arthur S. Link ed. , *The Papers of Woodrow Wilson: Diplomatic in Paris*, July 1, 1919, New Jersey: Princeton University Press, 1979, pp. 388 – 389.

洲大陆自由行动。巴黎和会召开前，威尔逊自诩美国是"和会上唯一没有利益的国家"①。在和会中途，却屈从于国内压力违背承诺，执意将门罗主义原则写入《国际联盟》条约。其他列强也满足了威尔逊的要求，《国际联盟》条约的第二十一条专门指出："国际联盟的盟约不干扰其他维护和平的国际协定或地区谅解，如门罗主义等。"② 这成为威尔逊主义失败的最直接证明。

在构建国际机制中，主要大国发生哪怕微小变化，也可能翻起"巨浪"。"以天下为怀"的威尔逊维护排他性既得利益，恰好被英国等列强利用，以美国坚持门罗主义为由，坚持删除集体安全等措辞，而威尔逊主义的核心原则正是集体安全。核心原则被束之高阁，注定《凡尔赛条约》变成背离道德初衷的"大杂烩"。

充满争吵的巴黎和会将构建世界和平异化为胜利者清算战败者，战争隐患更甚于前。法德世仇未解；战败后孤立的德国和同样孤立的苏维埃政权拧成一股"谜一般的地缘政治力量"；奥匈帝国消失于历史舞台之后，酝酿出更大的"火药桶"；继巴尔干半岛之后，中欧和东欧存在更为复杂和激烈的矛盾；旧式现实主义政策和纵横捭阖之术依然盛行等。战争根源没有消除，历史积怨加重，新的矛盾诱因不断产生，世界更加混乱。第一次世界大战之后，爆发了范围更大、更加残酷的第二次世界大战，足以说明美国难以独自承担让世界更美好的重任。

1919 年 6 月 28 日签订的《凡尔赛条约》令威尔逊在国内成为众矢之的。签订当日，连跟随威尔逊一起参加巴黎和会的重要成员都对《凡尔赛条约》不满，威廉·布利特以辞职表示抗议，约瑟夫·富勒指责威尔逊"在与旧式帝国的肮脏交易中出卖了美国原则"③。威尔逊回国后，"信心

---

① Arthur S. Link ed., *The Papers of Woodrow Wilson: Speech for Peace, 1912*, New Jersey: Princeton University Press, 1973, p. 351.

② Arthur S. Link ed., *The Papers of Woodrow Wilson: Diplomatic in Paris, July 1, 1919*, New Jersey: Princeton University Press, 1979, p. 198.

③ Robert D. Schulzinger, *American Diplomacy in the Twentieth Century*, London: Oxford University Press, 1984, p. 119.

满满地认为参议院将会毫不犹豫地批准《凡尔赛和约》"①，然而，1919 年
11 月 19 日和 1920 年 3 月 19 日，参议院两次否决《凡尔赛条约》。威尔逊
主义正式退出美国政治主流。

　　但是，威尔逊主义对美国最大的历史意义在于，重新建立了美国的国
际身份，主要有三方面原因。一是欧洲列强和日本推行赤裸裸的弱肉强食
政策，肆意对殖民地和邻国进行欺侮与压榨。威尔逊主义坚持反殖民和不
谋求领土扩张的立场，以及强调民族平等和尊重国家主权独立等原则，写
入国际联盟公开文本，具有积极的进步意义。二是第一次世界大战后，欧
洲之外许多地方兴起民族主义和民主主义运动。威尔逊主义将美国打扮成
战胜旧殖民主义和专制主义走向独立、富强的典范。三是促进了英国社会
对美国的认同。英国是《国际法》发起者、全球市场体系推动者，国内自
由政治的思想土壤比起其他列强国家肥沃，容易对威尔逊主义产生共鸣。
比如，著名经济学家约翰·梅纳德·凯恩斯在《凡尔赛和约的经济后果》
一书中，非常惋惜威尔逊主义的失败。这似乎是对 1929 年经济危机、纳
粹崛起、轴心国集团成立所做的预警。

　　威尔逊主义开创了美国对世界的新的认知境界。从此以后，美国历任
总统自觉地认为，美国的尊严和利益蕴含于对世界的责任中。

　　威尔逊主义代表美国已经崛起为世界大国，与国际社会不可逆转地紧
密地结合在一起；美国与欧洲列强和日本是不一样的强国，不仅要维护自
身利益与国际地位，还要塑造新的国际秩序，建立国际公平与正义；国际
责任是美国对外行为的总原则。总之，美国要成为国际道义的代言人和新
国际秩序的主导者。

　　威尔逊主义虽饱受诟病，却为美国提供策略灵活性。每当理想不济
时，美国立即转以现实态度谋求妥协、平衡与仲裁。威尔逊主义成为实现
现实利益与追求美国式信仰的政策工具和心灵导向，而非宗教教义式信

---

① Thomas Andrew Bailey, *Woodrow Wilson and the Lost Peace*, Chicago: Quadrangle Books,
　 1963, p. 9.

条。美国区分理想与现实世界的标准是自身利益和道德戒律，在理想和现实之间灵活切换，避免将二者对立。

威尔逊主义终极目标是建立以美国价值观为文化基础、以美国力量为物质基础的国际秩序。维护国际秩序成为在复杂的世界中维护美国利益的基本方式。也许有人认为，美国人内心具有"天下大同"的理想主义。但实际上，在国际事务中，美国本质上是现实主义者，时刻紧盯现实和潜在的威胁，再以一种极为现实主义的手法，排斥、孤立、妖魔化，甚至不惜发动战争将其击垮。百年来，美国将英国推下神坛的种种策略，以及将冷战比作"善恶决斗"[1] 等，无一不诠释着这一隐藏至深的特质。

美国自我构建国际身份中，表现出来的道德尊崇和秩序认同，在人类历史上具有超越性。因为很难证明美国与西方古希腊城邦时代的雅典、欧洲的罗马共和国、拿破仑战争之后的英国等，有道德境界上的相通之处，更何况它们从未像美国一样，拥有跨越两个大洋的战略视野，以及无可比拟的物质财富。

许多人认为："在相当程度上，威尔逊制定了美国在本世纪外交政策的目标，创立了方法并规定了术语。"[2] 但笔者不敢苟同，这样的定位无疑夸大了威尔逊的实践成就。威尔逊主义确立了美国未来在世界事务中必须遵循的道德准则，而不是实践原则。哈里·杜鲁门在联合国成立大会闭幕式的演说中宣称，《联合国宪章》实现了 20 多年前那个伟大政治家伍德罗·威尔逊的理想。威尔逊主义的教训促使美国政府开始把心怀天下的道德感与入乡随俗的灵活性结合起来，只是其进程漫长得容易被人忽略而已。

第二节　影响世界（1921～1941 年）

1920 年 12 月，坚定的孤立主义者沃伦·哈定在总统竞选中获胜，美

---

[1]　Philip Wander, *The Rhetoric of American Foreign Policy*, Westport, CT: Greenwood Press, 1990, p. 184.

[2]　Fredrick S. Calbown, *Power and Principle: Armed International in Wilsonian Foreign Policy*, Kent: The Kent State University Press, 1986, p. 23.

国似乎要只身避乱于西半球的"世外桃源"，远离纷乱的欧洲。但是，强烈的道德感和与世界治乱深切关联的安全诉求、利益期望结合在一起，已令美国无法独善其身。凡尔赛体系令世界更加混乱。自20世纪20年代开始出现的军备竞赛、敌友重组、经济危机等多个因素积累至大战战火重燃，美国在孤立主义与国际主义之间、理想主义与现实主义之间摇摆，既不一厢情愿地对世界以自我为中心地生硬灌输道理，也不盲目地置身于世界之外，而是稳步走向世界舞台中心。

一　发起世界裁军

孤立主义者的显著特点是不擅长以高尚言辞遮饰对现实利益的渴望。大战之后，欧洲各国政府负债累累、民众消费疲软、社会百弊丛生。《凡尔赛条约》表明冷酷的实力政策犹存，欧洲仍然充斥着仇恨、猜忌、秘密外交和结盟等，日本在远东的野心与日俱增。世界陷入新的更大动荡与战乱的危险正在逼近。美国难以从中寻求新的贸易良机，也难以确保欧洲各国尽快偿还所欠战争债务。简而言之，资本最害怕市场萧条。对欧洲和远东弃之不理，对美国百害而无一利。尽管新任总统哈定不愿意卷入欧洲那些纷繁复杂的政治旋涡之中，但最重要的急务之一，就是令欧洲成为美国资本的集散地。随着欧洲经济社会秩序恢复，吸引越来越多的美国资本，欧洲复兴与美国经济利益直接相关。海外经济利益增加必将引起对他国军事行为敏感的关注。美国受益于欧洲经济时，不忘其军事。遍布全球的英国皇家海军和锋芒毕露的日本海军，对美国的安全和利益构成巨大威胁。经济虽然恢复但战争仇恨未解，欧洲大国有可能大量增加军事开支，引发军备竞赛，重新制造战争诱因。美国推动世界裁军不是单纯地针对英国和日本，而是主动影响欧洲事务甚至世界事务，努力修正凡尔赛体系，维护与扩大经济利益，增强军事地位，塑造国家形象。

美国倡导世界裁军口号一出，即刻受到饱受战争之苦的世界公众的一致欢迎。华盛顿会议于1921年11月12日到1922年2月6日召开，议题只有两个：限制海军军备、远东和太平洋秩序。两个"简单明了"的议题已经证明美国对国际体系的影响力。

第一次世界大战结束后，英国虽无力阻止美国发展海军，但拥有全球最庞大的殖民体系，掌握着英日同盟的外交资源和世界上最强大的海上军事力量，也是唯一一支全球海军，仍然对世界事务和欧洲事务具有难以替代的影响。美国需要与之竞争，也需要合作与妥协，而不是走向敌对。

华盛顿会议成为历史上首次由不是当时最强军事力量的国家主导的军备会议。再一次站在道德制高点的美国，最大挑战是处理美英之间亦对手亦伙伴的复杂关系。美国对英国坚定却有限的施压，迫使后者最后放弃"两强标准"。最终签订的《美英法意日五国关于限制海军军备条约》（简称《五国海军条约》）规定："美、英、日、法、意海军军备比例为 5∶5∶3∶1.75∶1.75。"按照条约，美英分别销毁部分现役战舰、控制在建战舰，各自主力舰总吨位不超过 52.5 万吨。由于当时两国海军总吨位超过这一数额，美国海军需要销毁 48 艘主力舰中的 30 艘（包括建成的或正在建造中的），英国皇家海军则要从 45 艘主力舰减到 20 艘主力舰。

《五国海军条约》作为美国主导的第一个世界性军备协议，是拿破仑战争后英国首次与另外一个海上强国确定同等地位的海军军备协议。英国不仅认识到美国难以制衡，还确认美日矛盾迟早将激化至令所有大国必须做出重大抉择的程度。精明务实的英国人衡量美日之间实力对比、美国对欧洲举足轻重的影响力等因素之后，开始将英日同盟当作障碍而非力量。至此，英国与美国达成谅解，将压力转移至日本身上。

资源稀缺、力量相对弱小的日本，在强烈的危机感支配下，反而显得更加强势和主动。华盛顿会议之前，日本的谈判策略有三个：一是美英同日本主力舰比例应为 10∶10∶7；二是如果不能达成，可退至 10∶10∶6.5；三是如果美英保证维持太平洋现状，可同意 10∶10∶6。没有实力作为基础，谈判只能单纯地变成讨价还价。日本希望开始"叫出高价"，即使在谈判过程中被"压价"，最终也容易获得超出实力许可的收益。

日本的三个条件均令美国无法接受。首先，美国海军需要在大西洋和太平洋同时部署与运用，日本海军只需要在远东海域部署与运用。即便美日两国海军主力舰达成 10∶6 比例，日本海军也可以凭地利，在远东海域保持优势。其次，如果日本在远东海域占据优势，英国可能更加倚重英日同盟，在贸易、金融等问题上向美国施压，法国和意大利可能趁机向美国"抬高要价"。显然，如果日本的要求被满足，华盛顿会议对美国，就是失败的会议。于是，针对日本的谈判条件，美国的回应是，如果日本海军每增加 1 艘主力舰，美国海军就增加 4 艘。凭借强大的实力、坚定的决心以及英国的精明和务实，美国对日本的施压很快产生效果。

《五国海军条约》是国际战略格局的真实反映。美国与英国平起平坐，日本受到限制，"曾经与英国分享海洋的法国，变成了二流海上国家"[1]。美国从《五国海军条约》中获得了难以撼动的国际法理地位和实力地位。如果其他列强破坏条约，美国可以凭借不可超越的工业实力，建造无可匹敌的海军舰队。换言之，《五国海军条约》使每个大国均受到来自美国强烈的心理震撼。美国由旧国际秩序的参与者转变为新国际秩序的构建者。

军事技术决定国际军备条约时效。随着海军技术的发展，舰队作战能力不再取决于战列舰的吨位与数量，而是战列舰、巡洋舰、驱逐舰、潜艇等多种舰艇的体系构成。紧抱丛林法则的大国总会利用军事力量的复杂构成，争取政治和外交的主动地位。只限制主力舰吨位的《五国海军条约》，不能约束各国发展战列舰之外的"非主力舰"，新一轮海军竞赛的波涛汹涌而来。

受国内和平主义运动影响，1927 年 2 月 10 日，时任总统约翰·卡尔文·柯立芝建议五大国政府在日内瓦召开海军会议，讨论限制非主力舰。然而，收到的回应远不如 5 年前华盛顿会议那样令人充满信心和道德感。英国政府同意参加，但表示英国皇家海军需要全球部署，依赖更多的海上交通线，《五国海军条约》规定的主力舰吨位比例不适合于非主力舰。日

---

① B. J. McKcroher, *Arms Limitation and Disarmament: Restraines on War, 1899 – 1939*, London: Cassell Wellington House Publishing, 1992, p. 121.

本政府同意参加，但强调主力舰吨位比例应当根据国防需要改变。华盛顿会议的最大失意者法国拒绝参加，因为法国海军主力舰已经遭限制，如果非主力舰再遭限制，实力将进一步削弱。意大利没有明确拒绝，因为它已经成立独立空军，坚持把限制陆军、海军、空军军备作为整体讨论。显然，意大利希望借助限制海军军备会议限制其他大国发展空军。

1927 年 6 月 20 日，美国、英国、日本三国海军会议在日内瓦召开，法国、意大利派出观察员列席。会议上，美国主张除战列舰之外的所有舰种作为非主力舰，应当维持华盛顿会议确定的比例，遭到英国反驳。首先，英国拥有规模最大的海上商业运输体系，许多大型商船只要稍加改装，甚至只加装舰炮，就可作为轻型巡洋舰使用。其次，英国皇家海军基地遍布全球，比美国海军舰队更容易获得补给。再次，英国全球殖民体系和海上航线需要庞大舰队的保护，如果主力舰总吨位受到限制时，其他舰种的总吨位也受到限制，全球殖民体系将难以维持。最后，英国皇家海军巡洋舰数量遥遥领先于其他海军强国，而且已经下水的无法废弃。在激烈争吵中，英国起初提出巡洋舰总吨位上限为 75 万吨，后来让步降至 56.2 万吨，希望美国同意自己将巡洋舰扩充一倍的计划。美国主张最大限度地降低非主力舰总吨位，提出 40 万吨为上限，最好降至 30 万或 25 万吨，并不设下限。

美英分歧有四个方面的深刻背景。一是 1921 年后，欧洲经济快速恢复，包括英国在内的欧洲大国对美国经济依赖减少。二是美国执行孤立主义政策，华盛顿会议后主动弱化对欧洲事务的干预。三是英日海军开始试验航母编队作战，海军发展重点转向航母编队，对潜艇、护卫舰、巡洋舰和驱逐舰等需求大增。英日如果同意美国主张，便无法顺利建造航母编队。四是凡尔赛体系的天然缺陷，令各国愈加信奉实力政策。

1927 年 8 月 4 日，日内瓦海军会议无果而终。它的失败不能简单地归咎于美英，而是时代使然。即使是高唱世界和平的裁军，也终将演变为军备竞赛的另外一种方式，只是披上一层道德外衣而已。12 月 6 日，柯立芝总统发表国情咨文演讲时称："我们的造舰计划不应受他国限制。相反，所有应当达成的（海军军备）协议必须符合我们的造舰计划。"① 仅过两周，美国国会通过《美国海军五年扩充计划》，称："五年内将装备 15 艘巡洋舰和 1 艘航空母舰。"② 面对美国单方面任性之举，英国无对等回应的实力，却有独特的外交资源。

政治上执行孤立主义的美国，与欧洲各国缺乏协调。英国可以在欧洲大陆上找到对美国不满的其他大国作为帮手。1928 年 1 月，英国与法国展开军备限制谈判，在 7 月达成协议：双方严格限制战列舰、航空母舰、万吨以下且装备 6 英尺以上舰炮的水面舰艇、4600 吨以上的远洋潜艇等。作为交换，英国同意法国扩充后备兵力计划。显然，英国不愿意放弃轻型巡洋舰的数量优势，但又无足够实力与美国展开主力舰与航空母舰军备竞赛，却令正与法国政府讨论签订《非战公约》的柯立芝政府极其尴尬，被认为既无裁军的和平诚意，又伪善地高唱和平论调。尴尬之中，愤怒的柯立芝指示赴巴黎签署《非战公约》的国务卿 F.B·凯洛格，条约签订仪式结束后，取消原定在伦敦停留计划，直接返回华盛顿。

1929 年 3 月，以精于理财闻名的原商务部长赫伯特·胡佛在和平运动兴起之时成为总统。希望节省军费的他上任不到一个月，向英国、日本、法国、意大利倡议召开国际海军会议，还要求国会授权，"在国际海军会议期间暂停《美国海军五年扩充计划》"③。

胡佛政府特别向英国政府表示，希望限制海军军备的标准，由单一总吨位变成舰艇尺寸。根据新的谈判标准，英国大量轻型巡洋舰不用销毁，美国也可以建造更多巡洋舰。正处于巨大压力下的英国政府立即积极呼应。美英合作互相受益使日本孤立。日内瓦国际海军会议后，日本政府公开表示，要将华盛顿会议确定的对美国海军主力舰吨位 60% 的比

① Cerald E，*Wheeler*，*Prelude to Pearl Harbor: U. S. Navy and the Far East, 1921 – 1931*，New York：Columbia University Press，1963，p. 151.

② William L. Neumann，*America Encounters Japan from Perry to McArthur*，Baltimore：The John Hopkins University Press，1963，p. 176.

③ Cerald E，*Wheeler*，*Prelude to Pearl Harbor: U. S. Navy and the Far East, 1921 – 1931*，New York：Columbia University Press，1963，p. 155.

例提高至 70%，1929 年，日本海军巡洋舰的数量和吨位已经超过美国海军。

1929 年 10 月，欧美和日本爆发经济危机，财政窘境为列强间妥协创造了条件。1931 年 4 月 22 日，五大海军强国在伦敦召开国际海军会议，签订了《伦敦海军条约》，规定：美国总吨位为 112.3 万吨，英国 115.1 万吨，日本 71.4 万吨，即 100∶102.5∶63.6。美国可以比英国多建造 3 万吨重型巡洋舰，但轻型巡洋舰需要比英国少 43498 吨。日本轻型巡洋舰为美国的 70%，重型巡洋舰为 60%，潜艇与美国基本持平。美国不仅在主力舰，还在海军总体力量上，取得与英国对等地位，日本继续受到约束。伦敦国际海军会议成为世界海权秩序走向的转折点：英日同盟影响彻底被消除，美国手握道义、经济的双重优势，"不再迁就英国在全球海洋上的支配地位"[1]。同时，美英合作契机由此出现，全球海权新秩序由模糊逐步变为清晰。

美国作为后起海上强国，似乎短短 30 余年间便达到了英国 300 年才达到的高度。背后的艰辛和风险不能被忽视。面对英国这个最大威胁，美国如若仅仰仗超强的经济、科技实力，像德国一样气势逼人，很难"体面埋葬"英国同盟，从而陷入在太平洋和大西洋上腹背受敌的困境。

美国从海军军备限制上受益匪浅。1931 年 5 月 4 日，胡佛在演讲时称："应该再讨论削减陆军军备了。"[2] 显然，他希望携主导世界海军军备限制余威，推动欧洲裁减陆军。

限制海军军备代表构建全球秩序，削减陆军代表构建欧洲秩序。历史积怨在经济危机中最易煽动民族主义狂潮。民族主义盛行时，裁军与和平不可能相提并论。1929 年爆发经济危机，德国掀起了民族主义和复仇主义思潮。连续三任总理（弗朗茨·冯·巴本、库特·冯·施莱歇尔、阿道

---

[1]　Lewis Ethan Ellis, *Frank B. American and Foreign Relation: 1925 – 1929*, New Brunswick: Rutgers University Press, 1961, p. 173.

[2]　Frank Costigliola, *Awkward Dominion: American Political, Economic, and Cultural Relations with Europe, 1919 – 1933*, New York: Cornell University Press, 1984, p. 149.

夫·希特勒）均公然宣称扩充德国武装力量，以武力修改《凡尔赛条约》。与此同时，普法战争后处于心理弱势的法国，面对德国的心理恫吓，已经建成了被认为是世界上最强大的陆军，以此作为维持欧洲大陆首强地位的支柱。

复仇和防止复仇两种情绪走向极端，胡佛裁减陆军的倡议徒劳无功。没有仲裁权力的主导者，必须把技巧与实力运用得恰到好处，才能平衡矛盾。胡佛政府作为欧洲裁减陆军的倡议者，理应成为平衡者，既要考虑德国对《凡尔赛条约》的不满，也要理解法国对德国的防范之心。作为欧洲利益重要攸关方，觊觎欧洲大陆霸权必将引起美国反对。胡佛政府稍有不当便容易前功尽弃。

推动欧洲裁减陆军是公开介入欧洲政治事务，受到被孤立主义主导的国会和社会舆论攻击。为此，坚定支持旨在裁减欧洲陆军的世界裁军会议的国务卿刘易斯·史汀生 1931 年 6 月以携家人度假之名，赴欧洲"敦促欧洲大国解决政治纷争，为推动欧洲大国裁减陆军创造有利的外交氛围"①。

史汀生欧洲之游的第一站是反对裁减陆军态度最坚决的法国。他和法国总理皮埃尔·赖伐尔会面时，试图劝说后者考虑接受裁减陆军并修改部分《凡尔赛条约》条款，却遭到冷遇。1931 年 7 月 23 日，他到达伦敦与恰好在此访问的德国总理海因里希·布吕宁会面。他告诉后者，签订《凡尔赛条约》仅仅是通向世界性裁军的一个步骤。显然，他传递出"《凡尔赛条约》并非不可更改"的暗示。德国此时正在建造《凡尔赛条约》明令禁止的袖珍型潜艇。史汀生提醒布吕宁，建造袖珍型潜艇将给德国制造更多修改《凡尔赛条约》的障碍。最后，他向布吕宁强调，裁军是对德国最有效的保护。史汀生的表态对正处心积虑谋求突破《凡尔赛条约》限制的德国，无异于"雪中送炭"。布吕宁当即表示支持裁军。会面结束次日，

---

① Drew Pearson and Constantine Brown, *The American Diplomatic Game*, New York：New York University, 1935, p. 191.

史汀生迫不及待地赶赴德国。7 月 25 日，史汀生在美国驻德国大使馆宴请德国总理、财政部部长、外交部部长等政府高层要员时，几乎重复了一遍在伦敦与布吕宁会面时的内容，获得德国官员的一致赞同。两天后，史汀生与兴登堡会面。兴登堡表示，希望永远避免世界大战。史汀生立即承诺：“美国一定会竭尽所能地力促世界裁军会议成为永葆和平的象征。”①回国后，史汀生向胡佛总统报告欧洲之行成果时认为，召开世界裁军会议的条件已经成熟。

史汀生过于乐观。欧洲裁减陆军的先决条件是法国认可，只要德国未完全执行《凡尔赛条约》，法国就不可能同意裁减陆军。而且，德国未主动承诺裁军，只是迎合美国。法国认为美国偏袒德国，因而更加难以接受裁减陆军。雪上加霜的是，远东发生“九一八事变”，日本公然破坏《九国公约》《非战公约》，史汀生向胡佛建议，加强与国际联盟合作，制止日本入侵中国，并制裁日本，却遭到反对。胡佛对日本绥靖，希望坐看日本与苏联矛盾激化。其精明与自私，加深了法国（甚至欧洲）对美国推动世界裁军真实意图，以及维护《凡尔赛条约》的能力和信誉的质疑。

1931 年 10 月，赖伐尔正式访问美国，说服法国接受裁军的良机似乎出现。然而，史汀生建议赖伐尔接受修改《凡尔赛条约》时提出，当前西部边界划分可以被德国承认，东部边界划分对德国不太合理。这一明显昧于欧洲经验的表达，使赖伐尔认为如果法国接受德国有权改变其东部边界，等于纵容德国再次发动战争，当即表示，法国不可能将裁军与获得安全担保分开处理，裁军的前提必须是美英提出安全担保。数日后，胡佛以浓厚的孤立主义口吻回应法国的关切：“任何可能导致卷入欧洲纷争的协议都会引起美国人民的反感。”② 1932 年 1 月，史汀生对“九一八事变”的回应仅是轻描淡写地提出不承认主义。法国更加坚信，美国倡议裁军只

---

① Frank Costigliola, *Awkward Dominion: American Political, Economic, and Cultural Relations with Europe, 1919 – 1933*, New York: Cornell University Press, 1984, p. 239.

② Drew Pearson and Constantine Brown, *The American Diplomatic Game*, New York: Vintage Books, 1935, p. 254.

是自私自利的小算盘。

推动裁军者的能力、意志、信誉遭受质疑，裁军动议自然遭到无情抵制。美国对德国的"体谅"、在"九一八事变"上的自私与短视等，令安全感极度缺乏的法国，不可能相信裁军真的会换来安全。希特勒1933年成为纳粹德国总理后，宣布退出世界裁军会议，胡佛政府推动欧洲裁减陆军彻底失败。

胡佛失败的直接原因是，史汀生与威尔逊的方法类似，低估了化解多年积怨与世仇的困难，以及国内强烈的孤立主义和由此引起的绥靖主义。经济危机制造了更多武力解决问题的诱因，裁军成为各国缓解经济困难的权宜之计。尽管美国推动欧洲裁减陆军没有完全取得成功，导致战争之火始终燃烧不息，但也证明了，当世界需要唤醒对和平与进步的追求时，道德感和力量的结合真是稀有物质。

二 制订对日作战计划

因旧秩序难以为继而爆发的战争中孕育着新秩序的种子。第一次世界大战结束后，世界治乱由欧洲和远东决定，在欧洲，美国政治上秉承超然之态，却不能置身于经济之外。在远东，美国无法以单纯的经济利益衡量利害得失。日本对美国在远东的商业利益、国家安全构成日益强烈的威胁。

庞大的海外投资令美国利益与安全边界超越本土。跨海战胜强敌的经验证明，陆军与海军只有相得益彰，才能保卫美国的利益与安全。1919年7月24日，第一次世界大战中组建战后解散的陆海军联合委员会获得重组，由临时性军事专业咨询机构，变成由陆军和海军高级将领联合领导的职能部门，主要成员包括陆军参谋长、副参谋长和战争计划局局长，海军作战部部长、海军作战部部长助理和海军战争计划局局长，核心部门是由陆军战争计划局3名军官和海军战争计划局3名军官组成的陆海军联合计划委员会。显然，陆军与海军希望密切协调、优势互补。

作战计划班子是低调但具有决定性意义的机构。专业、常备且由高素质人才组成的作战计划班子，是一支军队赢得未来战争的关键。如果作战计划班子成员调动过频，受到行政事务干扰，难以及时、准确地跟踪研究对手、战场环境、外交环境等，军队不可能正确地设计作战行动与完成相应作战准备。美军为保卫在远东利益，制订了对日作战的"橙色"计划。

军队作战计划的实用性取决于在多大程度上优化统筹国家最高当局政治意图、外交形势、战略重点和（现实与潜在）军事力量等重要因素。1919 年 12 月，陆海军联合委员会制订了第一次世界大战后第一份对日作战计划。作战计划的设想是，先保卫菲律宾，尔后再集中优势舰队力量进行海上决战。按照这个计划，美国海军必须在太平洋地区获得足够多的海上基地，提供港口和后勤补给，保障舰队在漫长航线上远程机动，完成作战部署。但是，美国海军只有菲律宾一处海上基地。美国海军在远东地区的致命短板是万里跨洋作战，将主动权拱手让于日本海军。

决定强弱优劣的军事议题总会成为外交筹码。制订对日作战计划时，恰逢华盛顿会议中的海军军备谈判陷入僵局。美国国务院认为，优先事务是迫使英国、日本接受美英日海军之间主力舰总吨位 5∶5∶3 的比例，在太平洋上建造海军基地可能引起英日同时反对，不利于海军军备谈判。美国海军提出，海军军备谈判不应当影响在太平洋建造海军基地。但国会受国内和平运动压力，拒绝为在夏威夷、关岛、菲律宾建造军事设施提供资金。再三衡量之后，哈定总统为维护世界裁军倡导者的和平形象，采纳了国务院的意见。《五国海军条约》第 19 条规定："美英日三国有在太平洋地区维持军事设施现状的义务。"[①] 尽管美国有条件在夏威夷群岛、关岛等地修建海军基地、防御工事，在菲律宾增加卫戍部队，但受到外交限制。

当美国在远东的战略地位必须以确保菲律宾安全为前提时，海军就不可能单独承担这一重任。1924 年 8 月，陆海军联合委员会制定了新的计划。计划设想是由陆军保卫菲律宾安全，首先控制马尼拉湾基地，等待海

---

① Dorothy Borg, *The United States and the Far Eastern Crisis of 1933 – 1938*, New York：Vintage Books，1973，p. 236.

军舰队增援，在逐步形成优势后，再控制对日本至关重要的海上交通线，迫使其退出战争。这份最新计划紧紧抓住了日本严重依赖海上交通线的致命弱点，但丧失了战争胜利的基本条件：争取时间。跨洋作战的要诀是尽快形成优势，以逸待劳，攻击对方弱点。

日本海上交通线位于远东海域，美国海军必须由东向西跨越至少半个太平洋，再由北至南贯穿整个远东海域，才能攻击日本海上交通线的弱点。现实却是，美国海军在太平洋缺乏中转基地，即便从夏威夷出发，也需要海上航行 5000 英里，经过 10 天才能抵达菲律宾海域。即使日本军队不伺机袭扰，美国海军至少需要三周才可能达成战争目标。菲律宾距日本南部海军基地不到 1500 英里，距菲律宾仅 800 英里的中国台湾地区被割让给日本后，完全可以被当作发起军事攻击的前沿"跳板"。日本海军只需要 3 天便可抵达菲律宾海域，陆军只需要 5～7 天便可攻击菲律宾，而"美国陆军在菲律宾的屯兵极限只有 15000 人"[1]。

预想敌人放弃有利条件的作战计划经不起任何推敲。陆海军联合委员会的新计划的根本疏漏之处是，一厢情愿地预想日本不会先发制人。如果日本军队抢先发起攻击，美军既无法拥有充足的条件固守和增援，也没有时间争取力量优势。跨洋作战的弊端也成为美国在远东最致命软肋：没有足够坚固的前沿基地。显而易见的军事劣势和强大的孤立主义势力结合成一股力量，为绥靖提供了合理借口。也许有人认为，日本在远东气势汹汹，激化地区矛盾，令美国乐见其成，美国对日本的绥靖，无奈的忍让为其表，精明的纵容为其实。笔者对此种观点并不认同。当现实利益与风险相伴相生时，除非风险大到现实利益无法弥补损害，否则没有任何国家愿意去冒险开启战端。美国后来的绥靖，只是风险没有足够大而现实利益犹存的结果。

连续两份漏洞百出的作战计划，引起陆海军联合委员会内部激辩，出

---

① Fred Greene, "The Military View of American National Policy, 1904–1940," *The American Historical Review*, 1961, Fall, p. 37.

现了两种对立意见。一种意见是，主张主动进攻，挫败日本在远东的野心。持这种意见的人认为，既然没有足够的前沿基地，就应当对日本保持震慑姿态，必要时主动打击日本海军主力舰队。这种意见实质是，利用美国总体实力的绝对优势，吓阻日本，以"不战而屈人之兵"。但是，威慑战略的先决条件是展示强大的实力和坚定的决心。没有足够的前沿基地，美国海军无法在远东海域派出大规模舰队长期游弋。另外，美国此时为《五国海军条约》的最大受益者，刺激日本显得不合时宜。

另一种意见是，将夏威夷当作前沿防御地带，拱卫美国西海岸，通过经济制裁和袭击海上交通线。持这种意见的人认为，既然缺乏大规模使用陆军部队和海军舰队的有利条件，就应当避免冒险进攻，利用总体实力优势，消耗、拖垮日本。这种意见看似避免了跨洋作战弊端，但将菲律宾、关岛置于日本威胁之下，甚至存在主动放弃的可能。届时，美国保卫海外利益的能力与信誉将受到严重削弱。

两种对立意见反映了美国在远东进退两难的困境。进，是盲动；退，则是软弱。左右为难之际，也许只有对手才能"帮助"做决定。正当在两种对立意见之间争持不下时，日本明目张胆的挑衅使美国坚信，容忍日本控制远东才是最大的失败。1927 年 4 月，日本政府向美国国务院提议，把《五国海军条约》中对太平洋建设军事基地的限制范围，扩大到夏威夷和巴拿马运河。日本明火执仗地排挤美国，促使美国陆海军联合委员会按照主动进攻原则制订新的作战计划。

1928 年 4 月，奠定美军对日作战基本框架的计划出台。首先，陆海军联合委员会预判日本军队可能采取的各种行动。美军判断日本无法支撑长期战争，极有可能不宣而战地突然袭击，在尽量短的时间内消灭美国海军太平洋舰队。其次，陆军与海军分工协作。陆军主要任务是保卫本土和支援海军，海军主要任务是消灭日本海军主力舰队，取得远东海域控制权。尔后，陆海军联合行动，攻占军事基地和军工厂等目标。最后，合理规划关键作战行动。一旦日本军队突然展开进攻，美军全力防卫菲律宾，尤其是力争控制马尼拉湾。同时，美国海军太平洋舰队与陆军部队力争 30 天内在夏威夷集中，再向西推进，与日本海军主力舰队决战。这份作战计划客观分析了日本可能的行动和充分考虑了缺乏前进基地等制约因素，因而更具合理性。但是，最大弊端仍然是缺乏前进基地而放弃战略主动权。

1929 年，席卷世界的经济危机爆发。美日之间因政治制度差异采取截然不同的应对方式。美国政府的命运取决于选民的选票，当大量企业和银行倒闭、失业率和犯罪率上升时，政府必须将企业和银行的生存以及民众就业、养老、医疗等经济社会事务作为头等大事。这种情况下，军费预算受到限制，陆军"增长预算的希望成为泡影"①。受预算减少影响，陆军规模锐减，"1933 年 6 月，陆军兵力仅有约 12 万，经过动员后也不可能超过 18 万"②。海军稍加乐观，"1929 ~ 1932 年，海军预算维持在 3.5 亿 ~ 3.7 亿美元，1933 年降至 3.3 亿美元，1934 年更是降至 2.9 亿美元"③。预算不足使海军没有达到《五国海军条约》规定的最高上限。另外，菲律宾爆发独立运动，获得美国国会支持。1934 年 3 月 24 日，国会通过支持菲律宾独立的《泰丁斯－麦克杜菲法案》，政府扩大菲律宾军事存在的希望落空。

日本政府的命运取决于天皇态度，天皇态度又取决于是否符合日本作为一个整体的利益。日本政府急于解决社会矛盾的心理，在外交孤立、资源稀缺压力下，变成继续冒险的冲动。日本需要获得更大的海外市场与更多的能源进行自救。日本不仅在 1931 年制造"九一八事变"，占领中国东北，还违反《五国海军条约》，扩大舰队规模和军事基地，最终在 1934 年12 月 29 日，单方面宣布退出 1922 年和 1930 年签订的两项海军协定。

美国应对经济危机的本质是国内利益格局的再调整。日本奉行集权制度，不可能调整利益格局，实现自我发展。经济危机使罗斯福政府将主要

① Mark S. Watson, *Chief of Staff, Prewar Plans and Preparations*, Washington: U. S. Army, 1974, p. 26.

② Stephen Roskill, *The Period of Reluctant Rearmament 1930 – 1939*, London: Cassell Wellington House Publishing, 1976, p. 491.

③ Stephen Roskill, *The Period of Reluctant Rearmament 1930 – 1939*, London: Cassell Wellington House Publishing, 1976, p. 493.

精力置于内政，而日本政府将主要精力置于外交，动摇了美日之间勉强维系和平的脆弱基础，远东日强美弱的军事态势渐显。一旦日本军队主动发起进攻，美军无力保护菲律宾，保护在远东的利益更无从谈起。

1935 年 1 月，美国陆军新任参谋长道格拉斯·麦克阿瑟强烈要求全面调整"橙色"计划，以适应日益危险的远东形势。1935 年 3 月，陆海军联合委员会提交了最新对日作战计划，不再突出强调保护菲律宾安全，而是突出强调美国海军跨洋作战时应当"依次夺取马绍尔群岛、加罗林群岛，确保海上交通线的长期安全"①。这份计划表明美军高层对远东局势更加警醒。日本海军急速膨胀与美国海军发展迟滞出现鲜明对比，美军只能在开战初期以守为主，先确保海上交通线安全，累积海上实力优势后再反攻。但是，这份计划仍然存在两个致命之处。一是在开战初期将时间留给日本。美国海军在步步为营向远东推进、不断累积优势的过程中，日本军队可以趁机夺取菲律宾等战略要地，甚至还有充裕的时间以逸待劳，准备与万里跨洋的美国海军舰队决战，或者再进行一次对马海战式伏击。二是没有为应对预料外情况留有余地。美军没有考虑到菲律宾等战略要地丢失之后的应对策略。只有菲律宾固守成功，日军腾不出手来，美国海军才有条件，一边准备反攻，一边稳固海上交通线。

陆海军联合委员会制订的对日作战计划，无法绕开在远东缺乏基地短板，丧失了战争胜利最基本的时间条件，因而难以适应各种可能的变化。

1935 年 5 月 9 日，鉴于欧洲"火药味"日益浓厚，美国国会通过《中立法案》。在对战争的忧虑加深中，陆海军联合委员会开始立足欧洲和远东同时爆发战争制订作战计划。

美国在远东面临的威胁是明确的，对于日本的实力与可能的行动，陆海军联合委员会内部有强烈共识，但在应对策略上存在明显分歧。

因经济危机遭到严重削弱的陆军，不可能在短期内远涉重洋，奔赴远东实施大规模作战，因而主张退守，形成以夏威夷为前哨、以阿拉斯加和

---

① Louis Morton, "War Plan Orange. Evolution of a Strategy," *World Politics*, November 1, 1959.

巴拿马为前沿支点的防御体系，确保美国本土安全。这等同于放弃美国在远东的利益。

受经济危机影响较小的海军，担负赴远东跨洋作战的重任，认为如果不能保卫远东，美国在欧洲和西半球面临的风险也将随之增大，因而主张积极考虑与英国合作。显然，海军从美国国家政策和世界整体格局的高度分析远东军事形势，具有更加开放的视野。但是，陆军的意见受到国内孤立主义者的支持。对日作战计划的重新修订在互不相让的争吵中陷入僵局。

1936 年 11 月，意大利与德国签订同盟条约，建立柏林 - 罗马轴心；1937 年，日本制造扩大入侵中国的"七七事变"。欧洲和远东局势骤然紧张，陆海军联合委员会内部争吵也有所加剧。陆军认为，现有兵力规模有限，无法兼顾欧洲与远东，必须优先保证在欧洲有足够部队，同时确保美国本土与夏威夷的安全，避免陷入与日本久拖不决的海外行动。陆军将欧洲作为战略重点，但存在明显局限性，对无法实施大规模地面作战的远东不甚关心，忽略了美国巨大的战争潜力和国际形势变化。

海军充分享受到了美国巨大的战争潜力和亲身感受到了国际形势新变化。首先，罗斯福总统 1936 年 7 月授权海军，可以不受军备限制条约的影响，研究舰队扩充计划。其次，英国政府此时已公开支持美国向日本展示海上优势。

对此，罗斯福同意举行美英海军参谋会谈以示赞同海军的主张。作战目标是作战计划的核心因素、海军认为目标是打败日本，维护在远东的利益，因而当远东爆发战争，必须确保美国本土安全，扩大战时工业生产，为反攻准备充足的战争物资。同时，海军应先尽量保存实力，避免在不利情况下被迫决战。即使盟国援助难以预知，甚至日本获得轴心国援助，也要尽快完成战争准备，便于海军集中优势舰队，向日本本土发起反攻。

1937 年 10 月 5 日，罗斯福总统发表著名的"隔离演说"，呼吁"所有爱好和平的国家团结起来对日本实施集体制裁，切断它的贸易和原材料供应通道"①。他还私下表示："如果能联合国际社会制裁日本，我就命令军队向日本示威。"② 罗斯福强硬对待日本，驳斥国内孤立主义者，是对海军作战计划的赞许。

尽管罗斯福演说遭孤立主义者诟病，但作为政府首脑，他的立场影响了陆军。陆军虽然坚持将太平洋地区的防御前沿置于夏威夷，以保卫美国本土作为战略重点，但做出改变后认为，海军无法单独打败日本，应当在总统明确指示后，方可越过夏威夷向西行动。陆军实质上接受了海军的作战目标，即最终打败日本。当军种超越自身局限时，军事战略才能服务于国家政策。陆海军联合委员会达成共识，一旦与日本进入战争，就必须跨洋作战，摧毁日本军队。

英国在远东的利益也遭受日本威胁，美英在远东合作对抗日本"水到渠成"。1937 年底至 1938 年初，美英海军参谋会谈在伦敦秘密进行并达成一致："一旦远东爆发因日本挑起的战争，美英两国海军应当尽快形成优势，共同击败日本海军。"③

美英合作为陆海军联合委员会制订对日作战计划注入了新的积极因素。1938 年 2 月，陆海军联合委员会提交了最新对日作战计划，明确规定了新的作战方针，在确保美国本土、阿拉斯加、巴拿马和夏威夷安全基础上，不断增强对日本的军事压力和经济压力，最终打败日本。陆海军联合委员会设计了三个关键行动：一是保卫菲律宾安全的重点是控制马尼拉湾，阻止日本海军进入；二是控制分别从美国本土至夏威夷、巴拿马和阿拉斯加的海上航线，以备集中优势力量反攻；三是打击日本军事力量。美军将进攻与防御、聚集力量优势与确定战略战术等问题统筹谋划，逐步形成美英联军作战思想。

① Samuel Rosenman, *The Public Papers and Addresses of Franklin D. Roosevelt, 1937*, New York: The Macmillan Company, 1941, p. 411.
② Hakolv Lickes, *The Secret Diary of Harold Lickes*, New York: Simon & Schuster Company, 1954, p. 278.
③ Janes H. Herzog, *Closing the Open Door, American – Japanese Diplomatic Negotiations, 1936 – 1941*, U. S. Navy, 1973, p. 25.

1938 年 9 月 29 日，签订《慕尼黑协定》似乎缓和了欧洲的紧张气氛。但 10 月 9 日，希特勒抛出新的军备扩张计划。在远东，1938 年 11 月 3 日，日本首相近卫文麿发表"建立东亚新秩序"的声明。纳粹德国 1939 年 3 月吞并捷克斯洛伐克。短短半年内紧张局势急转直下，绥靖主义全面失败。

外交失败引起内政反思，使美国国内越来越多人认为，孤立主义的结果是姑息养奸，纵容侵略。战争威胁迫近，促使陆海军联合委员会更加全面地分析形势，预想应对措施。

1939 年 4 月 21 日，陆海军联合委员会出台新的报告，分析了美国在欧洲与远东同时面临的危险：如果英法战败投降，纳粹德国将可能会入侵美洲大陆；日本将可能攻占菲律宾和关岛，再利用德国、意大利牵制美国，打破太平洋防御圈。据此，陆海军联合委员会确立了新的作战方针：在大西洋采取攻势、在太平洋采取守势。新的报告使罗斯福认识到，必须刻不容缓地准备战争。

1939 年 6 月 30 日，陆海军联合委员会针对轴心国集团的"彩虹"计划出台，标志着美国开始两线作战准备。1939 年 9 月 1 日，德国入侵波兰，凸显出美军对日作战计划工作滞后，在情报准备、战场准备、部队训练、后勤与武器补充等方面思考不周。美国军方针对日本保守与审慎的军事准备与政府主动、灵活的经济制裁（石油与钢铁禁运等）极不协调。前者刺激日本得寸进尺地冒险挑衅，后者刺激日本与日俱增的危机感。

三　对德国由有限支持到绥靖再到敌对

1919 年 5 月 15 日，威尔逊的经济事务顾问诺曼·戴维斯和托马斯·拉蒙特递交了一份备忘录，富有先见之明地指出："与欧洲的贸易将决定美国下一个 10 年的繁荣。"① 威尔逊卸任后，美国面临结束战时经济、转

---

① Frank Costigliola, *Awkward Dominion: American Political, Economic, and Cultural Relations with Europe, 1919 – 1933*, New York: Harcourt & Brace Company, 1976, p. 33.

向和平经济的巨大挑战。解决战争时期积累下来的过剩产能、巨额债务等问题刻不容缓，对海外市场的需求比之前更甚。欧洲自然是美国恢复海外市场的优先考虑。然而，政治疏离必将导致经济分割。大战之后，欧洲经济崩溃，大国之间各怀异志而矛盾重重，美国国内盛行孤立主义思潮，美欧之间贸易锐减。美国商务部 1923 年出台的一份报告显示："1919 年，美国向欧洲出口商品总额近 52 亿美元，1922 年则不到 21 亿美元。同期，美国企业的贸易盈余从 40 亿美元减至 7 亿美元，在欧洲投资共损失 5 亿美元。"① 大战后欧洲的混乱和贫穷，对美国的工厂、矿山、银行来说简直是灾难，美国政府不能再对欧洲经济袖手旁观。

　　欧洲恢复经济的关键在于英国、法国、德国等大国，而美国对德国的支持力度最大，这与政治倾向和各个大国在欧洲整体经济体系中的地位作用紧密相关。英国在海军、金融、贸易等多个领域，是美国最强大的竞争对手。法国在战后给美国制造的麻烦仅次于英国。德国作为战败国，对美国几乎言听计从，何况还有欧洲最丰富的人力资源、最庞大的国内市场，是欧洲整体经济兴衰的枢纽。再者，从深层次看，美国需要德国平衡英国和法国。因此，帮助德国恢复经济成为美国欧洲经济政策的中心。

　　德国恢复经济的最大障碍是战争赔偿。第一次世界大战结束后，德国战争赔偿问题是处理欧洲残局不可回避的症结。战争赔偿不是单纯的经济问题，容易受政治制约。战争仇恨未消，英法等欧洲大国或许是故意忽视了一条基本原则，赔偿者的赔偿能力是解决一切赔偿问题的基础。1920 年 7 月，协约国成员和德国在斯帕举行战争赔偿和解除军备的国际会议。英法等不顾德国赔偿能力提出巨额赔偿要求，还威胁武力占领，迫使德国勉强接受。实际上，德国经济已经崩溃，无法满足英法的赔偿要求。

　　1921 年 1 月，协约国在巴黎再次召开德国战争赔偿会议，要求德国在 42 年内支付总额为 1320 亿金马克（约 317.8 亿美元）的战争赔款，将德

---

① U. S. Department of Commerce and Bureau of the Census eds. , *Historical Statistics of Colonial Times to 1970*, *Part 2*, Washington: Government Printing Office Publishing, 1989, p. 903.

国全部财产特别是全部关税收入作为抵押。但是，德国政府 3 月初做出回应：在经济恢复的前提下，愿意缴付总额为 500 亿金马克的战争赔偿。双方巨大的差异表明，即便德国经济恢复如战前之状，也必将虚与委蛇；即便英法经济不被大战所累，也必将对德国"敲竹杠"。无法达成赔偿共识的结果就是，英法 1929 年 3 月出兵占领杜塞尔多夫等 3 座德国城市，收缴德国海关关税，在占领区与非占领区之间设立海关站口。

　　战败的德国在欧洲孤掌难鸣，只好援引也许自己都不相信的国际联盟中"保证主权国家领土完整"的条款进行外交抗议，并邀请美国政府仲裁，承诺无条件服从裁决。然而，时运不济的是，倡导建立国际联盟的威尔逊总统早已卸任，执行坚定的孤立主义立场的哈定总统上任不久便宣布，退出对德国赔偿具有唯一决定权的赔偿委员会，只以观察员身份参会。他的如意算盘是，既无须对德国战争赔偿承担政治责任，又不至于放弃与欧洲的贸易。因此，遭受英法军事占领的德国不可能在战争赔偿上，获得来自美国的支持。

　　1921 年 8 月，德国政府筹措了 10 亿马克作为第一笔战争赔款。不久之后，德国爆发经济危机。虽然经济危机不是英法武力胁迫所致，但武力胁迫并不有助于解决德国战争赔偿。英法对德国军事占领造成紧张局势，许多工人不敢上班，商埠不敢营业，经济进一步恶化。另外，英法还徒增军事开支。1923 年 1 月 11 日，法国和比利时对德国鲁尔工业区实施军事占领，企图强迫德国履行赔偿规定。德国消极抵抗，鲁尔工业区陷入极大混乱。法国和比利时花费了巨额军费，自身经济恢复负担也随之加重。面临此僵局，哈定总统决定调解。

　　官方主导战争赔偿是欧洲的历史惯例，财大气粗的美国却展示出独特的商业优势。政府负责制定政策，创造有利条件，独立的财政专家和企业财团（银行）负责制定赔偿的时间表和监督执行，很快掌握了处理德国战争赔偿问题的主导权。

　　首先，美国政府指派的财政专家有利于从专业角度，贯彻政治意图。参加德国战争赔偿委员会的美国财政专家主要有芝加哥银行家查尔斯·G.

道威斯、美国通用电气公司总裁欧文·杨格、美国无线电有限公司亨利·M. 罗宾逊等人。其中，道威斯担任最重要的第一委员会主席，他是一位成功的银行家，精通国际金融与财政运作，与企业财团（银行）有着密切而广泛的联系。更加重要的是，他曾经担任美国政府的预算署署长，还在法国有过外交工作经历，几乎是贯彻美国政府意图的完美人选。杨格是美国纽约储备银行行长，与对美国经济金融具有举足轻重影响的摩根财团关系密切，还与德国工商业过从甚密。道威斯和杨格非常适合美国政府向欧洲尤其是法国和德国施加必要的影响力。

其次，美国政府灵活用人的策略。尽管参加德国战争赔偿的主要财政专家均来自企业财团（银行）等商业和金融领域，不是现任政府官员。美国政府通过报纸反复对外宣称，政府不会对赔偿委员会的专家施加强行政治约束。但政商兼通的他们由美国政府指派，自然代表美国的立场和利益。这种心照不宣的内在政治运作，体现出美国政府的灵活性。一方面，美国政府不希望被英法认为直接介入德国赔偿问题，有利于避免重新陷入无休止的政治纷争；另一方面，有利于道威斯、杨格等人，利用商业和金融才干，直接影响欧洲各国政府指派的财政专家；再一方面，战争赔偿委员会的讨论如果陷入僵局，美国政府可进行外交斡旋，否则便无回旋余地。

德国战争赔偿的主导权重新落入美国之手，代表着美欧利益无法割裂以及美国对欧洲影响力不可逆转的增加。1924 年 4 月 9 日，史称道威斯计划的德国战争赔偿方案出台，道威斯计划没有确定德国赔偿总额和最后期限，只规定了 1924～1929 年的具体赔偿数额；由一名美国人担任负责监督德国执行赔偿计划的总管；战争赔偿由德国和同盟国其他成员共同负责（原来规定由德国一国负责）；维护德国经济独立和统一；鼓励向德国投资（首先由美国和英国银行向德国政府提供 8 亿金马克贷款）。道威斯计划颠覆了《凡尔赛条约》中关于德国战争赔偿的条款。当大国使用经济手段解决复杂的政治问题时，在经济领域的影响力会向政治领域延伸。道威斯计划获得英法德认可，法国和比利时遂同意从鲁尔工业区撤军，鲁尔工业区得以保全，对德国甚至对欧洲的影响远远超出了经济范畴。德国工业活力被重新焕发，仍然是欧洲不可估量的重要力量。由美国人担任监督德国执行赔偿计划的总管，不确定德国赔偿总额和最后期限，不仅减轻了德国赔偿负担，还赢得了德国好感，更在英法德间保持微妙平衡。可见，美国孤立主义之于欧洲，与英国光荣孤立之于欧洲大陆颇有神似之感，不是与欧洲隔绝，而是灵活追求实效。

1925～1929 年，德国发行了 108 亿马克的长期债券，美国认购其中52 亿马克。同期，德国获得短期贷款 155 亿马克，其中美国银行贷款达127 亿马克。这些数据表明，当时的德国甚至欧洲，正如一个即将窒息于封闭黑箱中的人，美国的资金和贷款像氧气一样不可缺少。德国战争赔偿计划是否能顺利执行取决于美国国内经济是否得到发展。此时的美国，相对于拿破仑战争后的英国，似乎缺少某种精明守财之心，但这是美欧共同利益不断扩大的必然，而非战略本身缺陷。

道威斯计划效果显著，美国与欧洲大国之间的经济关系形成良性循环。美国为欧洲恢复经济提供货款，德国因为经济恢复迅速而增加了财政收入，相对顺利地支付战争赔款。英法等欧洲国家得到美国贷款和来自德国的战争赔款后，加速了经济恢复，得以向美国偿还战争债务。一条源自美国，经过欧洲，扩大后回流到美国本土的资本利润"链条"得以出现。在这个链条上，大量资金被用于促进企业生产、激励民众消费、增加财政税收。美国和英法德等成为共同受益者。

债权方与债务方、赔偿者与接受赔偿者之间的关系基本顺畅，使战争赔偿、战争债务偿还计划顺利持续。美国较为成功地运用商业原则影响欧洲冷酷的现实政治，证明了契约精神在国际政治领域的适用性，取决于多大程度上维护共同利益。

第一次世界大战之后，历史仇恨与现实利益冲突充斥于欧洲，唯有重回孤立主义的美国，似乎心高气傲地超然于外，专心于恢复欧洲经济，既有远见卓识，也有过分注重现实利益的短视。美国主导德国战争赔偿问题，努力令德国再度成为国际社会正常一员，而不是刺激其民族仇恨之心，足以显示出美国相对于英法等欧洲传统列强的远大目光，但也在一定程度上纵容了不忘复仇的德国。1929 年爆发经济危机后，美国在不知不觉中埋下祸根。

1929 年 6 月 7 日，杨格计划出台，延续了道威斯计划的核心原则，以恢复德国经济为优先，将德国战争赔偿与协约国偿还战争债务并轨进行。主要变化是：取消了赔偿事务总管一职；规定了德国的赔款总额和付清年限，将德国的年付金分为无条件赔款和有条件赔款，前者无论发生何种情况必须每年照付，后者在德国发生经济困难时可以缓付。杨格计划将进一步减轻德国赔偿负担。杨格计划本来从 1930 年开始实施，然而，1929 年 10 月，受经济危机所累，美国银行对德国贷款锐减，对美国资金极为依赖的德国，立即陷入财政恐慌。1931 年 5 月，德国全面爆发经济危机。6 月 6 日，财政状况迅速恶化的德国政府公开宣称："德国正在承受着不堪忍受的赔偿义务。"[1]

胡佛因大萧条无暇他顾，受经济危机所累的欧洲"病急乱投医"。1932 年 6 月，英国、法国、德国、意大利等国达成协议：德国发行 30 亿马克债券，由国际清算银行认购；1935 年之后，这批债券应当以不低于票面价值 90% 的价格公开出售；1947 年后，未出售部分自动冲销；妥善解决协约国与美国债务问题作为协议生效的前提。

此协议将欠美国债务"打包"出售，实为集体逃债。试想，欧洲各国财政困难，怎么可能有人对此不满。胡佛只好无可奈何地同意债务延缓，默认债务不了了之的可能。

共同利益无法确保时，纯粹的商业原则不可能支配大国间经济关系。席卷世界的经济危机的影响远远超越经济领域，导致地缘政治、军事安全等领域发生全面变化。纯粹的商业原则与理想化的威尔逊主义一样功过两分，促使美国开始了自我改造，将理想和现实结合，免不了间歇性偏离与

---

[1]　Manfred Jonas, *The United States and Germany, A Diplomacy History*, New York：Cornell University Press, 1981, p. 198.

左右摇摆。

经济危机是"放任不管"的自由市场"自我调节"失灵所致，旧经济社会秩序在文明进步冲击下走向崩溃。混乱、贫困是产生政治野心的最佳"土壤"。墨索里尼和希特勒先后利用经济危机攫取各自国家最高权力。但是，美国国内政治氛围却没有被极端思潮支配，自由市场的经济制度和强调个性自由的国民心态是一体的两面，社会上只要有一种极端思潮出现，必定出现另一对立极端思潮，导致多元化思潮交汇，民众难以被某一种极端主义思潮驱动，社会变革总会趋于新的平衡。主张自由经济的胡佛总统，被主张加强市场监管和利用国家力量解决经济社会问题的罗斯福取而代之，正是美国社会讲究多元平衡在政治领域的反映。可见，成熟的政党政治根植于社会包容。

希特勒和罗斯福几乎同时成为各自国家的执政者。希特勒凭借煽动性口才、混乱的社会状态、对《凡尔赛条约》的仇恨，以看似炙热真诚的民族感情实为街头政治之术的冲动本能，成为德国元首，建立专制独裁的法西斯政权。罗斯福依托美国稳定的政治制度，在危机喧闹中，凭借切合民众心态的个人形象、国民对其政治经验的信赖，成为美国总统。德国和美国政治制度的差异决定了希特勒和罗斯福施政差异。希特勒解决国内危机是为实现复仇式扩张，而罗斯福内政外交皆为解决经济困境。

罗斯福从胡佛手中继承的，不仅是国内成堆的麻烦，还有"合伙给美国制造难题的欧洲"[1]。首先，在中欧和东欧，民族自决原则遭到背弃，根据欧洲大国间平衡之术划定的国界将许多民族强行割裂，在民族主义思潮泛滥中，复仇与扩张叫嚣成为威胁欧洲和平最刺耳的声音。其次，经济危机使社会矛盾重重、《凡尔赛条约》及其战争赔款对德国极力压榨等因素，"帮助"纳粹上台。希特勒个人狂妄乖张，令英法在制定《凡尔赛条约》时的短视与心虚暴露无遗，绥靖主义由此而生。最后，美国国内孤立

① Patricia Clavin, *The Failure of Economic Diplomacy: Britain, Germany, France and the United States, 1931 - 1936*, New York: Columbia University Press, 1996, p. 33.

主义者将欧洲当作一个由奸诈小人组成的整体，希望美国与欧洲之间除贸易之外的任何联系都不应当存在。

备受束缚的罗斯福，既不同于威尔逊，也不同于孤立主义者，而是理想与现实结合体式的政治人物。他认为巴黎和会不仅没有消除战争隐患，还制造了战争隐患。希特勒崛起之后，他既反对德国以武力修改《凡尔赛条约》，又积极主张修正《凡尔赛和约》。

孤立主义者的强大束缚、对德国些许同情心理和对英法的抱怨，导致罗斯福在希特勒上台后，仍然对德国存在一定程度的容忍，一直希望通过安抚德国来消除《凡尔赛条约》不合理之处，避免刺激德国发动战争，维护欧洲的和平与稳定。1933 年，希特勒宣布退出世界裁军会议；1935 年，希特勒宣布重整军备；1936 年，希特勒出兵莱茵兰非军事区。罗斯福没有对这一系列严重违反《凡尔赛条约》的事态做出实质性反应，却呼吁英法同意德国在殖民地上的某些要求，导致国际社会几乎无动于衷地坐看《凡尔赛条约》被公然破坏，使希特勒胃口大开。1938 年之后，希特勒吞并奥地利、苏台德地区乃至捷克斯洛伐克全境，在此过程中，美国由谅解式安抚变成了纵容式绥靖。

孤立主义者可以约束罗斯福，但不会漠视经济利益受损。只要没有明显的战争威胁和安全压力，经济利益始终至上，成为美国立国尤其是门罗主义出现以来的基本国策。纳粹德国实行战争需求拉动工业生产的经济模式，依赖扩大国内市场需求抵消海外市场的贫乏，封闭了德国国内市场，拒绝国外资本和商品，使极度依赖海外市场的美国向德国出口贸易锐减。随着纳粹德国不断突破《凡尔赛条约》，美国在欧洲其他地区的经济利益受到牵连。1938 年，中欧、东欧、东南欧的进口商品中，德国出口商品所占比重达 35%。希特勒封闭德国国内市场，损害了美国与欧洲之间的自由贸易，自然成为美国政府的“眼中钉”，第二次世界大战爆发时，美德之间已无任何共同利益可言。

1940 年 6 月，法国战败投降，英国成为美国在欧洲抵御纳粹德国的最重要屏障。罗斯福在不列颠空战和抗击德国海军潜艇“狼群”战术期间，不仅推动国会修改《中立法》，加大对英国物资援助，还在大西洋上对抗纳粹德国。首先，1940 年 9 月，美英达成协议，美国向英国提供50 艘驱逐舰，换取英国在纽芬兰岛、冰岛等军事基地，由中立变成非直接参战。其次，1941 年初，美英海军参谋会议决定联合护航，通过"ABC－1"计划，美国海军"在南纬 25 度以北和西经 30 度以西的大西洋海域进行巡航，确保海上航线畅通、力争切断轴心国海上航线，做好占领亚速尔群岛、佛得角群岛的准备"①。

　　1941 年 3 月，纳粹德国海军将潜艇攻击范围扩大至"包括法国南部地中海、北海、格陵兰、冰岛等所属海域"②。美国海军与纳粹德国海军的行动海域高度重叠，罗斯福与希特勒之间处于非正式敌对状态，双方只需要哪怕微小的擦枪走火，也可能触发战争。罗斯福在 1941 年 11 月 6 日海军节发表演说，列举了纳粹德国海军对美国商船的威胁，坦言美国人民当前最大的敌人是希特勒，美国必将被他拖入战争。虽然演说仅 10 分钟，但"希特勒"被提及多达 21 次、"纳粹"一词被提及 6 次。珍珠港事件前一天，海军作战部部长哈罗德·斯塔克和陆军参谋长乔治·马歇尔联合签署战略报告，明确提出："美国摧毁轴心国的战争经济，需要对德国本土及其仆从国实施战略空袭，还要依靠强大可靠的海上封锁。"③ 珍珠港事件之后，美德正式进入战争状态。

　　纵观这一历史过程，德国对美国既独特、又复杂，第一次世界大战之后，美国努力缓解甚至消除德国因战败而遭受的灾难，显示出对欧洲传统的超越。如果美国取得处理德国战后地位的主导权，将可能至少提前 20年主导欧洲秩序，但昧于欧洲的历史经验，这一机遇被错失。希特勒上台、轴心国集团成立、美日矛盾激化后，罗斯福认识到："美国的机遇已

---

①　U. S. Army and Navy Committee, *Report of the America － British Staff Conversations*, Washington: U. S. Army and U. S. Navy, Mar, 27, 1941.

②　State Department, *Documents on German Foreign Policy*, *1918 － 1945*, Washington: Government Printing Office Publishing, 1959, p. 260.

③　Charles. C. Tansill, *Back Door to War: The Rooservelt Foreign Policy*, *1933 － 1941*, Chicago: Regnery, 1952, p. 23.

经来临，因为世界持久稳定的秩序需要美国贡献力量。"① 美国将德国由安抚对象变成敌人，是经济利益和价值观的对立、美国式理想主义、地缘政治等多重因素的结果。

四　与英国在曲折中走向同盟

危机既可能拆散同盟，也可能创造同盟。如果没有 1929 年爆发的经济危机，美英即使不会走向全面对抗，也必定会拖延甚至阻止西方历史上最持久、最稳定的同盟出现。

民族主义、复仇主义、种族主义、复古主义等极端思潮，在席卷资本主义世界的经济危机中肆虐。20 世纪 30 年代之后，意大利、德国、日本走上法西斯主义道路，成为新的战争威胁。美英需要重新评估各自安全与利益的挑战。

美英政治体制的共同点是，对外行为受制于国内社会氛围。这就带来一种可能性：深谋远虑之举常因现实羁绊而举步维艰。1937 年 2 月，根据罗斯福指示，美国财政部部长亨利·摩根索、驻英国大使诺曼·戴维斯，试探性地向英国政府提出加强合作的建议，遭遇冷淡回应。1937 年 7 月，罗斯福直接邀请首相张伯伦赴华盛顿协商合作，仍然遭到拒绝。

此时，纳粹德国和意大利正在挑战英国极力维护的欧洲大陆均势，日本正在威胁英国在远东的利益。按常理，张伯伦应当非常渴望与美国合作，何况还是罗斯福主动示好。张伯伦的冷漠有四个方面的原因。一是看不到罗斯福政府打破国内孤立主义约束的可能。1935 年和 1936 年数次颁布和更新的《中立法案》延续着美国在第一次世界大战刚刚爆发时所谓的"中立"立场。鉴于美国在海军军备竞赛、金融贸易竞争造成的巨大压力，作为第一次世界大战、巴黎和会的重要见证者，张伯伦很难不怀疑，罗斯福推动美英合作，即使真实用心不是挑拨英德矛盾从中渔利，也必将使英

---

① Franklin D. Roosevelt, *The Public Papers and Addresses of the President of the United States, 1939*, New York：The Macmillan Company, 1941, p. 4.

国独自面对纳粹德国。二是罗斯福有过亲德言论和立场。1933年1月，即将就任总统的罗斯福向时任英国驻美国大使雷诺·林赛说："欧洲出现许多不公正的安排，其中之一是没有合理地尊重德国对东部边界的疑虑。"①针对罗斯福本人如此言辞，张伯伦自然对其推动美英合作的诚意不甚热切。早在30年代，当罗斯福被问及如何与日本打交道时曾说："为避免危险，有时候不得不与魔鬼同行。"②他在"七七事变"时，也不主张对侵略进行武装干涉。三是英国国内缺乏支持张伯伦对纳粹德国采取强硬立场的政治条件。第一次世界大战结束近20年，英国经济社会矛盾重重、民心厌战，牛津大学校园里甚至打出"绝不为国王而战"的标语。张伯伦如果对纳粹德国强硬，容易削弱国内的政治支持。换言之，欧洲矛盾激化将使张伯伦面临国内社会分裂的危险。四是张伯伦本人信奉绥靖主义。罗斯福希望加强美英加合作的倡议很难引起张伯伦的共鸣。

1937年10月，罗斯福发表多次演说，大声疾呼加强国际合作，防止世界大战重新爆发。张伯伦视其为毫无价值的口头表态。1938年发生的一系列事件表明，绥靖主义政策大行其道时，张伯伦依然认为，即使欧洲战火重燃，罗斯福仍然会向孤立主义妥协。因为他在一次演说中公开宣称："海外局势的任何变化，都不应当影响美国的行动自由。这是国父们奠定的国策。"③

需求总会主导变化。1938年出现了两件事情，表明罗斯福发生重要变化：一是罗斯福指示国务院召见美国驻德国大使。二是罗斯福允许国内企业向英法等欧洲国家出售军用飞机。《中立法案》规定当欧洲爆发战争时，美国必须对交战国军事禁运。1939年9月1日，纳粹德国入侵波兰，第二次世界大战全面爆发。9月3日，罗斯福在炉边谈话中，虽然表示美

---

① Henry L Stimson and Mc George Bundy, *On Active Service in Peace and War*, New York：Harper & Brother Publishing, 1948, p. 266.

② Henry L Stimson and Mc George Bundy, *On Active Service in Peace and War*, New York：Harper & Brother Publishing, 1948, p. 545.

③ William Lunchtenburg, *Franklin D. Roosevelt and the New Deal*, New York：Cornell University Press, 1963, p. 199.

国将坚持中立，却饶有深意地强调，他无法要求每个美国人在思想上也保持中立，而且，现代社会出现了一个恒久的定律，和平事业在一地遭到破坏，战争危险就会波及全世界，这是他公开表示与威尔逊一脉相承之处。之后，罗斯福积极推动修改《中立法案》。由于《中立法案》只准许美国船只将民用物资运送至交战国，战争准备没有纳粹德国充分的英法无法获得军事物资援助。美国参众两院分别于 1939 年 10 月和 11 月同意废除《中立法案》中关于军火禁运的条款。此时罗斯福的立场明确无误地公开转变。随着绥靖政策走向失败，美英合作迫切性日益凸显。

第二次世界大战爆发之初，英国形势危急：一方面，依赖最强劲的贸易、金融、海军竞争对手美国；另一方面，面临极有可能独霸欧洲的纳粹德国；再一方面，在亚洲的利益受到日本的威胁。另外，崛起的苏联可能成为德国和日本的帮手。尤其是法国战败后，英国看似危如累卵。

强大的民族有一个鲜明的特质，致命危险降临时，通常会出现意志坚强、精于谋国、目光远大的领导人。张伯伦引咎辞职后，临危受命的温斯顿·丘吉尔没有其他选择，唯有对抗强敌。1940 年 6 月 7 日，纳粹德国外交部发表声明称，永远不追求在美洲大陆的影响力。纳粹德国似乎希望与美国保持和平，然而罗斯福对此的回应是，美国将向抵抗侵略的国家提供一切可能的援助，丘吉尔能够得到美国的支持。

不列颠空战爆发后，罗斯福彻底打破《中立法案》限制，向英国提供直接军事援助，执行含有军事同盟意味的《以舰易地协定》，以及美英海军联合巡航。美英军事合作产生重大影响。首先，英国生存能力得到增强。纳粹德国即使赢得不列颠空战胜利，也难以控制大西洋。何况，英国皇家空军在不列颠空战爆发最初 5 个月内表现异常坚韧。其次，美国使用纽芬兰和冰岛等军事基地，可以屯集兵力物资，缩短海上航线，快速抵达欧洲近海海域，直接攻击纳粹德国在北欧地区港口。至此，美国在欧洲和远东均有军事基地。尽管它们规模有限，而且处于纳粹德国和日本威胁之下，但强化了一种军事观念：如果不能容忍基地丢失，就必须成为战争的受益者。因为在全面战争中，只有胜利者才能受益。

　　随着战争持续，英国黄金储备急剧减少。1940 年 12 月 8 日，丘吉尔致函罗斯福称，英国已经无力支付购买军事物资的款项，希望美国改变"现款自运"政策，继续向英国提供军舰，在大西洋扩大联合巡逻范围。

　　1940 年 12 月 17 日，罗斯福在记者招待会上自问自答地道："在邻居家着火的紧急情况下，我该怎么办呢？我不能在救火前对着邻居说：'老兄，这根浇水管 15 美元，你要按价付款后才能使用。'"不久后，他直截了当地公开宣称，美国必须成为民主国家的"兵工厂"。1941 年 1 月 6 日，他又发表了著名的四大自由演讲，开始说服国会，希望获得授权以更多的实际行动支援英国。参众两院经过多次激辩，分别于 1941 年 2 月 9 日和 3 月 8 日通过了由罗斯福亲自主持起草的《租借法案》，将其正式命名为《进一步促进美国国防及其他目标的法律》。根据《租借法案》，"总统有权向对美国至关重要的任何国家出售、转让、交换、租借或以其他方法处理任何国防物资……，有权决定接受用实物或财产，……或以他认为满意的任何其他直接或间接的利益做出的偿付"①。3 月底，国会根据《租借法案》向政府拨款 70 亿美元，其中大部分用于支援英国。

　　《租借法案》规定英国自行负责运输，但纳粹潜艇的"狼群"战术破坏甚大。1941 年 1 至 2 月，大西洋上运送物资的英国船只被击沉吨位超过 100 万吨，同期新建船只仅 45 万吨。美国大量援助物资未及抵达英国。对此，罗斯福指示美国海军扩大巡逻范围，向英国船只开放港口，帮助停泊与维修；没收了 65 艘滞留在美国港口的德国船只；将太平洋舰队部分军舰秘密调往大西洋；冻结德、意两国在美国的所有财产。

　　罗斯福不遗余力地打破孤立主义限制，尽最大可能支援英国，源自他站在现实主义立场上运用威尔逊主义。因为如果纳粹德国统治欧洲，"国父们创建的优良制度和淳朴的美国人民将处于巨大危险之中"②。

①　World Peace Foundation ed. , *Documents on American Foreign Relations*, Vol. 3, New Jersey: Princeton University Press, 1941, pp. 711 - 715.

②　World Peace Foundation ed. , *Documents on American Foreign Relations*, Vol. 3, New Jersey: Princeton University Press, 1941, p. 724.

纳粹主义威胁促使美英搁置矛盾。高度相似的文化和价值观，使二者仅差一份同盟条约公之于众。意义更为重大的是，尽管战火肆虐，二者却未雨绸缪地思考战后世界秩序。

1941 年 6 月 22 日，纳粹德国突然入侵苏联。两周后，丘吉尔和斯大林搁置了意识形态对立，签订《联合行动协定》。本希望与苏联共同对抗纳粹的罗斯福，被英苏此举勾起了第一次世界大战结束后欧洲大国秘密外交的回忆。罗斯福意识到，无论出于理想，还是出于防范欧洲再次出现令美国失望的现实，都应当尽早谋划战后的世界秩序。丘吉尔也意识到，战争目标不应仅限于打败希特勒，应当更加远大，维护英国的全球地位。

1941 年 8 月 9 日到 12 日，罗斯福和丘吉尔在纽芬兰海域的一艘军舰上举行了史称"大西洋会议"的首次首脑会谈。会谈前，双方都严格保密。美国方面，除罗斯福总统之外，只有亲信哈里·劳埃德·霍普金斯和乔治·马歇尔两人事前知晓。海军部部长哈罗德·斯塔克、海军上将欧内斯特·约瑟夫·金和空军司令亨利·阿诺德、副国务卿萨姆纳·韦尔斯、负责租借事务的威廉·埃里尔·哈里曼等参会人员，直到 8 月 4 日下午在大西洋上换乘"奥古斯塔"号巡洋舰驶往纽芬兰海域时，才被告知行程的真实目的。英国方面也做了大致相同的保密措施。8 月 9 日，丘吉尔率领英军总参谋长达德利·庞德、陆军上将约翰·迪尔、空军副参谋长威尔弗雷德·弗里曼爵士、外交部常务次官亚历山大·卡多根等人，乘"威尔士亲王"号巡洋舰抵达纽芬兰海域。9 日，罗斯福和丘吉尔、双方外交官员以及军队高级将领之间，分别进行了首次会谈。

雄才伟略者也许不擅长迎合大众，但一定是心理博弈大师。丘吉尔以特有的敏锐"嗅觉"，明白美国兼具"济世之心"与崇尚实用的性格。早在罗斯福发表四大自由演讲后仅一周，丘吉尔就主持召开内阁会议，确定了英国的战争目标：维护英伦三岛安全、保卫世界正义公理、促进经济平等、保障人类福利等。他把会议纪要冠名为"新政备忘录"，意在显示与"罗斯福新政"声气相投，指示外交部会后即刻交给美国国务院。丘吉尔向罗斯福传递一个明确无误的信号：英国绝对支持美国的战争道义目标。大西洋会议之前，他亲自主持起草了会议宣言，再次彰显此意。

8月9日的初次会谈，罗斯福对丘吉尔似乎只有欣赏却谈不上信任。罗斯福提议，应当通过一项联合宣言，作为双方共同的行动准则，希望先由英国方面起草。实际上，美国副国务卿韦尔斯事前已经准备好了一份会议宣言，但罗斯福认为它措辞太过直白，可能会伤害丘吉尔的自尊心。

8月10日上午，丘吉尔将已经准备好的联合宣言文本交给罗斯福。8月11日，罗斯福与丘吉尔展开了讨论。罗斯福对丘吉尔提出的美英共同信守的政治原则和道德标准表示赞赏，希望战后推动世界裁军、消除贸易歧视，但不愿意受到参战义务约束。丘吉尔没有坚持要求美国承担参战义务，也认同战后世界裁军的必要。双方主要分歧在贸易条款上。罗斯福有关消除贸易歧视、建立贸易公平的原则，将会剥夺英国垄断殖民地贸易的特权，即帝国特惠制。对此，丘吉尔提出，修改与众多殖民地的贸易规则，需要征求它们的意见。另外，庞大的贸易量对英国影响巨大，政府与国会需要经过漫长的讨论和立法。平心而论，丘吉尔即便不愿意在维护英国贸易特权上反驳罗斯福，也坦率地道出了英国霸权地位的最后象征开始动摇的尴尬实情。最终，罗斯福没有坚持要求丘吉尔立即同意贸易公平原则。在贸易条款上，增加"在适当照顾到它们现有义务的条件下"的限定语，并删去"歧视"一词。措辞的微小修改说明，美国与英国之间的竞争仅限于追逐财富，而非生死存亡。

大西洋会议上最终形成了《大西洋宪章》。主要有八项条款："第一，两国不寻求领土和其他方面的扩张；第二，两国反对不符合有关民族自由表达愿望的领土变更；第三，两国尊重各国人民选择他们在其管辖下生活的政府形式的权利，主张被强制剥夺主权和自治权的民族恢复这些权利；第四，两国在适当照顾到它们现有的义务的条件下，力图使一切国家，不论大国或小国、战胜国或战败国，在平等条件下进行贸易并在全世界范围内取得为其经济繁荣所必需的原料；第五，两国愿意在经济领域内促成一切国家之间的最充分的合作，目的在于使所有国家改善劳动标准，发展经济，享有社会安全；第六，在最终摧毁纳粹暴政以后，两国希望见到建立这样一种和平，以使一切民族得以在自己的疆界内安居乐业，保证一切地方的所有居民都可以过无所恐惧、不虞贫乏的生活；第七，这样的一种和平应当使所有的人能够在公共海洋上不受阻碍地航行；第八，两国相信，世界上一切国家，基于物质和精神上的原因，必须放弃使用武力。如果在自己的国界以外进行侵略威胁或可能进行侵略威胁的国家继续使用陆海空军备，就不能保证未来的和平。两国相信，必须在建立更广泛和更持久的普遍安全体系以前解除这类国家的武装。两国也将赞助和提倡一切其他实际可行的方法，以减轻爱好和平的各国人民在军备方面的沉重负担。"①

"十四点计划"与《大西洋宪章》诞生于不同的时间，但在国际道义标准上却处于同一个历史发展水平线上。"十四点计划"代表美国对未来世界的理想，《大西洋宪章》则是这个理想经过实践后的凝练，成为构建战后世界秩序的基础框架。1942 年 1 月 1 日，由美英中等 26 国签署的《联合国家宣言》、1945 年旧金山制宪会议出台的《联合国宪章》，均遵循《大西洋宪章》确立的国际道义原则。

大西洋会议不仅见证了美英对未来世界的共同憧憬，还映衬了双方的远见与精明，成为大国同盟历史上关于妥协技巧、战略思维成熟的象征。共同愿望不可能自动化解双方立场的差异。美国和英国面对的实际问题不一致，大西洋会议不可能完全满足双方愿望。美英双方强弱与安危泾渭分明，求助者丘吉尔自然明白，尊重罗斯福的意愿，"体谅"他在国内孤立主义者面前的难处，是确保英国对美国重要影响力的前提，罗斯福自然也深谙其道。双方没有固守己见，都获得了一个可靠盟友。

丘吉尔虽然没有得到罗斯福的参战承诺，但为美英合作建立了共同的道德感，明确对敌人的共同立场，联合宣言中出现"最终摧毁纳粹暴政"等措辞，足以表明美国已经在道义、利益上与英国完全站在一边。大西洋

---

① State Department, *Foreign Relations of the United States Diplomatic Papers*, Washington: Government Printing Office Publishing, 1941, p. 41.

会议结束仅一周，罗斯福就授权美国海军，一旦发现德国舰艇，可以主动开火。美国实质上与纳粹德国处于战争状态。

罗斯福是大西洋会议的最大赢家：不仅使美国在道德和法理上获得英国支持，还规避了国内孤立主义者攻讦，避免过早承担参战义务，赢得了战争准备时间。

大西洋会议表明，英国从心理上认可美国成为新一代世界霸主的政治事实，也使英国从追求现实利益和实现道德原则的竞争者变成美国的跟随者。敌人横行于世，罗斯福却以宏阔深邃的目光，擘画世界的未来，令美国尚未参战，就仅凭抽象的道义力量和广泛宣传，为处于战祸之中的全世界所接受和仰望。

第三节　重塑全球格局（1942～1945年）

珍珠港事件爆发后，罗斯福没有被急于复仇的心理支配，而是坚持"先欧后亚"的全球战略。在欧洲和太平洋两大战场上，美国强大国力全面迸发，成为世界反法西斯阵线的最重要成员，按照自身的利益与理想，在全球纵横捭阖地重新构建新秩序，成为一个超级强权。

一　先欧后亚的全球战略

大西洋会议上，罗斯福与丘吉尔一致认为，在美英严苛的经济制裁和石油禁运下，深陷于中国战场的日本不会希望与美英同时开战。然而，以自己的理智推测他人可能的危险之举，容易发生悲剧。在困境日益恶化为绝境时，日本要么坐以待毙，要么铤而走险。1941年12月7日，珍珠港事件爆发，美国面临欧洲和太平洋两大战场的挑战。

珍珠港事件"帮助"美国国内达成空前共识，要求罗斯福将全球战略重心转向太平洋的舆论四起，包括麦克阿瑟在内的众多高级将领纷纷施加压力，希望罗斯福将亚洲作为主要战场。此时，罗斯福不仅要考虑怎样打败纳粹德国、日本、意大利等敌人，还要考虑怎样构建新的世界。美国的急务是亚洲，世界的中心是欧洲。先欧后亚抑或先亚后欧？美国只有主导欧洲，才能构建新的世界。然而，美国如果被日本打败，主导欧洲、构建新世界便成为空想。美国必须在欧洲和亚洲之间选择一个主要方向。这是远大理想与紧迫挑战的矛盾。罗斯福面临的两难也成为美国的契机，即在现实诉求与未来憧憬之间、敌友变幻与纵横捭阖之间、局部与全局之间，平衡自身理想与角色塑造，从创造新的世界的高度，而不仅从权谋之术，追求战争胜利。

1941 年 12 月 9 日，罗斯福发表炉边谈话，严厉地谴责日本后，又历数纳粹德国在欧洲的一系列侵略行为，特别谈道："纳粹德国诱使日本进攻美国，以减轻自己在欧洲的压力，……无论纳粹德国和意大利是否对我们宣战，我们已经与它们处于战争状态，……我们不能在打败日本后，却发现希特勒和墨索里尼霸占了欧洲。"[1] 罗斯福没有为日本的直接威胁所动，仍然坚持先欧后亚的全球战略。

首先，珍珠港事件没有改变全球战争态势。美国在珍珠港事件中虽然难堪，但既不像外界认为的那样危急，更谈不上在战争全局中处于被动。日本海军成功袭击珍珠港后一周之内横扫东南亚和西南太平洋，建立了看似难见衰落的军事控制权。但是，日本没有强大、独立的资源供给体系，橡胶、石油等重要资源极度依赖海外。日本军队战线越长，进展将越艰难。美国不需要担心日本海军运送大规模部队横穿太平洋入侵本土，其工农业生产仍然安全，迟早可以凭借无法超越的实力优势碾压日本。另外，珍珠港事件爆发前三天，纳粹德国最引以为傲的陆军精锐在莫斯科遭到战争爆发以来第一次溃败。基于苏联的政治体制和斯大林个人权威，莫斯科的安全代表连接欧亚、资源丰富、潜力巨大的苏联的安全，成为阻止纳粹德国独霸欧洲的最强大堡垒。在险恶的不列颠空战中屹立不倒的英国，还掌握着纳粹德国无法超越的强大海军。大西洋仍然在英

---

[1]　Roosevelt, Franklin D, *The Public Papers of the President of the United States*（*1941*）, Washington：Government Printing Office Publishing, 1945, p. 142.

国和美国手中。

如果珍珠港事件在不列颠空战前半段或者苏德战争初期出现，也许美国会面临更大的危险。因为如果纳粹德国胜利前景出现时，美国国内孤立主义者有可能减少对英国和苏联的支援，甚至坚持作壁上观。但是，日本制造珍珠港事件丧失了最佳时机，美国在欧洲没有陷入最危险境地之前，聚合举国之力，将战胜纳粹德国作为首要目标。

其次，美国始终以欧洲为全球战略重点制订战争计划。早在1940年2月，美国海军就开始研究美国参战计划。11月12日，美国海军制订"猎犬计划"，提出一旦美国同时卷入欧洲和远东的战争，要先打败纳粹德国，同时稳定对日本的防御态势。罗斯福指示美国军方，将"猎犬计划"当作未来美英军事合作的基础。先欧后亚成为美国全球战略的基本方针。

1941年1月，美英两国军方开始了长达两个月的会谈，标志着美英走向正式军事同盟。会谈的结果是，按照先欧后亚原则达成"ABC–1"协定。4月，美英与荷兰等国讨论了远东作战问题。8月，美国又与加拿大制定了共同反对德国的"ABC–2"协定。根据这两个协定，美国陆海军联合委员会制订并完善了"彩虹5号"计划。此前，美军已经制订了与德国、意大利和日本等作战的4套计划，分别为"彩虹1号"至"彩虹4号"。最终，"彩虹5号"作战计划成为珍珠港事件爆发前的最后一个作战计划。它规定了美军的主要战略："美英围绕共同作战目标应加强战略协调；要在太平洋和大西洋同时应对战争威胁；美国应将主要军事资源用于欧洲；如果与日本爆发战争，应当在打败德国之前在远东进行战略防御。"[1] 罗斯福和军方高层达成共识，先打败德国，再打败日本。珍珠港事件只是制造了美国贯彻先欧后亚全球战略的契机。

最后，美国需要欧洲更甚于亚洲和太平洋。应对外部安全威胁，不仅应衡量危险程度，还应理解自身需求。当罗斯福的轻重之权超越缓急之需

---

[1]　U. S. Army and Navy Committee, Plans for Global War Rainhow – 5 and the Victory Program, Washington: U. S. Army and U. S. Navy, 1992, pp. 100 – 133.

时，采取主动进取，而不是被动以防御求安全的战略思维。在欧洲方向上，美国可以争取到英国作为战略跳板和强大助手，欧洲先进的工业基础和社会文明引领着世界走向，领导欧洲就是领导世界。更加重要的是，欧洲拥有全球殖民体系，如果美国确立对欧洲的领导地位，不仅可以实践反殖民主义理想，还能把殖民地变成市场。

先欧后亚的全球战略是将德国和日本当作一部战争机器进行切割和拆除的战略艺术。当一个零件功能的有效与否取决于另外一个零件是否正常时，如何使一个关键零件失效，成为战略艺术的灵魂，需要极高的战略智慧与胆魄，以及对实力的自信。"1940 年，美国的经济总量是英国的 2.7 倍、德国的 2.5 倍、法国的 5.5 倍。"① 美国强大的经济实力足够支撑如此宏阔的整体战略。

现实之急经常超越长远谋划。珍珠港事件爆发前三天，纳粹德国兵败莫斯科，预示着苏联有可能成为纳粹德国的"泥潭"。实际上，在美国和英国，包括副总统哈里·杜鲁门和丘吉尔在内的许多人，乐见苏德战争长期化。当苏联有战败危险时，出于希望苏德缠斗，抑或希望苏联战胜纳粹德国，美国与英国必须共同支援苏联，避免苏联巨量战争资源落入纳粹德国之手。

美英向苏联运送物资的路线有两条：一条是途经北大西洋向欧洲大陆北部海域，抵达苏联靠近北极的港口；另一条是途经北太平洋，经过日本海后抵达苏联在远东的港口。珍珠港事件爆发后，北太平洋航线被日本控制，北大西洋航线成为美英向苏联运送战争物资的唯一战略通道。

1942 年 2 月，希特勒命令纳粹德军向苏联南部工业重镇和重要粮食产地的伏尔加河地区发起春季攻势。此举与兵败莫斯科犯了同样错误，丧失了纳粹德军最大优势：机动作战速度。兵败莫斯科源于丧失时机，当纳粹德军进攻至仅距莫斯科 120 公里的地方时，希特勒突然决定暂不攻击莫斯

---

① Angus Maddison, "Statistics on World Population, GDP and Per Capital GDP," *International Affairs*, 1943, Spring.

科，而是将本用于攻击莫斯科的主力分兵，分别指向列宁格勒和乌克兰。等到主力再回师攻打莫斯科时，俄罗斯历史上最早的大雪突如其来，纳粹德军因而丧失一鼓作气攻占莫斯科的最佳时机。1942 年春天之后，苏联南部泥泞的土地和落后的交通，以及不断拉长的战线，令擅长机动作战的纳粹德军成为强弩之末，最终在斯大林格勒战役和库尔斯克战役中遭到失败，苏德战局全面扭转。

与希特勒犯下战略性错误对应的是，美英对苏联的军事援助发挥了极为关键的作用。其中，尤为重要的是卡车。获得大量卡车的苏联红军，快速向纳粹德军进攻的战场上集中力量，最大限度地发挥了地利、人口与工业规模优势，粉碎了纳粹德军速战速决的企图。

美国参战对苏联的另外一个重要价值是，苏联完全不用顾忌日本在远东可能与纳粹德国对其战略夹击，避免两线作战。相反，纳粹德国陷入两线作战的危险境地。纳粹德军主力投入苏联境内，美英可以相对从容地准备反攻，对欧洲纳粹占领区重要工业和军事目标进行战略轰炸，破坏它的战争潜力。

美英对苏联的军事援助，雷同于拿破仑战争时期英国支持俄罗斯，表明美英作为两大海上力量，对欧洲大陆的共同期望，以及海洋控制成为存亡盛衰之本。与深谙欧洲历史，以极端现实主义立场对待苏联的丘吉尔不同，罗斯福认为："击败希特勒的斯大林能够避免欧洲落入纳粹手中，但不会制造他主宰欧洲甚至世界的危险。"[1] 美英不仅需要援助苏联，更需要反攻欧洲大陆，彻底消灭纳粹。但是，反攻欧洲大陆超越了单纯的军事战略，关系到美英如何构建未来的欧洲秩序甚至世界秩序。

鉴于罗斯福和丘吉尔之间对苏联态度差异微妙，要支援苏联，需要美英双方进行复杂的战略协调。美国拥有巨大的综合实力优势，但缺乏具体的行动策略，因而在参战初期，与经验丰富的英国进行战略协调尤为必要。

---

① 　David Reynolds, *From World War Two to Cold War: Churchill, Rooseveltand the International History of the 1940s*, London：Oxford University Press，2006，p. 174.

珍珠港事件为丘吉尔制造了"久旱逢甘露"般的巨大"惊喜"。他在珍珠港事件前四天还在内阁会议上谈道："我们距离与日本的战争还相当遥远。"① 但是，珍珠港事件次日他也担心："美国将主要矛头对准日本时，会在欧洲、北非丢下我们不管。"② 罗斯福坚持先欧后亚，打消了丘吉尔的疑虑。

1941 年 12 月 16 日，在丘吉尔的授意下，英国军方按照先欧后亚原则，制订了美英盟军作战计划。

首先，计划规定了美英盟军作战方针：一是首先在欧洲致力于打败纳粹德国，在其他战场根据最低的必要限度稳定战线；二是通过持续作战而不是数次决战打败纳粹德国。

其次，计划设计了对纳粹德国的具体战略行动。美英除支援苏联外，主要有五方面行动。一是为确保经济实力转化为战争实力，应保护英国、美国、加拿大等主要战时工业生产区安全。鉴于苏德战争不可能短期内结束、英国本土获得暂时安全等因素，保护战时工业生产区的主要行动是，在夏威夷、关岛等地区部署必要海军力量，防止日本继续冒险攻击北美西海岸的工业生产中心或附近地区，保证其安全。二是保护重要交通线。鉴于美英主要战场位于西欧、南欧、北欧、北非等地区，次要战场主要是西南太平洋、东南亚的中南半岛等地区。美英海军必须保持绝对优势，重点保护横跨大西洋、英吉利—直布罗陀—地中海—红海—波斯湾—马六甲—巴士拉海峡、北海—波罗的海、夏威夷—巴拿马运河—澳大利亚—菲律宾等海上航线，及其沿线战略价值显要的岛屿、基地、沿岸的安全。三是构筑针对纳粹德国的战略包围圈。鉴于纳粹德国控制西欧、南欧、北欧、东欧，但并未获取欧洲海域制海权，美英应围绕黑海、地中海、北海、波罗的海，构筑针对纳粹德国的战略包围圈，阻止纳粹德国、意大利从北非、西亚等地获得石油和其他重要战争资源。四是持续削弱纳粹德国的战争潜

---

① Christopher Thomas, *Allies of Kinds: The United States, Britain and the War against Japan, 1941 – 1945*, London: Oxford University Press, 1978, p. 4.

② J. M. A Gwyer, *Grand Strategy*, New York: Vintage Books, 1945, p. 317.

力。鉴于美英拥有强大的工业生产和军事技术优势，应对纳粹德国的军工企业、重要城市、交通枢纽（设施）等进行战略轰炸，并采取秘密行动支持纳粹占领区的反德力量，使其尽量安全地扩充、破坏、宣传。五是适时向欧洲大陆发起反攻。鉴于组织与准备登陆作战的巨大难度和风险，美英难以在 1942 年结束之前进攻欧洲大陆，但积极考虑在西北欧或者南欧发起规模有限的登陆作战，瓦解纳粹德国及其仆从国，1943 年后视情从地中海、巴尔干、西北欧等实施登陆作战，尔后在欧洲大陆上分割、包围纳粹德军。

最后，计划设计了对日作战行动。美英应在打败纳粹德国之前，坚守夏威夷、澳大利亚等太平洋上重要地区，支持中国抗日战争，阻止日本获得战时生产所需的宝贵人力和自然资源，保护美国本土安全，争取时间积聚优势，进行有利条件的反攻决战。

所有战略计划都是战略传统与现实目标的结合物。英国军方作战计划的核心是通过轰炸、封锁等行动逐步消耗、削弱纳粹德国，再从北海、地中海、东南欧等外围地区展开连续攻势，逐步缩紧包围圈。这份计划可谓完美地展现了英国的战略传统和现实利益。

英国的战略传统有两个方面：一是英国著名军事理论家利德尔·哈特提出的间接战略，尽量避免与对方主力或者优势力量决战，积极、灵活地寻求和攻击对方弱点，不断消耗对方取得战争胜利；二是维护欧洲大陆战略均势，即不允许欧洲大陆被任何一支力量独霸。

英国的现实利益是维护全球殖民体系。其中，西亚、印度、地中海、红海、北非等是英国全球殖民体系的地缘政治枢纽。丘吉尔希望苏联和纳粹德国互相消耗、两败俱伤，而不是其中一方成为胜利者后独霸欧洲大陆。他对反攻欧洲大陆总是闪烁其词，对地中海这个连接本土与西亚、北非、印度等地区的地缘政治枢纽兴趣盎然。这也反映出英国搭美国便车的精明。

英国军方的作战计划的确存在合理之处。首先，反攻欧洲大陆的确需要耗时费日的严密准备。反攻欧洲大陆的核心条件是，组建足以打败纳粹德军的大规模陆军部队，将它们成功投送至纳粹德国占领的欧洲大陆。从敦刻尔克撤退至英国的陆军部队只有 34 万人，美国陆军在珍珠港事件爆发时规模不到 30 万人。仅扩充陆军部队以及筹备军需物资估计至少需要一年。况且，反攻欧洲大陆需要进行大规模登陆作战。比较于陆战、海战、空战，大规模登陆作战准备更加复杂，必须全面夺取制空权和制海权。其次，美英的优势在海上。美英只有先发挥海军优势，控制海洋才能同时应对欧洲和太平洋两大战场。在欧洲战场，美英一边战略轰炸，一边准备反攻欧洲大陆。在太平洋战场上，美英（尤其是美国）首先要抵抗日本进攻，在太平洋上与日本残酷地争夺岛屿。美英只有掌握制海权，才能确保各种军事物资和部队在两大战场上得到合理分配，使两大战场相得益彰，将海上航线变成一条条捆住德国、意大利和日本的铁索。最后，计划出台时逢苏联深冬，双方暂时无法展开新的大规模作战部署，战争极有可能漫长拉锯。后来苏德战争实践证明了英国军方的判断。莫斯科战役之后，斯大林没有听从朱可夫等将领的意见，迅速集中兵力追击撤退的德军，争取尽快恢复失地。1942 年初春，发动攻势的苏联红军遭到纳粹德军的反扑而失败，致使纳粹德国重新掌握主动。尽管如此，苏联无穷的战争潜能开始释放，纳粹德国速战速决的企图彻底被粉碎。

1941 年 12 月 22 日至 1942 年 1 月 14 日，这份计划出现在阿卡迪亚会议上。当时罗斯福和美国军方仅有在情报不够充分时制订的、残缺不全的分别对德国、意大利、日本作战的"彩虹计划"，仅仅是基本确定了战争范围。无论同盟体系的强弱之势如何，增强在同盟中战略地位的最佳方式是，按照大局从双方共同利益的高度实施有效行动。

战争计划形成共识，战争同盟便水到渠成。阿卡迪亚会议期间，包括美英在内的 26 个国家在 1942 年新年签署发表《联合国家宣言》，决定战后成立联合国，标志着世界反法西斯同盟正式成立。《联合国宣言》也是世界战争史上首次出现的、战争尚未结束时就产生的、关于战后秩序远见与共识的宣言。

美军缺乏完整、可操作性强的战争计划，在包括反攻欧洲大陆在内的许多重大问题上，受经验老到、思维缜密的英军影响很大。

运作战争同盟是一项超越军事领域的复杂系统工程，不可能一帆风顺。因为每个参与者均将同盟作为政策工具，而非政策本身。在形势的判断、战略重点、力量配置等，容易出现难以调和但又必须调和的分歧，其背后是利益诉求、国内社会心态、价值观、领导人等全方位的多样差异。

阿卡迪亚会议决定成立美英荷澳联军司令部和美英联合参谋长委员会等机构，但没有解决反攻欧洲大陆上的分歧。

美军希望直接进攻西欧，从最短的路线攻入纳粹德国本土。首先，太平洋战争爆发后，美国虽仍然将欧洲置于全球战略重点，但也必须避免被欧洲战事牵扯过大，影响对日本的战事。其次，罗斯福已经向美国民众承诺尽快结束战争，让士兵早日回家。最后，美国民族性格讲究简单实用，军事战略上强调集中优势，直接达成目的。

英军主张攻击欧洲的"软腹部"意大利。首先，意大利具有重要地缘政治价值。意大利北接中欧与东欧，南濒地中海，以其为战略跳板，向北可进攻纳粹德国的同时，可阻止苏联向西进军，向南发展可染指北非，扼制欧亚非三大洲之间的咽喉要道，对于维护英国殖民体系、欧洲大陆均势极为重要。其次，意大利是轴心国集团在欧洲最薄弱部位，如果被逐出轴心国集团，纳粹德国将陷入全面孤立。

现实利益、历史传统的双重差异，使美英两国军方在战略重点、战役指挥关系、后勤保障等问题上发生激烈争吵。其间，美军将领甚至威胁要将战略重点转移至亚洲。

但是，同盟内部能否克服分歧，取决于是否存在比分歧更加重要的共识，以及对这种共识的坚守。美英反攻欧洲大陆的分歧建立在先欧后亚全球战略基础之上。这是罗斯福和丘吉尔两位政治领导人的共识，成为美英两国军方不可逾越的框架。最后，双方决定保持对纳粹德国战略轰炸，先登陆北非，再进攻意大利，迫使意大利退出轴心国集团，最后实施从法国反攻欧洲大陆的"霸王行动"。

英国具有单独对抗纳粹德国的成功经验、强大的海空军和军工生产能力、距离欧洲大陆最近的机场和港口，当美国为反攻欧洲大陆而进行军工生产、扩充地面部队和装备器材、研究作战计划等准备工作时，英军意见占据上风。但是，随着战事扩大和美国国内战争潜力的充分挖掘，美军在同盟内逐步获得越来越大的话语权，在"霸王行动"开始前占据了主导地位。

英国历经反对路易十四的战争、七年战争、拿破仑战争、克里米亚战争，直到第一次世界大战，均是依托同盟获胜。美国与经验丰富的英国结盟收益巨大。首先，美国同盟技巧获得磨炼。其次，美军在挑选最高指挥官、建立联军指挥系统、使用情报信息资源、制定军事战略、规范指挥流程与关系等复杂的军事专业领域积累了丰富经验。第二次世界大战成为美国领导军事同盟与培养联军指挥能力的开端。

二　称霸太平洋：打败日本

珍珠港事件后，日军在很短时间内攻占了包括威克岛、马绍尔群岛、印度尼西亚、菲律宾、马来半岛、安达曼和尼科巴各岛、俾斯麦群岛在内共3000多万平方海里的海域。美国海军太平洋舰队损失了除两艘航母之外所有主力战舰，夏威夷、阿拉斯加、巴拿马运河一带防御空虚。然而，力量极限使用之时，往往也是战略错误的后果暴露之时。俨然成为太平洋霸主的日本，实质上陷入了比太平洋战争爆发前更大的危机。日军偷袭珍珠港的真实意图是迫使美国退出西太平洋，而非战而胜之。罗斯福政府向日本宣战后，日军的最佳战略是在夏威夷以东海域的太平洋上，每战务必集中所有力量速胜，使美国海军太平洋舰队的补充无法抵消损耗。但是，日军忙于收割美国海军暂时无法进入西太平洋的战果，无暇也无力越过夏威夷，因而犯下严重错误：在太平洋上部署严重失衡，力量配置外线强而内线弱，只要远离本土的主力舰队被消灭，便难逃战败结局。1942年4月18日，美国海军"大黄蜂"号航母搭载16架B-25轰炸机，轰炸了日本本土，以示报复。美国不仅获得喘息之机，还全面开动了战争机器，1942年原油、钢铁、炮弹产量分别是日本的222倍、13倍、40倍。

　　美国太平洋战争的战略是，先顶住日军猛烈攻势，争取时间将绝对的工业优势转化为军事实力优势。美日在太平洋上攻守之势的变化，取决于日军战线被拉长至消耗无法得到及时补充的程度。太平洋战争初期，美军卓越的情报工作，加快了双方攻守转换。美国海军情报机构截获、破译了90%以上的日军密码电报。情报和力量的双重优势，弥补了美国海军军人（尤其是飞行员）作战技能与指挥谋略劣势。战线拉长、兵力分散的日军，一举一动尽被美军掌握，很难达成弥补其力量劣势的战术突然性。美军在中途岛的胜利和成功猎杀日本海军大将山本五十六，虽然有运气成分，但印证出根本性的战争之道，在绝对实力优势面前，任何战争艺术均是徒劳之作。

　　中途岛海战之后，全面获得主动权的美军，在反攻日本的方式上出现分歧。优秀将领之间的齐心协力，总是很难顺其自然地出现。才华和威望都足以独当一面的陆军上将麦克阿瑟和海军上将威廉·尼米兹，是美军在太平洋战争中的两名主要指挥官。太平洋战争理应由海军将领作为总指挥，尼米兹也完全胜任。但是，才华横溢但性格极度孤傲的麦克阿瑟是美国在亚洲的代言人。在太平洋战争初期的败退中，他没有返回美国本土，而是在澳大利亚准备反攻，已经预示了他将是太平洋战争中的关键人物。为充分发挥他们的才能，美军在太平洋战争中成立了两个战区：尼米兹统领太平洋战区，主要负责中北部太平洋战事，麦克阿瑟统领西南太平洋战区，主要负责西南部太平洋战事。两位主帅之间出现矛盾时，由美军参联会甚至罗斯福总统亲自协调。在反攻问题上，"尼米兹认为，应当在中太平洋方向上选择最短的路线发起反攻，麦克阿瑟坚持从西南方向，先攻占菲律宾，再攻击日本本土"[1]。最后，二人意见被折中采纳。美军在两大方向同时反攻，造成了战争资源分散使用，在一定程度上拖延了胜利的脚步。

---

　　① Henry I. Shaw, Jr. Bernard C. Nalty, Edwin T. Tumbladh, *Central Pacific Drive*, Washington: Government Printing Office Publishing, 1966, p. 9.

日军在太平洋上的防御体系主要依托星罗棋布、大小不等的岛屿。各个岛屿由于位置不同，对美日双方具有不同重要性。对此，美军在战略反攻中，开创性地使用了越岛作战，重点夺取具有重要战略意义的岛屿，比如菲律宾群岛、硫磺岛等，尽量避免攻击只具战术意义的岛屿。

工业化时代，衡量军队强弱的最重要指标是机动力和火力。获得全面制海权和制空权的美军，贯彻"将火力运用至极限"[①] 的原则，以强大的海上投送能力和优势的情报能力，主动选择发起攻击的时间和地点，迫使日军只能根据美军的行动临时调整兵力部署与运用。当美军绕过有日军把守的岛屿时，缺乏足够制海权与制空权的日军无法调动"闲置"兵力支援。美军强而集中、日军弱而分散的战场态势就此形成。

结合了超强火力和机动力的美军，在一次又一次残酷而血腥的岛屿进攻作战中，成为世界上两栖作战经验最丰富、两栖作战装备规模最庞大、两栖作战战术最灵活的军队。战术创新必将产生长远的战略效果，在巨大的军工生产支撑下，美军拥有了大量先进战船和运输舰、航母及其舰载机、两栖坦克和装甲车，通过越岛作战，对海洋的控制扩大为对重要岛屿与沿岸地区的控制。美国成为真正的全球性海权力量，具备了在没有盟友依托时从海上直接控制陆地的军事能力。

美国在日本投降之前确立了太平洋霸权地位，保证了立于全球战场的不败之地，欧洲战场的胜利则成为大战胜利的标志。纳粹德国投降之后，与英苏之间微妙的地缘政治关系，要求美国胜利在望时，将亚洲和太平洋作为构建战后国际秩序的重要支点。当实施全局性战略出现应急之需时，大国总会采取非常之举。美军向长崎和广岛两座城市投掷原子弹后，日本无条件投降。

投掷原子弹制造了一次战争模式革命，也制造了一次地缘政治革命，即军事技术直接决定地缘政治格局。日本在两颗原子弹的巨大杀伤力下投

---

① Frank O. Hough, *The Island War: The United States Marine Corps in the Pacific*, London: Oxford University Press, 1947, p. 9.

降，苏联来不及与美国"共享"日本本土。成为日本本土不可挑战的主宰者的美国，不仅在太平洋上没有挑战者，更成为帮助亚洲广大地区摆脱日本侵略和奴役的"解放者"。不可撼动的海上实力优势与受人仰望的道德感，至今仍然是美国称霸太平洋的基础。

三　构建雅尔塔体系与推动建立联合国

历史越厚重的国家，越倾向借助历史经验谋划未来。在战争时期的血与火中，无论是友谊的铸造，还是仇恨的了断，都难以一蹴而就地超越历史的力量。第二次世界大战中，罗斯福不仅要领导美国和其他盟国共同战胜轴心国，还要妥善处理与以各自民族历史传承者自居的丘吉尔、斯大林之间在诸多重大问题上的分歧。三者分歧的根源是美国、苏联、英国三大国历史经验的差异。

对欧洲和亚洲没有领土要求的美国，把地球上任何一地看成潜在市场，希望通过发展贸易谋取商业利益，或者寻求可靠的能源供给，满足多多益善的工农业生产和民众生活消费的庞大需求。因此，美国希望其他地区"打开大门"欢迎自己。

苏联的主体是俄罗斯，由于与生俱来地缺乏安全感，在"产生危机感—扩张领土—遭遇外部威胁"的历史循环中不断扩大版图。苏联把任何一个不存在于自己版图内的地区当作（现实或者潜在）安全威胁的滋生之地，要么对其隔离，要么对其吞并。

英国的传统利益有两个方面：一是防止欧洲大陆上出现一个独霸力量，第二次世界大战之后的苏联在英国人眼中拥有了这种野心和能力；二是维护建立在海洋霸权基础上的全球殖民体系。第二次世界大战之后的美国，拥有强大的海军，还是坚定的反殖民主义者。令英国感到幸运的是，美国文化与英国高度相似而与苏联截然相反。

在无限接近大战胜利时刻召开的雅尔塔会议便是三种历史经验的交流碰撞。仅从会议地点可知，美国无法以一己之力战胜敌人，更勿谈以一己之力解决全球问题，更无法完全按照内心的理想行事。

　　罗斯福倾向于承认苏联对东欧的控制和在远东的特殊权益，但也拒绝与苏联分享原子弹技术，坚定表示美军将在战后的德国驻扎，支持中国成为世界大国等。显然，罗斯福对斯大林的态度是现实主义博弈技巧与政治宽容的结合之物。罗斯福与丘吉尔之间则更加复杂和深刻，罗斯福与丘吉尔之间除在苏联问题上的立场基本一致外，在殖民地、全球贸易与金融、东南亚、中国、东欧等问题上的分歧巨大。

　　美国正是脱离英国殖民成为独立国家，罗斯福从感情上难以接受英国战后继续维护殖民体系，殖民地摆脱"枷锁"也符合美国战后现实利益。首先，落后贫穷的殖民地提供廉价生产原料和劳动力，还是具有诱惑力的投资市场。这正是大国争夺势力范围而导致世界大战的关键诱因。如果殖民地走向富庶与繁荣，有足够的独立主权地位，将是战争洪水的防波堤。大战之后，没有任何一个国家具有与美国对等的资本实力。美国帮助弱小的殖民地成为现代国家，将凭借雄厚的资本实力与巨大的道德感召力一起发挥作用，成为最大受益者。其次，众多殖民地地处全球交通"咽喉"，对美国全球军事部署和军事行动至关重要。然而，要求大国放弃既得利益极为艰难，何况那个大国还是最重要的盟友。

　　美国国内复杂的政治环境也不允许罗斯福道德感十足的反殖民主义政策。首先，美军基于战后战略布局需要，希望控制战略要地。比如，海军希望"太平洋上由日本'委任统治'的岛屿的主权尽归美国所有"[1]。尽管罗斯福在雅尔塔会议前后多次承诺，美国不谋求领土扩张，但当战争时期对政治决策具有举足轻重作用的军队并不完全支持政府在国际社会中的道义和法理承诺时，政府履行承诺的方式必将发生改变。其次，以无限追求利润为天性的资本精英们，对终结殖民主义的"义举"不甚热衷，只关注是否内含商机。在他们看来，"反殖民主义政策可能会伤害'门户开放'政策"[2]。比

---

①　State Department, *Pacific Island after War*, *Navy Opinion*, Washington: Government Printing Office Publishing, 1967, p. 321.

②　W. R. Louis, *Imperialism at Bay: The United States and the Decolonization of the British Empire, 1941－1945*, London: Oxford University Press, 1978, p. 92.

如，利比里亚名义上为独立主权国家，但美国费尔斯通橡胶公司始终控制着作为政府主要财政收入的橡胶出口。利比里亚成为美国事实上的殖民地。可见，军队和商业力量决定美国战争前途和经济社会发展，影响政府的命运。

罗斯福的反殖民主义政策最终变成了美英之间在殖民地问题上的谅解与合作，只是以国际托管制度的名义，维护着各自的既得利益。英国面对国势雄起的美国和苏联，再无历次战争胜利之后的辉煌。罗斯福与丘吉尔关于殖民地的矛盾，不仅是美英之间实力此消彼长的结果，更代表了全球秩序变化与主导者更替的双重裂变。在这一裂变时代中，作为人类历史上最强大的两大海权力量，美英权力关系变更蕴含了更加宏阔的时代内涵：当世界大战促进饱受强权之苦的弱小者觉醒时，全球海权的象征不再是冷酷的实力政策与殖民主义，而是对脱胎于殖民地的新兴国家的影响。作为新一代全球海权霸主的美国，比传统全球海权霸主英国，更加准确地切合时代的脉搏。

雅尔塔会议包含着罗斯福对现实的妥协和对未来可能事态的预有准备。美国获得了西欧的市场，苏联建立了安全的外围屏障，英国形成对美苏的制约。三者均受益，但美国是最大受益者。首先，美国通过雅尔塔体系获得了更大的主动权。雅尔塔体系意味着美国不会退出欧洲。同时，还有三种选择：一是利用苏联和东欧经过大战消耗之机，依靠强大的军事、商业和道德力量迅速东进，将苏联和东欧纳入国际新秩序中，全面颠覆雅尔塔体系。二是正视美苏之间的地缘政治现实和意识形态对立，限制苏联影响力向东欧扩展，将雅尔塔体系变成围困苏联的"牢笼"。三是全面与苏联缓和，最终消除敌对性压力，双方各不干涉，和平共处。有此三种选择表明，罗斯福接受斯大林在第二次世界大战的胜利果实，但是仅此而已，苏联不能越界，只有一种选择，守住既得利益，否则就是失败。其次，美国获得了和平的欧洲。雅尔塔体系和历史上所有大战过后的国际体系一样，都是战胜国之间的妥协。然而，它将欧洲传统现实主义的权力均势，扩大为以欧洲分裂为代价的全球均势。欧洲分裂为美苏两大强权的势力范围，治乱战和身不由己，没有任何一个欧洲国家有能力搅动全局，或者组建完全脱离美苏两家中至少一家的同盟。欧洲也因雅尔塔体系出现相对稳定的均势，尽管此后时有危机，但为重现经济繁荣、反省自身历史、化解民族世仇赢得了难得的条件。欧洲和平既有利于美国通过重振西欧经济获得巨大市场，也有利于美国避免陷入欧洲长期积累的矛盾。

雅尔塔体系是罗斯福推动建立联合国的重要前提。联合国是罗斯福对构建战后国际秩序所有设想的核心环节。首先，罗斯福提出了"四大警察国家"的设想，即美国、苏联、英国和中国四个主要战胜国，成为战后维护世界和平的"警察"。这一安排并非大国统治小国，而是以大国合作的方式共同反对侵略，维护世界和平。其中，美国是"四大警察国家"主要角色。显然，在筹划战后大国关系上，罗斯福重视中国而轻视法国。中国尽管在第二次世界大战中损失惨重，但凭借着广阔的战略空间不断迫使日军拉长战线，牵制了日军本可以在远东进攻苏联或者在太平洋上与美军争夺岛屿的大量兵力。法国则是在纳粹德国面前战败投降。而且，基于罗斯福个人坚定的反殖民主义理念，作为长期饱受帝国主义压迫之苦的中国，比起长期进行殖民的法国，更能引起感情共鸣，因而希望中国在"世界未来的和平与繁荣上发挥适当的作用"①。

罗斯福对中国的肯定以及对中国在未来世界和平与繁荣作用上的期望，不仅是中华民族历经百年耻辱后对世界和平与正义伟大贡献的见证，更是打破欧洲垄断世界事务权力的重要标志。300 多年来，英吉利、法兰西、俄罗斯、德意志等欧洲民族主导着世界秩序，美国和日本崛起后，欧洲列强垄断世界事务的权力体系开始瓦解，第二次世界大战即将结束时，德国、意大利、日本败局已定，英法衰落，美苏成为未来影响世界的超级强权。这一经过两次世界大战而艰难重构的国际秩序，印证着前所未有的世界变局。日本作为欧洲主导的权力体系的挑战者是失败的，中国由此而重新成为新的远东力量中心，与美国、英国、苏联等强国共同构成主导性力量，

---

① Cordell Hull, *The Memoirs of Cordell Hull*, New York：Macmillan Publishing Company, 1948, p. 1587.

彻底瓦解了欧洲作为世界唯一力量中心的权力体系。罗斯福的深谋远虑，以及中国人民伟大的牺牲与永不屈服的精神，使中国成为联合国安理会常任理事国，代表着联合国成为真正的世界组织，而不像国际联盟，仅是欧洲大国的权力工具。

中国获得大国地位对美国极为有利。如果中国成为美国的可靠伙伴，将是抗衡苏联的重要力量。如果中国仍然积贫积弱，其漫长的海岸线、丰富的劳动力资源和生产原料极易被苏联掌控；如果中国受美国支持而成为世界大国，"一旦美苏矛盾激化，甚至爆发不可调和的冲突，将毫无疑问地站在美国一边"①。另外，中国在美英特殊关系中扮演微妙的角色。英国在香港、马来西亚等远东地区具有重要的利益。一个拥有广泛影响力的中国，将成为美国在远东制衡英国的重要伙伴。

罗斯福对法国的态度，几乎完全是现实利益使然。美国政治制度继承法国共和政体；美国价值观的重要标志自由女神像为法国馈赠；美国独立战争最大的欧洲盟友是法国。但是，罗斯福似乎有意淡化意美法历史情感。开罗会议上，罗斯福以轻蔑的口吻向丘吉尔建议，应当剥夺法国所有殖民地。丘吉尔出于英国维护欧洲大陆均势的传统，坚持维护法国大国地位。因为苏联取代纳粹德国成为欧洲大陆最强大国家，法国是欧洲大陆上阻止苏联"西进"的最重要力量。丘吉尔甚至主张归还法国在战前全部殖民地，法国应当成为联合国安理会常任理事国。

罗斯福以后世者的洞若观火之心，将国际联盟形同虚设归咎于内在机制缺陷：只有对所属成员的道德感召，却无对不听从道德感召甚至公然违反者的强制惩罚力量。这或者源自设计者昧于现实主义政治，却拘泥于内心诉求；或者源自有意设计机制漏洞，为机制外策略选择预留"空间"。强调"国家无论大小一律平等"，容易获得大多数国家心理认同，但坚持全体一致行动的原则，忽略了国家之间利益不一致的现实和解决历

---

① David Warner, Warren Kimball, David Reynolds, *FDR's World: War, Peace and Legacies*, New York: Macmillan Publishing Company, 2008, p. 167.

史积怨过程中矛盾激化的可能性。过于理想化的内在机制安排，使国际联盟规则遭遇挑战时，除非有大国"挺身而出"，否则其权威与有效性易遭破坏。因此，罗斯福特别强调大国一致原则，而非成员国全体一致的原则，以此作为构建联合国的基础。

为避免大国一致原则在具体落实中变成按照实力强弱的巧取豪夺，罗斯福特别提出了"否决权"原则，希望确保国家之间主权地位的平等。每个国家在认为自身利益遭到伤害时，均有权表达反对意见，为以谈判、国际仲裁等非战争形式解决争端提供可能。否决权为弱小者在国际社会中争取到了申诉机会，有利于在道德与法理领域防范恃强凌弱，但也不可能完全杜绝。否决权与大国一致两个原则结合在一起，构成了联合国集体安全的三点规则：只有常任理事国达成一致，安全理事会才能授权采取集体行动；安全理事会对任何争端的讨论不受否决权约束；常任理事国一致原则必须以尊重否决权为前提。众多殖民地纷纷要求独立，最大的殖民者英国成为道德攻伐的目标，苏联地缘政治影响力仅限于其周边地区，中国又是四大国中最羸弱者。显然，大国一致原则和否决权原则使大多数国际社会成员受益，更使美国受益。因为众多脱胎于殖民地的新兴国家，最紧迫的需要是和平建设，而不是战祸再生。1945 年 8 月，中苏美英四国根据《中苏美英四国关于普遍安全的宣言》，拟定"关于建立普遍性国际组织的建议案"，并将这个组织命名为"联合国"。

雅尔塔体系和推动建立联合国，是美国将建立全球地缘政治秩序与占领国际道义制高点相融合的产物。罗斯福只是以更加隐晦的方式，防范欧亚大陆出现一个挑战美国的强权。但是，时代发展不可能是"直线"地执行罗斯福这一构想和策略，需要有与他同等的眼界与韬略的继任者。实践证明，政治家的差异是历史分野的重要条件。

四 杜鲁门的个人作用

胜利指日可待时，罗斯福却在 1945 年 4 月 12 日突然去世，副总统哈里·杜鲁门接任总统。同为战胜之际的美国总统，杜鲁门远比威尔逊"幸运"。《开罗宣言》、《雅尔塔协定》等历史性文件签订，预示着美国不大可能重蹈威尔逊主义曲高和寡的覆辙。战胜国英国、苏联等秉承旧欧洲思想与行为的大国，无法再指望出现巴黎和会式的机会，美国对未来世界举足轻重的影响已为全世界承认。

杜鲁门继承的政治遗产非常丰厚。美国拥有最强大的经济实力和军事实力。联合国总部设在纽约，美国站在国际道义的制高点。战争接近胜利之时，美国国内万众瞩目的是总统如何领导美国成为决定世界命运的力量，而不是像对威尔逊那样进行监督。与其他美国政治领袖相比，杜鲁门有更多的机会给美国进而给世界留下更加深刻的个人痕迹。性格、内心情感、视野与罗斯福截然不同的杜鲁门，突然出现在世界舞台中心，重大变化即将出现。

1945年5月8日，纳粹德国正式签署投降书，美英苏三大国落实《雅尔塔协定》变得紧迫起来，决定进行一次首脑会晤，美英商定由斯大林选择会址。斯大林将会议地点选在柏林西南郊波茨坦，会议时间则由美英决定。然而，美英在会议时间安排上出现重大分歧。即将迎来议会选举的丘吉尔希望三方首脑会晤尽快举行，最早在6月中旬。但是，急于向苏联显示原子弹这一新式武器的杜鲁门希望首脑会晤在原子弹试爆成功之后举行。最后的结果是7月17日举行了会议。此前，7月5日英国举行议会选举，克莱门特·理查德·艾德礼取代丘吉尔成为新任英国首相。7月16日美国成功试爆原子弹。波茨坦会议17日下午5时召开，斯大林、艾德礼、杜鲁门、丘吉尔，以及三国外交和军事人员悉数出席。由于丘吉尔大选落败，后期由艾德礼出席，杜鲁门担任会议主席。美英双方主导权已经彻底随着战争即将结束而全面易主。对美国具有重要影响力的丘吉尔在会议期间离任，英国对战后事务的影响力受到美国的严格制约。但是，美苏裂痕逐步暴露。

杜鲁门致开篇辞时，直接和盘托出了美国关心的问题。会议临近结束时，杜鲁门还以看似悠闲的口吻告诉斯大林，美国已经掌握了一种杀伤力巨大的新型炸弹。但是，斯大林没有像杜鲁门预料的那样感到惊讶，甚至惶恐，而是非常平静与淡然，甚至带有怀疑的回应。杜鲁门与斯大林之间的心理较量，说明杜鲁门缺乏罗斯福的宽容与灵活来平衡理想与现实的矛盾。8 月 2 日《波茨坦公告》出台，战争同盟的分裂危险也同时出现。

杜鲁门坚信美国的天然责任是"把世界从极权主义中解救出来"①，但他具有更加鲜明的现实主义色彩，公开的反苏反共立场，刺激着本性多疑的斯大林，导致美苏双方愈加肯定对方的"叵测居心"；更加好斗冲动却不失精明的牛仔性格，恰好与专注、坚韧且同样精明的丘吉尔可以产生默契的配合。

历史不是由个人书写的。杜鲁门个人只是加速暴露了美苏之间难以化解的矛盾。美苏之间的矛盾冲突天然地存在于美国僵化的意识形态和俄罗斯民族固有的地缘政治思维之间。以波兰为例，战争结束前，美英与苏联在有关波兰战后的安排中出现争论。美英希望波兰新政府以流亡到英国的前政府人员为主组成，进行自由选举，这是典型的因意识形态造成的僵化，忽略了地缘政治现实条件。斯大林是历史经验的执行者，他认为，在所有对俄罗斯民族最危险的外部入侵路线中，途经波兰的路线距离最短，波兰新政府必须处于自己的绝对控制之下。可见，苏联也低估了意识形态对美英的意义。美国缺乏对苏联（或者是杜鲁门缺乏对斯大林）内心的正确认识，也未能充分地考虑到苏联对西方的不信任感。在这种心态的作用下，斯大林不可能相信美国甘于在德国止步，只能采取制造危机的方式消除他认为的安全威胁。美苏双方由互相怀疑变成敌对。

---

① Robert H. Ferrell ed. , *Off the Record: The Private Papers of Harry S. Truman*, New York: Harper & Brothers Publishing, 1980, p. 102.

第二章　冲突、进取与陷入被动
（1946～1968 年）

两次世界大战对美国最深刻的启示是，对世界乱局置之不理，终将引火烧身。从此，美国坚信改造全世界重任非己莫属。从杜鲁门时代到约翰逊时代，冷战全面激化，地区性战乱与危机不断，美国主动遏制苏联，在西欧、太平洋、中东组建同盟体系，染指印度洋，却"丢失"了中国、中南半岛，形成了不充分的全球地缘政治布局，在冷战中由主动沦为被动。

第一节　应对危机（1946～1953 年）

冷战开启后，美国在欧洲和亚洲有成有败：通过马歇尔计划和第一次柏林危机，建立北约，全面巩固了在西方的领导地位；建立美日同盟，通过朝鲜战争获得了在朝鲜半岛的军事存在，却在与新中国的交手中遭遇了战后的首次失败。这表明美国仍然是一支由海权向陆权扩展中成长的力量，在新的国际秩序中忽略了世界复杂性。杜鲁门忙于将战时经济社会发展轨迹转向和平时期，开始塑造新型军事体制。美国在这一时期成就斐然，但留下颇深隐患。

一　马歇尔计划和第四点计划

第二次世界大战结束之时，曾经文明富庶的欧洲一片废墟，连主要战胜国英国都感到"经济濒临崩溃的危险"[1]。1946 年秋，罕见的寒流肆虐，

---

[1]　Joseph M. Jones, *The Fifteen Weeks*, New York：Harcourt & Brace Company, 1955, p. 78.

欧洲经济雪上加霜，"燃料匮乏、粮食短缺令民众饥寒交迫"①。在美国政治哲学中，"贫穷、匮乏是极权政体的'土壤'，早晚会生出暴力的种子"②。美国要避免付出巨大牺牲而得来的战争胜利果实化为乌有，就必须将欧洲民众（尤其是西欧民众）从战争废墟中解救出来，否则他们迟早会被极权奴役。另外，在战争时期生产军需物资的企业热切盼望民用产品订单，大量从战场回到家乡的退伍军人需要新的工作机会，美国亟须尽快从战时经济轨道上重回市场竞争。战争令国内民众生活需求萎缩，国内市场处于低水平饱和状态。当美国环顾遭受战争创伤的全球时，发现欧洲仍然是最重要的海外市场。马歇尔计划作为美国与欧洲经济和安全不可分割的产物应时而出。

此时，欧洲已经被"瓜分"为阵营分明的西欧和东欧。敌友已分时，经济行为总会被认为是一种政治权力斗争工具。美苏彼此敌意已浓，在西欧大受欢迎的马歇尔计划自然被苏联认作是美国进行经济控制与掠夺的阴谋。

衡量现实利益的标准反映战略远见。援助他人与为己谋利从来不是天然矛盾。马歇尔计划共向 16 个西欧国家（包括由美英法占领的联邦德国）提供援助总额达 131.5 亿美元，其中赠款占 90%，贷款仅为 10%，慷慨中透露着精明。美国对欧洲经济援助冲破了国际贸易保护壁垒，培育了一体化市场萌芽。1947 年 10 月 30 日，美国、加拿大以及西欧多国在瑞士日内瓦签订《关税及贸易总协定》；1951 年 4 月 8 日，法国和联邦德国共同成为"欧洲煤钢共同体"缔约国。可见，马歇尔计划不是令美国或者西欧单方面受益的单纯的经济援助计划，而是创建西方市场与贸易体系的"蓝图"。

马歇尔计划的最大受益者还是美国。对西欧援助总额仅占 1949 年美

① John Gimbel, *The Origins of Marshalll Plan*, California: Stanford University Press, 1976, p. 4.

② Arthur M. Schlesinger, *The Dynamics of World Power: A Documentary History of the United States Foreign Policy 1945－1973*, *Vol. 2*, *Eastern Europe and the Soviet Union*, Washington: Government Printing Office Publishing, 1986, p. 312.

国国民生产总值的 1.2% ，所获收益却无法用金钱衡量。首先，马歇尔计划刺激美国众多企业增加在欧洲投资、开拓欧洲市场，赢得巨额利润后变成了巨型跨国企业，对全球贸易产生了巨大影响，进而影响他国经济。1965 年，美国跨国公司达 3300 家，控制大约 23000 个海外分支机构和60% 的全球对外投资。这些企业成为美国国家利益与实力地位的象征。其次，经济影响力必将进入政治领域。美国利用马歇尔计划促进西欧经济一体化，增强了美国对西欧的政治影响力。美国与西欧之间的政治凝聚力，由市场、资本等现实利益纽带与共同价值观的精神纽带构筑，经济复兴的西欧成为抵御苏联意识形态渗透的有力盾牌。马歇尔计划与对西欧的军事保护，成就了美国的领导地位。

利益与危险总是相伴相生。马歇尔计划显示出美国高超的资本营利本领，也暴露了其脆弱之处。美国经济实力以私营企业和市场竞争为本。对外投资最大的风险有两个。一是投资地区动荡。欧洲爆发大战令美国资本无法营利，是参战的根本诱因。二是私营企业遭受当地政府打压或者垄断资本竞争。政治对经济的最致命影响是构建公平、公正的市场竞争机制过程中的不确定性。美国必将在营利与应对风险中走向两难悖论。果不其然，马歇尔计划提前于 1951 年底结束，西欧工业生产完全恢复至战前水平。此时，冷战因朝鲜战争而加剧，经济由复兴走向振兴的西欧，成为遏制苏联的有力前沿屏障，欧洲再次出现均势体系的“影子”。西欧拥有仅次于美国的先进科技和强大工业，出现了改变唯美国马首是瞻的声音。尽管这股声音起初很弱，但马歇尔计划为新的地缘政治格局提供了可能。

马歇尔计划显示出美国和欧洲之间存在所有历史逻辑都难以解释的内在关联。美国在欧洲战乱中坐收渔翁之利，但站上权力之巅后不能容忍欧洲继续陷入灾祸。追求经济利益转变为追求政治地位，要求美国展示某种道德力量，因而不能醉心于利己而罔顾伙伴安危利害，这导致马歇尔计划迫使苏联以振兴东欧经济作为回应，形成美苏之间首次经济竞赛。

马歇尔计划在欧洲的成功，激励出杜鲁门政府更大的政治抱负。第二次世界大战结束之后，众多殖民地开始了声势浩大的独立运动。人口众多、幅员广阔的欠发达国家随之成为商业潜力巨大的新兴市场、战略价值显要的地缘政治支点，对西方的安全和利益产生重要影响。杜鲁门政府认识到，如果不影响它们，它们就会被苏联影响。1949 年 1 月 20 日，杜鲁门在就职演说中宣称，要用发达的科技与强大的工业力量援助不发达地区，促进它们的进步和繁荣。与马歇尔计划相呼应的第四点计划，在美国面临的机遇、压力和雄心下得以形成。

希腊、土耳其危机为美国实施第四点计划提供了契机。最容易进入的地方就是最受资本青睐的地方。此时，冷战格局固化，第四点计划实施对象不是社会主义国家，而是拉丁美洲、西亚、东南亚和非洲等欠发达地区，它们包括脱胎于殖民地的 10 个托管地和 60 多个非自治地区，人口总数超过 2 亿。第四点计划于 1950 年 9 月 6 日正式通过，直到 1953 年 9 月 1 日，美国政府共拨款 3. 11 亿美元，总共派出 2445 名技术人员，在 35 个国家或地区实施 18 个类别援助计划，具体技术援助项目达 1745 个。另外，美国帮助 34 个国家共培养了 2862 名青年专家。第四点计划对附属国家和独立国家一视同仁，赢得民众尤其是知识分子和社会精英的认同。从这一角度看，第四点计划尽管有许多缺陷，但不乏具体利益驱使下的积极意义。

马歇尔计划和第四点计划令美国在冷战初期即赢得全局主动，将苏联拖入全球范围内争夺人心的竞赛，更向世界传达一个信息："当世界治乱取决于在多大程度上实现共同繁荣时，和平与战争的钥匙掌握在美国手中。"[①] 人类历史上首次出现这种情况：世界战争抑或和平，取决于一国选择。

马歇尔计划和第四点计划表明，大国博弈不再单纯地取决于个体实力与纵横捭阖之术，而是越来越取决于国际形象与国际影响力。这衍生出新的历史逻辑：令整体受益而非令个体独自受益成为运用军事力量的道德基础。

胜利者走向失败的现象有三种：主导者变得自负、解放者变得傲慢、

---

① Joseph M. Jones, *The Fifteen Weeks*, New York：Harcourt & Brace Company, 1955, p. 166.

征服者变得严苛。马歇尔计划和第四点计划没有显现冷战胜负结局，但显现了美国有意或者无意地希望避免失败的努力，种下了冷战胜利的种子。美国后来陷入被动是忘记了马歇尔计划和第四点计划的蕴意。

二 第一次柏林危机

事发突然总归事出有因。第二次世界大战结束之际，亲疏明显的美英法苏共同占领德国。德国具有显要的地缘政治价值，要么成为美英法（主要是美国）与苏联之间难以逾越的障碍，要么成为它们接继战时同盟的桥梁，因而其内部任何变化都容易引人注目。

美苏不希望德国未来再次成为欧洲的安全威胁，但双方安全互信匮乏和价值观、政治制度对立，导致对德国未来的期望南辕北辙。杜鲁门担心，与苏联控制下的东欧为邻的德国，如果恢复如初，将出现最坏结果："德国的科技与苏联的资源结合后，欧洲甚至世界又将被噩梦缠绕。"① 如果德国经济社会发展失败，将被苏联渗透。斯大林担心，德国在美国扶植下重新崛起，成为美国入侵苏联的桥头堡。基于美苏双方不同的地缘政治现实，美国比苏联更加希望德国经济社会发展恢复正常；基于美苏的实力对比，苏联比美国更加担心德国脱离掌控。德国注定成为难解之结。

美苏对政治、经济问题的不同权重，导致双方关于德国未来安排的矛盾不可调和。四大国组建盟国管制委员会伊始，美国将恢复德国经济社会秩序作为解决所有关于德国问题的前提，为此在占领区付诸大量投资，尤其在煤矿和钢铁领域。经济效益需要政治与社会条件保障，1946 年 2 月，柏林举行了战后首次市政选举，亲西方的社会民主党支持率接近49%，基本控制了柏林市议会和市政府。

美英法和苏联分别在德国西部和东部开辟了两条不同的发展道路，出现不同的政治、经济、社会形态，美英法和苏联对柏林影响力对比跃然可

① Melvyn P. Leffler, *A Preponderance of Power: National Security, the Truman Administration, and the Cold War*, Califoria：Stanford University Press, 1992, p. 148.

见，双方没有实质性合作，盟国管制委员会形同虚设。

苏联希望德国成为统一、中立、非武装国家，作为与西方的战略缓冲地带。对于极力避免德国被苏联控制的美英法而言，分裂的德国似乎是两害相权取其轻的选择。1947 年 3 月在莫斯科和 12 月在伦敦召开的两次四大国外长会议成果有限。伦敦四大国外长会议结束当天，已成国务卿的马歇尔向杜鲁门建议："西方应当迈出飞跃性的一步。"①　1948 年 2 月，德国东部爆发了"二月事变"。美英法愈加担心德国问题长期悬而未决，只会有助于"苏联在某个合适时机或者突发事件中进行'吞噬'"②。为此，1948 年 6 月初，美国与西欧五国外长会议通过《伦敦决议》，决定将美英法三个占领区合并，发行统一货币新马克，接受马歇尔计划，以迅速稳定经济社会秩序。针对这一明显孤立苏联的举动，斯大林下令在德国东部占领区发行和流通新货币，加强对柏林市区交通的检查和限制，以"保证占领区居民免受危险"③。6 月 20～24 日，苏联红军突然封锁了柏林与德国西部占领区所有铁路、公路、水路交通，第一次柏林危机爆发。斯大林冲冠一怒的算盘是，既然无法反对美英法合并占领区，就力争独自占领柏林，既没有示弱，又可以顺势名正言顺地建立亲苏的德国政府。但是，斯大林能否承担美国以战争回应的代价，只有他自己知道，或者他自己也没有答案。

危机爆发当天，英国首相艾德礼召见美国驻英国大使，指出："如果放弃柏林，德国西部乃至整个西欧将面临严重威胁，……我们希望与美国共同留在柏林。"④　赋闲在家的丘吉尔向杜鲁门建议，"将能投掷原子弹的 B - 29 战略轰炸机部署到英国，以备在'关键'时刻使用"⑤。次日，杜

---

① Thomas Parrish, *Berlin in the Balance 1945 - 1949: The Blockade the Airlift the First Major Battle of the Cold War*, Washington：Addison & Wesley, 1998, p. 161.

② Roger G. Miller, *To Save a City: The Berlin Airlift 1948 - 1949*, Texas：A & M University Press, 2000, p. 17.

③ Max Charles, *Berlin Blockade*, London：A1lan Wingate, 1959, p. 27.

④ State Department, *Policy in Germany 1948*, Washington：Government Printing Office Publishing, 1973, p. 294.

⑤ Paul Preston, *British Documents on Foreign Affairs*, The Foreign Office Confidential Print, Series F, 2002, p. 143.

鲁门公开表态："苏联没有权力通过直接或间接的方法迫使我们退出柏林。"①

信誉丧失后，礼遇也将丧失。美国"即使出于防止西欧质疑，也应当付诸实际行动，维护西方在柏林的存在"②。但是，马歇尔计划已经启动，西欧经济社会秩序正在快速恢复，不可能再次承担战争的代价。美国的困境不是实力而是行动限度，既要显示不屈服的决心与能力，又要避免过度反应，爆发新的世界大战。

首先，美国加强了核威慑。危机爆发后第三天，第一架美国空军 B－29 战略轰炸机抵达英国机场。从第一次柏林危机开始，美苏之间"每一次交锋都被恐怖的核阴影笼罩"③。其次，美国与英国共同向西柏林空运物资，解决当地居民生活给养短缺的燃眉之急。空运不仅向苏联展示了强大的经济力量和空中力量，以及不退缩的意志，还令苏联水陆交通封锁处于无用之地，但又不至于受到羞辱后冒险升级敌对行动。

美国同步实施空运和核威慑，表现出实力、坚决、克制、耐心，令斯大林骑虎难下却又无法孤注一掷：一方面，苏联受到核威慑却没有能力实施对等反威慑；另一方面，苏联如果拦截美英空运飞机，一旦造成机毁人亡事件，可能面临核打击，即使没有造成机毁人亡事件，仅利用劣势的空中力量拦截，也容易自曝其短。

第一次柏林危机持续至 1949 年 5 月 12 日结束，近一年时间里，美国不放弃核威慑、不断扩大空运、不主动提议谈判，在谈判过程中既不翻脸，也绝不示弱和妥协，收益巨大。

首先，美国增强了在西欧存在的根基。外来者能否稳固存在，取决于民众是否欢迎。苏联封锁柏林水陆交通，造成西柏林民众生活物资短缺，

---

① Alan Bullock, *Ernest Bevin: Foreign Secretary 1945－1951*, London: Oxford University Press, 1985, p. 578.

② Alan Bullock, *Ernest Bevin: Foreign Secretary 1945－1951*, London: Oxford University Press, 1985, p. 584.

③ Welter Lafeber, *America, Russia and the Cold War*, Washingtong: John Wiley & Sons, 1976, p. 42.

美国和英国在近一年时间内向西柏林空运了大量食品、燃料、药品和衣物，获得了民众的好感，甚至有人认为："美国保卫了全体德国人的切身利益，从此柏林的命运与美国的命运紧密相连。"① 大战刚刚结束之际，饱受战火灾难的西欧民众朴素的生活愿望是和平、安全。

其次，美国增强了西欧盟友力量。早在第一次柏林危机爆发前，基督教民主联盟领导人康拉德·阿登纳等许多德高望重的政治人物，就担心"如果美英法三大国占领区合并成为一个独立国家，很可能丧失真正主权"②。但是，美国在危机中消除了他们的疑虑。联邦德国成为独立国家的条件已经成熟，美国在欧洲大陆上最重要、最具经济科技潜力的最强盟友出现了。

最后，美国增强了对苏联的遏制。危机期间，西欧真切地看到美国"始终站在抵御苏联的最危险的地方"③。西柏林成为美国向苏联和东欧进行宣传和渗透的"窗口"。后来美国收买苏联和其他东欧国家官员、策划反苏活动、分化苏联与东欧国家关系、进行和平演变等，都源自西柏林。

第一次柏林危机也暴露了美国的劣势。首先，美国不能无视盟友的顾虑。随着危机持续，杜鲁门政府考虑采取武装行动突破封锁。听闻这一危险信息的艾德礼，在伦敦向来访的美国国家安全委员会委员查尔斯·波伦半开玩笑地说："你们美国人不会真的希望挑起战争吧，我不会让你们得逞的。"④ 其次，美国政府受到国内舆论制约。《纽约时报》的民意调查显示，85％受访者认为应当留在柏林。强大的民意基础既是杜鲁门政府在危机中最大的底气，也是对杜鲁门政府的明确限制，不能以生死相搏

---

① Davison W. Phillips, *The Berlin Blockade: Study in Cold War Politics*, New Jersey: Princeton University Press, 1958, p. 285.

② Davison W. Phillips, *The Berlin Study in Cold War Politics*, New Jersey: Princeton University Press, 1958, p. 356.

③ John Lewis Gaddis, *The Long Peace*, London: Oxford University Press, 1987, p. 65.

④ Charles E. Bohlen, *Witness to History, 1929–1969*, London: Weidenfeld & Nicolon, 1973, p. 174.

的姿态应对，为可能的妥协和苏联制造新的危机提供口实。

美国的劣势说明，仅凭强大的经济和军事实力，显得极端鲁莽，可能为自己和西欧制造危险。美国需要全面应对苏联的政策设计，支撑其理性和灵活的策略。尤其在苏联 1949 年掌握原子弹后，更应如此。

三　建立北约

共享繁荣与共尝安危是稳固同盟的最可靠条件。马歇尔计划制造了美国与西欧共享经济繁荣的前景，第一次柏林危机又使二者休戚与共，跨大西洋军事同盟即将成为现实。1949 年 4 月 4 日，美国、加拿大与西欧 10 国在布鲁塞尔签订《北大西洋公约》，成立北大西洋公约组织（简称北约）。

半年后，北约确立了基本组织架构：各成员国国防部部长或者国防大臣组成防务委员会，各成员国军队总参谋长（美军称为参谋长联席会议主席、英军称为国防总参谋长）组成军事委员会。美英法三国军队总参谋长组成常设小组，下设北大西洋小组、加拿大－美国小组、西欧小组、北欧小组、南欧和西地中海小组。

鉴于美国的领导地位和实力优势，北约被刻上美国"痕迹"。美国将遏制苏联与寻求公理等同，希望北约不限于维护现实安全，更应体现因血肉同源凝结而成的共同价值观。

追求道义优势的政治宗旨要求大力宣扬军事行为的防御性。美国需要"欧洲成为最重要的战略屏障，绝不能被苏联占领和征服"[1]。因此，北约以集体安全与维护和平为政治宗旨，以防御为军事原则："在和平时期，针对可能破坏各成员国独立、和平的任何国家或同盟进行协调、有力的战略威慑；在战争时期，统一部署与使用军事力量，充分挖掘各成员国的军事潜力，反击敌人武力入侵，确保各成员国领土与民众的安全和经济繁荣。"[2]

---

[1] Wichard Woyke, *Foundation and History of NATO, 1948 - 1950*, London：Oxford University，Providence：Berg Publishers，1993，p. 266.

[2] North Atlantic Military Committee, "The Strategic Concept for the Defense of the Noah Atlantic Area," *The Standing Group to the Transmitting*, October 19，1949，p. 7.

北约希望以威慑求和平、以反击求胜利，在道义基础上运用实力优势，吓阻、抵御苏联可能的主动进攻，因而将"防卫"作为作战构想基础。北约军事委员会认为，一旦苏军发起进攻，战火将首先在中欧点燃，然后迅速向西欧、北欧、南欧蔓延，北约军队应争取稳定中欧防线，在西欧、北欧、南欧主动展开攻势，打乱苏军进攻部署。美国、加拿大、英国军队向欧洲大陆提供后援，积极展开反攻行动，最后取得胜利。

北约防卫作战构想成功的关键在于三个方面：一是在中欧部署重兵，能有力抵抗苏军首波攻击；二是在西欧、北欧、南欧地区部署快速反应部队，战端一开，对苏军进攻部队实施预防性打击；三是在波罗的海、北海、地中海、黑海等海域及沿岸地区，展开足够强大的反击。

军队作战构想只有与经济社会发展有机结合，才能提高军事资源的使用效率。首先，美国根据防卫作战构想，优化了驻军体系。由于北约各个成员国战争潜力、军事实力和地理位置不同，驻军重点区域置于英国、联邦德国、意大利、西班牙、冰岛等国，主要为重点配置前沿兵力，增强西欧纵深防御弹性。在大西洋海域，驻军重点区域置于格陵兰岛、马德拉群岛、亚速尔群岛、法罗群岛，主要控制海上军事基地与重要交通线，以便实施决定性反击。这样的部署有利于北约军队在不同区域内的作战行动密切配合。其次，各国军队根据防卫作战构想，优化了军力发展布局。北约成员国不可能在和平时期供养一支人数庞大的军队，只能尽量压缩常规军事力量规模。但是，北约成员国经济社会发展的活力巨大，军事资源的投入更加灵活、集约。根据防卫作战构想，北约各成员国利用经济与市场一体化趋势，推动彼此的军队在武器装备、训练、情报与技术共享等各个方面开展了富有成效的标准化协作。当成员国需要按照同盟整体要求提供不同军事资源时，各成员国军队结合各自不同的实际情况，重点发展专门针对自身承担的具体任务的作战能力。为此，它们在武器装备研制、人才培养、军队编制体制、军事设施、训练演习、后勤保障等多个领域互相开放进而促成各个国家在军事领导体制、法律法规、政策制定机制等方面趋同。可见，组建北约标志着美国由主导西方利益上升为塑造西方体制机制，最终决定政策取向。

美国强大的驻军与核优势，以及成员国间的合理分工，使北约军队在组建后数年内，展现出均衡与全面的作战能力，既能阵地防御与机动作战，也能直接打击苏联军事体系中的弱点；既能保护海上航线与重要港口，又能实施空中支援与空中战略轰炸；既能进行大规模核战争，又能进行核威慑。

在欧洲历史上，军事同盟均是语言不同、指挥与后勤等差异极大的多个国家军队互相配合作战的战争组织，在和平时期缺乏系统规划和制定共同遵守的政策、战略。因此，北约虽然不是欧洲历史上集体安全的首次尝试，但确是对自三十年战争以来所有集体安全模式的超越。当然，北约反映出新的矛盾，集体安全排斥势力范围，却最终固化了势力范围。苏联对北约的回应是建立华沙条约组织（简称华约）。欧洲分裂，重新进入追求均势和制衡时代。但是，此时的欧洲均势更加稳定，因为它对大国的约束更有力。拿破仑战争结束后，欧洲大陆均势取决于中欧和东欧秩序，中欧和东欧的秩序又取决于德国和俄罗斯。如果不能约束俄罗斯，就不能约束德国，相反，如果德国失去制约，俄罗斯也会失去制约。北约既可以使分裂后的德国受到美国和西欧集体防务约束，又可以遏制苏联。北约的成立和对华约的反作用，使得德国再也不可能脱离东西两边欧洲的约束，也使苏联的影响力只能延伸至德国东部，很难进入中欧和西欧。从这个意义上看，即使没有柏林危机和朝鲜战争，重新武装联邦德国也是迟早之事。由此可知，冷战虽比近代欧洲有时代进步意义，但仍然摆脱不了大国权力运行法则。

四 遏制战略

第一次柏林危机表明，处于弱势的苏联有制造麻烦的能力，尤其是1949 年 8 月掌握原子弹后，就不限于能制造麻烦。不再独享原子弹优势的美国需要制定针对苏联的整体政策。1950 年 4 月 14 日，杜鲁门政府发布国家安全委员会 68 号文件（NSC68），正式出台遏制战略。

　　决定一项战略的实施效果主要有两个因素：一是该战略理论基础的逻辑前提是否符合或者在多大程度上符合不断变化的事实，二是决策者和执行者能否或者在多大程度上能够及时判断战略环境变化。

　　先有理论后有政策，理论逻辑疏密决定政策优劣。1946 年 2 月 22 日，才华横溢的美国驻苏联大使馆临时代办乔治·凯南向美国国务院发出一封长达 8000 字的电报，1947 年 7 月，又化名 "X" 在美国著名政治期刊《外交》杂志上发表《苏联行为的根源》一文，系统分析了苏联意图以及背后深刻的制度与民族性格，奠定了遏制战略的理论基础。

　　"凯南理论" 超越了《海权论》和《边缘地带论》等美国地缘政治学说基于单纯实力地位的范式，突破了策略性说教的框架，引入了意识形态、制度模式、民族文化等多个变量，全面设计追求现实利益、改变对手、塑造世界等综合性地缘政治行为。但是，"凯南理论" 的逻辑前提既缺乏《海权论》的历史纵深感，也缺乏《边缘地带论》在分析陆权和海权时的整体图景，认为苏联行为被自己理性支配，面对经济实力、军事实力占据优势的美国，"不希望重蹈纳粹德国覆辙冒险发动世界大战"[1]。因此，美国不应追求通过风险和代价巨大的战争让苏联 "臣服"，而要坚定地显示实力优势和运用实力优势的意志，并 "建设更加美好的国内社会，从自信与团结中焕发出勃勃生机，成为世界榜样"[2]。美国 "需要也必须保持足够的耐心与决心，防范苏联对外扩张，从外部对其施加压力，促成内部发生变化"[3]。凯南认识到了美国的优势，却完全按照美国式思维方式和道德标准理解苏联，笃定美苏之间只能在全面战争与全面和平中选择其中一种状态。这是 "凯南理论" 的逻辑缺陷。苏联的确怯于与美国爆

---

[1]　State Department, *Cold War 1946*, Washington：Government Printing Office Publishing, 1984, p. 696.

[2]　State Department, *Cold War 1946*, Washington：Government Printing Office Publishing, 1984, p. 709.

[3]　George Kennan, *American Diplomacy 1900 - 1950*, Chicago：Chicago University Press, 1951, p. 99.

发全面战争，但不代表不敢给美国制造麻烦与难堪。显然，凯南"苏联具有理性"的判断，实质是美国自身的理性，反映出美国战略思维优劣并存之态。优势是在调和现实利益与理想之间天然矛盾的理性，弱点就是简单地把理性当作不同力量体之间的统一度量因素，坚信自身理性完全可以用来度量他人。

理论的实用价值取决于其逻辑基础在多大程度上符合现实。1947 年之后的一系列危机直接促成了具有明显逻辑缺陷的"凯南理论"向政府政策的转变。这导致遏制战略从一开始便难遂美国之愿。

杜鲁门政府忽略了全球性意识形态变化对地缘政治的冲击，偏离遏制战略初衷。美国在欧洲和亚洲遏制苏联，需要满足两个条件：一是苏联周边全部"倒向"美国，二是苏联没有办法和能力在周边为美国制造麻烦。但是，第二次世界大战之后，英法等老牌殖民大国纷纷衰落，全球殖民体系瓦解，众多殖民地纷纷追求独立，尝试根据不同国情构建现代国家制度。有的以苏联为样板走向社会主义制度，有的以西方为样板走向资本主义制度。多样化意识形态向全球地缘政治格局注入许多新变量。因此，美国遏制苏联的两个条件均不充分。在欧洲，第一次柏林危机造成美苏在中欧对峙。美国只能阻止苏联恐吓西欧。在亚洲，美国敌视苏联周边邻国中领土面积最大、人口最多的社会主义新中国。之后，杜鲁门政府尽管承认朝鲜半岛和中国台湾的战略价值，却没有将它们划入防御范围，而是将越南南方划入环形防御圈中的重要一环，东南亚似乎在美国眼中比中国台湾、朝鲜半岛更加值得"保护"。这凸显了遏制战略的先天弱点，无论美国如何构筑所谓包围圈或者环形防线，总会出现被利用的弱点。美国不可能在每个需要保护的地区派出重兵，对潜在危险施以震慑，进而在朝鲜战争、越南战争时期，美国总是"疲于奔命"。

遏制战略旨在采取除战争之外的一切可能方法改变苏联，既要保持强大压力防范苏联冒险挑衅，又要适当抛出"诱饵"，"吸引"苏联接受"规则"。为此，美国的最佳策略是避免"零和博弈"，既要以苏联为敌而纵横捭阖，也要对除苏联及其势力范围之外的所有地区的和平与繁荣负责，令苏联越来越"老实"。然而，在"凯南理论"指导下，美国无视地缘政治新变量，主动挑起意识形态斗争，扩大军事布局，刺激苏联更大的敌意；被动维护边缘地带，为苏联主动反遏制的地缘政治行为留下充足空间。遏制战略使美苏走向零和博弈，制造了令双方陷入危险与僵化的战争边缘事件。美国不仅无法消除苏联敌意，还使自己承担过多同盟义务。

尽管遏制战略有天然短板，但奠定了美国冷战时期全球战略的基础。美国凭借不可超越的综合实力优势，决心从政治、经济、外交、军事、社会等全方位领域，建立防范苏联扩张的地缘政治"围墙"，在国际社会上丑化苏联形象，在苏联内部培植亲美力量，还通过适时而务实的妥协，逐步争取有利条件，摆脱不利条件，直到冷战胜利，这些正是遏制战略的成功之处。在残酷、多样的世界里，任何战略都难以完美地平衡理想与现实。另外，遏制战略内在地反映了美国一个难以察觉的优势。官阶较低的凯南因为8000字电报中的深刻见解与建议立即得到赏识，成为国务院政策设计室主任，有机会参与政府高层决策，又因为在学术杂志发表的论文，成为国策的重要奠基者之一。美国官僚体系中行政威权对新鲜思想的吸收能力与开放程度可见一斑。

五　重塑军事体制

如果希望在战争之后更加强大，就应当总结战争经验。第二次世界大战刚刚胜利，美英军事同盟就组建了军事专家委员会，专门询问纳粹德军高级将领的战争经历。和敌人共同"回顾"战争，有利于更全面客观地从战争中汲取经验教训，优化未来的战争准备和军队建设。在众多反思宝贵的战争经验中，影响最为深远的，莫过于将这些反思的经验运用于战后重塑军事体制。

在决定战争胜负的诸多因素中，军事体制的作用经常被威力巨大、行动新奇的武器和才华横溢、极富个人魅力的将领所掩盖，导致其优劣利弊经常在战后反思中被忽略。但是，杜鲁门政府却反思美国军事体制，发现和更正存有严重隐患的甚至会产生极其严重后果的弊端。

第二次世界大战暴露了美国军事体制的许多弊端，其中，两个方面的弊端最为严重。一是陆军和海军之间无序竞争，使战争资源难以集约使用，造成了令人痛心的浪费，拖延了战争胜利的进程。二是战争决策随意性大，美国政府和军队的决策滞后于战局变化。前者是因为政府缺乏统一领导和指挥陆军、海军的职能机构，后者是因为政府缺乏一套受到法律约束的决策机制。美国军事体制的弊端归根结底是，军事力量体系结构不合理以及战争指挥缺乏法制规范和专业支撑，导致军事资源分配失衡。

大战期间，一切以战事为主。即便军事体制弊病丛生，也难以被强力修正。但是，战争结束后，对战争的全面反思促使杜鲁门政府对弊病"开刀"。1947 年 2 月 26 日，杜鲁门向国会提交了统一军事机构的议案。经过5 个月的辩论，奠定美国军事体制基础的《国家安全法》在国会通过。

首先，美国军事力量体系得以重构。美国在第二次世界大战时期的军事力量体系构成包括：掌管舰艇部队、少数飞行部队的海军（含海军陆战队，下同），领导机构为海军部；掌管地面部队和大量飞行部队的陆军，领导机构为战争委员会。分属陆军和海军的战机主要执行两种任务：一是分别在陆军和海军指挥下为地面部队、舰艇提供空中火力支援；二是在盟军联合参谋部指挥下实施战略轰炸。由于战机分别隶属于陆军和海军，每遇空中轰炸任务，联合参谋部都需要耗费大量时间和精力，分别与海军、陆军事前协调。这样，陆军和海军经常为扩大自身力量，争夺政府用于生产飞机的资源，导致出现军种本位主义盛行下战争资源低效使用。新的军事力量体系在海军、陆军基础上增加了空军，其中，海军由舰艇部队、飞行部队组成，领导机构为海军部；陆军由地面作战部队、与地面作战直接相关的少量飞行部队和水上运输部队组成，领导机构为陆军部；空军主要由之前在战争委员会控制之下的飞行部队组成，领导机构为空军部。成立与陆军和海军地位同等的空军，有利于统筹运用建设空中力量的资源，塑造空中力量优势。在以陆海空三军为主体力量的新军事力量体系中，各个军种根据本军种作战特点规律、技术发展水平、部队力量结构等，进行专业化建设发展，美国军事力量进入以军种为主的整体统筹运用与备战阶段。

其次，政府对军队的领导权得到强化。美国成立由文职官员领导的国防部，统一领导美国军事力量，国防部部长成为对总统负责的主要军事长官。国防部管辖陆军部、海军部、空军部，下设战争委员会、参谋长联席会议、军需供应委员会、研究与发展委员会等机构。其中，战争委员会主席为国防部部长，成员包括各个军种部部长和参谋长（海军为作战部部长，下同），主要职责是就国防政策、军事战略、战争与危机处置提出全面建议。参谋长联席会议设立一位主席，主要成员是陆海空军参谋长，主要职责是规划专业性军事行动，为其提供决策咨询，但不具备指挥权力。军需供应委员会的主要职责是就战争动员、军事采购、物资分配等政策，向国防部部长提出决策建议。研究与发展委员会主要职责是根据科技发展对军事领域的影响，提出军队重要科技项目建议。这样的组织架构强化了政府对军事政策的决定权和对军事资源的分配权，加强了对军事力量的统一领导。

最后，最高军事决策机制得到优化。《国家安全法》要求组建由总统、副总统、国务卿、国防部部长、陆军部部长、海军部部长、空军部部长等为主要成员的国家安全委员会。总统还有权根据实际需要，指定政府其他部部长、重要政治人物等参加国家安全委员会会议。它的职能是综合协调军队与其他政府部门（尤其是情报部门）行动，成员们可以向总统提出有关外交、军事等重要安全事务的决策建议，但最终决定权归于总统。国家安全委员会下设中央情报局，主要职能是协调政府各部门之间的情报收集与分析行动。但是，在没有获得授权情况下，它不能监督国防部和国务院等政府部门。除国家安全委员会外，政府内部还组建了由各类权威专家组成的国家安全资源委员会，主要职能是直接向总统提出关于军事、经济和战争动员等方面的专业性建议。总统作为决策者，不需要再分别面对各个军种部和各个政府部门可能互相矛盾的意见，只需要面对经过充分讨论和专业分析后的综合性意见与判断结论。这种最高军事决策机制，弱化了总统个人及其亲信视野、知识、性格、感情、威信、工作习惯等主观性因素对决策事项的影响，提升了军事行为与其他国家行为的协调性，其核心价值是构建了基于专业精英团队的决策制度，能够更专业、更全面地衡量国家面临的风险和机遇。

美国重塑军事体制，提升了制定军事政策、运用军事力量、建设军事力量的专业化、法制化水平。首先，这一军事体制确保了总统行政权力的高度集中。总统作为最高决策者，"事""权"统一能最大限度地防止议而不决、互相推诿的低效行政。其次，这一军事领导体制受到国家法律严格监督。总统决策虽受个人喜好、知识、习惯等因素影响，但决策程序和决策权限由国会通过的法律决定。最后，所有直接或者间接涉及军事议题的政府部门，均有权提出建议，有利于总统根据更全面信息做出决策，促进政府部门之间协作。

军事体制改革的核心目标是决策机制的高效运转。决策机制的运转效率取决于三个方面：一是总统个人推动军事部门与其他政府部门尤其是情报部门之间协作的能力；二是国防部部长是否有足够的权威和专业知识，促使陆海空三军按照整体国防需要规划建设；三是是否具有足够专业的决策咨询团队。对照这些方面，实践也证明了，体制改革绝非一劳永逸。

第二次世界大战刚刚结束，战功显赫的高级将领具备强大的政治影响力，人为地削弱了作为文职官员的国防部部长的领导权威。庞大的战时军需生产培育出一大批对美国国会、民众就业具有重要影响的军工产业集团。资本的天然逐利本性令它们不断为军队"创造"需求。在国防部统一领导下，各个军种部长官为了本军种利益，容易向国防部提出过高需求。更为关键的是，《国家安全法》规定，国防部部长的权限为：负责协调各个军种和委员会形成统一军事政策，控制各个军种领导部门机构，监管美军后勤系统。国防部部长对各个军种长官人选没有决定权，与各个军种长官同处内阁且地位平等。军需供应委员会、研究与发展委员会仅接受国防部部长指导而非领导。国防部作为国防领域的领导职能机构，为平衡各个军种利益，时常低效运转。

1949 年 8 月，杜鲁门签署《国家安全法修正案》，试图克服《国家安全法》的弊端。《国家安全法修正案》的主要变化是扩大国防部权力、降低各个军种部地位。国防部部长被赋予领导、指导、控制各个军种部的权力，各个军种部部长不再是国家安全委员会成员，国防部部长成为军事部门在国家安全委员会的全权代表。同时，设置一名国防部副部长、三名助理国防部部长，协助国防部部长行使权力；设置一名参谋长联席会议主席，向总统和国防部部长提供军事专业的决策咨询，并负责战略规划。《国家安全法修正案》还规定，军需供应委员会、研究与发展委员会必须服从国防部部长的权威和指导。扩大国防部部长权力在一定程度上缓解了军种竞争矛盾。但是，国防部部长的个人能力与威望仍然是行使权力的关键因素。

《国家安全法修正案》规定："参谋长联席会议在得到总统授权后，可以在国防部部长指导下，根据需要在重要地区建立联合司令部。"① 参谋长联席会议在某些特定情况下具有超越军种的指挥权力，另外一个附带结果就是，成立负责指挥美军在太平洋地区作战的太平洋总部，使联合作战出现萌芽。

《国家安全法》和《国家安全法修正案》赋予美国军事体制完整运转机制。决策机制，总统拥有最高决策权，国家安全委员会是将军事、外交、情报等专业意见进行综合的辅助决策机构。情报机制，包含了中央情报局主管的关于国家安全的情报搜集与分析。执行机制，各个军种部和各类专业委员会成为执行决策的主体力量。监督机制，国会拥有宣战权和拨款权，对总统决策拥有反对权。评估机制，国防部和参谋长联席会议具有评估职能，对美军作战、训练等各方面进行评估。这些机制确保了军事体制法制化和专业化，使决策程序在无形中得以规范，各个军事专业领域之间协作也得以顺畅。集决策、专业咨询、情报输入、决策执行、监督反馈等功能于一体，开了运用国家法律体系界定和统筹军事行为的体制构建先河，有利于美军既获得美国国家力量资源支撑，又受到美国国家意志的约

---

① 　U. S. Congress, National Security Act of 1947, National Archives and Records Administration, 1947.

束。这一体制反映出，美国国家意志的正谬，不以美军强弱为参照。相反，美军胜败却以美国国家意志正谬为参照。

军事体制隶属于政治体制。重塑美国军事体制的内核仍然是优化集中军事政策决策权力，以及提升调配军事资源的效率。新军事体制巩固了政府控制军队的权力，将国家军事行为置于严格的国会控制和社会舆论监督之下。另外，新的美国军事体制奠定了将政府意志转化为军事行为的组织基础。此后至今，尽管美国军事体制在朝鲜战争、越南战争、海湾战争等多次战争中被证明并非完美（要求体制永远完美本身就是错误的），甚至有时漏洞百出，有时在变革中走了很多弯路，但都没有摆脱《国家安全法》和《国家安全法修正案》确立的组织框架。随着时代变迁所进行的重大改变均是对此框架的补充和再优化。哪怕是被誉为里程碑的《戈德华特－尼科尔斯国防部改组法》，也是在继承这一军事体制基础上，对军种权力与作战指挥权力的重新分配。

反思人与技术是培育"丰硕的果实"，反思体制是在培育"肥沃的土壤"。优化战略战术受限于技术条件，是就事论事。优化军事体制超越具体条件下战略战术、某个关键人物、某个重要武器装备等，成为对国家总体资源运用于战争和军队的探索。杜鲁门政府对美国军事体制的重塑，说明美国对战争经验的深度反思，尽管效果不尽如人意。

六　改造日本

1945 年 5 月 8 日，纳粹德国投降。同日，发生了两件耐人寻味的事情。一是杜鲁门命令向苏联运送军事物资的两艘船在接近目的地港口时调头返回。二是杜鲁门在敦促日本无条件投降时强调，不会消灭或是奴役日本民族。敌友关系戏剧性变幻的可能性出现了。7 月 26 日，敦促日本无条件投降的《波茨坦公告》，针对此前日本政府一再强调的"将保留天皇作为投降条件"未置可否。8 月 10 日，日本在接受《波茨坦公告》的乞降照会中再次强调，天皇陛下作为最高统治者之特权不能有任何损害。三大国复文公告没有明确拒绝。次日，日本天皇主持召开御前会议，讨论如何回应复文时，告诉与会内阁成员："虽然对未来国体存有各种疑义，但我们可以从三大国复文感受到明显好意。此刻，接受这份好意有利于塑造全体国民的信念和觉悟。"随后，日本内阁发布告示，强调"今后国民应一致努力维护国体"。至此，日本正式投降。杜鲁门政府认同"保留天皇"是日本无条件投降的关键。决定这一立场的关键人物是强烈反苏、执着于重视亚洲的麦克阿瑟。

在美国军事史乃至世界军事史上为数不多的兼具超群的军事才华和卓越的政治才干的将领中，麦克阿瑟也许是最难以准确描述的。罗斯福将他看作最伟大的将军和最差劲的政治家的集合体。这个评价可能失之偏颇，但预示着麦克阿瑟命运会出现戏剧般转折与起伏的可能性：当人们认为他错误时，他可能取得令人惊叹的成功；当人们认为他正确时，他容易令人大失所望。麦克阿瑟踏入日本前，鲜有人准确地预见到他在后来因在朝鲜战争中毁誉参半的表现而被解职。除德怀特·艾森豪威尔之外，没有任何一位美军将领对美国全球战略产生的重要影响，能与麦克阿瑟相提并论。

珍珠港事件后，他自认为被日军赶出菲律宾是人生最大耻辱，发誓要一雪前耻，但战争胜利后，却没有被复仇心理支配。雅尔塔会议期间，他判断美苏必将决裂，开始思考战后美日关系。日本投降在望时，他敏锐地意识到日本的重要战略价值，从以坚毅之心追求胜利变成以胜者之态谋划未来，将日本变成美国在远东对抗苏联的前沿和维护太平洋霸主地位的"铁锚"。保留天皇正是出于这一考虑，尽管美国国内许多人认为应当严惩天皇，然而，麦克阿瑟却敢于力排众议。

麦克阿瑟在接受日本投降时，令人印象深刻地指出："如果日本民族的才智与勤奋精神运用到国家建设的正常轨道上，它很快就能摆脱悲惨的境遇，重新获得世界的尊重。"① 当世人沉浸在战争胜利的喜悦中时，麦

---

① McArthur, McArthur's Speech at the Japanese Surrender Ceremony, Spetember 2, 1945, https：//www.ximalaya.com/sound/107807364? source = m_jump, finally accessed on：August 20, 2023.

克阿瑟没有忘记战争之后美国在亚洲最重要的事情：重建日本而不是惩罚日本。战争中显示出来的强大实力和胜利之后的转变，是美国能够牢牢控制日本的重要原因。

军事占领地最高司令官的权限是战争结局的真实反映。1945 年 8 月，麦克阿瑟作为盟军驻日本最高司令官，被杜鲁门赋予了自行决断之权。9 月 7 日，以美军为主体的盟军最高统帅总司令部成立，麦克阿瑟正式代表盟国开始行使驻日本最高司令官职责，成为事实上位列天皇、内阁之上的最高权力人物。日本最高权力人物不是天皇或者内阁总理，而是麦克阿瑟。日本未来的政治、经济、社会等全方位变化，将深深地镌刻着麦克阿瑟的个人印记。

许多人认为，麦克阿瑟将像战胜庞培后的恺撒回到罗马一样，在东京极尽所能地炫耀胜利，在战争中受尽日军之苦的美军士兵，也必会对日本民众施以报复。比如，有的城市向青年女性发放氰化钾，以在遭美军强奸时自杀，有的城市将青年女性疏散至荒无人烟的山中，防止美军发现她们。但是，麦克阿瑟 1945 年 8 月 30 日抵达日本，在机场与各国记者谈笑风生的场景，经过媒体宣传，成为一次大师级心理战。

麦克阿瑟刚刚踏入日本时的所作所为，大大出乎处于惊恐中的日本民众的意料，他被当成有理有节、宽宏大量的胜利者。这一形象与其在战争期间重创日本军队造成的恐惧感和对日本民众生活的关注结合在一起，起到了恩威并施的效果。麦克阿瑟的个人特点和内在气质，比其他人更加容易激发出日本民族尊重强者的心态。

在把敌人变成可靠伙伴的过程中，最难把握的莫过于兼顾尊重传统与推动有益变革。重建战败国的难度超乎想象，信奉专制与天皇集权千年的日本，接受与之传统完全相反的美国式改造，过程必将非常艰辛。麦克阿瑟对日本的改造既大胆又务实。

首先，麦克阿瑟推出 11 点纲领：摧毁日本的军事力量、建立代议制政府、给予妇女选举权、释放政治犯、解放农民、建立劳动力自由流动制度、鼓励自由经济、废除政治压制、发展自由负责的媒体、自由化教育、分散政治权力。11 点纲领涵盖政治、经济、军事、社会和文化等多个领域，是建设新型日本的总体规划。

其次，麦克阿瑟重构日本政治体制。麦克阿瑟不仅保留天皇，还在军事占领初期保留皇族内阁。之后，随着审判东条英机等战犯，整肃极端顽固军国主义势力，一大批相对开明的政治人物如吉田茂等人，在麦克阿瑟扶持下成为日本新政治体制的中坚力量。麦克阿瑟构建日本政治体制切中了日本的政治要害，日本国家重建的症结在于军国主义体制，只有建立既符合民众信仰，又令精英受益的现代政治体制，才能保障顺利推行 11 点纲领。新政治体制的核心是宪法，1946 年 11 月，麦克阿瑟主持制定《日本国宪法》，次年正式通过。新宪法确立了日本君主立宪制政体：天皇是日本国象征；日本国主权属于国民；通过普选组成议会，议会多数党领导担任总理负责组建内阁，行使管理国家的具体职能。日本权力中心由皇宫变成议会。新宪法第九条规定："日本国民衷心谋求正义与秩序的国际和平，永远放弃以国权发动战争、以武力威胁或行使武力作为解决国际争端的手段……为达到前项目的，不保持陆海空军及其他战争力量，不承认国家的交战权。"新宪法是日本一个新的历史性标志。自此以后，日本出现西方式多党竞争选举，政治秩序的基本框架就此确定：在西方式个人自由与东方式整体经济社会发展中寻找中间道路。在第一次议会大选中，保守主义政党全面失势，高举民主和反军国主义大旗的日本社会党成为议会多数党并受命组阁。该党党首片山哲用依照麦克阿瑟高度评价的"中道主义"方针管理国家。此前惨遭打击的日本共产党也赢得相当数量的席位。日本相对稳定地向西方现代政治体制过渡，令麦克阿瑟被日本当作重生的引领者。但是，日本民主化政治是不完整、不彻底的，为在旧军国主义体制下成长起来的政治人物提供了活动空间，如鸠山一郎、石桥湛山、重光葵等整肃对象，开始组建新党重返政界，甚至成为主导性政治力量，未来一系列历史问题发酵的伏笔就此埋下。

最后，麦克阿瑟成为美日同盟最重要的发起者。盟国对日本军事占领仅一年，麦克阿瑟向杜鲁门建议，尽快结束对日本军事占领。1947 年 3

月、1948 年 8 月，他先后两次发表声明称，美国应当迅速结束对日本的军事占领，签署正式和平条约，撤销盟军总部。1949 年 9 月，中国国民党在自己挑起的内战中败局已定时，日本的地缘战略价值进一步凸显，杜鲁门政府开始认真考虑对日媾和。

和平与军事占领是一对天生的政治矛盾，对日媾和的前提是结束军事占领状态。杜鲁门政府存在两种对立意见。一种意见是，如果美军在日本长期驻扎，容易使美日关系变成历史上所有征服者与被征服者一样。从长远看，日本能否成为美国在亚洲的可靠伙伴，取决于日本政府和民众对美国是否有高度的心理认同。另一种意见是，日本是美国遏制苏联的最重要前沿，驻日美军将是阻止苏联在太平洋野心的保证。杜鲁门犹豫不决之际，麦克阿瑟发挥了重要的调和作用。他主张"美国应当在日本保持强大军队，向国际社会明确无误地表明，美国不容苏联染指太平洋"①。但是，为了美国政府、军队在日本政府、民众中的形象，以及美国的国际形象，麦克阿瑟提出两点建议。一是"促使日本政府发表声明，认为在日本驻留军队是必要的，向美国政府发出军队驻留的正式邀请"②。美国政府应当强调驻军目的是防止军国主义死灰复燃，打消国际社会、苏联、日本国内民众的质疑与反感。二是在对日媾和的和约中，应当包含保障美军驻留日本以及规范驻日美军行为与权利的条款。这样既可以使美国在日本长期驻军获得合法性与合理性，又可以在美国完成对日媾和之后，避免因驻军引起国际道义争论。

1950 年 6 月 25 日，朝鲜战争爆发，麦克阿瑟的兼顾之策成为解决对日媾和与长期驻军之间难题的"钥匙"。随着美国介入朝鲜战争，日本成为唯一的后方基地，杜鲁门政府日益担心："如果对日和约拖延缔结，国际社会可能攻击美国企图利用战争长期占领日本，甚至担心美国将重新武

---

① State Department, *Policy toward Japan 1949*, Washington: Government Printing Office Publishing, 1950, p. 891.

② State Department, *Policy toward Japan 1949*, Washington: Government Printing Office Publishing, 1950, pp. 1170 – 1171.

装日本。"① 美国对日媾和进程由此加速。可见，任何个人的历史作用都是时代的产物。冷战开启后，由于日本重要的地缘政治价值和苏联在远东缺乏海上力量等，美日由敌人变成盟友。麦克阿瑟的个人作用只是加速了这一历史进程。

1951年9月5日，由美国主导的对日媾和国际会议在旧金山召开。50多个参会国家中包括英国、法国等西方国家，苏联、波兰等国家也派出代表参加。但中国、印度等遭受日本侵略的国家被排除在外。会议第三天，日本首相吉田茂做正式发言时称："日本过去就受到来自北方俄国的威胁，如今在同样的方向又受到来自共产主义的威胁。由于日本没有武装，只能寻求自由国家的集体保护，这是和美国缔结安全协定的原因。在日本能依靠自身力量保卫本国安全之前，或者在联合国或其他集体安全机制能确保日本周围的国际和平与安全之前，不得不请求美军驻扎在日本。"

吉田茂此言令美国代表非常满意，并获得国际社会"理解"。9月8日上午，对日媾和国际会议结束，签订《旧金山对日和平条约》（苏联、波兰等国家都拒绝签字）。条约签订仅5小时后，日本首相吉田茂与美国国务卿迪安·古德哈姆·艾奇逊分别代表两国政府签订《日本国和美利坚合众国之间的安全保障条约》（简称《日美安全保障条约》）。当日下午，日美政府代表在另一个地方，举行了持续仅15分钟的《日美行政协定》签字仪式，协定包括"美国可以坚持对冲绳等岛屿的永久所有权"。10月25日和11月18日，《旧金山对日和平条约》和《日美安全保障条约》分别在美国众议院、参议院获得通过，1952年4月28日正式生效。由此，美日同盟正式成立，美国在日本本土长期驻军获得国际法理承认，日本从名义上摆脱了孤立和战败国地位。对此，吉田茂认为："美国人是作为敌人进入我国的，但短短七年内，两国便实现了世界罕见的互相谅解。"②

① State Department, *Allied with Japan 1948*, Washington: Government Printing Office Publishing, December 30, 1974, p. 35.

② William R. Nester, *Power across the Pacific*, New York: New York University Press, 1996, p. 26.

这样的表态尽管有讨好之嫌，但反映了美日同盟得以稳固和持续的根本原因。

七　在亚洲遭遇麻烦

全球殖民体系在第二次世界大战之后走向彻底瓦解，民族主义与民主主义运动并行不悖，风起云涌的殖民地独立运动与美苏对抗铰合在一起，地缘政治与意识形态拧成两股强大力量，左右着不同地区对未来道路的选择。中间地带"风向"反映胜负天平，亚洲是承载这两股力量的最集中的交汇之处。

日本战败后，美国在亚洲最重要的事情，莫过于将承担巨大牺牲、做出巨大贡献的中国（当时为民国政府）变成自己最坚定的盟友。但错误的对华政策，导致杜鲁门政府"丢失"中国。

中国在亚洲地缘政治价值巨大，杜鲁门政府在中国的失败仅是美国在亚洲陷入麻烦的开始。在亚洲，美国缺乏像在欧洲的有利条件：文化相近和盟友众多。美国在亚洲不仅直面苏联和新中国，还受到不争气的盟友的拖累。

一个地区陷入贫穷、混乱之时，正是外部政治思潮的影响复杂之时。杜鲁门政府认为，新中国成立和东南亚共产党力量的壮大是苏联扩张的结果，因而在东南亚既要以意识形态划分敌友，又要在反殖民主义与维护同盟之间维持平衡。东南亚传统上是英法（尤其是法国）两国殖民体系的重要组成部分。高举反殖民主义大旗的美国，在菲律宾、马来西亚、新加坡等长期遭受殖民侵害的国家，输出美式价值观。但是，为与英法保持同盟体系内团结，共同对抗苏联，杜鲁门政府在东南亚放弃了国际托管制度，等于纵容残存的殖民主义。其中的严重错误之一，就是支持法国继续控制越南，为在越南的失败埋下了隐患。越南战争反映出，美国难以平衡反殖民主义理想与现实大国博弈的矛盾。美国在欧洲要遏制苏联而忽略亚洲，最终也难以加强欧洲。如果英法等传统殖民国家突然离开东南亚或者西亚、非洲，也会给苏联渗透提供空间。美国在困境中无法两全其美。

美国在东南亚获得好感，也制造了令自己痛苦的对手，其根源是各种力量各守畛域，而非开放合作。美国在东南亚的成功之处，是帮助遭受千年封建糟粕和外部力量侵害的民族走上现代国家道路；在东南亚的失败之处，是僵化地固守意识形态，无视其他民族的自我追求，将自身政治制度强加于人，否则便兵刃相向，最终陷入战争泥潭。

杜鲁门希望"用道德凝聚全世界反对共产党的力量"①。美国在东南亚反殖民主义服从于意识形态斗争表明，刚刚登上世界权力巅峰的美国尚未真正领会地缘政治的真正含义，当道德无法驾驭地缘政治斗争时，单纯运用强大的实力只是失败的征兆，而不会成为追求胜利的开端。

在"丢失"中国和在东南亚向盟友的妥协之后，美国需要一整套亚洲政策，以"抵抗"共产主义蔓延。经过第一次柏林危机、马歇尔计划，杜鲁门政府顺利推动建立北约，以实现集体安全；在亚洲陷入麻烦时，杜鲁门在太平洋岛链上组建集体安全体系的愿望变得非常强烈。

早在 1949 年 12 月 30 日，杜鲁门政府颁布《美国的亚洲政策》，提出"为在亚洲防止出现由苏联主导的共产主义联盟，需要向非自由国家提供政治、经济、军事支持，使之能够抵御共产主义意识形态渗透；孤立共产党中国；强化美国在日本、菲律宾的战略地位；与澳大利亚、新西兰等国家缔结多边或者双边反共产党条约"②。国务卿艾奇逊在次年年初发表演说，将防线划定在自阿留申群岛开始，经日本、琉球群岛，向南延伸至菲律宾的太平洋区域。

此时，新中国已经成立，朝鲜半岛南北双方毫无互信、东南亚的中南半岛陷入政治混乱已经令美国头疼不已，文件表明美国将仅"保护"包括太平洋上邻近欧亚大陆的岛链，放弃那些潜在冲突地区。从地缘政治角度看，此举不是主动遏制而是主动退让。

---

① Robert H. Ferrelled. , *Off the Record: The Private Papers of Harry S. Truman*, New York: Harper & Brothers Publishing, 1980, p. 98.

② National Security Council, *The Position of the United States with Respect to Asia*, Washington: Government Printing Office Publishing, 1949, pp. 4, 7, 9.

1951 年 1 月 3 日，美国国务院和国防部联合向杜鲁门建议，与日本、菲律宾、澳大利亚、新西兰、印度尼西亚等国家缔结《太平洋公约》，其中任一缔约国遭到攻击，都将被视为对所有缔约国的攻击。杜鲁门决定采纳。显然，在对日媾和加快、朝鲜战争僵持、中南半岛局势复杂之际，美国"希望建立亚洲的北约，但仅限于在海洋上履行集体安全义务"①。鉴于英国、法国、荷兰、葡萄牙等国均在东南亚有殖民地，美国主动退让将不可避免地牺牲盟友利益，甚至可以说是背叛。澳大利亚、新西兰是英国的传统势力范围，美国将它们纳入集体安全体系，是排斥英国之举。另外，如果日本成为缔结国成员，澳大利亚等遭受过日本军事威胁的国家将产生疑虑与不满。

1951 年 1～2 月，杜鲁门特使约翰·福斯特·杜勒斯出访日本、澳大利亚、新西兰、菲律宾等《太平洋公约》拟缔结国。1 月 25 日，杜勒斯抵达东京当天，英国驻日本盟军最高统帅部代表阿尔瓦雷·加斯科因告诉他："英国政府强烈反对任何将英国排除在外的太平洋集体安全体系。"②杜勒斯回应道："理解和尊重英国政府的关切，如果在太平洋岛链上部署军队，一定会向英国咨询意见。"③ 但是，2 月 14 日，英国外交部还是向美国国务院发出了正式反对《太平洋公约》的外交照会。

英国反对《太平洋公约》的原因有四个方面：一是英国不能置香港和马来西亚于不顾；二是澳大利亚、新西兰承担防卫日本的责任，将弱化它们与英国在中东共同防卫的能力；三是英国对太平洋上的斐济、文莱、北婆罗洲等岛屿（国家）具有的管辖权，可能被《太平洋公约》限制；四是《太平洋公约》向共产主义发出了退出中南半岛的信号。可见，英国反对的本质是在国力衰落之际挽救下降的国际威望。

---

① State Department, *East Asia and Pacific Multilateral Relations 1950*, Washington: Government Printing Office Publishing, 1977, p. 34.

② State Department, *East Asia and Pacific Multilateral Relations 1950*, Washington: Government Printing Office Publishing, 1977, p. 143.

③ State Department, *East Asia and Pacific Multilateral Relations 1950*, Washington: Government Printing Office Publishing, 1977, p. 144.

澳大利亚和新西兰不反对将日本当作抵抗共产主义的伙伴，但"担心日本重新获得武装的机会，因而建议美国分别与日本、澳大利亚和新西兰缔结安全保障协议"①。澳大利亚与新西兰不愿意为日本安全承担责任。澳大利亚、新西兰反对的本质是太平洋上地缘政治格局的自然反应。

杜勒斯亚洲之行后，杜鲁门政府签订了多个双边和多边安全条约：1951 年 8 月 31 日签订了《美菲共同防卫条约》，9 月 1 日签订了《澳新美条约》，9 月 8 日签订了《旧金山对日和平条约》与《日美安全保障条约》。在诸多双边或者多边安全条约中，除美国之外的各个缔约国之间没有互相防卫义务，使美国承担了过多的军事责任。

杜鲁门在欧洲推动马歇尔计划、应对柏林危机、组建北约，显示出罕见的果断、坚毅、理性，但在亚洲面临众多地区性意识形态斗争、局部战争和盟友牵制，时而犹豫，时而盲目，时而僵化，时而激进。世界形成两大阵营之际，美国最危险的"陷阱"在亚洲，而不是在欧洲。

第二节　进取与隐患（1953～1961 年）

第一次柏林危机表明，大国一致就是大国互相妥协。冷战变成除大国战争之外地缘政治博弈、军备竞赛、意识形态斗争的全面对抗。多重复杂的对抗，既可能激发出奋进动力，也可能"作茧自缚"。苏伊士运河危机爆发后，美国开始主导中东；在越南，美国接替法国，独自承担防止共产主义"多米诺骨牌"在亚洲倒下时保护盟国的责任，开始陷入泥潭。美国还追求扩大核优势、裁减常规部队、改组国防部、开启太空军事化，但忽略了军事力量动用的灵活性，美国全球霸权体系内的隐患开始发酵。

---

① State Department, *East Asia and Pacific Multilateral Relations 1950*, Washington：Government Printing Office Publishing, 1977, p. 155.

一　曲折不断的缓和

第一次柏林危机证实了和平的脆弱："或许一个偶然的、不经意的小动作，就成为全面战争的导火索。"① 一直致力于避免危机的艾森豪威尔，似乎也受到"命运垂青"。1953 年 3 月 5 日，独掌苏联命运的斯大林突然去世。葬礼上，新任苏联领导人马林科夫公开表示："苏联愿意与西方讨论欧洲前途和安全。"② 外交缓和与内政开明是同步的。苏联知识分子甚至官僚体制内部公开呼吁解禁意识形态限制，政府也响应民意，释放了许多政治犯，苏联外交部将审批美国公民（包括记者、在校学生、运动员等）申请入境签证的时间由数月缩短至数日，甚至还向美国国会发出邀请函。

对于苏联内部的最新变化，美国自然也有所感应，但固有特质总是变化的"天敌"。1953 年 4 月 16 日，艾森豪威尔总统发表"和平机遇"演讲，原本希望借此机会提议举行美苏领导人直接会谈、展开美苏媒体交流等，但担心如此提议容易被解读为示弱之举，因而避而未谈。次日，代表苏联官方权威的《真理报》第一版刊登了艾森豪威尔演讲的部分内容，成为苏联希望缓和美苏紧张关系最直接、最令人信服的证据。然而，苏联政府没有获得对等回应。1953 年 10 月，苏联国际象棋代表团访问美国，活动区域被限制在纽约市区，不允许进入离纽约市中心仅 12 英里的苏联驻联合国代表团驻地。苏联连续示好，却遭无视，即便艾森豪威尔本人愿意积极回应，也难遂心愿。双方敌对心理过深造成认知僵化，难以以应有的敏锐之心察觉可能变化。

1953 年 10 月 30 日，大规模报复战略出台，12 月 8 日，艾森豪威尔在联合国大会发表"和平利用原子能"演说，建议美苏在联合国框架下和

① National Security Council, *Basic National Security Policy 1952 - 1954*, Washington： Government Printing Office Publishing, 1976, pp. 580 - 581.

② Bennett Kovrig, *Of Walls and Bridges： The United Statesand Eastern Europe*, New York： New York University Press, 1991, p. 53.

平利用核能。苏联政府判断，这是美国限制自己刚刚起步的核力量的策略。

西欧对美苏缓和有所期待。斯大林去世不久，再度担当首相大任的丘吉尔建议艾森豪威尔，抓住机会与苏联新领导人通过谈判缓和紧张局势。针对西欧越来越公开地希望缓和，杜勒斯许诺，只待联邦德国加入北约，便立即同意美苏会谈。

1955 年 5 月，联邦德国作为主权独立国家正式加入北约，民主德国随之加入华约。联邦德国和民主德国分别加入两大同盟，对美苏影响并非对等。美国不希望德国统一后成为苏联潜在附庸，或者欧洲和平的潜在威胁。联邦德国在不可或缺时加入北约，是美国又一次重大地缘政治斗争成果。

美苏僵持之下，苏联新任最高领导人尼基塔·谢尔盖耶维奇·赫鲁晓夫发起外交攻势，包括与西欧签署《奥地利条约》、与南斯拉夫恢复正常外交关系、解散共产党情报局、归还在芬兰的海军基地、邀请联邦德国总理阿登纳访问苏联、正式访问英国等。

1955 年 6 月，杜勒斯召集部分知名专家举行特别咨询会议，取得的共识认为，美国对苏联具有全面优势，应当趁机"扩大优势，限制苏联加速追赶的所有努力……如果对赫鲁晓夫的一系列和平信号没有给予善意回应，美国的国际形象与对盟友的威望将遭到损害"。① 专家们建议举行一次大国首脑直接会谈。另外，富有创意的"开放天空"也在会议上被提出。"开放天空"要求任何国籍飞机以和平目的飞越任何国家领空时，可以对对方军事目标不受约束地侦察。这一提议体现了美国的军事技术优势和战略思维的精明。

首先，所有国家"开放天空"，有利于侦察技术更先进、侦察能力更强大的美国，而苏联对抗美国高空侦察机的技术并不可靠。其次，提出

---

① State Department, *The Relationship with Soviet Union 1955 – 1957*, Washington：Government Printing Office Publishing, 1989, p. 201.

"开放天空"使美国站在了世界和平的道德制高点上。最后，专家几乎一致地认为，苏联极有可能拒绝。果真如此的话，破坏和平的责任将由苏联承担，美国便不受苏联指责地发展军事力量。苏联拒绝或者同意，对美国都不会产生负面影响。

1955 年 7 月 18～24 日，美国总统艾森豪威尔、苏联最高苏维埃主席团成员赫鲁晓夫和部长会议主席尼古拉·亚历山德罗维奇·布尔加宁、英国首相罗伯特·安东尼·艾登、法国总理埃德加·富尔，在日内瓦举行首脑会谈，主要议题包括：德国前途、欧洲安全、裁军、社会文化交流。会议中，艾森豪威尔向赫鲁晓夫提出"开放天空"时，不出所料地遭到拒绝。赫鲁晓夫直截了当回答："这是对苏联明目张胆的间谍阴谋。"① 日内瓦首脑会谈虽然没有解决任何实质性问题，但被艾森豪威尔认为是"与苏联谈判达成任何可能的协议的起点"②。

和解动机的差异决定了和解的深度与广度。美苏均认为加强接触和交流实属必要。但是，二者关于方式与重点可谓南辕北辙。苏联主张在扩大与美国、西欧的经贸基础上，加强文化教育领域交流。美国希望从思想文化领域开始，强调苏联必须认可西方价值观。显然双方极力避免对方在自己内部建立讲坛。

美苏在交流合作优先领域的不同权重，是文化、实力、政治制度差异的必然。赫鲁晓夫急需和平的外部环境，展现苏联成就。艾森豪威尔的意图是，既限制苏联追求军力均势，又防止其在经济和科技等领域迎头赶上。

1955 年 10 月 27 日，美国、苏联、英国、法国四大国举行日内瓦外长会议，落实首脑会谈成果。苏联外长莫洛托夫提出，"思想文化交流应当与贸易关系挂钩"③。杜勒斯却强调，思想和文化的自由交流是稳定美苏

① John Newhouse, *War and Peace in the Nuclear Age*, New York：Vintage Books，1988，p. 115.
② Waiter L. Hixson, *Putting the Curtain：Propaganda, Culture, and the Cold War, 1945－1961*, London：St. Martin，1997，p. 101.
③ State Department, *The Relationship with Soviet Union 1955－1957*, Washington：Government Printing Office Publishing，1989，p. 85.

关系的重要基石，谴责苏联的新闻审查制度和对西方广播节目的干扰。此时的美国，电视机开始普及，新的媒体迅猛发展。哥伦比亚广播公司1954 年播出了彩色电视节目。如果美苏加强思想和文化自由交流，美国"不断增加的色彩斑斓的报纸杂志、令人炫目的电影电视、摆满新奇商品的展览会，就变成了思想战场上的精锐部队"①。凭借多样性传媒产品，美国必将在思想文化交流中占据绝对优势。相比之下，苏联对外界本能的猜忌与敌意，以及由此导致的贫困、封闭，才是全部症结所在。杜勒斯从日内瓦外长会议看到了美苏接触与交流的必要性。1956 年 2 月，赫鲁晓夫在苏共二十大上做了震惊世界的秘密报告，杜勒斯更加坚定地认为："扩大与苏联的思想文化交流，将置苏联政权于被瓦解的危险。"②

在现代国家制度中，政治稳定是安危之本。1956 年 6 月 29 日，美国国家安全委员会颁布这些文件，各方统一决定"激发苏联和东欧民众追求个人自由、幸福的愿望，削弱共产党政权的权威"③。至此，遏制战略升级，意识形态渗透与地缘政治对抗处于同等地位。7 月 18 日，美国国家安全委员会又颁布这些文件，各方统一设计了一整套思想文化交流政策，包括瓦解苏联政权、鼓励东欧追求独立等。

冷战演变为地缘政治和意识形态的全面博弈，单纯的政治技巧无济于事，双方要解决全面矛盾，欲速则不达。艾森豪威尔政府判断：苏联除非政权生存面临严重威胁，才可能"冒全面战争风险付诸军事行动"④。但是，这一判断也反映了美国隐晦的弱点：精于战略计算而疏于战略变通。美国通过精明的战略计算，希望以小的代价获取大的胜利，大规模报复战略、意识形态输出、鼓励出现"铁托式"人物等均是这一体现。美国

① Waiter L. Hixson, *Putting the Curtain: Propaganda, Culture, and the Cold War, 1945－1961*, London: St. Martin Press, 1997, p. 105.

② Waiter L. Hixson, *Putting the Curtain: Propaganda, Culture, and the Cold War, 1945－1961*, London: St. Martin Press, 1997, p. 222.

③ State Department, *The Relationship with Soviet Union 1955－1957*, Washington: Government Printing Office Publishing, 1989, p. 226.

④ State Department, *The Relationship with Soviet Union 1955－1957*, Washington: Government Printing Office Publishing, 1989, p. 266.

惯于按照自己的思维方式判断对方的意图。比如，艾森豪威尔一味防止共产主义"多米诺骨牌"效应，丧失了孤立苏联的最佳时机，对苏联隔离的同时也制造了自我隔离。实际上，美国防范苏联制造危机，既需要吓阻，也需要接触。单纯吓阻只能制造心理鸿沟，单纯接触只能刺激对方无惧之野心。二者偏废于一方，都会播撒危机的种子。

从杜鲁门到艾森豪威尔，奠定了美国冷战的基本政策框架：意识形态、地缘政治、军事威慑、经济封锁等一系列"组合拳"。继任者无非是不同侧重地运用它们，即在吓阻与接触之间不断进行动态调整。美苏军力均势表明，美国需要让耐心成为令自己受益的最重要武器。但是，后来的实践证明，美国有时候最缺乏的就是耐心。

二　大规模报复战略

政策差导时常掩盖真实的实力对比。冷战开始后，内心极度缺乏安全感的斯大林几乎倾尽苏联所有于应战之需，优先发展军事工业和重工业，保持规模庞大的军队。艾森豪威尔成为总统时，美国的确面临很大麻烦：朝鲜战争消耗了大量的社会财富，政府债务超过了独立战争结束至第一次世界大战期间政府开支的总和，国民经济系统日渐脆弱。

作为军事家出身的总统，艾森豪威尔自然知道，当双方军队规模达到一定程度时，人员和武器装备数量对比衡量不出双方军队的强弱之别，继续削减常规部队规模势在必行。但是，他不能忽略的是：如果苏联打破在欧洲的军力平衡，西欧将可能质疑美国的能力与意志。艾森豪威尔在上台之初便要接受两个重大挑战：一是苏联掌握原子弹后，美国必须塑造新的军事优势；二是重新焕发美国的经济活力。军事优势依赖金钱堆砌，获得针对苏联的新的军事优势需要长期投入巨额国防开支，但"严重的经济问题产生的毁灭性后果，比苏联的原子弹更加严重"①。艾森豪威尔政府既

---

① H. W. Brands, "The Age of Vulnerability: Eisenhowerand the National Insecurity State," *American Historical Review*, Vol. 94, 1989, p. 966.

要减少国防开支，又要确保军事优势。

对历史的反思与对现实的评判具有相通的逻辑。美国军政高层反思朝鲜战争，触及既定国防政策。太平洋舰队司令海军上将亚瑟·拉德福特认为，如果爆发常规战争，美军将不得不在全球疲于应付，造成国防资源耗费无度，因而建议削减海外常规力量，将主要常规力量部署在本土，建立机动常规部队，突出使用核力量震慑，吓阻苏联挑衅。陆军参谋长马修·李奇微认为，削减常规力量会引起盟国质疑美国的信誉与能力。两种意见均有大量支持者而僵持不下。

军事议题的争论一旦上升至政治领域，国家领导人的政策倾向和社会实际便成为决定性因素。首先，艾森豪威尔超越了军事领域的"一孔之见"来洞察全局。他坚信："经济健康、繁荣是国家长治久安的根基，以损害经济为代价追求国家安全迟早令国家脆弱不堪。"① 其次，极富才略的杜勒斯秉承美国传统的理想主义与实用主义。他认为："如果对军事领域投入过多资源，将损害民众的正常生活。"② 杜勒斯个性鲜明、头脑聪慧、性格坚毅，这种特质令他在议而不决之时，常常一锤定音，或者坚持己见并直抒胸臆。此类精英既可能创造历史，也可能酿成大错。最后，主张削减国防预算以平衡收支的财政部部长乔治·哈姆弗雷告诉艾森豪威尔："杜鲁门政府制定的 1954 财年国防预算为 463 亿美元，已经超过 1953 财年计划的最高额。"③ 财政状况很难维持如此高额的国防开支。

主张削减国防开支者有一个底线，确保具备"必须足以保卫美国及盟国甚至世界和平的军事优势"④。艾森豪威尔政府需要"既省钱又实用的新军事战略"⑤。1953 年 8 月，艾森豪威尔指定副国务卿沃尔特·史密斯、

---

①　Dwight Eisenhower, *The White House Years: Mandate for Change 1953 – 1956*, New York: Doubleday Company, 1963, p. 452.

②　Townsend Hoopes, *The Devil and John Foster Dulles*, Boston: The Atlantic Monthly Press, 1973, p. 191.

③　Dwight Eisenhower, *The White House Years: Mandate for Change 1953 – 1956*, New York: Doubleday Company, 1963, p. 129.

④　Robert Divine, *Eisenhower and the Cold War*, London: Oxford University Press, 1981, p. 36.

⑤　Robert Divine, *Eisenhower and the Cold War*, London: Oxford University Press, 1981, p. 34.

总统国家安全事务特别助理罗伯特·卡特勒、中央情报局局长艾伦·杜勒斯、国会心理战略委员会主席杰克逊四名亲信，进行代号为"日光浴行动"的军事战略研究。研究结果是，遏制战略是美国应对苏联可能的扩张的一切基础，增强战略空军力量、强化核威慑、削减常规军事力量是最为有效的军事途径。

艾森豪威尔任命拉德福特为新任参谋长联席会议主席。参谋长联席会议的主要职能是制订美军战争计划，影响国防项目。不言而喻，艾森豪威尔希望通过调整战争计划，砍去不适应未来的国防项目。

1953 年 10 月 30 日，艾森豪威尔签署了国家安全委员会第 162 - 2 号文件，标志着大规模报复战略正式出台。大规模报复战略的要点是，避免陷入旷日持久的有限战争，利用大规模核力量的强大威慑，使苏联不敢发动潜在的挑衅。如果与苏联爆发战争，将首先动用核武器。

苏联的核弹头数量有限，缺乏有效运载工具，很难威胁打击美国本土。美国不仅在核弹头数量上具有压倒性优势，而且空军装备了能够对苏联国土实施全境轰炸的 B - 52 战略轰炸机。这成为艾森豪威尔政府"裁减常规军事力量，以削减国防开支"[①] 不可辩驳的理由。美国可以显示不惜打核大战的决心，消除苏联制造战争的心理诱因，而不是制造美苏全面战争的心理诱因。艾森豪威尔决定扩充核武库、增加战略轰炸机和研制新型运载工具。他还指示拉德福特，无须根据苏联军队可能的行动逐一制订应对计划，只制订"在我们选择的地点和目标采取报复行动"的作战计划，使苏联"难以准确预测美国的行动和对它造成的危险"[②]。

大规模报复战略的思维方式是，以不断创新、不可超越的军事优势，慑止对手可能的制造难题的意图，开启了美国的冷战对抗的新模式：抓住苏联的软肋，不断扩大技术优势，以更小的国防开支，保持足够有效的军事优势。因此，大规模报复战略也被称为第一次抵消战略。

---

① 　Robert Divine, *Eisenhower and the Cold War*, London：Oxford University Press, 1981, p. 37.

② 　Robert Divine, *Eisenhower and the Cold War*, London：Oxford University Press, 1981, p. 38.

大规模报复战略没有受到美军高层欢迎。陆军参谋长李奇微与海军部部长罗伯特·安德森因对它不满而愤然辞职。接替李奇微的麦克斯韦尔·泰勒专门著书《不定的号角》，系统检讨大规模报复战略。对大规模报复战略的批判反映了美国新一代决策者和思考者走向前台。他们尽管没有亲身参与第二次世界大战的军政高层决策，但作为杰出人物，对有限战争和危机有很深的感触。杜勒斯向艾森豪威尔多次建议："应尽可能灵活地部署与使用军事力量，否则既无法对危机做出有力反应，又在核大战的恐吓中无所作为。"① 1953 年 8 月 14 日，苏联宣布掌握氢弹，进一步表明杜勒斯等新一代治国者明智地发现世界的变化。美苏双方均无法承担全面战争的代价和风险。因为基本人性决定了，双方均需要生存，毁灭性力量无法使用。

面对新的变化和国内日益激烈的诟病，艾森豪威尔做出部分妥协。1954 年 12 月 14 日，新出台的《国家安全战略报告》取消了"动用一切可利用武器"的措辞，但还是没能阻止对大规模报复战略的批判。美国军政高层爆发了更加激烈的争论，艾森豪威尔认为"相信苏联人有理智是蠢不可及的"②，只要苏联挑起事端，美苏之间必将升级为核战争。杜勒斯认为，苏联挑起事端是以不扩大为全面战争为底线的。对苏联动机的判断差异，决定应对方式的差异。前者认为，成功的基础是美国始终保持对苏联绝对的核力量优势，后者认为，成功的基础是要始终保持对苏联的全面军事优势。前者从敌对双方无节制行为角度判断美苏对抗走势，后者从绝对理性的角度判断苏联企图。前者的行为方式是无视苏联是否会挑起事端，依赖强大报复能力震慑苏联，使之不敢轻举妄动。后者的行为方式是认为苏联随时可能进行有限的冒险，需要灵活地使用军事力量，有节制地应对。前者在战略上更加主动，后者在战术上更加灵活。但是，二者有一

① State Department, *The Strategy of Mass Retaliation 1957 – 1961*, Washington：Government Printing Office Publishing, 1984, pp. 814 – 815.

② Campbell Craig, *Destroying the Village: Eisenhower and Thermonuclear War*, New York：Columbia University Press, 1998, p. 61.

个共同点：相信美国能够取得军事优势。

对手的变化是判断战略优劣的最佳标准。美国军政高层争论不休时，苏联战略力量取得令人震惊的进展：1957 年 8 月 26 日，洲际导弹试验成功；1957 年 10 月 4 日，成功发射第一颗人造地球卫星"斯普特尼克"。拥有一个科技装置与形成建立在这类科技装置基础上的大规模军事能力之间的鸿沟无法在短期内弥补。苏联在太空先于美国一步，但仍然需要漫长的努力，才能与美国形成对等威胁。然而，战略力量变化会引起政治波澜。苏联的战略力量尽管处于弱势，却已经展示出攻击美国本土的潜在能力，大规模报复战略的可信度也因此降低。越来越多的意见倾向于，如果美国不能对小规模危机做出有力反应，苏联有可能扩大事态，将被迫做出导致危机可能升级为核战争的反制；如果美国针对危机动辄以核战争威胁，将使西欧和日本要么陷入危险，要么质疑美国的能力和意志。

1958 年 5 月 1 日，艾森豪威尔主持召开国家安全委员会会议，主张修正大规模报复战略的杜勒斯等人提出："应当灵活使用包括核武器和常规部队在内的各种军事力量，制止有限战争和冲突。"[1] 会议决定，增加战术核武器的生产与储备，以更加灵活地应付有限战争，甚至在必要情况下，经过总统批准后使用生物和化学武器。此后，艾森豪威尔坚持大规模报复战略的立场有所松动，逐步认识到，为控制核战争风险和保持对苏联优势，毁灭双方的核武器越来越可能变成危险的无效资产。

7 月 30 日，新出台的《国家安全战略报告》提出："应当充分考虑到，如果在不可能发生全面战争的情况下，特别是在主要共产党力量没有卷入的地区使用核武器，既无必要也不合理。"[2] 大规模报复战略获得大幅修正：一是承认美苏之间存在有限战争的可能；二是在苏联或者中国没

---

① National Security Council, *Memorandum about the Strategy of Mass Retaliation 1958 – 1960*, Washington：Government Printing Office Publishing, 1996, p. 80.

② National Security Council, *Memorandum about the Strategy of Mass Retaliation 1958 – 1960*, Washington：Government Printing Office Publishing, 1996, p. 295.

有军事介入的地方使用核武器无济于事；三是具有毁灭能力的核武器仍然是防止核战争的后盾。上述修正构成了灵活反应战略的基础。

1959 年，苏联开始部署射程达 8000 公里的 SS－6 洲际导弹（可覆盖美国东海岸），发展核导弹潜艇；1960 年，建立战略火箭军，正式发布火箭核战略；1961 年，试验第二代洲际导弹 SS－7。随着苏联核力量的增强和艾森豪威尔的卸任，大规模报复战略正式退出历史舞台。

围绕大规模报复战略的批判体现了美国战略决策体制机制的特点。美国政治制度和政治文化的核心是权力制衡，几乎每个重大决策都会出现异议。对重大国家事务的内部激辩氛围，使杜勒斯和泰勒等站在时代前沿的精英脱颖而出。尽管他们缺乏艾森豪威尔、布莱德利、尼米兹等人的赫赫战功，但能够打破传统权威束缚，将眼光投向远方，令自己的思维充满新意。美国军政高层防止了唯唯诺诺的文化泛滥，但过多的声音有可能削弱执行时效。最高决策者的视野和才华，以及对异议者的态度是决定性的。

大规模报复战略不失为一个成功的军备竞赛方略。首先，它凸显了美苏之间强弱对比。美国总是先于苏联创新改变，苏联尽管在少数领域有过高光时刻，比如太空竞赛，但在军事实力总体态势上，只是美国的追赶者、模仿者、跟随者。其次，它为美国赢得了更大、更长远的安全。落实大规模报复战略，使艾森豪威尔政府裁减冗余常规部队，减少军费支出，遏制军工复合体无限扩张，防范了穷兵黩武的风险。美国国防支出由 1954 年的 412 亿美元降至 1957 年的不到 340 亿。最后，研发新型核武器衍生出一大批新型军事技术。当今大放异彩的远程精确打击技术正源自于此。军事技术创新对利益格局产生巨大冲击，推动军队走向变革。更加重要的是，大规模报复战略迫使苏联不得不在巨大的核威慑压力下，被动应对新的军备竞赛，使国民经济背上沉重负担。

有人认为，大规模报复战略的失败之处是会刺激苏联大力发展核武器。这种思维与制定大规模报复的思维同样简单。即便艾森豪威尔政府采取灵活反应战略，苏联也会加快发展核力量。因为苏联与美国一样，既需要战略进攻能力带来心理安全，也需要新的军事优势。

大规模报复战略的致命缺陷是忽略了苏联的应对能力。大规模报复战略的原理是"始终维持强大军事压力，增强战争爆发后立即进行大规模报复的毁灭能力"[1]，使苏联"无法预知将受到什么样的报复或者无法确定是否会遭到无法承担后果的报复"[2]。但是，当苏联扩充核武库时，大规模报复战略只能看似"无所作为"的"以静制动"，否则就是制造互相毁灭的核战争。因此，大规模报复战略吓阻苏联的同时，也限制了美国自己。

随着苏联核力量不断壮大，大规模报复战略演变为"确保相互摧毁"战略：美苏担心对方先发制人而争相发展毁灭性力量，将自身安全寄希望于对方害怕报复。基于核武器的毁灭能力，这样的互动导致力量优势一方与相对劣势一方将会受到同等限制，即优势者无法使用优势。在生死决战中，"没有人甘愿失败，为追求胜利，任何武器都将派上用场"[3]。大规模报复战略制造了一个悖论，不希望发生互相毁灭的战争，却在准备着互相毁灭的战争。

大规模报复战略对美国产生了三个消极后果。一是抑制了使用军事力量的灵活性。大规模报复战略表明，美国不希望陷入判断苏联意图的无休止迷茫当中。无视苏联意图，不顾后果地使用核力量，剥夺了美国适应形势变化的灵活性：如果出现小规模危机，美国要么难有作为而立场遭到蚕食，要么孤注一掷地采取过激反应而互相毁灭。二是增加了与盟友之间的互相约束。美国根据自己选择的时间、地点进行核报复，迫使苏联必须强化对西欧的威胁，才能产生对等威慑效应，否则就是示弱。大规模报复战略使盟友更加倚重美国，也增加了对美国的约束。三是制造了美军作战能

① State Department, *The Strategy of Mass Retaliation 1957 – 1961*, Washington: Government Printing Office Publishing, 1984, p. 582.
② John Lewis Gaddis, *Russia, the Soviet Union and the United States 1781 – 1976*, London: Oxford University Press, 1978, p. 209.
③ State Department, *The Polity about Nuclear War 1955 – 1557*, Vol. 9, Washington: U. S. Government Printing Office, 1990, p. 57.

力短板。美空军战略轰炸机部队大肆扩张，获得使用陆基洲际弹道导弹的权力，却忽视发展常规火力；陆军获得战术核武器，却裁减了在欧洲的大量常规部队；海军获得战略核潜艇，却牺牲了常规舰艇。各个军种均将作战准备放在应对大规模核战争上，不仅缺乏对常规战争的准备与研究，还加剧了军种竞争，削弱了国防部建立统一领导和指挥机制的权威。

从平衡财政压力与维持军事优势的角度看，大规模报复战略反映了美国式聪明才智，既极力避免与对方走向共同毁灭，又要获得对方无法追赶的优势。美国作为一个年轻霸权过于自信，把这个世界想象得过于简单。大规模报复战略的确震慑了苏联，但也束缚了美国自己。它的成功是因为核武器巨大的毁灭能力，它的失败则是因为美国核垄断被打破。从深层次看，大规模报复战略饱受争议表明，美国面临的世界越来越复杂，复杂得令所有人容易忽略真正的需求。

三　改组国防部

《国家安全法》和《国家安全法修正案》尽管规定了总统、国防部部长、各个军种部部长、高级将领之间清晰、明确的职权范围，但仍然存在许多弊端。其中，最明显的是，国防部部长和参谋长联席会议主席仍然缺乏足够的领导和指挥权力，在疲于应付军种争夺资源中，造成国防开支和资源投入的巨大浪费和低效使用，致使军事政策、军事战略与军队实际能力之间不断出现新的矛盾。

各个军种拥有独立的武器采购权，而武器生产、研制主体是参与市场竞争的私营企业。军种竞争的根源是资本驱动与军种提升地位诉求的结合。军种竞争加剧使负责战略规划但没有军事资源分配决定权的参谋长联席会议备受压力。战略规划决定军事资源配置，涉及各个军种利益。参谋长联席会议缺乏对各个军种应有权威，但又要负责协调各个军种利益，很难抑制军种竞争对军事资源配置整体效益的消极影响。

总体资源减少容易加剧争夺。准备执行大规模报复战略、主张降低国防开支的艾森豪威尔上任伊始，决心改革国防部。1953 年 4 月 30 日，艾森豪威尔向国会提交《第 6 号国防重组计划》。6 月 30 日，《第 6 号国防重组计划》正式生效，主要变化有三个方面。一是再次扩大国防部部长权力。国防部部长对军需供应委员会、研究与发展委员会、防务供应管理局等部门的"指导权"改为"领导权"。参谋长联席会议主席确定核心机构联合参谋部主任人选前，必须经过国防部部长同意。参谋长联席会议主席协调下属机构与国防部部长办公室等部门之间的合作，要接受国防部部长指导。国防部部长获得全面控制军工生产体系和战争动员体系的行政权力，能对战略规划施加更直接、更全面的影响。二是提升战略规划的专业化程度。联合参谋部成员必须获得参谋长联席会议主席认可，受其直接管理，减少军种对参谋长联席会议的影响。三是建立新的人事制度。国防部裁撤了部分职能交叉机构，增加 6 名助理国防部部长，各负责一个重要领域的专职机构，并规定各军种部部长和高级将领要接受国防部部长的领导和参谋长联席会议主席的指导。

《第 6 号国防重组计划》增强了对军种的约束，但不具备国家层面的法理权威。国防资源的使用效率仍然在很大程度上受军种竞争的掣肘。为了继续革除这一弊端，1958 年 8 月 6 日，艾森豪威尔签署了之前获得美国国会通过的《国防部重组法》。《国防部重组法》是《第 6 号国防重组计划》的加强版。首先，国防部部长权力再度扩大。国防部部长对武器装备研发和采购、后勤系统、军工生产拥有控制权；国防部部长每年应向总统和国会提交包括国防预算与开支、国防政策、重大国防行为等内容的年度报告；各个军种部部长要接受国防部部长领导。其次，区分军种领导体系和指挥体系。各个军种部部长拥有对各个军种参谋长的监管权，使作战指挥体系隶属于领导体系。最后，参谋长联席会议的地位得以正式确立。作为参谋长联席会议的核心机构，联合参谋部成员由参谋长联席会议分别从陆、海、空军中挑选，需要得到参谋长联席会议主席认可；联合参谋部主任由参谋长联席会议主席与参谋长联席会议其他成员协商选定，需要得到国防部部长认可；联合参谋部由参谋长联席会议主席直接管理，没有行政权力。

《国防部重组法》增强了文职官员权威，削减了各个军种高级将领权力，有利于提高国防资源的使用效率，在此后 30 余年保持着稳定的运转。但是，它也产生了新的弊端。比如，各个军种高级将领的权力压缩，军种专业性需求容易被文职官员忽略，淹没在关于预算、人事等问题的争吵中。另外，超越军种的联合作战成为大势所趋，军种作战指挥权力不剥夺，就难以建立一个足够权威的联合指挥机构。《国防部重组法》聚焦于现实建设任务而忽视未来联合作战需要，成为越南战争失败的重要原因之一。

艾森豪威尔改组国防部的一个重要成果是，设立了统一领导和协调军事科技创新的国防高级研究计划局。科技创新最大的天敌是墨守成规。国防高级研究计划局中除必要的领导与保障机构之外，不设固定专业机构，成立平行分工的项目办公室。这样的设置有利于专业化领导各个项目，充分发挥各个军种专业管理与研发人才的作用，探索不同的项目管理机制与流程；有利于国防部根据国防整体需要统筹引入科技成果，提高人力、财力、物力的使用效率。

国防高级研究计划局内部形成了一般行政部门难以做到的竞争激励机制。前沿科技成果转化是高投入、高风险的新型军事能力形成过程。为此，竞争激励机制对于鼓励冒险、宽容失败、持续创新具有决定性作用，使美军在包括试错在内的多样探索中快速发现最先进的、前沿的科技成果的军事价值，抢先推动成果转化。但是，国防高级研究计划局在美军变革中的突出作用，也不能忽略其固有弱点。国防高级研究计划局的前瞻设计、成果转化和前线作战部队直接需求之间总会存在"供求矛盾"，这反映出市场与战场之间的天然鸿沟。军队可能被市场需求引导而不是战场需求引导，失去现实急需装备。

艾森豪威尔优化国防部权力体系进一步限制了军种竞争，但没有完全成功。大规模报复战略主张增强核力量，削减需要经常使用的常规军事力量，对军队内在格局的冲击很大，引起不同程度的争论和质疑，影响了美国大量军工企业及其相关产业的发展、大量民众的就业生计，以及高级将领的个人地位。军种竞争造成政府军事政策易偏离于实际战争威胁，利益格局盘根错节。艾森豪威尔始终警惕军工复合体尾大不掉，正是这些影响所致。

即使拥有辉煌履历的艾森豪威尔成为总统后，也没能制止军队高级将领对大规模报复战略的批判，国家领导人与军队高级将领之间从未中断的争执的背后，是难以稳定的军政关系。因此，美国军事体制，尤其是领导体制的改革从未停止。

艾森豪威尔改组国防部虽不够完美，却为未来的继续优化奠定了基础。肯尼迪时代的国防部部长罗伯特·麦克拉马纳将商务管理模式引入国防部，统筹配置国防资源，各个军种不顾资源整体使用效率地争夺经费、武器项目投资重叠、教育训练各自为政等弊端有所减少。在统一集约式管理与运作国防资源下，美军作战体系结构更加合理，作战力量区分更加科学，资源投入中天然的整体统一与专业、分散矛盾得以缓解。高效集约的国防资源统筹机制使军队新型能力建设更加高效。

从杜鲁门到艾森豪威尔，美国军事体制改革对美军的功绩最容易忽略之处是克服经验主义弊端：大部分战功卓著的军队将领，容易沿袭取得胜利的经验和惯例，在不知不觉中对新技术、新思想产生的革命性影响失去敏感；有的军队将领具有崇高威望，即使主观上不愿意，也容易拘束于旧习而压制创新。因此，美国军事体制改革也是自我"纠错"的努力。

四　苏伊士运河危机

经济主导国势时，能源事关国家安全，也就成为重要的地缘政治武器。中东地区向西欧输出的石油里，有三分之二要通过连接欧亚非大陆、贯通大西洋—地中海—印度洋的战略要道苏伊士运河。由于美国、西欧、日本之间攸关存亡的关联，它成为西方"生命线"。埃及总统贾迈勒·阿卜杜勒·纳赛尔1956年7月26日宣布，将苏伊士运河收归国有，震惊了整个西方，也震惊了世界。

谁控制战略资源谁受益，谁失控谁受损。纳赛尔此举，受损最大的是

英国和法国。包括埃及在内的中东地区，曾经是英国全球殖民体系的重要
"板块"。苏伊士运河是英国皇家海军和商船通向印度洋、抵达远东的最近
航线，关系到英国的能源、贸易、安全，是"日不落"的重要象征之一。
丢失苏伊士运河，不仅是现实利益的重大损失，更伤害了一个不复当年之
勇的帝国的自尊心。法国刚刚在越南一败涂地，再丢失苏伊士运河，国际
地位和国民士气遭受雪上加霜般的打击。另外，英法在 1924 年还联合成
立总部设在巴黎的国际苏伊士运河公司，每年赚取巨额利润。

　　1956 年 7 月 30 日，英国首相艾登向艾森豪威尔总统通报，如果政治
和外交手段无效，将动用武力迫使埃及就范。艾森豪威尔非常矛盾：一方
面，英国和法国是美国在西欧最重要的盟友；另一方面，任由英国和法国
垄断苏伊士运河，美国将在中东遭到排挤；再一方面，必须防范苏联趁机
介入中东。重重顾虑之下，艾森豪威尔采取了两项措施：一是建立以美国
各个石油巨头企业为首的中东应急委员会，负责在中东中断石油供应时，
向西方供应石油，必要时扩大开采西半球石油；二是临时冻结埃及政府和
国际苏伊士运河公司在美国的财产。艾森豪威尔既不赞成纳赛尔将苏伊士
运河国有化，也不支持英法动武，更不希望中东爆发战争被苏联用来威胁
整个西方。

　　8 月 3 日，英国皇家海军向地中海集结时，法国外长克里斯蒂安·皮
诺向美国副国务卿罗伯特·墨菲提出，希望美国支持英法在苏伊士运河的
行动，但得到的回应是，慎重动用武力，尽量通过谈判解决争端，避免招
致苏联插手。此时，抑或艾森豪威尔尚在权衡，抑或故意不强烈反对英法
动武，为"接管"中东做好铺垫。总之，他没有明确、严肃地反对英法对
埃及动武。

　　8 月 16 日，旨在解决苏伊士运河问题的国际会议在伦敦召开。美国国
务卿杜勒斯提议，以国际共管取代国有化。这一提议获得了大多数国家支
持，但遭到埃及政府代表一口回绝。艾登对此早有准备。他在国际会议召
开前告诉艾森豪威尔，纳赛尔企图勒索西方，要么立刻使用武力，要么坐
以待毙。

9月19～21日的第二次伦敦国际会议上，美国提出成立"苏伊士运河使用国协会"，由国际共管变成相关国家联合共管，仍遭到埃及会议代表反对。9月23日，英法提议由联合国安理会讨论解决苏伊士运河问题。英法或者准备在美国压力下接受折中的国际共管，或者希望埃及在联合国上拒绝美国，以便动武时美国无法反对。由于苏联、印度、埃及分别提出不同方案，各方分歧无法弥合，联合国安理会的讨论仍然无果而终。

埃及毫无余地地拒绝国际共管，表明从旧殖民地上建立起来的新兴国家，将独立和尊严作为国家生存的基石，而不是可以交换的政治资源。作为折中和妥协的国际共管，虽然看似务实，但伤害了埃及的民族感情。美国人心中自诩为"上帝选民"的道德感与现实利益之间总是存在"鸿沟"。

10月29日，与埃及存在领土争端的以色列，在英法鼓动下对苏伊士运河重镇塞得港发动军事突袭。次日，联合国安理会召开紧急会议，美国要求以色列与埃及之间马上停火，威胁英法不要对埃及采取军事行动。10月31日，英法两国借口保护运河安全武力入侵埃及，苏伊士运河危机爆发。

两个最重要的欧洲盟友和一个受到美国保护的中东盟友"擅自"行动，令艾森豪威尔既难堪又愤恨。英法被贴上了旧殖民主义的标签，以色列被贴上侵略者的标签，违反了美国的国际社会道义准则，如果置之不理，在众多新兴国家成为联合国正式成员后，美国国际威望将严重受挫。

1956年11月1日，美国国务院发表声明，反对英法和以色列入侵埃及。次日，美国推动联合国通过要求英法和以色列立即撤出埃及领土的一系列决议。11月3日，国际货币基金组织对英国和法国进行制裁。但是，艾登认为："如果军事行动刚刚开始就在国际压力下仓促结束，政府必将倒台。"① 5日，英法伞兵部队袭击苏伊士运河的重要目标塞得港。

---

① Douglas Little, *American Orientalism: The United States and the Middle East since 1945*, Chapel Hill: North Carolina University Press, 2002, p. 180.

英法此举引起赫鲁晓夫发出导弹威胁。对此，艾森豪威尔一边反对英法，一边向苏联发出警告，下令全球美军进入戒备状态，携带核武器的航空母舰编队驶入地中海。英法在美苏两个超级大国压力下，宣布停火但拒绝撤军。于是，美国能源部宣布，中东应急委员会不再向英法两国供应石油。消息一出，英国经济脆弱之处完全暴露：在充满战争失败阴影的预期下，英国国内股票市场和黄金价格暴跌，美元储备急剧萎缩，物价上涨。英法和以色列最终迫于压力，同意从埃及撤军。美苏两国同时施加压力，结束了危机。

从长远来看，美国虽然开罪重要盟友，但维护了西方整体利益。大量备受欺侮的弱小民族成为新兴国家，建立在弱肉强食基础上的国际秩序正在成为历史。如果美国不明确反对英国和法国，众多新兴国家将会把西欧看成残存的"殖民者幽灵"，把美国当成"伪君子"。届时，西方将失去国际道义优势，终将失去国际影响力。美国没有被极端物质主义支配。从现实来看，美国"接管"中东有利于避免苏联介入中东。美国成为中东主导者，需要利用世界潮流的力量，支持中东众多新兴国家走向独立自主，与它们即便成为不了真诚的朋友，也应当成为互相理解的朋友。艾森豪威尔是明智的，如果纳赛尔因为将殖民主义遗留下来的公司国有化而遭到侵略，美国将难以在阿拉伯世界中立足。美国反对英法是在中东地区争取朋友的必须之举，本已亲美的中东国家更加相信美国，中立者看到了美国"义举"，反美者也无话可说。苏伊士运河危机之后，世界上最大产油国沙特阿拉伯成为美国在中东最稳定的盟友，美国与伊朗开始了长达 25 年的友好关系。美国获得了稳定的能源供应体系，也加强了对西欧和日本的领导地位。

美国主导中东的战略收益，远远超过了陷英法于不义的损失。美英有很多相似之处：将商业利益置于首位，重视军事力量与道德传播并举，努力塑造有利的国际规则与秩序等。然而，美国对英国的超越之处在于，美国比英国具有更大的视野和更加符合时代潮流的理念。苏伊士运河危机表明，充斥着复杂性与模糊性的英美权力转移，具有历史性的进步意义。

苏伊士运河危机后，艾登辞职，接任首相哈罗德·麦克米伦发表电视讲话时称："我们不想同美国分道扬镳，但也不想成为一个卫星国。"① 英国在现实世界面前，"必须承认美国人的领导地位，并且跟随他们，至少不与他们的关系破裂"②。

苏伊士运河危机之后，美国全球地位站在一个新起点上：通过两次世界大战获得了对西欧的主导权，通过朝鲜战争在朝鲜半岛获得了立足点，通过北约和美日同盟遏制苏联，通过进入中东掌控对世界经济发展最重要的能源。此后至今，美国从未间断过对欧亚大陆的控制、渗透。

苏伊士运河危机显示出西方的新特点：民众对政府经济政策高度敏感；国家安全对能源高度依赖；关注地缘政治枢纽和地区秩序。

西方的新特点深刻地反映出世界进入了新阶段。第二次世界大战之后，美国、西欧、日本成为新经济的领头羊，对能源、劳动力、市场的需求与日俱增，却没有因争夺能源、劳动力、市场而陷入导致世界乱局的"零和博弈"，这主要有两个原因：一是几乎所有工业化国家均需要服从美苏两个超级大国的战略博弈；二是众多旧殖民地成为主权独立的现代国家，所有工业化国家再也无力为一己之私，赤裸裸地进行武力征服。换言之，世界范围内的能源和劳动力供给、市场竞争走向规范有序。

五　开启竞逐太空的军事化步伐

每一项新兴技术都会为人类"创造"新型空间。航天技术为人类"创造"了太空。1952 年，火箭专家冯·布劳恩向美国国防部进言："如果将核武器部署在太空，美国就将控制地球。"③ 少数大胆预见变成权威共识的速度，决定着在新兴领域的战略主动权。

---

① Sir Robin Renwick, *Fighting with Allies: America and Britain in Peace and at War*, London: Oxford University Press, 1996, p. 232.

② Anthony Gorst, *Contemporary British History: 1931 – 1961*, London: The Pinter Publisher, 1991, p. 227.

③ Michael Michaud, *Reaching for the High Frontier: The American Pro – Space Movement, 1972 – 1984*, Westport: Praeger Publishers, 1986, p. 216.

此前，借助导弹技术发展，人造卫星已经由图纸构想进入试验室。1952 年，美国空军出资在麻省理工学院召集全美 15 名科学家和工程学家组建了代号为"比根山"的研究小组，专门研究战略航空侦察问题，得出结论："利用人造卫星对苏联进行侦察，将被掌握类似技术的苏联视为入侵行为，最终将无密可保。"[1] 令人感到意外的是，距离太空最远的陆军，比空军更加深刻地理解这一科学的预见，显示出军种竞争的另外一面，必须逼迫自己主动打破限制。1953 年，陆军部一份内部研究报告指出："太空工作站将成为美国控制其他国家的绝对保证。"[2]

1954 年 3 月，苏联空军开始装备能够飞至美国上空的"野牛"战略轰炸机，作为原子弹和氢弹的主要投送工具。美国面临的首要安全威胁是苏联核袭击。6 月，艾森豪威尔授意组建一个由美国顶级科学组成的研究小组，提出降低苏联核威胁的建议。8 个月后，研究小组认为，人造卫星是快速捕捉苏联核袭击情报的最重要技术手段。至此，美国军方对太空超常的军事价值形成普遍共识。

科技本身不存在道德争辩，只有科技的创造者和使用者才会产生道德争辩。美国及其所有掌握太空技术的国家，决定着开发太空的道德归属。美国发展新型科技时对道德感的审慎，造成了驾驭国际关系的挑战。美国担心进入太空的人造卫星在飞临其他主权国家领空时，遭遇包括苏联在内的国际声讨，为避免被指责为肆意利用科技优势侵犯他国主权，而采取渐进式太空行动，希望既可以充分发挥科技实力优势，又令自己站在道德制高点上。

国际科学联盟委员会 1953 年开始筹备国际地球物理年活动，为美国规避道德困境提供了机遇。作为物理研究的重要科学活动，发射人造卫星活动可以在国际公域进行。如果太空被认为是国际公域，则"任何太空设

---

① John M. Logsdon, Exploring the Unknown: Selected Documents in the History of Civil Space Program, Washington: U. S. National Security Archive, 1995, p. 217.

② U. S. Army, Memorandum for Deputy Chief of Staff, Washington: U. S. Army, December 18, 1952.

备的飞行和军事力量的存在都是自由的"①，美国便可以不受国际法理与舆论制约而发展太空军事力量，"太空自由"原则由此出现。

1955 年 5 月 13 日，艾森豪威尔签署国家安全委员会第 5520 号文件，"太空自由"正式成为国策。美国计划"在 1957～1958 年制造、发射一颗具有军事价值的人造卫星，为实践'太空自由'原则进行积极尝试"②。6 月 8 日，艾森豪威尔签署国家安全委员会第 5522 号文件，决定不将"太空自由"列入国际社会讨论，由美国单方面解释和实践"太空自由"原则。

1957 年 8 月，苏联成功发射第一颗人造地球卫星（前文已述），美国在太空竞赛中落后。这是因为美国的内在制度决定其必须基于技术与战略对人造卫星进行全方位评估谋划，故而显得迟缓。美国将苏联成功发射第一颗人造卫星当作国耻，同时也获得欣慰："人造卫星飞跃所有国家上空，没有发生抗议。"③ 道德疑虑打消，技术优势就会加快显现战略价值。

1958 年 1 月，艾森豪威尔公开建议，美苏应当"联合向国际社会倡导和平利用太空"④。苏联的回应只是在官方媒体上连篇累牍地报道美国的秘密间谍卫星，呼吁联合国禁止使用侦察卫星。1959 年 1 月，美国国家安全委员会正式将"太空自由"列为美国国家安全战略的重要组成部分，使"其他国家接受自己领土上空出现卫星飞临越界的事实"⑤。以"自由"之名行控制之实，确立太空行动规则，限制对手的太空行动，增强自身的太空地位。美国追求"太空自由"与强调"公海航行自由"如出一辙，

①　John M. Logsdon, Exploring the Unknown: Selected Documents in the History of Civil Space Program, Washington: U. S. National Security Archive SP－4407, 1995, p. 221.

②　National Security Council, *Scientific Satellite Program*, Washington: Government Printing Office Publishing, 1955.

③　Dwight D. Eisenhower, Discussion at the 339th Meeting of the National Security Council, Washington: U. S. National Security Council, October 10, 1957.

④　State Department, *Out Space Program*, Washington: Government Printing Office Publishing, 1962.

⑤　Donald R. Baucom, "Space and Missile Defense," *Joint Force Quarterly*, Winter, 2002.

均是利用优势主导新兴战略空间，道德宣示只是制造公认依据的方式之一。

"自由""开放"等高尚口号既可能成为美国主导国际公域的最佳借口，也可能成为美国自缚手脚的"镣铐"。相比于苏联在太空竞赛中领先一招，艾森豪威尔政府开发太空显得犹豫不决而步伐缓慢。但是，这并非航天科技落后以及信心衰弱所致，而是陷入道德与现实利益矛盾所导致的行为困境。艾森豪威尔提出"太空自由"，奠定了未来美国军事化竞逐太空的基调。他的继任者们无一不是以"太空自由"为名，追求太空的军事称霸。尤其是肯尼迪在竞选总统期间公开宣称："如果任由苏联控制太空，我们将不得不放弃地球。正如过去几个世纪放弃海洋的国家最终被赶出大陆一样。"① 虽然结论略带夸张，但竞逐太空的雄心一望而知。

威尔逊主义反映出美国国际行为的文化内核：凡事需要道德指引。林登·约翰逊成为总统后，反卫星技术日趋成熟，美国开始拥有进攻性太空军事能力。显然，太空成为新兴领域后，即刻成为冷战的前沿竞争焦点。

开发新型战略空间受历史传统与行为方式支配。尽管美国的太空行为与其他领域一样，存在因为道德诉求与实际利益之间天然矛盾所导致的行为困境。当道德和利益相悖时，美国偏离利益的行为是难以持续的。反卫星技术成熟，意味着自艾森豪威尔时代开始的太空军事化出现完整、系统的战略设计。美国太空战略的基础有两个互相支撑和互相矛盾的方面：一是建立国际规则，确保太空成为自由出入但必须怀有和平目的公共空间；二是主导太空行为，利用先进技术建立太空军事优势。具有划时代意义的美苏太空竞赛全面展开。

六 陷入越南的前兆

1954 年 3 月，法国军队在越南奠边府陷入越南劳动党及其所属武装力量

---

① John F. Kennedy, If the Soviets Union Control Space, They Can Control Earth, Washington: National Archive, October 10, 1960.

的包围。4 月 7 日，艾森豪威尔宣称："美国必须在东南亚保持最强大的影响力，避免缅甸、老挝、泰国、越南、印度尼西亚等地区在共产主义扩张中像'多米诺骨牌'倒下那样而沦陷。"①"多米诺骨牌"理论首次出现。5 月 7 日，法国军队狼狈投降，越南即将成为第一块倒下的"骨牌"。9 月 8 日，美国主导签订《东南亚集体防务条约》，成为"多米诺骨牌"理论的实践。

法国军队全部撤出越南后，艾森豪威尔政府决心阻止越南南方落入北方之手。对此，艾森豪威尔宣称："美国将帮助南越政府建设一个强大得足以抵御任何侵略和颠覆的国家。"②

按照"多米诺骨牌"理论，越南之后，东南亚、太平洋将依次"沦陷"，然后是印度和中东，最后是欧洲。艾森豪威尔担心共产党掌握越南的本质是维护美国全球战略体系。显然，在深深的危机感和超级大国自信心的复杂作用下，美国忘记了评估实力在具体战略环境中的适用性。美国在两次世界大战中采取的策略主要是大国比拼经济和军事实力的零和博弈。美国对超强实力优势的运用，适用于大国全面对抗。然而，世界共产主义运动和民族独立运动掀起高潮，全球秩序已经由地缘政治对抗、意识形态斗争等多种因素决定。美国沿用大国全面对抗的思维，判断未来世界走势及后果，即使没有高估自身实力，也会过于简化或者混乱地理解实力地位与理想、责任之间的关系。

第二次世界大战之后，全球殖民体系瓦解，社会主义阵营的力量急剧增强，但缺乏强大的海上军事实力和海外投资能力，不可能动摇美国在太平洋岛链上的军事存在。另外，许多新兴国家民族解放运动中的精英从未摆脱也不愿意摆脱西方的影响，他们继承西方自由主义和民族主义的双重衣钵，对苏联式意识形态具有天然排斥感。"多米诺骨牌"理论高估了共产主义意识形态在全世界的影响力和渗透能力。

---

① State Department, *Indian – China*, *1952 – 1954*, Washington: Government Printing Office Publishing, 1984, p. 1282.

② Dwight D. Eisenhower, *Public Papers of the President of the United States* (*1953*), Washington: Government Printing Office Publishing, 1954, p. 949.

"多米诺骨牌"理论不是经过严谨逻辑分析与科学预判的思想体系，而是遏制战略在东南亚运用的具体策略。遏制战略的固有弱点和对陌生的具体条件缺乏研究，造成了"多米诺骨牌"理论的致命弱点，也使美国为防范共产主义"扩张"而"疲于奔命"。美国对日本实施军事占领之前，全面研究了日本的民族习性，而这一行之有效的方法却没有用在越南，美国对越南的战场环境、民族习性特点几乎一无所知。美国历史上最年轻的总统约翰·肯尼迪自进入政坛起，就被"多米诺骨牌"理论深深吸引。代表未来的政治精英成为它的拥趸，预示着美国迟早要进入越南。

第三节　走向被动（1961～1968 年）

肯尼迪成为总统，标志着美国新一代精英站上历史舞台，领导美国以新的方式展示传统价值观和谋求利益。在他成为总统后最初两年，冷战似乎正朝着有利于美国的方向发展：灵活反应战略试图修正"大规模报复"战略的弊端，古巴导弹危机印证着美国仍然具有苏联难以赶超的优势；与此同时，美国雄心勃勃地开发太空，其海军舰队在印度洋巡航，"扩建"围堵苏联的围墙。但是，在一个联系日益紧密的世界里，僵化于意识形态对立与独立承担责任最终会自陷囹圄。越南战争的失败已经不是地缘政治行为的错误，而是美国设计全球战略、发展军队作战能力的全局性错误。越强大越不能犯错，正是霸权的脆弱之处。

一　来不及成功的灵活反应战略

1960 年 9 月，艾森豪威尔在国家安全委员会上当众承认大规模报复战略的错误："我们过分将和平寄希望于核武器，忽略了遏制有限战争与防止它发展为全面战争同等重要。"[1] 肯尼迪身为总统候选人时，几乎每次

---

[1]　John Lewis Gaddis, *Strategies of Containment*, London：Oxford University Press, 1982, p. 174.

谈及国防政策时都会强调："我们的防御应当坚定而又灵活，对任何敌人的反击，必须有限度和有实效。"① 他认为，大规模报复战略没有体现美国全面优势，反而丧失了策略的灵活性。

肯尼迪就任总统后，起用反对大规模报复战略的前陆军参谋长麦克斯韦尔·泰勒，他先被任命为总统特别军事助理，不久后就任参谋长联席会议主席。1961 年 3 月 28 日，肯尼迪正式发表国防政策："一，国防行为的优先目标是保护和平，而不是发动战争。随时以强大的军事力量作为外交谈判的后盾，威慑、遏制任何形式与规模的武力侵犯。二，美国必须防范意外和非理性全面战争的风险。三，美国及其盟友遭到核打击后，能够以坚决核反击给敌人造成不可承受的损失。四，美军应当以灵活的行动与部署，与外交等手段协作，坚定地赢得有限战争的胜利。五，无论战争时期还是和平时期，美军的最高领导权均隶属于文官政府。"②

肯尼迪政府承认存在全面战争危险，但只存在于双方拒绝理性时；美苏的对抗形式将是多样的，可能包括全面战争、地区性直接武装冲突或者军事危机等。美国要在确保有效威慑苏联的基础上，更加灵活地使用常规力量和核力量，以应对各种不同规模、不同威胁性质的战争和危机。

1961 年 5 月 24 日，美国国防部决定，要系统研发用于反游击战争、反叛乱行动的武器装备，灵活反应战略进入实施阶段。灵活反应战略与大规模报复战略具有显著区别：前者根据苏联制造的不同事端，灵活运用各种军事力量、外交手段和情报手段；后者无须考虑苏联的意图，只要事端一出，就使用核武器直接予以威慑。当诸多事态表明美国无法发挥核力量优势时，灵活反应战略似乎更加具有实效，但弊端同样突出。

灵活反应战略要求美国以"合理的、有限的军事行动应对苏联任何规

① State Department, *Documents on American Foreign Relations 1961*, Washington: Government Printing Office Publishing, 1962, pp. 154 – 155.

② John Fitzgerald Kennedy, The Speech about the National Defense at Congress, Washington: National Archives and Daily Records Congress, March 28, 1961.

模与水平的挑衅"①。然而，一旦美苏爆发武装冲突，双方将可能因为己方人员伤亡增多而敌对行动，由普通的擦枪走火发展为地区性交火，再扩大为有限战争，导致双方使用战术核武器，最终恶化为核战争。即便具备常规作战能力优势，美国仍然需要利用强大的核力量震慑苏联，防范出现小规模流血事件。因为一旦敌对性互动发生，任何一方都很难创造或者具备令自己灵活行动的条件。

灵活反应战略与大规模报复战略存在相同悖论：视对方行动选择应对策略，无论方案设计多么完美，也会陷入核大战与妥协投降的两难选择。任凭苏联挑起事端，迟早要面临艰难选择。彻底打消对方的冒险念头不仅需要保持绝对强势的核武器和常规作战优势，还要在可能爆发危机之处部署能够迅即扑灭危机的强大力量。1962 年 10 月爆发的古巴导弹危机说明，"核战争虽然是最大威胁，但爆发的可能性远远小于小规模战争"②。在加勒比海域提前部署一支小型舰队或者加强对古巴的监视飞行，也许能够更有效地避免苏联冒险。但是，1964 年越南形势的恶化说明，灵活反应战略出台迟了，美国仍然在全球应接不暇，肯尼迪政府根本无法阻止大规模报复战略的惯性。肯尼迪执政前三年，美国"核武器数量增加了 150%，可投当量增加了 200%，'北极星'核潜艇超出艾森豪威尔政府原计划 10艘，总数达 29 艘，'民兵'导弹超出原计划 400 枚，总数达 800 枚"③。战略只可能存在完美的逻辑，不可能存在完美的执行。

灵活反应战略虽然没有成功实践，但推动了美军作战能力多样化。灵活反应战略要求美军以核武器为盾，常规力量为剑，注重发展三个方面作战能力：一是核力量建设走向三位一体，陆海空三大军种均装备能够发射核弹头的武器平台，可从陆海空三个战场上同时实施核威慑；二是根据常

① John Lewis Gaddis, *Strategies of Containment*, London: Oxford University Press, 1982, p. 217.

② John F. Kennedy, *The Public Papers of the President of the United States* (*1963*), Washington: Government Printing Office Publishing, 1965, p. 542.

③ John Lewis Gaddis, *Strategies of Containment*, London: Oxford University Press, 1982, p. 218.

规战争需要，注重研发远程精确打击手段，组建"小、快、灵"的特种作战部队，以及运用直升机进行战场机动与运输；三是针对苏联不断增强常规作战力量，研发并部署新型坦克、反坦克武器、新型战斗机和中远程导弹。同时，根据西欧盟国的安全诉求，为保持优势和主导地位，美军还不断调整北约内部指挥关系，与盟国（尤其是英国）共享重要武器研发资源，形成质量优势。

二　古巴导弹危机

1962 年 6 月后，古巴的港口变得异常繁忙，赫鲁晓夫正试图瞒天过海，秘密向古巴部署可以打击美国本土的中程导弹。尽管有所怀疑，但中央情报局断定，赫鲁晓夫不会冒险在古巴部署能够打击美国本土的武器。肯尼迪只是分别在 9 月 4 日和 13 日发表声明称，如果苏联在古巴部署进攻性武器，将引发最严重的局势。10 月 15 日，美军 U－2 侦察机拍摄的照片明确显示，苏联正在古巴部署中程导弹。

最有效的情报活动不是发现危机征兆，而是令危机制造者不敢造次。情报上的恐怖首先是有效的心理恐怖。没有证据证明，如果美国情报机构早在 6 月或者更早获悉苏联在古巴部署中程导弹的计划，即便危机不可避免，但必定不会出现需要大动干戈的风险。情报滞后的一个原因是美国以自身理性评判赫鲁晓夫的个性。

美国情报滞后的另外一个原因是情报力量分散。中央情报局作为最高情报机构，对各部门情报机构却没有领导权。各个部门的情报机构有独立预算、主管，且为凸显价值与地位，设置不同的专业目标、情报渠道、甄别标准、处理机制等，各类雷同情报难以被综合分析。1962 年夏天之后，美国空军拍摄到进出古巴港口的苏联船只照片；国务院截获了苏联外交部与古巴政府之间部分来往文件，从叛逃人员口中得知古巴正在修筑导弹阵地；国防部情报局拍摄到了甲板货物的照片。来自各部门的零散情报表明，苏联正在向古巴运送武器和军事人员。然而，零散的情报在多个政府部门之间没有得到及时共享，直接对总统负责的中央情报局缺乏全面的情报来源。

古巴导弹危机对美国的切肤教训是情报滞后，根源是美苏军事力量失衡。如果美苏在欧洲和亚洲地区的战略力量形成均势，也许赫鲁晓夫不会急于冒天下之大不韪，挑动美国最敏感的安全神经，以期其容忍苏联弱势地位的改善，甚至有所让步。赫鲁晓夫的冒险是暴露弱势而非显示强势。

基于对战略力量全面优势的自信，肯尼迪政府坚信，苏联在古巴的军事存在仅为宣扬意识形态胜利，苏联军队在境外缺乏必要的指挥控制装备、后勤物资，苏联担心美国过激反应后制造不可应对的危险。因此，当确认苏联在古巴部署能威胁整个美国东部的中程导弹时，肯尼迪十分震惊。

肯尼迪如果没有阻止赫鲁晓夫，不仅是个人及其政府的政治灾难，也将是美国的耻辱。但是，肯尼迪也不能贸然对苏联、古巴动武。否则，危机容易升级，恶化为互相摧毁的核战争。经过内部秘密讨论，肯尼迪决定采取以下措施：一是对古巴实施海上"武装隔离"（按照国际法，封锁等同于宣战，因而采用"隔离"一词），拦截、检查驶往古巴的苏联船只；二是美军进入全球戒备。其中，驻欧洲的战略轰炸机全部挂载核武器。

弱势一方开始理性计算实力对比时，危机就容易趋向解决。在强大压力下，赫鲁晓夫开始动摇。肯尼迪与赫鲁晓夫开始通过秘密渠道试探妥协。然而，美国空军一架 U-2 侦察机在 10 月 27 日执行侦察任务时被击落。针对这起一旦公开便无退路的恶性事件，双方保持了难得的默契。第二天，赫鲁晓夫与卡斯特罗达成暂不击落美国侦察机的秘密协议，肯尼迪也秘而不宣。但是，美军侦察机仍然在古巴上空侦察，直到危机结束。

美苏双方极力避免逼迫对方或者被对方逼迫至开火，但面临的压力却不对等。肯尼迪只需要面对赫鲁晓夫，赫鲁晓夫却必须同时面临肯尼迪和卡斯特罗。倔强的卡斯特罗认为，不能对自由出入古巴领空的美军侦察机开火简直是耻辱，数次向已经急于结束危机的赫鲁晓夫抱怨。赫鲁晓夫既要勉为其难地劝他"忍一时之气",又无法要求肯尼迪取消空中侦察。

　　赫鲁晓夫最终同意撤走所有部署在古巴的导弹。1962 年 11 月 6 日,美苏敲定撤走导弹的程序:从古巴运出导弹零部件的苏联船只行驶到美国指定的公海区域,美方人员不登临检查,但在靠近苏联船只的位置确认导弹已被运走并照相。如果不能靠近苏联船只,美方可派出非武装直升机在苏联船只上空照相和摄影。在美方人员检查过程中,苏方人员将运出的导弹零部件摘掉外罩放置在甲板上,但不需要显示导弹型号。苏联船只装载的导弹和弹头数量必须与事先告知美方的数量相同。11 月 10 日,在美国监督下,苏联从古巴运走了全部的导弹和弹头。仅从程序可知,胜负已见分晓。

　　远见者不仅注重化解危机,还注重塑造危机过后的战略态势。谈判期间,肯尼迪要求赫鲁晓夫撤出武器时采用"进攻性武器"这一含糊的措辞,却未明确指定是导弹。赫鲁晓夫认为,肯尼迪信中所指的"进攻性武器"就是导弹。当他在 10 月 31 日同意撤出所谓"进攻性武器"后,美国国务院 11 月 2 日向苏联驻美国大使馆提出一份进攻性武器清单,不仅包括苏联同意撤走的所有导弹,还包括"伊尔－28"轰炸机、"科马尔"鱼雷快艇等武器。危机爆发前,苏联政府一再否认向古巴提供进攻性武器,而且赫鲁晓夫在同意撤走进攻性武器的信中,表述为"你们称之为进攻性武器的武器"。当美国开出这一清单时,赫鲁晓夫感到非常尴尬。换言之,含糊的措辞使肯尼迪利用了苏联信用缺失的理亏,获得了更大的话语权。11 月 11 日,苏联已经将导弹全部运走的第二天,赫鲁晓夫又同意在一个月内撤走包括"伊尔－28"轰炸机在内的所有重武器。

　　肯尼迪看到,赫鲁晓夫已经做出最大让步,于是在 11 月 20 日宣布,由于苏联已经承诺一个月内撤走全部"伊尔－28"轰炸机,将解除对古巴的海上封锁,取消"武装隔离"。此后,美国不再检查驶往古巴的苏联船只,但仍然按照苏联船只运出导弹的方式和程序,检查、监督苏联运走"伊尔－28"轰炸机。12 月 7 日,42 架"伊尔－28"轰炸机全部运出古巴。

作为对赫鲁晓夫让步的交换，肯尼迪承诺不入侵古巴、制止蓄意从美国领土上以及从与古巴相邻的其他国家领土上侵略古巴，中止在美国领土和西半球其他国家领土上针对古巴的一切破坏活动；同意与古巴政府就撤销关塔那摩海军基地进行谈判；私下承诺半年之后撤出在土耳其部署的所有导弹。1963 年 1 月 7 日，美苏两国驻联合国代表提交联合信函，声明古巴导弹危机结束。

古巴导弹危机表明，美国不仅拥有战略力量的明显优势，还有更多的策略选择，但也有露于言表的顾虑，因而始终为赫鲁晓夫留有余地，而不是强行要求其答应全部条件。双方起初的妥协都通过秘密沟通实现，凡是共同让步，都是公开提出。

古巴导弹危机对美国最大的教训就是，情报力量必须直通决策层。经过多方利益格局调整，美国政府在 20 世纪 70 年代建立国家情报官制度，统合优化情报力量与资源。每次危机之后，美国都要改善情报制度。这一传统在"9·11"之后建立国家情报总监得到延续。

古巴导弹危机是冷战的一个分水岭。此后，美苏两国建立元首热线，为避免出现进一步危机和促成合作提供了契机。1963 年签署的《禁止有限核试验条约》和 1968 年签署的《不扩散核武器条约》等，都是古巴导弹危机结束后美苏合作的结果。

三　进入印度洋

一旦大国进入零和博弈的旋涡，地缘政治扩张欲就会不由自主地产生。冷战开始以后，欧洲、东亚、东南亚、中东、南亚危机不断，美国仅依靠太平洋和大西洋已经不能遏制苏联。肯尼迪成为总统时，有五个因素提升了印度洋的战略地位。

一是苏联地缘政治影响力在整个 20 世纪 50 年代持续增强。新中国加入社会主义阵营，标志着它在欧亚大陆东端的影响力；与印度迅速发展的友谊标志着它的影响力在欧亚大陆南端得到有效延伸；在苏伊士运河危机中，苏联对英法施以导弹恫吓，赢得了包括埃及在内的部分中东国家的好感。美苏以中欧、东亚、东南亚为前沿的地缘政治对抗，扩展到众多中间地带，成为军备、经济、心理、国际威望的全面竞争。美国在欧洲、东亚等欧亚大陆边缘围堵苏联时，苏联在南亚、中东的企图非常明显。如果美国不进入印度洋，苏联就会扩大在南亚、中东的影响力。

二是不结盟运动使美国面临丧失海外重要军事基地的危险。苏伊士运河危机预示着这样一种可能性，大量海外基地、港口、机场等军事设施所在国在民族主义思潮涌动下，不希望成为大国争夺的牺牲品。1958 年 5 月 16 日，美国海军上将罗伊·L. 约翰逊向美国国防部提交一份报告，带有强烈预见性地提出警告："在众多旧殖民地上兴起的民族主义独立运动，将使美国越来越难获得对于持久海外行动至关重要的基地和港口。"[1] 早在 1945 年 11 月 6 日，美国国务院就向英国外交部提出一份美军使用英国海外军事基地的需求清单，其中包括印度加尔各答地区的杜坤迪机场、孟加拉国的巴拉克波尔机场和巴基斯坦的卡拉奇机场。

三是美国需要填补英国等旧殖民大国遗留的权力真空。苏伊士运河危机后，英国加快全球收缩。印度洋是连接中东和远东的战略交通线，美国需要获取英国在印度洋上的军事基地，对中东和远东同步施加影响。

四是南亚地区成为新的全球地缘政治重要枢纽。此时的印度，"人口超过了非洲和拉丁美洲的总和，还代表着广大中立者的利益"[2]。美国认为拉拢印度，可以孤立中国，抵消苏联在南亚影响力。然而，印度与美国的重要盟友巴基斯坦在克什米尔领土争议中矛盾尖锐。另外，巴基斯坦毗邻中国，接壤中东，境内有距离苏联高加索油田和距中亚工农业基地最近的美国空军基地。美国进入印度洋可以增强对南亚的影响力。

五是经过两次柏林危机和朝鲜战争，欧洲和东亚态势基本稳定。尤其是古巴导弹危机之后，美国与苏联在欧洲对峙、与中国在台海对峙，不构

① William Stiver, *American Confrontation with Revolutionary Change in the Middle East 1948 - 1983*, New York：Palgrave Macmillan, 1986, p. 30.

② Robert J. McMahon, *The Cold War on the Periphery：The United State India and Pakistan*, New York：Columbia University Press, 1994, p. 273.

成颠覆性地缘政治影响。美国进入印度洋，可以增强对太平洋、大西洋的战略支撑。

美国进入印度洋的目的是巩固中东、介入南亚。其中关键在于发展美印合作。中印边界战争结束之后，美国增加对印度经济援助。1962～1963年，印度获得美国多达5亿美元的经济援助，而同一时期美国对其他地区经济援助的总和仅4.1亿美元，巴基斯坦愤怒地转而加强与中国合作。1963年1月，巴基斯坦拒绝美国扩大白沙瓦军事基地的要求，这一举动"甚至连中国和苏联都感到震惊"①。3月15日，中国与巴基斯坦签署边界协议；8月29日，签订航空协定和贸易协议，开通上海—广州—达卡—卡拉奇的空中航线。对此，美国多名军政要员，频频出访巴基斯坦，一面警告不要背弃美巴盟友关系，一面承诺提供"抵御印度必需的、可信的安全保证"②。巴基斯坦被分为没有纵深的东西两部分，难以持久防御。如果印度入侵任何一部分，都极有可能在美国提供帮助之前得手。巴基斯坦需要的"必需的、可信的"安全保证包括两个方面：一是美国对印度的援助不能用于威胁巴基斯坦，二是美国必须帮助巴基斯坦具备足够震慑印度入侵的进攻性军事实力。否则，美国的信用将毫无价值。如果印度与巴基斯坦之间爆发危机或者战争，美国需要向双方提供安全保证，因而在印度洋上部署能随时稳定南亚局势的兵力，显得非常必要。

1963年11月，国务院和国防部联合建议，中东、南亚不会像欧洲或者东亚那样危机此起彼伏，在印度洋上长期固定部署大规模兵力不仅没有必要，还将分散大西洋、太平洋上的兵力。况且，中东巴基斯坦已经部署有陆军和空军部队。在总兵力有限情况下，美国需要根据时机与事态变化，灵活部署可满足任务需求的军事力量。因此，"在今后每年中6至8个月内，应在印度洋保持一支能有效震慑潜在侵略者、令盟友信任和稳定

---

①　State Department, *South Asia 1961 – 1963*, Washington: Government Printing Office Publishing, 1964, p. 636.

②　State Department, *South Asia 1961 – 1963*, Washington: Government Printing Office Publishing, 1964, p. 637.

地区局势的航母编队"①。肯尼迪对此予以采纳。

　　正确的计划需要正确的执行，苏联和中国没有力量阻止美国海军进入印度洋，美国海军能否顺利展开部署，主要取决于印度洋沿岸国家的态度。然而，美国再次犯下以己度人的错误。美国驻印度使馆经过评估后认为："如果美国海军航母编队出现在印度洋上，将是对印度及其他国家直面中国威胁的激励。"② 1963 年 12 月 9 日的《华盛顿邮报》披露了美国将向印度洋派遣航母编队的消息。此消息一经刊登，印度驻美国大使在 10日当天两次与美国国务卿迪安·拉斯克会面，要求公开计划具体内容和进展，解释背后的政治动机，还特意强调："不要进行高调的政治运作。"③印度总理贾瓦哈拉尔·尼赫鲁宣称："印度不会干预公海航行自由，美国海军航母编队进入印度洋与印度无关。"④ 印度对美国海军进入印度洋既不表示欢迎，也不拒绝，有五个原因：一是印度政府不希望受到美国与巴基斯坦同盟关系的制衡；二是印度作为世界不结盟运动的主要倡导者，不愿意承担破坏"不结盟原则"的代价；三是印度需要美国遏制中国并提供经济援助；四是印度不希望与美国过于亲近而损害与苏联的关系；五是印度希望印度洋成为其"内湖"，不愿看到美国深度介入南亚。

　　拥有悠久文明历史的印度成为现代民族国家之后，已经被深深地卷入现代全球体系，其雄心与力量之间的矛盾，实质是面对世界性力量结构调整时复杂心态使然。以美国为代表的西方现代工业强权，无法理解古老强盛民族在衰落之后重新燃起复兴雄心背后的深刻历史感。西方现代工业强权主导全球的结果是，现代民族国家在欧洲之外诞生。古老民族变成现代国家是全球内部各个文明与力量之间"藩篱"被打破的产物，而非动力。

①　State Department, *South Asia 1961 – 1963*, Washington：Government Printing Office Publishing, 1964，p. 692.

②　National Security Council, *Telegram from New Delhi to the Secretary of State*, Washington：Government Printing Office Publishing, 1963，p. 6.

③　National Security Council, *Telegram from New Delhi to the Secretary of State*, Washington：Government Printing Office Publishing, 1963，p. 17.

④　National Security Council, *Telegram from New Delhi to the Secretary of State*, Washington：Government Printing Office Publishing, 1963，p. 169.

尽管这一进程显得漫长，甚至其前景看似像"海市蜃楼"一样，令人炫目却又虚无缥缈。

巴基斯坦对美国海军进入印度洋也不甚热衷，但担心这成为美国"减少军事援助的合理借口"①。

在古巴导弹危机输了一局的苏联，不希望看到美国海军航母出现在印度洋上，但苦于没有远洋海军和海外基地，只能在外交和政治宣传上，攻击美国抱残守缺地执行旧殖民主义的炮舰政策。苏联反对声音越大，越加暴露出它的担心。美国海军航母出现在印度洋上，将再次凸显美苏强弱之势。肯尼迪坚定地认为："印度洋上出现美国海军航母，将再次陷苏联于无法采取对等行动的窘境。"②

1964 年 3 月 19 日，接替肯尼迪的约翰逊总统宣布，美军将采取"适当、灵活的方式，进入对世界和平产生越来越重要影响的印度洋"③。4 月 4 日，美国海军"理查德"号航母、3 艘驱逐舰、1 艘油轮号称"协和舰队"，从西南太平洋向西穿过马六甲海峡，首先抵达马达加斯加迭戈苏瓦雷斯港（今安齐拉纳纳港），然后沿非洲东海岸北上，到达肯尼亚和英国属地亚丁湾。舰队到达中东海域后，邀请伊朗国王上舰参观。随后，航母编队从东印度洋海域回到西南太平洋。巡航避开了接近印巴的北印度洋海域和反对声音最大的印度尼西亚。巡航期间，美国国务院宣布，巡航印度洋是为维护全球"公海航行自由"，与《中央条约》组织和《东南亚条约》组织的防务义务无关。

1964 年 8 月爆发北部湾事件后，美国深度介入越南，逐步停止了在印度洋上的巡航。但是，"协和舰队"巡航成为美国在印度洋的长远军事布局的起点。当不结盟运动在全世界兴起之时，美国温和地炫耀实力是明智

---

① State Department, *South Asia 1961 – 1963*, Washington：Government Printing Office Publishing, 1964, p. 720.

② National Security Council, *Telegram from Moscow to Secretary of State*, Washington：Government Printing Office Publishing, 1964.

③ National Security Council, *National Security Action Memorandum No. 289*, Washington：Government Printing Office Publishing, 1964.

的，使自己处于可进可退的可变立场上，视事态与秩序的变化灵活应对，容易"平息反对者的愤怒，避免激化地区矛盾，争取长期收益"①。

美国的全球战略重点毋庸置疑在欧洲，其次是在亚洲，尤其是东亚和东南亚地区。印度洋在美国全球战略中的优先级低于大西洋和太平洋。但是，印度洋将欧洲与亚洲从海上连接起来，环绕南亚和中东，向欧亚大陆腹地延伸，不仅直接辐射苏伊士运河、马六甲海峡等海上咽喉要道，还涉及以色列、伊朗、印度、巴基斯坦等国家。当美国在中东、南亚、东南亚等地区陆军和空军规模较小时，在印度洋部署海军舰队，可以在危机或者战争爆发时，运载战机或者投送地面部队，在印度洋沿岸纵深独立展开作战行动，履行地区安全承诺。

另外，美国要在中东、南亚履行获取、租用陆上军事基地或者机场，受到冗长的外交流程和复杂的地区矛盾的限制。如果美国在印度洋上拥有可以快速到达任何一个爆发危机的沿海地区的航母编队，将占据政治和心理主动。

苏联在印度洋沿岸没有港口，仅有少数潜艇经过漫长的水下航行后，才能到达印度洋。美国海军在印度洋没有现实威胁，潜在威胁是苏联在中东可能的军事存在。但是，从各种迹象来看，苏联既没有能力也没有条件在中东部署重兵。因此，在印度洋上部署海军，将使美国在全球海洋上的军事行动更有弹性和更加协调，舰队也更加安全。

1959 年，能够发射核武器的北极星潜艇正式服役，美国具备针对苏联的"三位一体"核打击能力。美国海军可以腾出一支航母编队部署在薄弱环节，提高军事力量使用效率。

苏伊士运河危机之后，英国从全球各个战略要地匆匆撤离，美国有充足的正当理由接管。恰好英国皇家海军在印度洋常年部署有一艘小型航母并建有基地，如果美国海军出现在印度洋，不仅顺理成章地代替英国在印

---

① State Department, *Near East Region Arabian Peninsula*, *1964 – 1968*, Washington：Government Printing Office Publishing, 1964, p. 36.

度洋上的主导地位，还强化了对西方的领导地位。

从美国在印度洋保持军事存在的前后历史过程反映出，决定美国全球战略的五个因素：军事布局、地区形势、维护同盟、遏制对手、扩大市场。这五个因素，几乎不会单独地发挥作用，它们要么全部、要么部分、要么交错地支配美国战略决策与行动。

美国海军航母编队进入印度洋是第二次世界大战之后迈向全球的关键一步，反映了美国充满预见性的前瞻战略需求、主动的战略预置，而不是被形势的发展"牵着鼻子走"，具有比苏联更加深刻和全面的战略洞察力。苏联在 20 世纪 60 年代仍然专注于加强对东欧的政治控制，被不甘心成为附庸的新中国搞得无所适从，在柏林危机和古巴导弹危机中色厉内荏。美国却看到，众多弱小国家发起的不结盟运动，将成为影响美苏对抗的重要力量，如果不能帮助它们或者不能让它们接受美国帮助，走向政治民主、经济繁荣的现代化道路，它们将可能成为苏联的伙伴。肯尼迪为此推动国会通过《1961 年外援法》，建立国际开发署，制订"争取进步联盟计划""粮食换和平计划"等，开始了向第三世界的大规模经济援助和军事援助。在这种背景下，美国进入印度洋则是反映了战略视野的优势。1968年 3 月，好大喜功的勃列日涅夫向印度洋派遣远洋舰队时，逐步深陷越南战争的美国似乎在印度洋面临巨大困扰，但这仅仅是对战略远见的遮蔽。

美国海军进入印度洋也暴露了战略困境：陷入了南亚地区争端。首先，与印度存在领土争议的巴基斯坦是美国的盟友，美巴同盟关系使美国无法完全倚重印度增强在印度洋的军事存在，"鉴于巴基斯坦位于中东、南亚、中亚的枢纽位置，如果美印关系伤害了巴基斯坦应有的利益，将使美国在中东和远东遭到严重损害"[1]。其次，英国是制造印巴克什米尔领土争议的始作俑者，苏伊士运河危机产生的龃龉尚未消除，英国不可能与

---

① Robert J. McMahon, "U. S. Cold War Strategy in South Asia: Making a Military Commitment to Pakistan, 1947－1954," *Journal of American History*, Vol. 13, 1988, p. 75.

美国一道再去"蹚浑水"。美国在印度洋和南亚，与在欧洲和东亚、东南亚不一样，始终没有盟友的坚定支持。最后，当美苏争相拉拢印度时，印度更加坚定地奉行不结盟政策，在美苏两边巧妙地待价而沽。

美国在印度和巴基斯坦两个南亚最重要却无法调和矛盾的大国之间平衡，而不是取舍，显示出美国全球战略的基础：任何一支重要的地缘政治力量均为不可替代。除非主动变成敌对者，否则美国不会主动显示不敬与敌意。

印巴矛盾的症结是克什米尔领土争议。显然，美国希望平衡印巴，但克什米尔争议极为复杂，几乎看不到调解成功的希望。美国对印度经济援助，刺激苏联对印度提供更多援助，防止印度"倒向"美国。但是，印度羸弱的军事实力与显著的地缘政治价值、世界不结盟运动重要领袖角色之间，存在令国际社会刺眼、令自己底气不足的反差。巴基斯坦有得有失，一方面，最危险的敌人印度从美国、苏联获得经济援助，另一方面，美国仍然视自己为重要盟友。

1962 年，印度急于获得先进武器装备。苏联的米格 – 21 战机和美英法等西方国家的先进战机成为印度军购的主要对象。然而，鉴于美国与巴基斯坦的同盟关系，印度最终选择了本就青睐的米格 – 21 战机，并于 1963 年向苏联购买。美国在印度洋上对苏联棋高一着，但在争夺印度购买战机合同上输给对方后认识到："一个软弱地依附于他人的印度，比中立、繁荣的印度，将更加有害。"① 况且，美国也不希望因为印度束缚自己的灵活性。

四　应对法国退出北约

同盟外部挑战减弱时，内部容易生出嫌隙。自从 1954 年联邦德国成为北约成员后，虽然爆发过第二次柏林危机，但西欧越来越安全，却是不

---

① Harold A. Gould and Sumit Ganguly eds. , *The Hope and the Reality: The United States – Indian Relations from Roosevelt to Reagan* , Denver: Colorado University Press, 1971, p. 71.

争的事实。基于联邦德国在冷战的前线位置和美英特殊关系，法国地位日渐弱化。1959 年 1 月 8 日，沉醉于法国伟大历史的戴高乐成为总统，在次年法国掌握了原子弹的激励下，决心让法国再次成为强有力的欧洲大国。杜鲁门、艾森豪威尔等人淡出政治舞台，肯尼迪等在戴高乐看来只是"后辈"。这样的心理强化了一种冲动，即法国不应当被认为是美国的附庸和裹挟在美苏两个超级大国之间的"棋子"。1963 年初，戴高乐向到访的肯尼迪说："欧洲防务不能脱离美国，但不能单独由美国保证，最终需要欧洲自己保证。"① 他还质疑美国越南政策的可行性，甚至鼓吹东南亚应当"中立"。显然，戴高乐没有对刚在古巴导弹危机中取得胜利的肯尼迪表示出敬畏。

　　1963 年 12 月，接任肯尼迪的约翰逊非常自信地公开宣称："一旦危机来临之时，我相信法国朋友将会与我们遵守诺言。"② 面对戴高乐的不敬，约翰逊会感到不快，但公开与重要盟友的分歧，暴露北约内部不和，极不明智。首先，约翰逊不愿意刺激"闹独立"的戴高乐"擅自"与苏联缓和。其次，使联邦德国和其他北约成员在美法之间面临艰难选择，有损于美国形象。

　　1964 年之后，戴高乐从北约到联合国、从拉丁美洲到亚洲，几乎在所有问题上都与美国唱反调，导致约翰逊极为不悦。美国常驻北约代表哈伦·克里弗兰私下抱怨："法国已经成为北约的累赘。"③

　　国务院认为，为保护北约团结，必须对法国予以"惩罚"，否则可能引起其他成员国效仿，惩罚措施就是："如果法国对北约没有建设性作用，就没有权利享受第五条的保护。"④ 国防部认为，鉴于越南战争、国会考虑

---

① State Department, *Memorandum of Conversation*, *June 1*, *1963*, *Washington*：*Government Printing Office Publishing*，1963，pp. 310 – 312.

② H. W. Brenda, *The Wages of Globalism：Lyndon Johnson and the Limits of American Power*，London：Oxford University Press，1995，p. 94.

③ U. S. Department of Defense，Cleveland to Leddy，November 5，1966，National Archive and NATO Files，1967，p. 4.

④ State Department，*France away from NATO*，*1964 – 1968*，Washington：Government Printing Office Publishing，1971，p. 390.

削减国防开支两个因素，应当减少对法国的军事保护，要求联邦德国或者其他西欧国家承担更大的防卫责任。但是，约翰逊似乎眼界更高，他认为，如果美军离开法国，将是对北约的重大打击和对美国领导地位的公开伤害。

正当约翰逊政府举棋不定之时，1966 年 3 月 7 日，戴高乐给约翰逊的亲笔信表明了立场："在法国领土上驻留外国军队、法国军队接受北约指挥，是对法国主权的伤害。法国政府必须在自己的领土上行使绝对主权。但是，法国仍将与盟友们坚定地站在一起，不让任何一个成员遭受野蛮侵略。"① 显然，戴高乐只愿意与美国保持政治盟友关系。

约翰逊没有主动取消对法国的军事保护，似乎还算明智。既然无法强逼对方，就应避免激起对方敌意。约翰逊回信表示："无论何时，当法国希望改变自己的角色时，我们作为老朋友和盟友，都会以合理的方式对待。"② 约翰逊既尊重法国的独立军事地位，又在政治和外交上仍然以盟友待之，也回避了危害北约内部不和的尴尬议题。

法国退出北约军事同盟，在联邦德国驻扎的约 7.5 万法军成为遗留难题。按照北约条款，驻留在联邦德国的法军必须接受北约指挥。但戴高乐提出，在获得联邦德国同意的基础上，法军将继续驻留。显然，如果法国军队撤走，法德关系将遭受挫折，如果继续驻留，北约条约将遭到破坏。

联邦德国陷入两难导致约翰逊也陷入两难。如果接受法军继续驻留联邦德国，北约团结将被法国与联邦德国共同破坏。如果法军撤出联邦德国，联邦德国政府将感到难堪。约翰逊决定"将决定权无条件地留给联邦德国政府"③。另外，他还要求内阁成员"务必对戴高乐保持审慎的礼貌"④。最

---

① State Department, *France away from NATO*, *1964 - 1968*, Washington：Government Printing Office Publishing, 1971, p. 325.

② State Department, *France away from NATO*, *1964 - 1968*, Washington：Government Printing Office Publishing, 1971, p. 349.

③ U. S. Department of Defense, *Bator to LBJ*, *Telegram*, *April 11, 1966*, National Archive and Chronological Files, 1968.

④ State Department, *France away from NATO*, *1964 - 1968*, Washington：Government Printing Office Publishing, 1971, p. 391.

终，法国和联邦德国之间达成了新的协议，"法军可以不受北约条约限制地继续驻留在联邦德国"①。

约翰逊"尊重"决意离去的盟友和"体谅"处于两难境地的盟友，其镇定与成熟有助于"缩短法国造成的阵痛期，高效地重建新的北约"②。时值西欧经济腾飞、中苏关系破裂、刚刚取代赫鲁晓夫的勃列日涅夫公开希望缓和等新的形势变化，法国退出北约军事体系，只产生了短期的政治影响和心理震动，促使美国调整和优化军事力量，更加倚重英国和联邦德国。它们也更加难以离开美国独自谋求安全和繁荣。约翰逊看似软弱，却极为鲜明地反衬了一个印象：美国不会纠缠于历史而争吵不休。联邦德国政府反而比之前更加信任美国。美国可以削减欧洲驻军，减少经济负担。但是，法国退出北约军事体系，与之后美国陷入越南泥潭，即便无直接关联，也会令人遐想颇多。

五　在越南走向失败

20 世纪 60 年代，美国朝野的共识是，当核垄断地位被苏联打破后，派出庞大的常规部队赴亚洲打一场难以看到尽头的战争，将是一场灾难。但是，国内不正常的政治气氛又使政府不能抛弃越南。麦卡锡主义的遗毒为支持在越南的"反共义举"提供了"最正当"的借口。美国国内主流媒体不断印证着"多米诺骨牌"理论在越南的先验。1960 年 8 月，《时代》周刊带着十足的危机感发表评论称："越南南部最富庶的三角洲地区几乎被北越完全掌握。"③ 在刚刚兴起的电视媒体中，美军介入越南的目的被描绘为制止越南内战扩大。

肯尼迪成为总统时，美国已在越南骑虎难下，也丧失了两次世界大战

---

① Lawrence S. Kaplan, *NATO and the United States: The Enduring Alliance*, Boston: Tweyne Publiehers, 1988, p. 121.

② State Department, *France away from NATO, 1964 – 1968*, Washington: Government Printing Office Publishing, 1971, p. 376.

③ Doris Kearns, *Lyndon Johnson and the American Dream*, New York: Harper & Brothers Publishing, 1999, p. 45.

期间展现出来的理智与镇静。战争战略实效起始于对战争形势的判断。肯尼迪政府认为，在越南战场上的主要任务是反叛乱和反游击战。实际上，北越军队能够在奠边府战役中获胜，表明其"已经由游击队性质的分散武装变成了常规作战部队"①。中南半岛的山地和丛林制造了假象。肯尼迪政府混淆了北越军队的战略战术风格与真实的作战方式。

1961 年 4 月，肯尼迪下令扩大对越南北方实施隐秘战的支持。此后，南越军队大幅增加在越南北方的军事活动：建立地下据点、进行心理战和宣传、袭击重要目标和人物、袭击北越支持南方武装力量的交通线——老挝境内的"胡志明小道"。5 月 13 日，肯尼迪政府与南越吴庭艳政权签订《约翰逊 - 吴庭艳联合公报》。主要由 100 名反游击战争专家组成"第 1 特种部队"，以美国军事顾问之名抵达越南南方。然而，仅不到半年，南越已力不能支。随后，肯尼迪 10 月派出的泰勒调查团指出："除非冒着战争升级风险增加对南越的军事支持，否则吴庭艳无力扭转局势。"② 肯尼迪政府面临决策困境：一方面，如果不能继续支持吴庭艳，将严重挫伤美国在东南亚甚至全球的信誉；另一方面，大规模出兵可能招致国内不满，影响到个人政治命运。越是受到民众欢迎的政治人物，越对民众的态度敏感。这一规律在肯尼迪面对在越南的窘境时，表现得尤为明显。另外，大规模地面作战部队在山地丛林遍布的越南，不仅派不上用场，还会制造苏联和中国加深干预的诱因。在各种矛盾之下，肯尼迪决心冒险："在派出军事顾问基础上，再派出支援性部队帮助吴庭艳，争取消灭北越进入南方的武装力量。"③ 美国在越南由"不直接参战"变成"不参加主要战事行动"。

骑虎难下时，决策很难转化为有力行动。1962 年 2 月 6 日，美军在西

---

① Andrew J. Birtle, "Provn, Westmoreland, and the Historians: A Reappraisal," *The Journal of Military History*, Vol. 72, No. 4, 2008, pp. 1213 - 1247.

② State Department, *Vietnam 1961 - 1963*, Washington: Government Printing Office Publishing, 1970, p. 182.

③ Richard A. Alanson, *American Foreign Policy since the Vietnam War*, Boston: M. E. Sharpe Inc., 1996, p. 103.

贡设立军事援助司令部，开始对南越实施规模罕见的军事援助：改组南越军队指挥系统，成立联合参谋部、陆军司令部、别动队司令部、海军陆战队司令部，由美国军事援助司令部统一负责作战指挥和后勤支援；在岘港、归仁港等驻地建设营房和仓库，储备战争物资；军事顾问和特种部队人员直接进驻南越军队营连级单位，指导临战训练，美军特种部队军官训练了 7 个拉迪族连，成为独立行动的精锐力量；帮助南越军队补充兵员，扩充实力。南越军队在指挥、装备、训练、后勤等方面获得明显优势。但是，由于力量增强却制定了错误的战术，南越军队不仅战果寥寥，反而使北越军队越来越强。

美国军事顾问为南越军队制定的战术主要有两个方面。一是集中主力部队寻求与在越南南方活动的北越游击队决战。1962 年，南越军队"营以上规模主动寻求与北越游击队决战，作战超过 1000 次，在平西、富安、平山等北越游击队活动频繁的地区，还获得飞机、火炮等重装备支援"①。二是为了孤立北越游击队，南越军队在北越游击队渗透严重的地区建立隔离地带，切断北越游击队后勤补给，使之成为"无水之鱼"，最终要么"逃回北方"，要么暴露后遭到歼灭。

美军强项是利用火力和机动优势实施主动进攻，南越军队运用美军指导的战术时，却给在自己掌控的地盘上的民众制造了困难甚至是灾难。越南是一个农业国家，农民物质生活和精神生活全部寄托于祖祖辈辈留下来的土地、水源、祠堂。行踪飘忽不定的北越游击队，引诱南越军队的炮弹"雨点般"降落在他们频繁穿梭的村庄中。被炸死炸伤的大都是普通民众，被摧毁的是大量农田、房屋、堤坝、桥梁等。另外，南越军队在北越游击队渗透地区建立隔离带，迫使众多村民离开代代相传的家园。特种战争失败于军事技术的局限性和忽略民众生存方式的战术深刻地反映出，肯尼迪政府在越南没有成功，不是因为实力，而是解决越南问题的政治、经济、军事等条件均不具备。

---

① Anthony O. Edmonds, *The War in Vietnam*, Westport, CT: Greenwood Press, 1998, p. 114.

1963 年 9 月 9 日，肯尼迪在国会演讲中称："如果南越遭到北越无情的吞并，全世界将会认为中国即将掌控东南亚。"① 然而，此时南越军队炮弹供应缓慢、战术呆板，败象已经显露。肯尼迪此言不仅是表达担忧，更是为收效甚微的战争战略必然的失败提前辩护。1963 年 11 月 2 日，吴庭艳和他的兄弟被政变者杀死。20 天后，肯尼迪遇刺身亡。

越南成为直接考验美国实力和信念的"地标"。接任的约翰逊决定采取逐步升级战略，根据越南事态发展，逐步增加介入兵力以控制局势，实质是希望投入尽量少的军事资源达到保护南越、消灭北越的目的，而不是无限制扩大战争规模。这看似精明却存在致命弱点：担心战争规模扩大，把主动权拱手交给对方。如果北越不断扩大战争，美国将处于被动应对的地位。另外，约翰逊忽略了北越军队战略战术的变化，南越军队攻势被遏止后，北越军队改变了"零敲碎打"式战术，美军控制的战场范围越来越小，越来越难集中优势兵力和火力，陷入无休止消耗。

约翰逊担心扩大战争规模事出有因。一是意识形态斗争无法避免地缘政治干扰。约翰逊认为，既然中国在朝鲜半岛上敢于与美国奋力一搏，也就可能在越南上再次"冒险"。骤然派出大量部队将引发与中国再次爆发战争的风险。二是军事介入越南需要大量地面作战力量，经过朝鲜战争之后，美国陆军部队和海军陆战队主力大部分部署于西欧、日本、韩国，在菲律宾等东南亚部分地区只保留少量兵力。由于海运能力和后勤补给限制，大量地面部队无法短期内进入越南。约翰逊逐步升级战略没有改变美国贸然介入越南的本质。

1964 年 1 月 16 日，约翰逊批准成立受其本人、美国国防部、国务院直接指挥的联合特种部队，主要任务是协助南越军队封锁北越游击队在南方的根据地，伏击、破坏、特种侦察，为飞机和火炮指示打击目标等。4月 22 日，约翰逊下令对北越实施空中轰炸。7 月，美军轰炸机向北越投下

---

① John F. Kennedy, *The Public Papers of the Presidents of the United States* (*1963*), Washington: Government Printing Office Publishing, 1965, p. 659.

了第一批炸弹。美国在越南由防范北越向越南南方"入侵"，变成了直接攻击北越。

约翰逊试图对北越施加难以承受的压力，阻止北越向南方渗透。空中轰炸是美国向全世界尤其是取代吴庭艳的阮庆南越政权，展现决心和实力。空中轰炸目标主要包括越南北方的油库、机场、兵营、桥梁、港口、通信设施、工厂（包括越南北方唯一的大型钢铁厂——太原钢铁厂）等目标。如果北越军队像第二次世界大战时期的纳粹德国和日本的军队一样，依赖于石油、橡胶等工业原料制造大量坦克、战机、战舰，空中轰炸完全可以产生最大心理震慑效果。然而，北越军队只要有轻型步枪和火炮、普通电台、小型快艇，以及在丛林和村庄中的生存经验，便可以使美军空中轰炸成为徒劳，甚至还可以还击，1964 年 8 月 5 日，北部湾事件爆发。7 日，美国参众两院以绝对多数票通过《北部湾决议案》，授权约翰逊采取任何必要的步骤干预越南。此后，美军不断扩大空中轰炸。1965 年 7 月 27 日，约翰逊决定向越南增派地面部队。1966 年 12 月 14 日和 1967 年 5 月 19 日，美军空对地导弹两次落入中国驻河内大使馆。与扩大空中轰炸同步的是扩大地面作战，空中轰炸不可能完全阻止在村庄、丛林、山洞中生存与作战的北越游击队向越南南方渗透与攻击，美军必须在掌握绝对制空权基础上，开展卓有成效的地面作战才能取胜。美国由越南战争的间接参与者，彻底变为直接参战者，但僵化地运用工业化战争的战略。

美军地面部队从 1965 年底至 1966 年初在越南南方的中央、东部平原、西原地区发动了第一次"冬季攻势"，1966 年 11 月发动第二次"冬季攻势"，两次攻势均没有对北越军队造成重创。北越军队于 1968 年 1 月 29 日至 2 月 7 日，在越南南方发动大规模"春季攻势"，甚至袭击了南越"总统府"、美国大使馆等重要政治目标，在心理上对美军产生了巨大震撼。尽管美军地面作战没有溃败，但也没有获得战略主动权，其中有四个方面原因。

一是美军仓促扩大地面作战。在复杂的丛林与山地中发起大规模地面作战，获胜的前提条件是兵力充足、后勤充分、计划周密、备战高效。约翰逊的意图是以尽量少的兵力、在尽量短的时间内击败北越军队，导致许多增派的地面部队从未研究过北越游击队的作战特点和越南战场环境，缺乏指挥、情报、临战训练等充分准备，仓促投入作战。

二是扩大地面作战缺乏明确的战略企图。增派地面部队，说明约翰逊承认越南问题比想象中更难解决。但是，如果约翰逊因为战争困难超出预想而退缩，其政治生涯将以耻辱结束。在无充分准备的情况下扩大地面作战成为约翰逊个人的政治赌博。战争政治属性模糊，战争目的就容易出现偏差。大规模地面作战的价值在于，歼灭敌军之后夺占和控制高价值地区。如果美军不断扩大夺占和控制对北越游击队生存和作战非常重要的地区（如胡志明小道等），北越游击队将处于被驱赶的状态，活动范围会遭到压缩。但是，美军地面作战的战略企图只是打击和消灭北越游击队。美军每到一处，只是忙于寻找北越军队决战，反而有利于北越军队凭借有利地形，灵活机动地周旋。

三是美军攻强守弱，难以在越南特殊的战场环境中扬长避短。火力与机动力强的军队擅长于进攻作战，美军使用坦克、火炮、直升机等世界上最先进的陆战装备，足以保持优势与主动。但越南以丛林、村庄、山地为主，飘忽不定的北越游击队可以随时找到隐蔽物，令擅长进攻的美军不仅难以跟踪、确定攻击目标，还在陌生的丛林、村庄里经常遭受暗枪暗炮。进攻的优势难以充分使用，防守的弱点又无法掩盖，美军伤亡迅速增加。

四是混乱的指挥降低了作战效能。首先，各个军种缺乏统一指挥。如果空军战机与地面部队在每次战术行动时，共同针对同一目标实施集中打击，逐次累积行动后，将产生可观的战场效果。但是，分别隶属于空军、海军、陆军的不同战机，各自选择轰炸目标，地面作战部队难以及时得到想要的空中火力支援。其次，美军指挥权力分散。通常，一种作战力量只能有一个指挥权力载体，但约翰逊时常直接指挥某个轰炸行动，而且视察越南战场的国会议员或者内阁官员，经常直接干预作战指挥。缺乏一个集中统一、层次权限分明的指挥权力载体，美军各类行动缺乏有效协同，严重损害了整体作战效能。

1966 年 1 月，总统国家安全事务助理麦乔治·邦迪辞职，3 月，新任国防部部长克拉克·克利福德逊建议战争降级。战事受挫引起舆论口诛笔伐，《纽约时报》几乎以质问的语气报道："政府有义务向民众澄清为什么要将一场亚洲人的战争变成一场美国人的战争。"① 独立于政府的媒体派遣大量记者亲赴越南，传回来大量真实信息。有的电视台记者甚至坐上美国空军的轰炸机，"现场直播"战况。据不完全统计，美国到南越采访的记者从 1964 年的 40 人上升到 1965 年 8 月的 419 人。随着战争持续进行，到达越南的美国和其他西方国家记者的人数急剧上升。

20 世纪 60 年代，信息技术快速发展，高清照相技术、先进的便携式摄像机、可以实时传输文本的传真设备等新兴办公手段出现后，信息载体不再局限于文字和报纸上的模糊照片，还出现了图文并茂、形式鲜活的各类杂志上的彩色图片以及电视影像、广播。在利润巨大的舆论市场中，媒体为适应市场竞争开始企业化运作，越南战争成为多家媒体争相吸引读者的报道焦点。通过电视和广播节目、杂志、报纸等，血腥战争场面和满是残垣断壁的破坏场面，以及不断攀升的美军伤亡数字，迅速传遍美国和欧洲，强烈地震撼着民众的视觉，促成美国社会全面反思越南战争，兴起了反战运动。

从媒体角度来看，越南战争也是一场重要的信息战。1968 年 1 月下旬，美军发动"春节攻势"，但战果不佳，媒体由支持转变为质疑、反对，对社会心理的冲击外溢为政治影响。根据盖洛普民意调查，"1965 年 8 月时，24% 的接受调查者认为，美国不应当介入越南，61% 的接受调查者认为，美国应当介入。1968 年 3 月时，相同的民调显示，49% 的接受调查者认为，美国介入越南是重大错误"②。

---

① Sepence C. Herring, *Americas Longest War: The United States and Vietnam, 1950 – 1975*, London: Oxford University Press, 1993, p. 2000.

② J. Fendrich, "The Forgotten Movement: The Vietnam Antiwar Movement," *Sociological Inquiry*, Vol. 73, 2003, p. 3.

焦头烂额的约翰逊迫于压力，在 1968 年 3 月 31 日实施"部分停炸"，将轰炸范围限制在北纬 20 度线以南的狭长地带之后，还宣布不参加当年的总统连任竞选。作为战争最高决策者的总统不谋求连任，是对战争失败的确认。5 月 13 日，美国、中国以及越南南北双方在巴黎谈判。

巴黎谈判期间，美国国内反战运动高潮迭起，种族歧视和社会阶层分裂；西欧和日本经济腾飞，政治独立性日益增强；苏联核力量与美国形成均势。约翰逊政府所受压力之大，可想而知。

如果约翰逊政府在缩减轰炸范围之后主动提出和谈，等于在全世界面前承认失败。美国只有尽可能增强对北越的军事压力，才能增加谈判"筹码"。为增强对北越的军事压力，美军对胡志明小道等交通线加强轰炸。约翰逊的战争降级意图却需要升级作战强度来实现，产生新的更大的困难。首先，反战运动没有因战争降级而减弱。1968 年 10 月，美国国内爆发有史以来规模最大的反战示威活动，全国共有超过 200 万人参加。其次，美国加大对北越的轰炸力度，使北越的抵抗更加顽强。约翰逊公开宣布缩小轰炸范围，被北越视作让步，对局部地区增加轰炸强度以增加谈判"筹码"的意图被过早暴露。北越认为，只要再顶住最后的军事压力，美国就会被迫让出主动权。美国升级战争令北越看到胜利的机会窗口，抵抗更加顽强。约翰逊 1968 年 10 月 31 日宣布全面停止轰炸，接受美国不可能成为胜利者的现实，越南战争的烂摊子被留给了下一任总统。

许多历史学家和亲身经历者将美国越南战争的败因归咎为：错误的代理人、国内此起彼伏的反战运动、矛盾重重的国内社会、媒体诘难政府和军队、越南地理环境抑制了美军先进武器装备、低估了北越抵抗意志和能力、中国和苏联对北越的支持、缺乏稳定而灵活的政策与战略等。这些只是错误的结果，并非错误的本质。美国败于越南的本质是昧于当时的世界大势。

从艾森豪威尔到约翰逊，美国违反了自我道德与利益准则，步步深陷越南战争泥潭。法国从越南狼狈撤出，只是众多殖民地成为新兴独立国家大潮中的"一朵浪花"。高举反殖民主义大旗的美国，在天赋使命的理想主义和帮助盟友的现实主义两股动机中介入越南，宁愿成为旧殖民者的支持者，也不愿像在苏伊士运河危机中那样支持脱胎于殖民地的新兴国家。美国在现实利益、国际地位、国家理想等诸多矛盾当中，僵化地采用多重标准，希望多方顾及，最终却无法顾及任何一方，既没有赢得在东南亚地缘政治博弈的主动权和战场胜利，也没有在全世界展示"天使般的心灵"，尽管美国习惯性地自诩为"天使"。越南战争对美国最根本的教训就是，支持受尽屈辱的殖民地成为成功的新兴国家，比承担战争风险遏制对手扩张更加符合利益。

　　作为强者，美国对弱者先入为主的敌对心态付诸敌对性行动，体现出美国对弱者的认知。这一荒谬的逻辑，可以准确地解释为什么强大的美国在朝鲜战争、越南战争陷入困境。美国或许不愿、或许不能从世界的另外一面洞察人心。实际上，当时的共产主义运动者遵从内心的是，致力于民族尊严和国家独立。但是，当时的美国对复杂和多样的世界知之甚浅。因此，约翰逊之后的理查德·尼克松、吉米·卡特、罗纳德·里根三任总统，均是纠错机制的产物。

第三章　自我纠错与全面变革
（1969～1988 年）

美国败于越南战争后开始自我纠错，将摆脱越南战争泥潭、突破意识形态局限构建全球新战略均势、缓和冷战对抗等重大问题通盘考虑，阻止了滑向衰落。进入里根时代后，苏联经年累月的弊症全面爆发，由于入侵阿富汗深陷地缘政治困局与国际道义低谷，美国却重现信心与活力，果断"全面反攻"，从失败边缘重回世界之巅。活力重燃的背后是美国深彻、全面的变革。

第一节　国势低谷（1969～1981 年）

美国千辛万苦地走出越南战争泥潭后，又遭遇石油危机、水门事件、伊朗使馆人质危机，似乎正在被动中走向失败。但是，尼克松、福特、卡特三任总统在收缩与缓和中，根据国际战略格局变化因势利导，以新的视野与起点与苏联、西欧、日本、中国展开合作与竞争，构建新的国际体系。美国还痛定思痛地进行全面深刻的军事变革，积累了新的军事优势，在不知不觉中为未来做好了准备。

一　改良遏制战略

1969 年 7 月 25 日，尼克松发表"关岛声明"；1970 年 2 月 18 日，在首次国情咨文中提出以"伙伴关系"、"实力"和"谈判"为三大支柱的所谓"和平新战略"；1971 年 7 月 6 日，在堪萨斯城讲话中提出"五大力量中心"。一系列举动表明，美国认识到，世界进入了新的时代，西欧和日本成为强劲的经济竞争对手，苏联形成对等的军力均势，中国掌握原子弹后国际影响力与日俱增，两次柏林危机和古巴导弹危机雄辩地证明，大国战争没有胜利者。

只要苏联还是美国的主要威胁，遏制战略就仍然是美国政府内政外交的基础。但是，国际战略格局和美国实力地位的变化，要求改变贯彻遏制战略的方式方法。

贯彻遏制战略有两个关键之处：一是在苏联周边建立围墙，使之内部爆发危机走向失败；二是运用军事实力和经济实力优势。尼克松成为总统时，美国仅凭经济实力和军事实力优势，不可能将苏联周围变成对自己的仰望之地。苏联总会在"最容易给美国制造难题的地区进行反击"①。美国应接不暇，无休止地徒费外交资源、文化资源、军力资源。

尼克松要为美国卸下"包袱"和"枷锁"，放弃无章法的资源挥霍，避免无价值的消耗，转而利用自身实力优势，暴露苏联弱点，施以约束。缓和政策的显著成果就是达成美苏军备控制共识、加强美苏交流。1969年 10 月，美苏开始限制战略武器谈判。1971 年 2 月 11 日，美苏签署《禁止在海底和洋底及其下面设置核武器和其他大规模毁灭性武器条约》。9月 3 日，苏、美、英、法 4 国在西柏林签署《柏林协定》，解决久悬未决的西柏林问题。1972 年 5 月，尼克松借助中美关系正常化的巨大影响，访问苏联，发表了苏美联合公报，确定《苏美相互关系原则》，除签署《苏美关于限制反弹道导弹系统条约》和《苏美关于限制进攻性战略武器的某些措施的临时协定》外，还讨论防止海上突发事件、科技合作、保护和改善人类环境、医学和卫生合作、探索和利用宇宙空间合作等，建立苏美贸易联合委员会。

尼克松放弃单纯的实力政策，注重运用多方面优势。意识形态是国家利益内化之物，实现国家利益的方式本身就是国家利益。正如错误的行事方式本身也是一种错误、正确的行事方式本身也是一种正确一样。经济腾

---

① Henry Kissinger, *Diplomatic*, New York：Simon & Schuster, 1994, p. 43.

飞的西欧和日本需要扩大市场，与美国展开全球经济竞争。美国不能再包办西方的未来，需要探索新的领导方式，与西欧、日本寻求建立新的伙伴关系，"超越单纯的军事和安全同盟，在政治、经济、社会和文化等全方位领域构建全新框架"①。

缓和战略高声反对均势策略，必然要使用美国式国际道义。但尼克松没有将缓和与均势之间的关系看作目的与手段、整体与局部的关系，而是将其看作现实与历史的关系。这超越了以欧洲封建正统为基础的梅特涅体系（即维也纳体系）。尼克松政府中的关键人物亨利·基辛格重视经济力量对国际秩序的作用，承认"世界只有美国和苏联两个超级大国，但如果从经济角度看，世界已经出现了五个中心"②。因此，缓和战略的实质是谋求由美国主导的全球均势，需要经济复兴后日益强大的盟友承担更多的安全责任，巩固西方同盟，赢得中国的谅解，使苏联不可能抬高要价。而有利于美国的是，苏联一味追求与美国军力平衡和对等的国际影响力，丧失了发展经济、民生、科技的大好时机。

缓和战略是"美国式变革、新潮与阔步"③，当然，更是形势所逼下，主动改良遏制战略中的简单僵化之处，力争以小退求大进，在更高层次、更大范围，灵活多样地使用军事、外交、经济、道义等力量，限制和消融苏联的影响力，从而成为美国在困境中不退缩的全盘政策与战略转型。

水门事件导致尼克松辞职，接任者福特虽然在竞选中承认过"'缓和'已经不再现实"④，但在推行人权外交、公共外交上，从未跳出过缓和战略的政策框架，只是对它进行延伸与补充。

---

① Richard Nixon, *The Public Papers of the Presidents of the United States* (*1971*), Washington: Government Printing Office Publishing, 1971, pp. 128 – 234.

② Kenneth N. Waltz, *The United States and Western Europe*, Kansas City: Missouri, 1971, p. 13.

③ Franz Schurmann, *The Foreign Politics of Richard Nixon: The Grand Design*, San Francisco: University of California, Berkeley, 1978, p. 3.

④ State Department, *Soviet Union 1969 – 1976*, Washington: Government Printing Office Publishing, 1977, p. 589.

二　走出越南战争的"泥沼"

外部困境必将引发内部混乱。"越南战争开支在 1968 年居然高达美国国内生产总值的 2.3%。"① 财政不堪重负下，反战运动、种族关系、媒体与学者对政府的质疑、政党之间互相攻击、军队士气低落、就业民生挑战等，正在残酷地"灼烧"着美国。另外，苏联在古巴导弹危机受辱后趁机开始大力走向海外，正在威胁美国的信誉与地位；经济腾飞后的西欧、日本，成为强劲的贸易竞争对手。越南战争不再仅是对美国意志、信誉、实力的严重考验，还危及美国全球战略地位。坚持越南战争的阻力已经超越了美国体制内任何一位总统可能拥有的最大的战争意志。

1969 年 3 月，在美国内忧外困时接手越南战争烂摊子的尼克松提出了"越南化战略"，确定了从越南撤军的三条依据："南越政权能否具备独立确保安全的能力；能否在巴黎会谈上迫使北越做出足够的让步；北越对南越的威胁是否依然严重。"② "越南化战略"的实质是，加大对南越支援、增强对北越压力、持续进行巴黎会谈，"尽量体面"地离开越南。从名字上看，"越南化战略"规避了美国的困境，但不能掩盖尼克松的真实用心，即使南越被北越吞噬的悲剧不可避免，也要等到美军完全撤离之后。

尼克松面临的最大挑战是撤军的时机和速度：如果过快、过早撤军，美国将以溃败之象退出越南；如果撤军过晚、过迟，尼克松竞选总统时"有能力结束越南战争"的承诺将很难兑现。

1969 年 5 月 4 日，尼克松提出美军和北越军队同时从越南南方撤退的方案，遭到完全占据战场主动权的北越拒绝。6 月 8 日，尼克松向外界宣布，2.5 万美军地面部队将撤离越南，开始了脱离越南战争的艰难步伐。单方面撤出地面部队，虽然承认是战局被动时的退让，也伤害了南越，但成为尼克松的政治加分之举。首先，尼克松迎合了国内反战的主流呼声，

---

① Stephen Daggett, *Costs of Major Wars*, Washington：Congress Archive, 2010, p. 2.

② State Department, *Vietnam 1969 - 1973*, Washington：Government Printing Office Publishing, 1975, p. 124.

兑现竞选承诺；其次，在巴黎会谈上体现出和平诚意，便于向北越施压，为对北越实施空中轰炸制造合理借口。一边撤出地面部队，一边强化空中轰炸，尼克松对美国军事力量的盲目自信与期望北越在谈判中让步的双重心理严重失衡。当然，这也显示了美国传统矛盾心理，对实力的自信与对对手的疏于了解总是相伴相生。

扩大对南越支持可以抵消撤出地面部队的负面影响。与美军开始撤出地面部队相同步的是，对南越普选做出安排、增加资金援助、整顿南越军队，希望南越成为一个强大的"民主"伙伴。然而，政治转型需要长期远离外部危险，而南越的外部危险却近在咫尺。何况，南越领导人只是一群擅长政治投机的门客，并非务实强干、具有现代政治素养的精英，他们领导的政府办事低效、贪墨横行。因此，尼克松对南越的支持，使之军事上更为软弱，促使北越采取更加猛烈的攻势。

尼克松只能将离开越南的体面寄于北越的退让。1969 年，中苏爆发珍宝岛武装冲突，为尼克松争取中国的支持提供了有利的外部条件。1970年，美军对柬埔寨和老挝采取行动，企图使北越军队失去越南境外的庇护所；1971 年，美军对胡志明小道采取行动，企图切断南北方的交通要道，孤立北越。既然美军在进入越南初期士气高涨之时，尚未迫使北越就范，在士气低落之际，更不可能迫使北越接受失败。

上述两次重要行动出现了伤亡，也没有获得预期的战果。1971 年 6 月13 日的纽约时报刊登了美国政府的绝密文件。这些文件显示，政府"明知胜利希望渺茫，也向民众有意隐瞒真实情况，冒险扩大越南战争"①。美国社会的神经再次被刺痛，反战运动没有因为公开撤军而有所回落，反而持续上涨。尼克松不得不加快撤出地面部队。这又使北越受到鼓舞。1972 年 3 月 30 日，北越军队在越南南方全境发动 1968 年以来的最大攻势。5 月，美军在越南仅有 6 万兵力，而 1970 年是 55 万。北越不断发起

---

① Alexander B. Downes, "How Smart and Tough are Democracies? Reassessing Theories of Democratic Victory in War," *International Security*, Vol. 33, No. 4, 2009, pp. 49 - 51.

进攻与美军地面部队不断撤离的鲜明对比，预示着战败的可怕前景正在逼近美国，胜负大局已定。

尼克松需要一个"保住"南越的协定，而不是真实地保住南越。在不断撤出地面部队的同时，尼克松为配合巴黎会谈，实施"疯人行动"，提升空中轰炸强度，对北越施加无法应对的军事压力。恰好此时，中国正承受着苏联巨大军事威胁，中美之间需要化敌为友，在令北越最终接受有限胜利的协议上，中国发挥了极为关键的作用。

1973 年 1 月 27 日，巴黎会谈签署了《关于在越南结束战争、恢复和平的协定》，主要内容：美国尊重 1954 年关于越南问题的日内瓦协议所承认的越南的独立、主权、统一和领土完整；自 1973 年 1 月 27 日起在越南南方全境实行停火；协定签字后 60 天内，美国及其盟国的军队、军事顾问团和军事技术人员从越南南方全部撤出；越南南方在国际监督下进行真正自由和民主的普选；尊重柬埔寨和老挝的基本民族权利，以及这些国家的独立、主权、统一和领土完整；各方必须尊重柬埔寨和老挝的中立。两个月后，最后一批美军撤离越南。

越南距离美国的战略重心——欧洲非常遥远，更不用说美国本土了。如果在西欧、加拿大、墨西哥发生一场"越南战争"，美国就不可能在没有获得胜利的前提下撤军。从这一角度看，美国陷入越南战争是意识形态的僵化激情所致，退出越南战争却是地缘政治的现实所致。

尼克松在苏联、中国和北越之间纵横捭阖、软硬兼施，失败风险非常大，因为苏联拒绝缓和、中国拒绝中美关系正常化都是有可能的。但是，尼克松将美国拖出越南的泥潭，根源于美国超强的综合实力，以及全球战略格局的巨大变化，任何一个大国对此都不能"一叶障目"。

如果美国早在古巴导弹危机之后，便充满危机感地认识到全球战略格局发生深刻变化，也许不会在越南停留那么久。尼克松成为总统时，才认识到新的全球战略格局已经形成。因此，美国越南战争之败的根源是对全球变化认知的滞后。

三　全球新的不平衡均势

中苏珍宝岛武装冲突使尼克松看到："中苏在双方边界的军事对峙，起码牵制住了苏联四分之一的陆军部队。"① 仅此一点，中国就值得成为美国遏制苏联的伙伴。

1969 年 9 月 5 日，美国副国务卿埃里奥特·理查德森发表演说称："我们不从中苏武装冲突中寻求自身利益，它们之间的分歧与美国无关。"② 但是，几乎所有重要内阁成员已经明显地感觉到："总统认为孤立中国这样一个大国及其人民，并非明智之举。"③ 9 月 23 日，美国国务院公开宣布："由于国防开支减少，取消美国海军两艘驱逐舰在台湾海峡定期巡逻。"④ 本由国防部管辖之事，却由国务院宣布，显示了政府对中国立场的变化。与公开变化相呼应的是，中美之间开始秘密会谈。

在美国争取中国期间，苏联本有机会缓和中苏矛盾。1969 年 9 月 11 日，苏联部长会议主席阿列克谢·尼古拉耶维奇·柯西金与中国总理周恩来在北京机场会晤，但没有取得任何进展。如果苏联成功缓和中苏关系，尼克松将难以利用中苏矛盾。至此，美国才开始真正地认识到，中国遭到孤立将有害于美国全球利益。

1972 年 2 月 21 日，尼克松访华是美国在冷战被动时由守转攻的开始。经过曲折迂回，1979 年 1 月 1 日，中美正式建立外交关系。同年，中国决定不延长期满后的《中苏友好同盟互助条约》。中美苏"大三角"作为非对称战略均势正式形成。其中，美国是最大受益者。首先，美国虽然国势颓废，但增加了一个重要伙伴。1973 年，美国结束越南战

① Richard P. Stebbins and Elaine P. Adam, *Documents of American Foreign Relations*, *1968 – 1969*, Washington: State Department, 1972, p. 333.
② State Department, *Diplomatic toward China*: *1969 – 1976*, Washington: Government Printing Office Publishing, 1969, p. 260.
③ State Department, *Diplomatic toward China*, *1969 – 1976*, Washington: Government Printing Office Publishing, 1969, p. 81.
④ State Department, *Diplomatic toward China*, *1969 – 1976*, Washington: Government Printing Office Publishing, 1969, p. 122.

争，苏联承受的压力几乎一夜之间陡然增大。整个 20 世纪 70 年代，美苏之间没有出现类似于柏林危机和古巴导弹危机的危险，而是开始了密集的军备控制和裁军谈判。外部环境缓和有利于美国优化国内治理，这一效应在里根时代充分显现。

其次，中美关系正常化为亚洲尤其是东亚、东南亚地区提供了宝贵的和平发展机会。日本、中国台湾、韩国、新加坡等国家和地区借此实现了经济飞速发展。尤其是日本，利用中美苏"大三角"下的和平期拓展海外市场，经济和科技实力进一步增强，成为美国最大的债权国，对美国的经济首强地位构成威胁，逐步产生成为正常国家、争当政治大国的心态。20 世纪 80 年代初期，日本用于防卫的经费首次违反了宪法中"军费不超过国民生产总值 1%"的规定，日本自卫队的装备、训练、编制也非常先进。部分东南亚国家成立东盟，开始"抱团"发展。

1979 年，中美正式建交与美苏达成一系列限制战略武器条约和协定，冷战形成相对稳定、但实力不平衡的全球均势，赢者属于不冒进的一方。

四　第二次抵消战略

杰拉尔德·鲁道夫·福特接任尼克松成为总统后，越南战争和水门事件的"后遗症"难以根治，因而必须削减国防开支，增加民生投入，缓解经济社会矛盾。此时，美苏战略力量形成能够确保"互相摧毁"的均势，华约常规军队是北约三倍。美军急需"尽快研发新型军事技术，抵消苏联的数量规模优势"[①]。

军事竞争主动权总是属于率先创新的一方。自从计算机诞生以来，代表着第三次科技革命的信息技术井喷式发展，卫星、新型通信工具、精确探测与定位工具，拥有巨大而又全新的军事潜能。美国作为第三次科技革命的先驱，培养了美军比其他国家军队更强的前沿感和科技感。

---

① William J. Perry, "Military Technology: A History Perspective," *Technology in Society*, 2004, p. 24.

军队引进全新科技成果，需要富有变革精神的领导者。福特起用极具变革精神的唐纳德·拉姆斯菲尔德担任国防部部长。这位美国历史上最年轻的国防部部长，后来也主导了美国历史上规模最大、领域最广泛的军事转型。他一上任便在国防部设立美国防务研究与工程技术办公室，专门负责研究美军引入信息技术。1976 年，福特政府推动国会同意将"1977 财年中 16% 的国防开支投入到研发新型指挥控制手段、精确制导武器、战场监视与定位系统、反坦克兵器、夜间作战器材和便携式防空兵器等领域"①。冷战以来，研发并非立即派上用场的武器装备，从未占据如此高额的资金比例。这一变化成为美军注重"投资"未来的起点。由于新兴科技成果转化为军队作战能力，不仅包括技术装备研发与试验，还将触发与之相配套的部队训练、人才培养、理论设计等系统性创新，因而形成广泛和深刻的持续变革惯性。尽管由于福特任期不长，拉姆斯菲尔德没有机会主导研发这一代新型武器的全过程，但美军变革的组织与文化"基因"由此萌发。

1977 年 1 月，卡特成为新任总统，主要施政重点是解决国内积重难返的经济社会难题，重新使政府赢得民众尊重。但是，变革步伐一旦开启，就不会因领导人的改变而中断。而且，美苏缓和为军事变革创造了外部和平环境，裁军、削减国防开支为军事变革"制造"了紧迫需求。

新任国防部部长哈罗德·布朗提出，要运用最新科技成就，研发先进武器系统，抵消苏联军队数量优势。为此，国防部制订了一系列新型武器系统研发计划。这是继大规模报复战略之后，又一次试图扩大军事技术优势的努力，被称为第二次抵消战略。

超越历史首先需要符合时代特征的领导者。信息科技革命兴起，其基础理论和内在逻辑原理源自数学科学。作为数学专业高才生的威廉·佩里被选为国家防务研究与工程技术办公室主任，保证了最新的信息技术成果正确地注入美军。

---

① Robert Tomes，"The Second Offset Strategy：Originsand Relevance，" Washington：Annual Report to the Congress for Fiscal，1977，p. 29.

规划军队发展的前提是找准作战需求。苏联常规军队的规模优势非常明显，如果与之在欧洲战场上近距离鏖战，将对美军非常不利。因此，第二次抵消战略的作战需求有四个方面。一是鉴于北约实施前沿防御战略，美军需要具备先发制人的主动打击能力，抢在苏军进攻之前先期打击。这决定了进攻性武器系统将是第二次抵消战略的发展重点。二是鉴于北约常规军队数量规模处于劣势，美军需要使用尽量少的弹药消耗打击尽量多的苏军目标。这决定了提升武器系统杀伤效能将成为第二次抵消战略的基本方向。三是鉴于苏军强调集中大规模装甲部队在空中支援下，实施大纵深作战，美国需要具备在坦克装甲部队逼近前就予以打击的能力。这决定了研发机动性更强、打击距离更远的武器系统将成为第二次抵消战略的关键。四是鉴于战场将全面涵盖东欧、中欧、西欧平原、丘陵及其相关海域，美军需要全面掌握制空权，这决定了空中作战武器系统的地位将超越传统地面作战武器系统。

从作战需求可知，第二次抵消战略的原理是：在一个变化日益加快的世界中，先机便是优势。发现和塑造先机，不仅在于弥补自身弱点，更在于暴露对手（也许还包括盟友与伙伴）劣势。其基本框架有三个方面。

首先是信息优势。信息优势的价值是，尽早发现对手意图和征候，力争在其尚未准备与部署就绪时便主动打击，使之无法从容应对。先进的侦察、探测、预警工具平台构成的战场感知系统，成为第二次抵消战略的先发项目。20 世纪 60 年代，微电子技术、光电子技术、计算机技术趋于成熟，美国将它们结合航天技术、航空技术、新材料技术、空气动力技术、轨道动力技术等，同步运用于军事领域，美军开始试验和装备新型侦察卫星、预警机、侦察机、电子战飞机、新型雷达等新型战场感知平台，逐步具备对苏联重要军事目标全天候实时侦察、不间断探测的能力。信息成为赋予美军坦克、飞机、火炮等传统武器独特优势的稀有资源，使之能够对苏军动向了如指掌。

其次是信息优势转化为行动优势。行动优势的价值是，实施敌人难以掌握和判断的突然性打击。研发苏军无法感知的武器系统，使其数量庞大部队和军事设施失效，成为将第二次抵消战略的革命性意义载入史册的关键之举。20 世纪 70 年代，由于材料技术制约和雷达技术发展，美苏双方重要武器系统容易被对方雷达捕捉，但随着对雷达技术的研究和新材料技术进步，可躲避雷达侦察探测的隐身化武器系统随之出现。1981 年 10 月，美军成功地完成了首次 F-117 隐形轰炸机的作战试验，预示着第二次抵消战略达到新的高峰。隐形武器不仅是新工艺和材料技术的革命使然，还是思想革命的使然，不仅反映了美军在常规军事技术上的领先，还反映了在思维上的领先。美军不仅在苏军之前感受到信息技术的巨大军事效能，还在苏军之前思考如何规避苏军使用信息技术感知自己。隐形飞机的出现带动了隐形舰艇和其他隐形武器的出现。它们能够规避苏军雷达、侦察卫星，达成突然性，其强大的突防能力也将产生巨大的心理震慑。

最后是信息优势和行动优势共同产生的效果优势。效果优势的价值是，避免与数量庞大的对手陷入消耗战，通过快速、精准地直击要害使之瘫痪。苏军常规部队编制体制庞大，擅长大规模机动作战。如果美军使用传统弹药打击苏军高速机动中的各类重要目标，费时费力且暴露弱点。精确感知技术和先进的毫米波、红外成像等制导技术结合在一起，使武器系统能够在复杂的地理环境和电磁环境中，在苏军侦察和打击范围之外，对其目标精确定位，尔后实施精确打击。实现"发现即摧毁"的精确制导导弹和炸弹，成为第二次抵消战略在美军发展史上具有里程碑意义的标识。

信息优势、行动优势、效果优势触发美军作战能力革命。传统作战能力由人员和装备数量积累出来的火力杀伤、射程、机动速度、防护等性能简单组合而成。信息技术及其相关技术群注入军事领域后，先进的战场侦察与监视手段、通信手段，使部队能够感知更大范围的战场，更快速地侦察目标和精确定位，实现更加顺畅、即时的通信，使美军能够在苏军侦察和打击范围之外，又快又准地掌握苏军部署与重要目标，然后直接发起攻击。

美军运用先进的信息技术提高了战场感知的速度、精度，增强了毁伤能力，规模庞大的苏军部队，一旦被发现便成为"活靶子"。美军新型作战能力的关键在于两个方面：一是尽远发现；二是尽快行动。前者追求的是无须通过开战之后的侦察情报和预警探测，在开战前便完成对苏军重要目标的监视，开战后尽快发现尽可能多的高价值目标。后者追求的是，发现高价值目标即刻直接摧毁。

作战能力革命直接促使美军以新的思维设计战争。此前，根据北约前沿防御战略，美军作战设想是，苏军将从中欧、西欧、南欧展开攻击，美军集中主力在中欧实施机动防御作战，迟滞苏军攻势，稳住防线，在西欧、北欧、南欧反攻，最终粉碎苏军攻击企图，维护遏制苏联的地缘政治态势。美军胜利的先决条件是，在中欧有效抵抗苏军攻势。这种作战构想的优点是稳健，先稳住前沿防线，为反攻主力在后方展开争取时间，待消耗、疲惫苏军后决战。这种设想虽然可以避免主力处于孤注一掷的局面，但是却将主动权拱手让于苏军，使苏军在自己选择的时间和地点实施主动进攻。

美军在 1979 年 4 月进行了一次低调但意义重大的战术演习，演习代号为"攻势破击者"，演习背景设定为美苏在中欧爆发战争，美军攻击部队利用地面、空中雷达和侦察机对苏军侦察探测，利用制导导弹，先期开火，打击苏军指挥机构、主力部队、炮兵阵地、机场等重要目标。演习表明，美军引入信息技术最新成果之后，先进的战场感知系统可以尽可能远距离地发现苏军高价值目标，在苏军发起进攻之前，利用远程精确打击手段，对其在中欧、东欧甚至本土境内的重要目标实施先期攻击，使苏军先头部队和后续力量均无法从容地展开部署和充分地准备后勤供应。此后，美军根据演习成果制定了新的作战构想，贯彻尽远发现、尽快行动的原则，注重战前侦察监视，一旦发现可能的威胁便先行打击，而不是根据苏军行动再做出反应。先进的侦察情报、预警探测、监视系统等战场感知系统，使美军有可能在任何时候发现任何高价值目标，再运用最适合的方式予以摧毁。新的作战构想反映了美军作战方式的革命性变化，前沿和后方界限消失，进攻和防御区分模糊，无须与苏军主力纠缠，便可使其溃败。

新的作战构想推动军队编制体制优化。根据新的作战构想，美军扩大远程精确打击、远程机动投送等新型力量比重。为充分发挥它们的作用，美军又装备新型自动化指挥手段，减少指挥层次，压缩部队规模，全面优化了编制体制。

1980年之后，美军开始大量装备先进雷达、侦察卫星、预警机等战场感知系统，将侦察、探测范围扩大，以便进行实时监视。战场感知系统性能强化又推动了远程精确打击武器和远程机动武器的一体化发展，使其能够在制导系统指引下，实施空对地、地对地攻击。为了尽快完成侦察、监视、打击和打击评估等一系列连续行动，新型自动化指挥控制系统性能又获提升，指挥员和参谋能快速决策和制订行动计划，高效控制作战行动。

美军利用信息技术"穿透"陆海空天等地理空间，对战场感知系统、通信系统、各个军种部队和主要武器系统、后勤支援系统进行系统集成，使美军作战效能呈指数级增长，进而获得两个作战优势。一是战场单向透明。美军可以通过战场感知系统和传感器强大的识别和定位功能，比苏军看得更远、更准、更及时。二是比苏军摧毁目标所需要的时间更短和弹药消耗更小、完成一次作战行动的周期更快、战术更加灵活多变。

第二次抵消战略证明了一个军事原理，每一项军事技术总会"强制"人思考和创新作战方式。武器装备技术性能竞赛，蕴含着思想、眼界的提升。信息化、远程化、隐身化武器装备的出现，使美军不仅在速度、精度等技术竞赛上超越了苏军，更在发展模式上超越了苏军。新型技术一旦出现，强大的原始创新能力就会催生出"由一片雪花变成一颗雪球"的放大效应。在这个效应放大的过程中，集约、精细的质量管理过程又产生了新的领导管理体制，培育了创新的思维自觉。

第二次抵消战略根植于越南战争的深刻教训。越南战争之后，全面反思军队的呼声响彻整个国家，美军因而面临巨大的变革压力。20世纪60年代后，以信息技术为主的新兴技术群大量涌现，使美军更新作战能力具有强大的支撑。

第二次抵消战略向美军注入了计算机技术、卫星、航天技术、电子技术等信息技术，引发了作战理论、军队组织结构、民众国防观念等广泛的军事创新运动，逐步显现出巨大的战略价值。政府的远见和商业优势使军队需求产生巨大的市场利益，影响到政治、经济、社会等领域，导致第二次抵消战略成为举国之力的军事变革，不仅推动美军作战方式创新，还推动国家军事创新系统，形成了孜孜追求创新的军事文化。

当以"重振国威"为口号当选总统的里根上台后，美国国防开支猛涨，第二次抵消战略的效果加快发酵，在"黄金峡谷""暴怒"等军事行动中，美军对新型作战方式小试牛刀。海湾战争后，美军全新的作战方式和力量结构，成为世界所有军队仿效的对象，使其优势由单纯的技战术领域，扩展到了军事思维、军事哲学等文化领域。

第二节　活力重燃（1981～1988 年）

卡特时代，美国处于低谷。接任者里根笃定美国必胜的国际道义优势与实力优势，重构美苏军事力量对比态势、重回美国传统全球地缘政治行为，制造了苏联的失败前景。里根时代的美国，成为世界变革的符号。

一　里根对苏联的强硬政策

20 世纪 70 年代末至 80 年代初，美国经历着冷战以来前所未有的颓废：越南战争的梦魇仍然挥之不去、水门事件使政府和国会深受民众诟病、解决伊朗人质事件的失败令国民精神低迷。值此困境，发誓要"重振国威"的里根，凭借雄辩的口才、幽默自信的个人魅力获得民众信任。

领导人是民族性格的见证者。20 世纪 40 年代，里根便固化了个人政治理念。在他内心中，苏联制度是"罪恶的化身"，视"缓和"和"收缩"为对苏联的姑息、妥协、退让，只会使苏联利用美国的一厢情愿来发展军力，影响世界的和平、安全、繁荣。他不喜欢老派的政客风格，却喜好标新立异的亲民政治表演，这些个人特质将他打扮成天生的反共产主义斗士，自然会以强硬立场"回击"苏联。尤其是总统选举期间，里根充满个性的风格，加重了卡特任内美国衰落的印象。

首先，里根打着"人权"旗号实行地缘政治策略，一边鼓舞苏联和东欧国家中异议力量，动摇共产党执政基础，一边在第三世界或者边缘国家和地区培植亲美力量。人权外交成为里根手中的意识形态和地缘政治的双重战略工具。里根提升了美国式价值观在对外行为中的地位，声称要致力于"在全球按照美国的理想推进民主革命"①。但是，他打着"人权"旗帜为现实利益服务，也表明了美国"人权"的虚伪。

其次，里根采取了"低烈度战争战略"，制造了苏联的陷阱。古巴导弹危机和越南战争正反两方面经验表明，制造迎头相撞的危机不如"请君入瓮"。苏联在非洲、中美洲、南亚不断拉长战线，有可能"遭受类似于美国在越南战争中的困境"②，"低烈度战争战略"因此而出。苏联入侵阿富汗而处于道德低谷时，如果美苏爆发危冲，国际社会聚焦于美苏之间可能爆发的、导致人类灭亡的战争，利于苏联转移国际视线而规避道义低谷。即便为丰富的能源、生产原材料和人力资源，以及广阔的市场和重要的战略通道，美国也需要"保卫支持民主与自由的力量，使他们有足够的能力抵御苏联扩张与入侵"③。越南战争的痛苦令美国政府和民众非常忌惮美军士兵出现在茂密的丛林、贫瘠的村落里。里根政府为阿富汗、柬埔寨、中南美洲、西亚和北非的反苏力量提供武器、资金、情报支援，指导它们训练。"物美价廉的做法鼓励了世界范围内的反苏活动，使苏联在顾此失彼中变得虚弱不堪。"④"低烈度战争战略"与其说是体现美国实力优势，不如说是利用和扩大苏联的弱点。

---

①　Ronald Regan, Address on the United States Diplomatic Policy, Washington: National Arcnives, March 4, 1986.

②　Charles Willam Maynes, *The Rise and Fall of the Reagan Doctrine*, New Jersey: Transaction Publishers, 1990, p. 268.

③　Ronald Reagan, Address in a Joint Session of the Congress on the State of the Union, Washington: National Archives, February 6, 1985.

④　James M. Scott, *Deciding to Intervene: The Reagan Doctrine and American Foreign Policy*, Durham: Duke University Press, 1996, p. 14.

再次，里根对苏联发起经济战。在现代文明社会中，经济活力是国家存在之本。显然，苏联缺乏经济活力是其致命要害。里根在贸易、能源、金融、市场、技术等各个领域制裁苏联，有效地减少了苏联硬通货，使其经济弱点尽显。苏联经济高度依赖世界经济体系的繁荣，尤其是能源高价位状态，迟早将因孤立而丧失一切。其中，里根的经济战有两项关键举动。一是诱使沙特阿拉伯提高石油产量，压低世界石油市场价格，致使苏联外汇收入锐减，经济状况由"沉疴难治"恶化为"病入膏肓"。二是增加美国国防开支，迫使苏联为追求军力平衡而增加军费，使本已恶化的财政收入更加捉襟见肘。20 世纪 50 年代至 80 年代初，美国每年的国防开支不到 GDP 的 6%，而苏联这一数字高居 12% 以上。美国每增加一个百分点的国防开支，苏联就必须增加两个以上百分点的国防开支。从 1979 年到 1985 年，美国的实际国际开支上升了 50%。1988 年，美国军费为 3080 亿美元，苏联为 3000 亿美元，8 年内美国的军费开支与苏联几乎持平，但其所占国民生产总值比例要小于苏联。里根对苏联展开经济战的底气来自任期内光鲜的经济成绩。1982～1984 年，美国出现自朝鲜战争以来最强有力的经济复苏，国民生产总值增长速度居然超过处于世界首位的日本，更令西欧望尘莫及。美苏之间的贸易量较小，里根有条件采取"非赢即输"的经济战。如果美苏之间具有庞大的贸易量，互相依存程度很高，里根将难以运用经济手段来对抗苏联。

里根在第一任期内对苏联的强硬政策，终结了始自尼克松时代的缓和。1985 年，戈尔巴乔夫成为苏联最高领导人，为推动旨在革除制度顽疾的"新思维改革"，极力希望结束冷战。里根在第二任期内又开启领域最广泛的缓和。这一缓和是美国综合实力已经全面压倒苏联之后的缓和，是里根"以实力求和平"的延续而非变轨。美苏首脑多次会晤，在限制军备竞赛和武器谈判方面取得多项共识，但里根继续强化军事实力，扩大军事优势，引导戈尔巴乔夫就范，最终令他"低头"。

里根果断对苏联强化政治外交攻势、推动经济制裁、刺激军备竞赛，在第三世界国家实施"低烈度战争战略"，强化与中国协作，提升日本战略同盟地位等，将焕发美国政治、经济、外交、科技、军事等各个领域的活力，作为所有一切行动的基础。

二 《戈德华特－尼科尔斯国防部改组法》：从体制变革到文化变革

战争失败种子是和平时期埋下的。越南战争失败的重要原因之一是，各个军种在同一场战争中为彰显地位而各自为战，缺乏统一指挥，整体作战效能低下。军种利益至上造成国防资源浪费、文官与高级将领矛盾重重。前者导致美国战争机器运行不畅、疲惫不堪；后者导致美国政治制度的稳定性遭到动摇。但是，轻视军种利益也会降低各个军种专业化程度极高的战备训练、人才培养等质量效益。军种利益的背后是军工产业，而军工产业的兴衰又关系到民众就业、市场繁荣和政府财政收入，进而影响政府和国会。

合理定位军种利益的关键是在国防整体利益与军种利益之间寻求最佳平衡，这又取决于政府、国会、军队、军工企业、产业工人之间的复杂博弈。早在肯尼迪时代，国防部部长麦克纳马拉大刀阔斧地改革武器采购制度，取消军种采购武器权力，虽然有所成效，但美国政治制度和市场经济制度决定了，国防整体利益与军种利益之间的平衡与博弈始终存在，因为政府和国会受制于产业发展对民众生活的影响。另外，军种具有作战指挥权力，能够相对独立地制定作战需求，牵引武器装备研发，间接影响武器采购，影响国防资源整体投入，美国军事领导体制的所有症结集中于合理定位军种权力和利益。

饱受军政高层诟病的美国军事领导体制终于迎来了历史性改革。1986年10月1日，里根签署《戈德华特－尼科尔斯国防部改组法》，标志着美国军事领导体制出现革命性的权力格局。

首先，国防部部长权威得到最大化加强。确保领导权威最可靠的制度支撑是人事、预算和政策的最终决定权。艾森豪威尔时期的《国防部重组法》规定，国防部部长决定军种文职长官和军种最高将领人选。《戈德华特－尼科尔斯国防部改组法》进一步规定："国防部部长在听取参谋长联席会议主席建议的基础上，并在其协助下，应每年向国防部各部门领导提供书面政策指南，以便他们准备与审查各自部门的计划建议和预算申请。""国防部部长在得到总统的批准并与参谋长联席会议主席协商后，应每年向参谋长联席会议提供书面政策指南，以便其准备和审查应急计划。""各个军种文职长官和军种最高将领应当与国防部部长办公室密切配合。"另外，国防部设置一名审计长，要求各个军种预算必须经过其审计。

《戈德华特－尼科尔斯国防部改组法》增强了国防部部长对预算的控制权和执行国防政策的最终决定权，有着重要意义：一是国防部部长与军种之间模糊的行政界限变得相对清晰，行政驱动政策落实的弊端减少，利于国防部部长尽可能地脱离烦琐的行政事务，摆脱人为因素干扰而集中精力统筹全局；二是国防部部长作为文职官员，得到来自参谋长联席会议主席更大的军事专业协助，减少"外行领导内行"的弊端；三是国防部部长不仅直接控制各个军种人事、预算，还通过参谋长联席会议主席和审计长，加强对各个军种落实政策和规划项目的监督与评价。

其次，突出了参谋长联席会议在作战指挥上的中心地位。《戈德华特－尼科尔斯国防部改组法》规定："参谋长联席会议主席是总统、国家安全委员会和国防部部长的首席军事顾问。"总统"赋予参谋长联席会议主席职权，协助总统和国防部部长履行作战指挥职能"。参谋长联席会议主席有权向总统、国防部部长提供决策咨询，甚至参与决策，有利于摆脱军种利益羁绊，根据联合作战需要，统一制订作战计划。同时，增设一名副主席。为防范军种竞争的消极影响，法案规定，参谋长联席会议主席和副主席不能来自同一军种：参谋长联席会议主席负责管理联合参谋部及其主任，联合参谋部应履行主席规定的职责并按主席规定的程序履行其职能，参谋长联席会议主席对其核心机构联合参谋部拥有绝对控制权。从此以后，参谋长联席会议基本排除了军种竞争对联合作战的无序影响，独立地专注于研究作战行动、制订作战计划等高度专业性的联合指挥，不再是平衡军种利益的咨询和规划机构，而成为决定美军建设质量与作战胜负的权力枢纽。

最后，厘清了军种领导机构与作战指挥机构的职权区分。《戈德华特－尼科尔斯国防部改组法》规定，进入作战状态后，各个军种部部长应根据联合作战司令部和特种作战司令部需求，提供所辖部队，执行这些司令部赋予的作战任务。国防部部长应该保证联合作战司令部对所属部队的统一指挥、指导和控制权力。除非国防部部长另有指示，联合作战司令部最高司令官拥有辖区内部队最高指挥权。军种部剥离出作战指挥体系，只根据联合作战需要提供适用的部队，使联合作战司令部最高司令官不再受到军种干预，只接受参谋长联席会议主席监督。这样的指挥权力界定，避免总统和国防部部长干预不涉及重要战略利益的具体战役战术指挥活动，保证了参谋长联席会议和联合作战司令部的专业性作战指挥活动服务于国家整体政策与战略需要，使国家最高当局领导决策、前线作战指挥与控制之间更加协调顺畅。

《戈德华特－尼科尔斯国防部改组法》构建了较为成熟的美国军事领导体制，既确保了总统、国防部分别作为最高军事统帅和统帅机关的权力地位，又相对合理地区分了作战与建设两大领域职权，利于国防资源整体统筹与集约使用。这套军事领导体制的支柱是两个权力链条。一是国防部—军种部的行政权力链条，称为军政系统。二是参谋长联席会议—联合作战司令部的指挥权力链条，称为军令系统。联合作战司令部所需的部队由国防部统一领导、训练、管理、保障后勤、提供装备，各个军种部在国防部统一领导下具体实施。军政与军令两套系统的建立，提升了美国军事领导体制法制化和专业化水平，巩固了文官掌控军队权力、职业军人专注于军事专业的权力格局，构建了以联合作战为主导的军队整体、集约发展模式，平衡了军种竞争与专业需求的矛盾。《戈德华特－尼科尔斯国防部改组法》在一定程度上克服美国军事领导体制多年以来弊端，其本质是在美国政治权力制衡和市场竞争背景下，对军队、企业、民众等利益格局的调整优化，代表着美国军政高层根据国家安全形势、战争特点规律等变化，主动变革的自适应能力与意志。

《戈德华特－尼科尔斯国防部改组法》产生了两大现实价值。一是把优化全球军事布局和提升军队新型作战能力进行了完美的结合。里根上台伊始便决心将"正在向全球渗透共产主义的苏联推回去"①。美国需要规划新的全球军事布局，欧洲仍然是重点。由于苏联在西亚、中南美洲、非洲、南亚不断拓展影响力，上述地区在美国全球军事布局的地位有所上升。另外，随着 F－15、F－16、F－117 等主力战机，"阿帕奇"武装直升机和 M1A2 主战坦克，各类对空对海攻击导弹等许多先进常规武器成熟并列装，美军常规作战能力剧增。结果就是，即便是规模有限的常规部队，也能够全球机动作战。美国应当放弃"木桩式"军事布局模式。而且，鉴于美国需要援助西亚、中南美洲、非洲等地反苏力量，汇集精英的特种部队成为地区性战略力量。

在此背景下，美军根据《戈德华特－尼科尔斯国防部改组法》，分别成立了特种作战司令部、运输司令部、欧洲战区司令部、太平洋战区司令部、东北亚战区司令部、中央司令部、南方司令部等。其中，欧洲战区司令部、太平洋战区司令部、东北亚战区司令部、中央司令部、南方司令部分别统一指挥欧洲、太平洋、东北亚、中东及印度洋、中南美洲五个重要区域内的军事力量和军事行动。运输司令部负责调用美国国家空海陆交通运输资源，将各个部队、军事物资与设施投送至战区，形成全球军事行动的整体布局。特种作战司令部负责对规模较小的精英式特种作战力量的专项指挥控制，确保它们被运用到关键时间与关键目标上，起到致命一击的决胜作用。这种全球型指挥体制满足了在全球遏制苏联的全新战略需求，也适应了美军不断扩大的新型作战力量的体系结构。

二是构建美军联合作战能力生成系统。联合作战要求任一军种作战不再局限于单一战场空间，实现各个军种优势互补，其关键是赋予美军联合作战司令部超越军种领导机构的指挥权力，保证军种建设质量的评估标准根据联合作战需求制定。

---

① Robert D. Schlzinger, *Diplomacy since* 1900, London：Oxford University Press, 1998, p. 333.

《戈德华特－尼科尔斯国防部改组法》确立了军种领导体制与联合作战指挥体制的新型架构，降低了军种本位主义的伤害，为美军建设联合作战能力确定了方向和基调，成为联合作战指挥的权威之法。虽然军种领导机构退出联合作战指挥体系，但并非忽视军种地位与利益，更非压制军种发展，而是为了满足联合作战需要，对各个军种价值的再优化，促成军种之间良性竞争，即各个军种应为满足联合作战需要而提升自身地位，而不是忽略国防大局的恶性竞争。军种成功依赖于联合作战的成功，减少了装备研发和后勤保障、教育训练等方面分散建设的资源浪费。所获资源差异决定军种地位，转变为根据整体需要决定军种所获资源，为第二次世界大战以来美军各个军种的旧式竞争画上句号。联合作战背景下的新型军种竞争开启，国防资源配置更加集约与精细。

所有变革的动力与标志都取决于变革的"人"和"人"的变革。《戈德华特－尼科尔斯国防部改组法》的革命性意义还在于，注重培养联合指挥军官。联合作战指挥体制建立以前，军官职业素质由各个军种独立评定。《戈德华特－尼科尔斯国防部改组法》设立了联合专业军官制度，对联合专业军官任务、选拔、培训、任命等做出明确规定，没有联合专业岗位经历的少校以上军官将不予晋职，纠正了狭隘的军种门户之见和自利性职业观，有利于军官拓宽视野，将联合专业经历纳入职业发展规划。这样的制度导致军官教育与任职经历、职业规划将以联合作战为背景，也以适应联合作战为标准，成为美军联合作战能力建设的持续动力源泉。

美军建立联合作战指挥体制源于越南战争后的痛苦反思，但长期形成的利益格局对其仍有巨大阻力。新型体制总是特别容易伤害原有体制的受益者，建立权力大于军种指挥的联合指挥体制，遭到军种及其背后利益集团的反对。除此之外，军种文化也构成了巨大阻力。每个军种都有独特的历史传统、荣誉感、士气、纪律。这些宝贵的精神财富，成为军种保护传统与提升地位的内心激励。1979 年，伊朗使馆人质事件爆发，美军从各个军种抽调特种部队实施营救，由于缺乏统一指挥，两架分属于不同军种的直升机相撞坠毁，营救行动被迫搁浅。此时，越南战争后遗症尚未根除，精锐的特种部队营救行动却未战先败，美军颜面尽失。尽快建立联合指挥体制才成为军政高层、朝野上下的广泛共识。少数军队将领和国会议员成为关键力量，他们以充满创造性的努力，几经失败之虞，才得以推动国会通过《戈德华特－尼科尔斯国防部改组法》。

变革成果初生之始，总会受到质疑批判。直到海湾战争结束，已经通过6年的《戈德华特－尼科尔斯国防部改组法》才真正获得一致认同。美军建立联合作战指挥体制的历史过程漫长而又痛苦，但正是漫长而又痛苦的过程中所蕴含的争锋，才使《戈德华特－尼科尔斯国防部改组法》成为既成熟又有超越性的权威之法。

新体制产生新的行为自觉，进而培育了新的文化。《戈德华特－尼科尔斯国防部改组法》的深远意义在于培育了美军变革文化，从而在国家层面的军事领导体制里打破了旧权力格局，推动了具体专业领域改革势如破竹般展开。两次世界大战从外部刺激美国的军事活力，美军变革文化的形成则从内部刺激出军事活力。"新体制—新行动"的循环注入新文化后，变成了"新能力—新系统"的循环，升级为美军建设模式的革命。

美军建设模式长期以来是被动应对型，根据苏军可能的行动提出应对之法，再走上相应的理论、人才、武器装备和编制体制建设之路。新的建设模式是主动创新型，根据前沿技术发展趋势，提出新的作战理论与构想，牵引战备训练、人才培养、优化作战力量结构和武器装备等。美军根据信息技术军事化运用趋势，打破传统战场界限，开拓新的战场来设计战争。1982年，空地一体战理论被正式提出，指导美军利用指挥控制、情报、快速反应、精确打击等优势，对抗苏军常规部队数量优势。海湾战争胜利后，美国国防部认为海湾战争的胜利"是《戈德华特－尼科尔斯国防部改组法》和空地一体战理论的胜利"。之后，美军在空地一体作战理论基础上，丰富和发展联合作战理论：1991年，颁布被称为变革引擎的《美国武装部队的联合作战》；1993年，颁布第1版《联合作战纲要》，明确提出"美军所有的战役都是联合战役"；1996年，提出《2010联合构想》；1999年，提出《2020联合构想》；2001年，颁布《联合作战纲要》

（第 2 版）；2003 年，推出"联合作战概念"；2006 年和 2008 年两度颁布新的《联合作战纲要》。在这一过程中，"全频谱优势""制敌机动""精确后勤"等联合作战理论"百花齐放"，推动美军以超前的眼光牵引装备、训练、编制体制等系统性创新。其中，最为关键的变革是，美军构建新型作战能力不再局限于研发某些新型武器装备，而是注重将多项技术融合为新型作战体系。比如，研究可以执行全球打击任务的空天一体作战飞机，将航天技术、航空技术、信息技术、新材料技术、动力技术等多项技术融合，把陆海空天电多维一体战场重新拉回到自然空间的一维战场。可见，建设模式革命使美军产生超前眼界，总是在思想上领先对手一步。

美军变革文化不是独立于美国社会的"独享文化"，而是注重创新与竞争的社会氛围在军事领域的延伸。20 世纪 70 年代后，美国开始步入信息化时代。计算机和网络开始广泛渗透于商业竞争，激发社会形态革命，培育美军变革文化。

三　"星球大战"计划

双方力量对等并不代表受到的约束或激励也对等。美苏战略力量处于均势，双方却面临不对等限制。战略力量均势弥补了苏联技术劣势和总体军力劣势，抑制了美国的技术优势和由此带来的创新能力优势，使苏联以较小代价形成对等威慑，导致美国"在没有任何战略防御能力的危险状态中进入 20 世纪 80 年代"[①]。

里根担任加利福尼亚州州长时，在一次参观劳伦斯·利弗莫尔国家实验室，听取实验室负责人、核物理学家特勒介绍导弹防御技术研究项目后，对导弹防御产生了浓厚的兴趣。他事后回忆："保护美国免受苏联导弹攻击的想法在头脑中瞬间闪现。"[②]

---

① Caspar Weinberger, *Fighting for Peace: Seven Critical Years in the Pentagon*, New York: Warner Books, 1990, p. 297.

② William J. Broad, *Teller's War: The Top Secret Story behind the Star Wars Deception*, New York: Simon & Schuster, 1992, p. 97.

任何不经意的灵感均可以从内心固有的逻辑与情感中溯源。里根被偶然获取的科技信息激发出灵感，是个人政治理念的外化。整个 20 世纪 70 年代，里根都在激烈抨击尼克松、卡特与苏联缓和，认为他们"天真幼稚"地判断苏联会珍视和平。里根内心的观念是，缓和不仅使苏联从容地追赶美国的优势，还为苏联制造了冒险的诱因。他在两个总统任期内，都积极倡导"消除苏联导弹威胁是确保美国安全的最佳选择"①。因为苏联如果冒险对美国发起导弹攻击，美国将面临不可接受的后果：要么无所作为被毁灭，要么实施核报复共同毁灭。

美苏战略力量均势令导弹防御的话题超越军事领域，进入政治领域。令人恐怖的均势反映僵局难以被打破，如果有一项全新且可行的战略，容易引起兴趣、争取支持。恰好此时，击落来袭导弹的技术似乎正在变得成熟。

1979 年 11 月，里根选择了一批志同道合者，组建总统竞选顾问班子，包括后来成为国家安全事务助理的理查德·艾伦与后来成为白宫首席顾问的埃得温·梅斯等人，他们极力主张发展导弹防御系统。里根还挑选不遗余力抨击"确保互相摧毁"战略的军事专家、《高边疆》一书作者丹尼尔·格雷汉姆担任军事顾问。率先开拓人类活动领域者，容易拥有战略主动权。占领新的理论制高点，容易提升新型军事政策的可信度。高边疆理论为"星球大战"计划提供了理论依据。它主张美国控制太空这个人类新兴领域，应当像近代英国控制全球海洋一样，将军事力量与商业利益结合起来。

1980 年 7 月，里根将建造导弹防御系统列入竞选纲领，不断指责"确保互相摧毁"战略"为美国带来耻辱和危险，应尽早向太空部署拦截发射平台，摧毁来袭的苏联导弹"②。这一指责在国会获得响应，共和党

---

① Paul Lettow, *Ronald Reagan and His Quest to Abolish Nuclear Weapons*, New York：Random House，2005，p. 38.

② William J. Broad, *Teller's War：The Top Secret Story behind the Star Wars Deception*, New York：Simon & Schuster，1992，p. 98.

参议员马尔克尔姆·威洛普在一篇经里根过目后发表的文章中称："为保护美国民众安全，是时候启动新的'曼哈顿'工程了，争取在 80 年代末打造全新的战略防御'盾牌'。"①

里根上任伊始，任命启发他导弹防御想法的特勒与另外一名优秀的导弹技术专家乔治·基沃斯为总统科学顾问。导弹防御议题得到政治权力的坚定支持，避免了冗长的游说和讨论，"直接进入技术、经济和政治领域的可行性研究阶段"②。1981 年 5 月，里根密友卡尔·本德森与军事顾问格雷汉姆联合组建成立一个研究班子。7 月 30 日，研究班子向梅斯提交了一份被称为"为总统宣布新的大胆的国防新倡议提供历史性机会"③ 的研究报告，建议在太空建立拦截弹道导弹的战略防御体系，以"确保美国和盟国生存"战略取代"确保相互摧毁"战略。研究报告以非官方形式呈现给梅斯，甚至没有公开所有参与研究者的姓名。与此同时，另一个由白宫重要成员安德森、艾伦、基沃斯组成的研究班子，也正在研究同一问题。

9 月 14 日，两个研究班子在梅斯办公室召开了第一次研讨会，达成共识是：以"确保生存"战略取代"确保相互摧毁"战略，应当加速发展 X 激光射线和太空拦截导弹两种技术可行性较高的武器系统。但是，在随后的研究中，关于发展重点出现激烈争论：一种意见是以特勒为首，主张将激光等先进技术作为发展重点，建造能携带核弹头的导弹防御系统；另一种意见是以格雷汉姆为首，主张升级现有导弹技术构建导弹防御系统，10 月 12 日，两个班子在白宫召开了第二次研讨会，特勒的意见获得更多支持，但是格雷汉姆仍然坚持己见。关于建立导弹防御系统的研究分成了两条路径。

---

①　Malcolm Wallop，"Opportunities and Imperatives of Ballistic Missile Defense，" *Strategic Review*，Fall 1979，p. 13.

②　William J. Broad，*Teller's War: The Top Secret Story behind the Star Wars Deception*，New York：Simon & Schuster，1992，p. 103.

③　Donald Bacon，*The Origins of SDI, 1944 - 1983*，Lawrence：Kansas University Press，1992，p. 150.

特勒的主张极具远见，可以充分地挖掘美国科技潜能，扩大对苏联的军事技术优势，但也存在明显的弊端，研发超前的技术需求将耗费巨大的经济、科技、社会资源，还将冲击现有利益格局，政治运作非常困难和复杂，如果处理不当，完全可能夭折。格雷汉姆的主张具有较强的可操作性，可以充分利用美国现有先进科技，相对快速地形成部署和投入使用，产生实际影响。但弊端是，升级现有技术打造导弹防御系统，拦截苏联导弹的有效性令人怀疑，因为苏联也在改进导弹技术。如果美国基于现有技术升级的导弹防御系统部署后，将因刺激苏联加快更新导弹技术而变成无效资产。

1982 年 1 月 8 日，里根与支持特勒主张的研究小组会面。本德森向里根提出，X 激光射线等技术获得重大进展，击落苏联来袭导弹是有希望的，对外宣布实施类似于"曼哈顿"工程的导弹防御系统研发项目的时机已经成熟。里根当即表示："将向着这一方向迅速推进。"[1] 3 月，另外一个研究方向的格雷汉姆将自己的研究成果交给五角大楼，得到的回应是："风险过大，难以见效。"[2] 从此，将重点置于发展新型技术构建全新导弹防御系统的路径成为主流共识。但是，发展 X 激光射线技术难度之大，超出了科学家们的想象，分歧再次出现。技术瓶颈带来的潜在政治风险，导弹防御系统进入不进则退的关键时刻。

1982 年 9 月 14 日，里根与特勒会面。特勒建议："技术研发遭遇困难反而说明，开发激光和核弹结合的第三代核武器相当紧迫。"[3] 9 月 25 日，特勒又专门致信里根，详细介绍了 X 激光射线的研究进展，分析了财政投入、科研精英的作用、"确保生存"战略的影响等关键问题。鉴于特勒对里根个人的重要影响，以及导弹防御技术的美好前景，完全有理由相信，里根此时已经坚定了建造导弹防御系统的最后决心。

---

[1] William J. Broad, *Teller's War: The Top Secret Story behind the Star Wars Deception*, New York: Simon & Schuster, 1992, p. 115.

[2] Philip M. Boffey, eds. , *Claiming the Heavens: The New York Times Complete Guide to the Star War Debates*, New York: Times Books, 1988, p. 17.

[3] Ronald Reagan, *The Reagan Diaries*, New York: Harper Collins Publishers, 2007, p. 100.

　　1983 年 3 月 18 日，里根决定 5 天之后向全国公布建造导弹防御系统的愿景，指示新任总统国家安全事务助理威廉姆·克拉克、副助理罗伯特·迈克法兰准备演讲稿，并要求"为避免国会和媒体、其他政府成员反对，不得向任何人提前泄露"①。21 日，克拉克通知国务卿乔治·普拉特·舒尔茨。尽管舒尔茨感到意外与震惊，但已经来不及反对，只好表示做好应对国际社会，尤其是苏联和盟国强烈反应的准备。正在布鲁塞尔出席北约国防部部长会议的卡斯平·温伯格，只是在公布的当天才得知里根这一决定。

　　1983 年 3 月 23 日晚，里根发表全国广播电视讲话宣称："如果能够在苏联导弹降落到美国和盟国之前成功拦截、摧毁它们，我们便能在知识和自由下享有安全，而不是在报复苏联攻击后享有安全。优秀的科学家们已经达到了为实现这一美好前景而努力的水平。因此，我决定启动一项全新的庞大项目，消除我们面临的核威胁，让世界摆脱核战争梦魇。"② 3 月 25 日，里根签发第 85 号国家安全指令，指出："为减少使用进攻性核武器报复以寻求安全的依赖，我们需要创建全新的战略防御力量，为最终消除毁灭性的导弹威胁，提供更多、更有效的选项。"③ "星球大战"计划由里根的个人偏好变成重要国策，正式名称为"战略防御倡议"。

　　"星球大战"计划令美国优劣之势对比鲜明。优势是对创新行为的包容，新任总统可以不受前任政策羁绊而"另起炉灶"。里根几乎没有受到多少政治阻力便改变了"确保互相摧毁"战略。20 世纪 60 年代，大多数导弹专家主要研究进攻性导弹技术，而特勒却反其道而行，其才华仍然得到政治家的赏识。鼓励创新的精英话语空间，是"星球大战"计划产生的关键因素。

　　劣势是整体利益总容易被局部利益"绑架"。每个利益集团受到尊重

①　Robert Mc Farlane, Zofia Smardz, *Special Trust*, New York：Cadell & Davies, 1994, p. 231.

②　Ronald Reagan, Address to the Nation on Defense and National Security, Washington：National Archives, March 23, 1983.

③　National Security Decision Directive 85, *Eliminating the Threat from Ballistic Missiles*, Washington：Government Printing Office Publishing, 1983, p. 1.

的同时，均站在自身立场影响最高层决策，导致重要事务议而难决。研发具有战略性、革命性意义的军事技术属于"阳春白雪"般的领域，充满着巨大风险，只能立足于预估（有可能是错误的预估）的需求、进程、成果来前瞻远景，举国动员科技精英甚至商业与社会资源参与其中，涉及内在复杂的政治关联，不仅耗资巨大，还将引起国际国内激烈反应。与"曼哈顿"工程一样，"星球大战"计划作为关系全局的重大战略性工程，决策过程特别强调保密和控制知情范围。在美国政治体制中，总统领导下的政府受到党派斗争、新闻媒体极大制约，几乎每个重大议题成为政策与法案之前，都要经过多方辩论，甚至每一个细节都可能遭到攻讦。即使在政府内部讨论酝酿，各部门也可能因为担心遭到诟病而提出反对意见，或者可能受制于政府机构复杂冗长的工作程序，导致决策难产。里根绕过官僚体系，仅仅让少数亲信人员参与其中，甚至连国务卿、国防部部长等重要内阁成员均不知情，确保科学家富有远见和深奥专业的研究成果直接进入决策程序。

　　"星球大战"计划表明，事关重大的科学蓝图都要在变成决策、政策之前，经过复杂的政治运作，与各种利益集团之间的妥协、斗争。科学家的研究报告与政策法案的根本区别就是，前者为发起者掌控，后者受到利益相关方掌控。

　　改变现状的前景必将引起多视角关注。"星球大战"计划一经出台，便引起了激烈争辩。科罗拉多州共和党众议员克莱默在国会中称："它与'曼哈顿'计划，都是寻求和平的竞赛，有助于消除互相摧毁的恐怖阴影，恢复军事力量的道义色彩。"[1] 包括军备控制顾问委员会成员科林·格雷在内的许多人对此表示赞同。但是，支持军备控制谈判的康奈尔大学教授汉斯·贝特却认为："导弹防御系统不能减少核武器的危险，最终需要通过谈判，可验证地削减战略进攻武器实现全球安全。"[2] "星球大战"计划

---

[1]　Larry Pressler, *Star Wars: The Strategic Defense Initiative Debates in Congress*, New York: Praeger Publishers, 1986, pp. 67 - 68.

[2]　Larry Pressler, *Star Wars: The Strategic Defense Initiative Debates in Congress*, New York: Praeger Publishers, 1986, pp. 68 - 69.

得到了支持，但不是期望中的支持。

　　道义一致但利益相悖时，政府容易倾向于妥协。正在谋求连任的里根 1983 年 12 月 2 日签发了第 116 号国家安全指令，认为美国仍然有必要研发和部署能消除苏联导弹威胁的防御系统，增加民众安全感，增强慑止苏联发动战争的能力。同时，指令又强调，当前重点是技术研发和向苏联展示美国不断提高的军事技术水平，而不是急于部署欠缺成熟的武器系统。里根在原有立场上有所后退，不追求立即地展示和部署新的战略力量，但"没有改变既定的威慑政策，更没有也不可能放弃国际义务、军备控制条约"①。

　　决心一干到底的里根，经过步步为营的努力之后，终于制定了贯彻"星球大战"计划的具体方案。1984 年 4 月 16 日，里根签发第 119 号国家安全指令。这份指令提出，美国及盟国面临的最大安全威胁是苏联弹道导弹攻击，导弹防御技术的最新成果将为挫败这种威胁提供最大可能。苏联正在突破《反导条约》限制，发展导弹防御技术，对美国及盟国制造新的危险，为此准备采取以下措施："第一，研发能够防御弹道导弹的关键技术以及工程项目；第二，确保弹道导弹防御工程项目与其他战略防御工程项目形成配套系统；第三，国防部建立专项管理机构领导工程项目的实施；第四，重点研发常规武器系统与技术；第五，尽早部署研发成果，防止苏联早于美国取得技术突破；第六，评估战略防御计划对美国及盟国的安全环境的影响；第七，及时监测、评估苏联弹道导弹防御能力，跟踪分析和预测其导弹技术最新进展。"② 1985 年 1 月 3 日，里根成功连任，政治压力锐减，公布《总统战略防御计划》全文，标志着"星球大战"计划全面形成。

　　"星球大战"计划的确产生了令美国军队与民众渴望与兴奋的美好远

---

① National Security Decision Directive 116, *Strategic Defense Initiative*: *Congressional and Allied Consultation*, Washington: Government Printing Office Publishing, 1983, p. 2.

② National Security Decision Directive 119, *Strategic Defense Initiative*, *Congressional and Allied Consultation*, Washington: Government Printing Office Publishing, 1984, p. 3.

景，但风险是显而易见的：技术研发存在难以逾越的难关；质量和成本控制难度极大；破坏美苏谈判成果的道义代价；刺激苏联发展更多的进攻核力量等。经过多次国会辩论、利益集团博弈、科学界研讨争鸣，"星球大战"计划终获通过，但拨款受到限制。《1985 财年国防预算授权法案》规定的战略防御计划预算为 14 亿美元，比政府要求减少了 3 亿；1986 财年为 29.7 亿，比政府要求少了 7.5 亿；1987 财年为 32.7 亿，比政府要求少 15.3 亿；1988 财年为 36 亿，比政府要求少 16 亿；1989 财年为 37.4 亿，比政府要求少 7.6 亿美元。

"星球大战"计划的逻辑基础是，"确保相互摧毁"战略束缚了美国的优势，却使苏联不受约束地发展战略力量，因而必须代之以"确保生存"战略，抵消苏联导弹数量优势。否则，"当苏联主宰太空时，权力平衡将彻底被打破"[1]。美国仅凭现有技术升级，难以抑制苏联的导弹数量优势。

"星球大战"计划显示了新的战略威慑模式，削弱甚至剥夺对方进攻能力，使对方更加忌惮进攻不力后遭到不可承受的报复，不敢冒险发起进攻。如果此举成功，不仅会令苏联战略进攻力量大为失效，还使美国无须承担道德风险，便可进行有效威慑，增强灵活反应能力。

里根在"美苏战略力量均势已达 10 年时，向太空部署进攻性和防御性武器"[2]。这是主动打破均势、颠覆现状的重大举动，迫使苏联为维护战略力量均势，重新对军事资源投入的可靠性和风险进行评估，并对军事战略与军事部署等重大国防问题全盘设计，进而接受新的军备竞赛。此时，已经疲劳不堪的苏联，在"星球大战"计划压力下很难平衡消耗性国防行为与营利性经济行为之间的矛盾。

战略是所有行动的"导航仪"。"星球大战"计划本质是追求军事优

---

① William J. Broad, *Teller's War: The Top Secret Story behind the Star Wars Deception*, New York：Simon & Schuster, 1992, p. 114.

② Johnson Freezer, *Space as a Strategic Asset*, Englewood Cliffs：Prentice Hall Inc. , 1980, p. 13.

势，要求美国在保持强大战略进攻力量的基础上，着重发展战略防御力量，降低苏联进攻性战略力量的威慑能力。可见，由于苏联除了战略力量之外，其余领域与美国皆不在一个等级之上，如果美苏互相核威胁消除，苏联就只有束手就擒。

"星球大战"计划向美国民众传达了明确信号："我们有对付苏联威胁全新的、更加有效的办法。"① 里根因此成为美国历史上的标志性总统，并散播出这样的信念：在苏联令人生畏的军事力量面前，美国特有的科技优势必将转化为压倒性军事优势。

"星球大战"计划看似带有里根鲜明的个人特质，实则反映了追求科技进步、经济收益、行为创新的美国国民性。促使国家高端智力资源与政治权力高度契合的"星球大战"计划蕴含着典型的美国式战略思维，即通过创新军事技术追求单方面安全。

军事技术创新很难即时生效，只能"前人栽树，后人乘凉"。里根时代的导弹防御系统建设主要停留在技术研发和武器系统初步试验阶段，但导弹防御技术研发从未停止。乔治·沃克·布什（小布什）成为总统后，导弹防御技术走向成熟，美国正式开始规模性部署、运用导弹防御系统。从这一角度看，"星球大战"计划的最大价值是挖掘、激励了美国的科技潜能。发展新型高级技术，在起步阶段占据先发优势，未来即便步伐缓慢，对手也只能亦步亦趋地跟随，双方差距将会以几何级增长之势加速拉大。"星球大战"计划足以说明，科技创新即使耗费巨大，也不会徒劳。对此，美国比其他国家有更加深刻的领悟。

四 马岛战争

伙伴之间矛盾激化时，重要的不是仲裁，而是成为"诚实的掮客"。作为殖民时代遗产，马岛主权争议在英国和阿根廷之间久已存在。1982

---

① Stephen Hadley, Harold Browned, *The Strategic Defense Initiative, Shield or Spear*? Boulder: Westview Press, 1987, p.12.

年 4 月 2 日，马岛危机爆发。当天，玛格丽特·撒切尔首相请里根转告阿根廷总统加尔铁里："只要阿根廷撤回入侵部队，承诺不使用武力解决马岛问题，就不准备采取对等行动。"[①]

显然，无论撒切尔出于战争准备之需，还是真心希望和平解决，阿根廷才是事态发展关键。如果里根尽快阻止加尔铁里，也许危机不会恶化为战争。

里根政府面临两难境地，阿根廷是美国在南美洲最重要的盟友，英国是美国在欧洲甚至在全球最亲密的盟友，只能审慎地评估事态。国务院建议："英国和阿根廷之间的马岛主权争议被联合国定为殖民时代遗产，作为坚定的反殖民主义者，美国不应公开支持英国。"[②] 中央情报局得知阿根廷左翼力量计划进行反政府游行，担心如果此时反对阿根廷军政府，将助长拉美左翼运动。国防部认为，如果阿根廷要动武，必须使用海军，而阿海军最大补给舰仍然停泊在远离马岛的南部海港。再三权衡之后，国务卿亚历山大·梅格斯·黑格宣布，美国在英阿之间保持中立，并指示美国驻阿根廷大使要"态度温和"告诉阿根廷同行："美国非常重视美阿关系，但如果阿根廷在马岛采取军事行动，将影响美阿关系。"[③] 此后，他展开外交斡旋。

调解危机，越早越好，否则，随着事态发展可能需要做出更多承诺和让步，超出预定的利益空间。没有在危机征兆出现之际抓住主要矛盾，里根政府的局限性也就此暴露。美国反殖民主义的道德立场令其既没有公开支持英国，也不可能谴责阿根廷制造危机事端；在拉美的反左翼立场，使美国又必须支持制造危机事端的加尔铁里政府；对军事情报的普通判读，使之低估阿根廷军政府发起军事冒险的可能性。本质上，美国在理想主义

---

① State Department, *Telegram from the Central Intelligence Agency to Multiple Recipients*, *March 30*, *1982*, Washington：Government Printing Office Publishing，2015，p. 58.

② State Department, *Briefing Memorandum from the Assistant Secretary of State for Inter - American Affairs*, *March 29*, *1982*, Washington：Government Printing Office Publishing，2015，p. 45.

③ State Department, *Telegram to the Embassy in Argentina*, *April 1*, *1982*, Washington：Government Printing Office Publishing，2015，p. 59.

道德立场与现实主义利益诉求之间，对军事情报的表象判断与意图分析中所固有的矛盾，使里根政府错过了最佳调解时机。阿根廷军政府在里根政府模棱两可的态度中做出错误判断，认为美国将不会对此表示实质性反对，随之开始扩大行动。阿根廷海军潜艇出现在马岛海域，危机事态升级已经不可避免，黑格的外交斡旋成为徒劳。

美国全球战略重心是对抗苏联。作为对抗苏联和领导欧洲最关键一环，美英特殊关系是美国维持北约领导地位的"基石"。英国皇家海军承担着在北大西洋围堵苏联海军波罗的海舰队的战备任务，如果里根不支持撒切尔，不仅会动摇西方同盟，还将破坏遏制苏联的军事力量体系。更何况，英国是唯一一个与美国分享核武器的盟国。因此，尽管阿根廷是美国在南美洲最重要的盟国，但英国和阿根廷之间爆发战争，里根政府只能两害相权取其轻，支持尽快、以尽量小的伤亡结束战争。

1982 年 4 月 30 日，里根宣布外交调停失败当天，向撒切尔承诺："将按照美英亲密盟友的标准，一定全力援助。"[1] 同时，他指示国防部部长卡斯帕·温伯格，采取一切必要措施支持英国尽快获胜。温伯格随之发出指令："满足英国方面提出的任何人员和装备要求，缩短审核流程，将来自英国的每一份申请报告直接送达办公室"。[2] 在英国特混舰队离开港口出发后，美军开始向英军提供后勤支援，包括输送重要武器弹药（如"响尾蛇"导弹、"毒刺"防空导弹等），向英国开放距马岛 5600 公里的阿森松岛美军基地，为英军提供重要的后勤中转站，拨付 6.3 万磅航空燃油。更为重要的是，美军还为英军提供直接作战支援，在南大西洋海域对英国战机提供空中加油，动用间谍卫星向英国特混舰队直接提供情报，但拒绝了英国增加驻阿松森岛空管人员的请求。

随着英国特混舰队抵达马岛海域，美国对英国军事援助进一步扩大：

---

① State Department, *Telegram to the Embassy in the United Kingdom*, *April 1*, *1982*, Washington: Government Printing Office Publishing, 2015, p. 67.

② Weinberger Caspar, *Fighting for Peace: Seven Critical Years in the Pentagon*, New York: Warner Books, 1990, p. 270.

利用南大西洋海底监听系统为英军提供阿根廷潜艇动向；为英军提供马岛海域气象、水文信息；在南大西洋上空专门部署侦察卫星，派出 SR - 71型"黑鸟"战略侦察机直接飞抵马岛，对阿根廷马岛守军和阿根廷本土有关港口、机场实施侦察，将情报实时传送给英军。英军"谢菲尔德"号驱逐舰被击沉后，美军提供了最新空射型"鱼叉"反舰导弹、刚刚研制成功尚未列装的"密集阵"近防武器系统、可攻击阿根廷空军"超级军旗"主力战机的 AIM - 9L 型空空导弹等重要武器弹药。4 月 13 日，美军向英军提供了阿根廷多种主战装备的技战术参数。按照黑格的说法，援助已经"超出了美英既定的军事合作框架"①。

虽然美国在马岛战争中偏向英国，但对拉美仍然具有重要影响力，主要原因有两个。一是美国的军事援助以不攻击阿根廷本土为底线。阿根廷外长甚至通过美洲国家组织外长会议向黑格交底："只要英军不将攻击范围扩大至阿根廷本土，我们便不会加深与苏联的往来，不会恶化与美国的关系，仍然可以共同反对左翼运动。"② 美国有侧重的平衡之策产生了较好效果。二是苏联的军事力量可以到达西半球和南大西洋海域，但影响力却无法同步延伸。马岛危机初期，阿根廷寻求苏联帮助。4 月 6 日，苏联应阿根廷军政府请求，部署 3 颗军用侦察卫星在南太平洋上空，对英军特混舰队实施侦察监视；4 月 12 日，苏军驻安哥拉军事基地的图 - 95 型侦察机飞抵马岛上空。然而，苏联仅为反对美国，并非关心阿根廷主权和尊严。相对于苏联，美国尽管对英国进行军事援助，但自始至终都没有放弃对双方干预，在一定程度上避免了阿根廷遭受更大的战争损失。即便同情阿根廷的部分拉美国家，也仅在议会和媒体层面流露不满。

1982 年 6 月 14 日，阿根廷马岛守军宣布投降，里根政府为防止阿根

---

① State Department, *Action Memorandum from the Director of the Bureau of Politic - Military Affairsto the Secretary of State for Political Affairs*, April 13, 1982, Washington：Government Printing Office Publishing, 2015, p. 231.

② State Department, *Message from the Ambassador to Argentina to the Assistant Secretary of State for Inter - American Affairs*, May 12, 1982, Washington：Government Printing Office Publishing, 2015, p. 526.

廷遭受过分羞辱，表现出一定"体恤"之态。首先，美国国务院仍然宣布在英阿双方严守中立，反对非法使用武力，要求英国外交部关于马岛的一切政策和言辞尽量温和，尤其是"审慎使用'马岛主权不容商量''居民自决'等可能伤害阿根廷民族自尊心的措辞，尽量使用'修复''重建''行政管辖'等措辞"①。另外，黑格本人极力督促英国尽快释放阿根廷军队战俘。其次，美国财政部不顾英国反对，取消对阿根廷的经济制裁，提供 5 亿美元贷款用以支持阿根廷基础设施建设。美国国防部恢复了对阿根廷军售与军事情报交流，同意阿根廷将马岛问题提案提交给美洲国家组织；美阿两国就反对苏联和古巴在拉美活动情况、尼加拉瓜左翼运动等达成一致。威权政府的统治基础具有天然的脆弱性。战争结束后的第三天，加尔铁里被迫下台。1985 年 4 月，美国新任国务卿舒尔茨访问英国时强调："不会反对阿根廷提出不设置主权归属与谈判期限等前提条件的马岛提案。"② 6 月，他向阿根廷新政府建议，采取务实主义的态度提交提案，提案中尽量删除敏感措辞。12 月，里根总统到访拉美四国，其中包括阿根廷，重新建立美阿之间全面伙伴关系。

英国与阿根廷均为美国不可或缺的盟友和伙伴，美国居中调停与斡旋，使全世界看到了美国对盟友与伙伴关系的重视，也使不同盟友和伙伴看到了自身在美国全球战略中的轻重缓急，有利于美国稳定各个层次的盟友与伙伴关系。但是，马岛争端的根源存在于殖民时代，美国对英国支持却表明，美国所谓反殖民立场实际上是为现实利益服务的，西方大国的殖民主义仍然有巨大的历史惯性。

五　务实灵活地调整美日同盟

1979 年 1 月 1 日，中美正式建立外交关系。同时，中国在邓小平领导

---

① State Department, *Telegram to Secretary of State Haig*, *June 19*, *1982*, Washington: Government Printing Office Publishing, 2015, p. 727.

② State Department, *Telegram from Shultz to the Embassy in the United Kingdom*, *September 29*, *1982*, Washington: Government Printing Office Publishing, 2015, p. 804.

下开始改革开放，成为世界最具潜力的大市场。日本已经成为世界第二经济强国和科技强国。美国必须更加关注走向繁荣的亚洲。

地区战略价值增大时，所在地区的同盟地位也会水涨船高。里根敏锐地认识到："亚洲引人注目的经济繁荣前景，预示着实力不断增强的日本，将要承担更大的责任。"① 经济刚刚腾飞之际，日本已经"有所担当"。1965 年，日本首次在美日贸易处于顺差地位，当年提出"亚太经济合作"构想。1968 年，日本在东京举行太平洋贸易发展会议。1971 年，日本政府官员分别与南越和北越举行会谈。同年，日本外务省公开指责美军轰炸北越桥梁道路有违人道主义精神，还呼吁美国轰炸目标应仅限于军事设施。日本的"国际担当"引起美国重视。1971 年，美国驻日本大使正告日本外相："如果日本继续对美国的越南政策做出与盟友身份不相符的评论，美国市场将彻底向日本关闭。"② 1972 年，冲绳行政权重回日本政府手中，美国只保留军事基地，并按照日本要求撤走了核武器。日本似乎不再是一个在更广泛的外交领域中仰仗美国鼻息的太平洋国家。1977 年，日本首相福田赳夫提出"全方位外交"。1980 年时，日本经济总量接近美国一半，强势的海外贸易和投资已经给美国造成巨大压力，日本的汽车、电子产品向美国大量出口，美国企业生存困难。

日本明显的自主倾向和强大的经济竞争力，推动着美日同盟发生改变。美国既需要日本分担遏制苏联的责任，也需要向日本施压，缓解经济竞争压力。

1981 年 5 月，日本首相铃木善幸访美，双方发表的联合公报首次正式将美日关系表述为同盟关系，而且是里根主动提出写入。公报称："为确保日本获得有效防卫以及远东的和平与安全，日美两国应该适当分担责任。"1982 年，鼓吹日本应当成为"正常国家"的中曾根出任首相，日本

---

① William G. Hyland, *The Reagan Foreign Policy*, Washington: First Meridian Printing, 1987, p. 105.

② Timothy P. Maga, *Hands across the Sea: The United States – Japan Relationship 1961 – 1981*, Ohio: Ohio University Press, 1997, p. 58.

在国际政治领域内风头十足。1983 年 1 月，他访美时，推动双方确认"日美同盟包括军事同盟"。法理确认已经发生的事情，意义必非比寻常。自从旧金山对日媾和国际会议开始，美日同盟便已存在。此举表明，美国公开承认日本的经济地位、国际影响力。

另外，中曾根打破以往日本首相谈论核问题的禁忌，在 1983 年的西方七国首脑会议上公开支持里根核裁军立场，即核裁军问题只有靠实力才能解决。1987 年 4 月 15 日，美国财政部部长詹姆斯·艾迪生·贝克在纽约发表演讲时，甚至提出"日美共同管理世界"。

政治的紧密协调是军事协作的最大动力。里根政府默认了日本突破宪法规定的"军费不超过国民生产总值 1% 的限制；同意日本加入"星球大战"计划；鼓励日本企业参与美日军事技术交流，变相突破禁止武器出口三原则。更加重要的是，美日同盟获得法理确认，使里根政府助推日本突破"专守防御"限制，有了合法、合理的借口。里根政府要求日本能够独立保护 1000 海里海上通道，实质上打破了日本发展外向型军事力量的最后一道枷锁。从此之后，日本在美日同盟中的角色发生变化，由后勤供应者（在朝鲜战争和越南战争中，日本是美国重要的后勤基地）变成美国在西太平洋地区的军事助手，成为美国的全球战略的重要支撑。诸多迹象表明，美日越来越像平等的盟友。然而，事实并非如此。

日本依托美日同盟提升国际地位，不能超越美国遏制苏联的全球战略。因此，美国顺应日本的政治诉求，既要使日本乐见其成，也要加强对日本的控制。雄厚的经济和科技实力足以使日本自卫队装备精良武器，但美日同盟却不允许日本自卫队自行装备先进雷达、侦察机和卫星通信设备等，导致日本自卫队没有完整的作战体系，必须由美军提供战场情报和指挥控制，才能执行作战任务。其演习计划和军官训练仍然需要得到驻日美军批准；各级指挥所里，最终决定指挥机构设置的仍然是美国军人；美国仍然向日本提供核保护伞；美军仍然"保护"日本的海上贸易通道和石油通道。日本自卫队没有独立的作战能力，日本也就没有独立的战争体系，只能依附于美国。里根调整美日同盟，是重视日本与强化美国战略地位的兼顾之术。

贸易竞争对手之间的妥协不可能仅仅取决于单纯的经济互惠。日本成为经济巨人的过程，也是美日贸易摩擦不断加剧的过程。美日贸易摩擦起源于对方不对等的市场开放程度，而不是经济竞争力强弱差异。美日贸易超越经济领域，成为政治问题。

1983 年，美日双方商定成立一个特别委员会，协调美日贸易谈判，解决贸易摩擦。几乎在每次谈判中，美国都没有生硬地强逼日本，而是非常灵活地诱使日本让步，利用巨大的市场优势和政治军事实力迫使日本认识到，即使日本的产品物美价廉，也需要服从美国制定的贸易规则。因此，大部分谈判的结果是，日本被迫开放市场或者限制出口。每次日本做出让步后，美国又提出更多要求。面对步步蚕食式进逼，日本谈判代表只能尽量延长解决问题的时间和增加解决问题的难度争取少做让步。美日贸易谈判的结果反映的是美日间政治格局，日本依赖美国要远远多于美国依赖日本。美日贸易谈判令日本强大的经济实力成为美国巩固全球贸易体系主导权的重要支点。日本最大的弱点是没有规则制定权力。

里根政府对美日同盟的法理确认，意味着日本成为一支重要的地缘政治力量。同时，在提升美日军事同盟关系和解决贸易争端的过程中，日本也认识到，如果没有美国首肯，任何意图都难实现。

冷战时期，日本因美日同盟而受益，也因美日同盟而受限。苏联解体后，美国成为唯一的超级大国，日本更加难以脱离美日同盟。日本的国际地位取决于美日同盟在美国全球战略中经常变化的位置。

美国主导的美日同盟是不同民族文化体系之间的同盟。它反映了一个维护同盟的最佳方式就是，主导者应保持足够强大，根据形势发展变化，使同盟成员受益。里根对美日同盟的调整极佳地诠释了这一定律。

六　新的海权战略

海权是美国对苏联的最大、最现实优势。然而，从尼克松时代到卡特时代，美国海军因越南战争和经济乏力急剧萎缩，苏联海军大步走向远洋，"尼加拉瓜、越南、非洲的海港城市中，经常见到苏联的舰队"①。苏联海军的航母和巡洋舰已经不满足于在欧洲和东北亚海域活动，出现在加勒比海和墨西哥湾，苏联核潜艇甚至游弋到了美国西海岸附近。这些足以令骄傲的美国海军难堪，也让美国政府难堪。

全新挑战是强者激进变革的"催化剂"。里根政府必须巩固美国的全球海权，才能在全球对抗苏联。具有革新思想的高级将领是激发、培育军队活力的关键。里根大胆起用年仅 38 岁、最高任职经历只是海军预备役上校的小约翰·莱曼为海军部部长。悠久的传统、辉煌的战绩、巨量的投入、先进的装备养成了美国海军既孤傲又开放的军种文化。领导世界上规模最庞大、优秀人才和新型科技最密集的海上军事力量，不仅要有丰富的前沿专业知识，更要有辉煌履历体现出来的历史厚重感。显然，莱曼从未在海军主力部队担任要职，也没有高级管理职务的经历，并非一名统领美国海军的最佳人选。但是，他拥有的变革者的精神气质和战略思想，恰为美国海军所需。

1978 年，莱曼出版专著《航空母舰：真正的选择》，提出八项原则："一是海上战略来源于而且从属于国家安全的总战略；二是国家战略为海军规定基本的任务；三是海军承担的任务需要建立海上优势；四是海上优势要求有一个严谨的海上战略；五是海上战略必须以对威胁的现实估计作为基础；六是海上战略必须是一种全球性理论；七是海上战略必须把美国和盟国的海军结合成一个整体；八是海上战略必须是前沿战略。"② 为落实这八项原则，他大力鼓吹全球控制的大海军思想，即美国海军应当在航空母舰编队上建立针对苏联海军的绝对优势，控制全球所有重要海上航线。

决定一国之海权的基础是地缘政治条件和海军力量。苏联拥有全球性远洋海军，但地处欧亚大陆腹地和尚未通航的北冰洋包围之中，直通太平洋、大西洋这两个主要大洋的天然良港非常少。另外，苏联船舶工

---

① John Lyman Jr, *Sea Power: 600 Warship Plan*, U. S. Naval Institute, 1983, p. 6.

② John Lyman Jr, *Sea Power: 600 Warship Plan*, U. S. Naval Institute, 1983, p. 8.

业基础相对于美国非常薄弱。苏联海军发展重点是常规潜艇和核潜艇，缺乏足够的大型水面舰队进行全球机动作战和海域控制。美国巩固全球海权的关键因素有两个：一是强化控制包围欧亚大陆及其相关海域的关键航线，切断苏联走向海外的路径；二是具有压倒性的远洋海军优势，在远洋舰队决战中获胜。

　　航空母舰相对于潜艇的优势是，不仅能够快速投入危机区域，还能够实施大规模远洋作战。核潜艇只能用于战略性核打击或者核报复，无法适应灵活可控的海上作战。在美国海军面前，苏联海军的远洋作战能力指向于战略威慑，而非应对各种威胁和难测的变局。尽管潜艇对水面舰艇构成严峻威胁，但长久保持制海权仍然需要具备反潜、反舰、防空、远程打击等综合功能的大型水面舰队。莱曼的思想切中了美苏海上力量竞赛的要害，深受里根的认同和信任。

　　莱曼上任伊始，与同样极具变革精神的海军作战部部长詹姆斯·沃特金斯等战略革新派将领，发起了海军战略大讨论，以此作为全面变革的思想先导。

　　苏联已经走向海外，能够凭借规模庞大的陆军、空军，在欧亚大陆上给美国制造泥潭，美国必须改变贯彻遏制战略的传统策略。讨论形成了两种不同意见。一是，美国应当集中主要力量，强化在欧亚大陆的军事存在。这需要建设比苏联更加强大的陆军和空军，并扩大同盟和伙伴，在欧亚大陆上继续加固遏制苏联的锁链。二是，美国应当充分发挥海上力量优势，将遏制苏联的主要锁链由其近海，外移至广阔的海洋，即使被迫退出欧亚大陆，只要美国掌控海洋，便可将欧亚大陆变成苏联的"牢笼"。

　　前者将美国的战略重心仍然置于欧亚大陆尤其是西欧方向。后者将美国的战略重心置于海洋方向。前者的优势在于可以强化北约力量，在西欧方向增强对苏联的压力，将使经济实力已经足以与美国抗衡的西欧盟友承担更大责任，节省美国的资源投入。但是，美国在欧亚大陆上与苏联直接爆发危机或者战争的危险将增大，失去行动灵活性。后者的优势在于阻止苏联不断走向全球海洋的步伐，使苏联海军所投入的巨额资源难有成效，令美国海军重新强大，但需要花费远非陆军和空军可比的大量资源，并有放弃欧亚大陆盟友、重回孤立主义之嫌。

两种意见看似对立，但本质相同，中心问题是海陆之间如何分配战略资源。讨论已经超出了单纯的军事策略，成为对美国全球地缘政治行为和军事布局的全面反思与重新构想。1982年，里根政府内部确定了最新的海上战略，称其为美国军事战略的海上部分。

正确的战略需要正确的策略，才能产生期望的效果。海上战略的核心是以举国之力在全球海洋上遏制已经踏足非洲、拉丁美洲、中南美洲的苏联。海外行动扩展需求越多，弱点暴露得越多。美国既没有必要也做不到在全球漫长的海上航线中处处制约苏联，只需要重点控制全球各个海上咽喉要道。因此，实施海上战略的策略有三个：一是直接从海上威胁苏联本土和东欧，形成强大的海上威慑之势；二是控制关键性海上咽喉要道及其相关区域，使苏联海军难以在全球范围内自由行动；三是必须具备在任何海域内获得压倒性优势，防止苏联在任何可能的局部海域内获得胜利后顺利转移兵力。

海上战略的基本构想关键之处是两个方面：一是控制全球重要海洋通道，防止苏联海军有效运用极为重要的海上航线、港口设施等。美国海军列出16条重要海洋通道。它们是：马六甲海峡，马来半岛和印尼苏门答腊岛之间沟通太平洋与印度洋的海上战略通道，是连接欧洲、亚洲和非洲的海上交通纽带；望加锡海峡，马来西亚东南端沟通太平洋与印度洋的通道；巽他海峡，印尼苏门答腊岛和爪哇岛之间沟通太平洋与印度洋的通道；朝鲜海峡，朝鲜半岛与日本九州岛之间沟通日本海与东海、黄海的水道，为苏联海上南下太平洋的咽喉要道；苏伊士运河，红海北端、埃及东北部沟通地中海与红海的著名国际通航运河，地处亚洲、非洲两地分界线上，是亚洲、非洲、欧洲的交通要冲，是往返印度洋和北大西洋的海上捷径，比绕道非洲大陆西南端好望角缩短航程2970～4320海里；曼德海峡，红海南端，北上经红海达苏伊士运河，南下进入印度洋的水道；波斯湾，印度洋西北部边缘海，位于阿拉伯半岛和伊朗高原之间，西北起阿拉伯河口，东南至著名的霍尔木兹海峡；霍尔木兹海峡，印度洋西北部进出波斯湾的必经之路，为波斯湾的咽喉要道；直布罗陀海峡，欧洲伊比利亚半岛南端与非洲大陆西北角之间，沟通地中海与大西洋的水道，是西欧、北欧各国舰船经地中海、苏伊士运河通印度洋的咽喉要道；所卡格拉克海峡，位于瑞典、丹麦间，从波罗的海进入北海的通道；卡特加特海峡，从波罗的海进入北海的另一条通道；格陵兰—冰岛—英国海峡，北美的格陵兰岛至欧洲西部的冰岛再至英国间的海峡；巴拿马运河，在巴拿马共和国中部的蜂腰地带，横穿巴拿马地峡，是沟通太平洋和大西洋的国际运河，使两大洋之间的航程比绕道麦哲伦海峡（南美洲南端）缩短 2700～7560 海里，为国际运输的捷径；佛罗里达海峡，美国佛罗里达南端，墨西哥湾与大西洋连接的水道；阿拉斯加湾，美国阿拉斯加州南端与加拿大西部之间濒临太平洋的海湾；大西洋上非洲以南海域到北美间的航线。它们在欧洲、亚洲、北美等世界主要经济体之间，贯穿西亚、非洲、南美等能源供给地，将全球主要海洋上各个争议海域连为一体，成为美国遏制苏联的海上"铁链"。

二是提出"600 艘舰"计划。美国海军认为，如果与苏联爆发海上战争，应将舰队决战的主要战场由公海主动转移至全球 16 个关键海洋通道及其相关海域。美国海军必须同时控制它们，而不是按"救火"式的要求来进行机动部署与使用舰队。为此，里根政府必须扩大海军规模。按照海上战略，美国海军将拥有以 15 支航空母舰编队和 100 艘攻击型核潜艇为主的约 600 艘新型战舰成为一支在全球海洋上的巨无霸，在欧亚大陆周边海域全方位逼近苏联的同时，在公海围堵苏联海外行动。

战略构想决定力量职能。美国海军明确地将主要战场置于 16 条海洋通道，围绕它们部署与运用舰队。海上战略与历史上所有海军战略的区别在于，平时与战时连为一体，将和平时期把握战略主动权与战争时期赢得战场胜利置于同等重要位置。平时在主要海洋通道上保持力量存在，形成前沿震慑。如果事态失控，利用就近舰队，快速控制危机事态。如果危机升级恶化为海上战争，只要一处燃起战火，美国海军就将在全球海洋多个海域发起令苏联海军顾此失彼的舰队决战。海上战略的超越之处在于美国海军在和平时期把握战略主动权的方式，以制订将现实与远见平衡的战略构想，主动选择新的战场，先于苏联部署力量，使之陷入被动。

平战一体要求慑战一体。美国海军为先期塑造主动态势，主要承担五项使命。一是实施常态化威慑，而不是危机事态或者征候出现之后再施以威慑。这要求保持强大的海上核威慑能力。二是尽量控制危机事发地或者战争战场范围，尤其是要令它们尽量远离美国本土。这要求在常态化威慑基础上，围绕 16 条重要海洋通道，在危机或者战争爆发的高危之地，保持"箭在弦上"的高等级战备，平时部署与战时战场尽量一致。三是争取在有利条件下实施舰队决战。这要求在尽量多的海域内发起攻击，摧毁或封锁苏联主要海军基地和港口，切断苏联海军舰队与本土联系。四是积极支援陆地作战。这要求充分利用海军舰队机动投送优势和远程机动打击优势，发起对陆攻击、两栖作战，直接达成战争目标。五是与盟友机制化协作。这要求美国与盟国之间共同保卫相关重要海洋通道，常见的分工是，盟国提供港口基地、后勤支援，美国海军战舰执行主要作战任务。总体看，海军的职能是"塑造和平、控制危机、威慑苏联、舰队决战、联合作战多元一体的"[1]。海上战略打破了传统的海军战略只限于军事领域的狭隘视野，超越了普遍意义的海军运用与建设，将海军作为直接实现国家利益的政策工具，标志着美国以全新的视野巩固全球海权。

1986 年 1 月，《美国海上战略》正式发布，明确了实施该战略的三大支柱："威慑、前沿防御和盟国团结"[2]。围绕这三大支柱，提出了三阶段战略步骤："威慑或向战争过渡阶段、争取主动权或控制局势阶段、把战场推向敌方阶段"[3]。为此，落实"600 艘舰"计划的主要举措包括两个。一是充实海上核力量体系，以核潜艇为主体，发展潜射型战略打击武器，研发和装备小型舰载战术核弹（如核深水炸弹、核鱼雷、核巡航导弹等）。

---

① John Lyman Jr, *Sea Power: 600 Warship Plan*, U. S. Naval Institute, 1983, p. 19.

② James D. Watkins, *The Maritime Strategy*, U. S. Naval Institute, 1986, p. 4.

③ James D. Watkins, *The Maritime Strategy*, U. S. Naval Institute, 1986, p. 6.

美国海军具备打各种规模与性质的核战争能力，能够在战略威慑阶段视事态的不同，进行灵活反应，既不示弱也不"出格"。二是扩展和优化部署航母编队。根据《美国海上战略》，15 支航母编队均具备独立的反潜、防空、空中进攻、反舰、对岸攻击、对海攻击等完整作战能力，形成互相支援的一体化布局。

美国新的海权战略的本质是与苏联针锋相对地"拼消耗"。里根政府希望美国海军在战略、战术等层次上塑造新的能力优势，成为全球性制海力量，能够应对各种规模、适应各种海区和海岸、打赢各种对手。由此，美国海军成为巩固和扩大美国同盟体系，超前预置威慑和对战略前沿进行军事反应的全方位政策工具，作战任务由单纯地夺取军事制海权、控制重要海域，扩展为塑造全球海洋秩序。

里根政府的海军预算大幅超过陆军和空军。1983 财年，美国国会向海军拨款达 798.75 亿美元，超过整个财年国防预算的 34.4%；1984 财年，美国海军又得到 870 亿美元；1988 财年，美国海军预算达年度国防预算的 35.3%。1982～1987 年的 5 年间，海军招募计划全员额实现。

美国新的海权战略，不仅促成了海上力量的增强，更成为战略思维与军事政策的革命。海军使命涵盖从大洋决战到局部海域争夺、从威慑到实战、从心理到行动的多层次斗争。美国海军与其他战略力量一起，通过灵活控制行动强度，实现存在即威慑、存在即力量。

第四章　依靠变革打造新的实力优势
（1989～2000 年）

冷战结束后，美国成为唯一超级大国，面临全球化和信息化两股大潮同步涌现，试图重构国际体系与重置大国关系、打造新的实力优势与巩固领导地位。在难免陷入迷思之际，变革仍然是解决疑惑的最好方式。

第一节　海湾战争的胜利

1990 年 8 月 2 日凌晨，伊拉克入侵中东富裕而弱小的科威特，引发海湾危机。当天，联合国安理会紧急通过第 660 号决议："谴责伊拉克入侵科威特；要求伊拉克军队立即无条件撤出科威特；伊拉克和科威特立即谈判；支持包括阿拉伯联盟在内的所有国际组织进行斡旋。"美国总统乔治·赫伯特·沃克·布什（老布什）立即做出强烈反应，命令正在印度洋迪戈加西亚岛附近的"独立"号航空母舰、地中海的"艾森豪威尔"号航空母舰火速开赴海湾。次日，老布什主持国家安全委员会会议，决定与国际社会保持一致立场，实施贸易制裁，同步展开军事反应。

老布什政府认为，伊拉克吞并科威特后，即便不再趁势入侵石油储量更大、军力孱弱的沙特阿拉伯，也会控制更多的石油，操纵石油价格，谋求中东霸权，危及整个西方经济。此时，世界已不是简单的丛林社会，核武器巨大的毁灭作用令美苏必须致力于避免危机，经济腾飞的西欧和日本追求政治独立，越来越多的发展中国家参与国际事务，零和博弈逐步消失。国际社会对主权独立、平等产生越来越强烈的心理认同，难以容忍主权国家独立地位和领土完整遭到破坏。另外，经济全球化大势已成，越来越多的国家和地区与以美国为首的工业国家息息相关。如果西方因萨达姆操纵石油价格而蒙受损失，全球经济将深受其害。因此，伊拉克入侵科威特，不仅威胁了西方，更突破了国际道义底线，触犯了国际社会众怒。即便总是反对美国的苏联也不会帮助伊拉克，何况此时虚弱不堪。

以上因素有力地促成了国际社会的进一步反应。联合国安理会在 8 月 2 日至 9 月 25 日，以少有的速度和一致性通过了一系列对伊拉克予以政治谴责、经济制裁、物资禁运的决议，甚至在正式决议公告中出现了"采取一切必要手段"的措辞。

同盟行动的效率取决于盟友对共同利益的关切。海湾危机对西欧、日本和部分中东富裕国家构成严重威胁，老布什政府不需要付出大量精力游说。基于对利害关系清醒的认知，美国和盟友的步调自然高度一致。海湾危机爆发当日，英国首相撒切尔夫人、法国总统弗朗索瓦·密特朗、在布鲁塞尔开会的欧共体各国外长、日本首相海部俊树均严厉谴责伊拉克。8 月 6 日，英国皇家海军 2 艘护卫舰、法国海军 2 艘驱逐舰和 1 艘护卫舰驶往海湾地区。

判断大国实力地位的根本标准是强大的海外军事部署能力。海外军事部署能力强弱取决于能否在有效时间内投送规模足够的军队，并及时展开行动。因此，海外军事部署是对国家和军队战略远见的考验。

负责指挥海湾地区军事行动的是美军中央司令部。依照美军高级将领任职制度和惯例，战区最高司令官通常由陆海空军和海军陆战队的将领轮流担任。但是，海湾危机爆发前一年，国防部部长迪克·切尼和参谋长联席会议主席科林·鲍威尔认为，在苏联希望缓和前提下，美国在中东的最大威胁是有野心的地区大国。如果与之爆发战争，最终决胜力量是陆军。二人建议老布什继续任命一名陆军将领接任即将卸任的另外一名陆军将领担任中央司令部最高司令官，该建议得到老布什的采纳。诺曼·施瓦茨科普夫四星上将成为新一任中央司令部最高司令官。

尽管作战计划可能由于行动设想与现实背道而驰而无足轻重，但制订作战计划的工作却举足轻重。20 世纪 80 年代后，美军中央司令部专门针对中东地区性大国，制订了一系列《防御阿拉伯半岛作战计划》。施瓦茨科普夫担任最高司令官后，加强了对该计划的检验与修正。1990 年 7 月，美军中央司令部以假定伊拉克入侵沙特阿拉伯为背景，举行了名为"内部观察 90"的指挥部演习，发现美军在海湾地区作战最重要（也可能是最致命）的问题：不能有效防止伊拉克的导弹袭击。施瓦茨科普夫主持制订了最新的《防御阿拉伯半岛作战计划》，命名为"90 – 1002"计划。当中央司令部将演习报告和"90 – 1002"计划呈送给国防部后，美国国防部决定在海湾地区扩大部署"爱国者"导弹。后来的实践证明，此举为海湾战争获胜关键。

海湾危机爆发次日，施瓦茨科普夫以"90 – 1002"计划为依据，向切尼、鲍威尔提出两个应对策略。一是立即对伊拉克境内重要目标和入侵部队实施报复性空袭。但是，美军在中东地区现有陆军和空军规模较小，空袭目标仅局限于侵入科威特境内的伊军部队，以及伊拉克境内部分军事目标、输油管道等目标，不足以吓阻伊拉克。二是尽快向沙特阿拉伯与伊拉克边境地区部署强大的陆海空部队，先稳定防御态势，待形成力量优势后展开反击，最终解放科威特。

充分的军事策略酝酿是有的放矢地应对危机的重要基础。施瓦茨科普夫提出两个应对策略。当晚，布什总统决定立即向海湾地区增派美军，行动代号为"沙漠盾牌"。1990 年 8 月 7 日，"沙漠盾牌"行动开始当晚，老布什发表电视讲话，明确了四项原则："所有伊拉克军队必须立即无条件地全部从科威特撤出；恢复科威特合法政府；致力于维护波斯湾地区的安全与稳定；保护美国公民的生命安全。"最后，他特别说明："任何人都不应怀疑我们的和平愿望，但也不要低估我们反对侵略的决心。"

力量优势是军事反应成功的标志。"沙漠盾牌"行动最初 24 小时内，美国空军首批 48 架 F – 15 战斗机从各自基地起飞，经过 15 小时连续飞行、12 次空中加油后，抵达沙特阿拉伯。随后 20 天，美军总共有 400 余架先进战机飞抵海湾。危机反应依赖海外机动投送能力强大的海空军，显示战略决心与控制局势能力需要陆军。美国陆军部队向海湾地区部署与投送，具有更强烈的政治与军事意义。"沙漠盾牌"行动开始当天，陆军空降第 82 师先头旅主力乘坐空中运输机抵达沙特阿拉伯。之后，空中突击第 101 师、机械化步兵第 24 师等王牌部队急速赶赴海湾。"8 月底前，近 3 万地面部队部署在沙特、卡塔尔。"① 大量先进坦克、装甲车、火炮、直升机等装备，以及训练有素的步兵在海湾地区与伊拉克地面部队形成对峙。强大的陆海空部队进入中东，老布什政府不可能接受任何除联合国决议之外的条件。

美军进入海湾地区后，立即展开临战训练，甚至试探、干扰、削弱、麻痹伊军防空系统和电子战系统。空军派出 F - 15、F - 16 等主力战斗机在伊拉克周边上空进行威慑性飞行训练，派出 RC - 135 侦察机侦测和干扰伊军电子信号，伊军为避免暴露目标被迫关闭所有雷达，直到 1991 年 1 月 17 日美军首波突袭时，伊军许多雷达从未开机。

老布什政府在海湾地区高效地部署军事力量，除战略远见外，还有两个非常关键的原因。一是民意支持。建国 200 多年，美军从未大规模深入至欧亚大陆腹地；朝鲜战争停战之后，美军再未领导"联合国军"；越南战争后，美军非常忌惮海外大规模地面作战。海湾危机爆发时，越南战争阴影尚未完全褪去。但是，与越南战争不一样的是，美国民众认为，远在东南亚贫穷与混乱的越南与己无关，中东的石油却与自己息息相关。国会和媒体是民众意志的镜子。美国国会顺利通过制裁伊拉克法案，媒体密集报道海湾地区的紧张事态，权威专家分析预测美国面临的危害与伊拉克开战的情景。老布什政府处理海湾危机获得朝野支持。二是举国行动。军队的背后是国家实力与意志。美国海外军事部署的关键条件是美国全球军事力量投送体系。根据《戈德华特－尼科尔斯国防部改组法》，美军组建了负责向全球投送部队和物资的运输司令部。在"沙漠盾牌"行动中，美军动用了编制内约 500 架远程运输飞机，还临时征用或者租用了 220 架民用飞机，组成庞大的空中运输力量，往返于美国本土、海外军事基地、海湾

---

① U. S. Department of Defense，*Conduct of the Persian Gulf War：Final Report*，Washington：Government Printing Office Publishing，1992，p. 93.

地区之间，平均 10 分钟就有一架运送部队或者军用物资的飞机在海湾地区的机场降落。强大的空运和海运，发挥了巨大作用。"1991 年 1 月，美军近 25 万地面部队抵达海湾地区，其中包括 1100 辆主战坦克、2426 辆装甲车、383 架攻击直升机、1120 架支援直升机。"① 加上海空军作战力量，美军近 50 万兵力顺利完成集结。

当同盟国之间立场一致时，同盟主导者的效率决定其他成员国的效率。美军"沙漠盾牌"行动体现出来的决心激励着盟国。1990 年 9 月 1 日，英国开始代号为"格兰比"的大规模军事集结行动，两天后英国皇家空军 1 个中队 12 架"旋风"战斗机飞抵沙特阿拉伯宰赫兰空军基地。其中 2 架战斗机在到达 2 个小时后，开始执行空中巡航任务。4 天后，英国皇家空军另外一个中队 8 架"美洲虎"对地攻击机飞抵阿曼塞迈里特空军基地，立即展开空中巡逻。11 月，英军在海湾地区兵力达 1.6 万人，投入坦克 120 辆、飞机 60 架、军舰 15 艘。在美军实施"沙漠盾牌"行动当天，法国国防部军事顾问团启程前往沙特阿拉伯，海军"克莱蒙梭"号航空母舰和搭载陆军先遣部队的两栖登陆舰快速驶往波斯湾。8 月中旬，法军执行代号分别为"蝾螈""幼鹿""阿蒂蒙"的兵力调动计划，3 周内在海湾地区部署的兵力包括：地面部队 1 万人，坦克 48 辆；空军部队 800 人，飞机 84 架；各类舰艇 15 艘。其他北约国家如西班牙、加拿大也派出军队。

美国和英法向海湾地区派出重兵精锐，传导出强大的心理震撼，对遏制危机扩大具有决定性意义。萨达姆只有两个选择：要么接受全部条件，要么负隅顽抗。如果他同意执行联合国决议，将导致其统治地位的基础——个人政治威望遭到毁灭性动摇，随之而来的将是，至高无上的权力地位被国际、国内的各种力量推翻和颠覆的可能性激增。对于长期享有权力的政治人物而言，不战而降代表着胆怯后的最大羞辱，未来的政治风险

---

① Anthony H. Cordesman and Abraham R. Wagner, *The Lessons of Modern War: The Gulf War*, Boulder: Westview Press, 1996, p. 82.

将比遭到军事打击更加恐怖。

早在 1990 年 8 月 12 日，伊拉克外交部曾提出过解决海湾危机的三点原则："①根据联合国安理会规定的原则，一揽子解决中东地区和平问题，尤其是以色列应当立即无条件地从它所占领的巴勒斯坦、叙利亚和黎巴嫩领土撤军；叙利亚军队从黎巴嫩撤出；伊拉克和伊朗相互撤出各自占领地区；②科威特的未来安排，必须充分尊重伊拉克传统领土权利，要保证科威特人民决定自己前途的权利；③美国和其他外国军队立刻撤出沙特阿拉伯，由一支阿拉伯军队代替。"三点原则需要通过漫长而复杂的谈判才能落实。显然，萨达姆一厢情愿地希望通过拖延造成西方接受既定事实。但是，美军和其他西方国家军队庞大兵力抵达海湾地区后，意味着除非萨达姆同意所有条件，否则开战就不可避免。因为可能暗示让步的姿态，反倒令美国更加坚定了"若不同意所有条件就武力解决问题"的决心。美国及盟友的增兵速度与和平解决危机的可能性成反比。

弱者在重压之下非常容易做出极端之举。8 月 16 日晚，入侵科威特的伊拉克军队强迫滞留在科威特境内的西方国家的人到一家旅馆集中。8 月 18 日，伊拉克外长宣称，已经将所有在伊拉克境内敌视伊拉克国家的外国人全部扣留，扣留地点是可能遭到军事打击的目标附近。根据不完全统计，1990 年 8 月底前，被扣留者包括美国、欧洲、日本、加拿大等国的公民约 8000 人。人质危机表明，看似强硬的萨达姆无路可退。但恐吓只会使国际社会更加团结，对美国更加有利。9 月 21 日，伊拉克外交部发表"绝不撤军"声明。此后，国际社会并未放弃和平努力，美国也没有反对和平努力。但伊拉克这一极端行为，等同于关闭了和平的大门。

很少有战争胜利者经过充分准备再一击而胜。然而，获得联合国授权动武的美国，却能够在开战前不受威胁地有序部署 50 万大军，从容不迫地进行战争准备，在战争史上实属罕见。

1991 年 1 月 17 日凌晨 3 点，美军发起代号为"沙漠风暴"的空中打击，主要针对三类目标。一是战略目标。重点打击伊拉克军政领导指挥系统（包括领导人和领导指挥机构）、伊军防空部队、机场、"飞毛腿"导弹阵地，以及可能构成严重威胁的核、生、化设施，军工企业、炼油厂等目标，目的是摧毁萨达姆及其军队高层的战略意志，消除伊军反击能力。二是战役目标。重点打击伊军重要指挥机构、雷达站、机场、后勤补给基地等军事目标，目的是在战略空袭基础上，摧毁伊军作战能力和伊拉克的战争潜力。三是战术目标。直接打击部署于伊沙边境、伊科边境的伊军地面部队尤其是精锐的共和国卫队，以及后勤补给线上的交通枢纽等目标，目的是孤立入侵科威特的伊军，为地面作战奠定基础。针对三类目标的空中打击，美军没有僵化地按照时间顺序进行，而是合理分配任务，在不同作战阶段各有不同侧重，使作战阶段有序衔接。"沙漠风暴"行动仅两周，施瓦茨科普夫便宣布："多国部队已经掌握绝对的、不可动摇的空中优势。"① "沙漠风暴"行动持续 38 天，以美军为主的多国部队共 2000 多架先进战机，平均每日出动 3000 余架次，对伊拉克的政治、经济、军事目标进行高强度打击，有效地夺取了制空权。

　　战争的政治目标是恢复科威特的独立主权地位，军事目的就必须歼灭或者赶走入侵科威特的伊军地面部队。"沙漠风暴"行动之后，代号为"沙漠军刀"的地面作战于 2 月 24 日开始。

　　良好的空袭效果是地面作战成功的保障。根据中央司令部评估，"沙漠风暴"行动结束时，科威特境内和伊科边境附近的伊军地面部队遭到毁灭性打击。42 个师中，第一线 14 个师兵力规模已不足编制的 50%；第二线有 11 个师兵力规模仅有编制的 50%～75%，4280 辆坦克中的 38%、2280 辆装甲车中的 32%、3100 门火炮中的 47% 被摧毁。尽管美军评估的准确性存在疑问，但"沙漠风暴"行动的确为多国部队地面作战处于绝对主动和有利地位创造了条件。

　　空中作战无法直接达成战争的政治目标，需要坚决的地面作战确定战

---

① U. S. Department of Defense, *Conduct of the Persian Gulf War: Final Report*, Washington: Government Printing Office Publishing, 1992, p. 35.

局。军种之间的关系是相辅相成，而非互相替代。地面作战与空中作战是海湾战争中两个连续并存却又交叉的不同作战阶段，仅持续 100 小时的"沙漠军刀"行动是依靠强大的制空权完成的"制胜一击"。

海湾战争中，美军显示出两大优势。

一是指挥联军作战的优势。美国即便单独出兵，也将占据压倒性优势。然而，为构建国际新秩序，美国必须按照国际法行动并获得国际道义认可，而不能凭借实力单干。由于参战国家诉求不同，各国军队作战思想、武器装备、力量结构等差异较大，指挥多国部队的联军作战不是单纯的军事问题，而是复杂的政治、外交问题。美国面临的最大军事挑战不在战场。

在政治上巩固战时同盟是指挥联军作战的基础。如果萨达姆对以色列实施攻击，引起以色列报复，将激化阿以矛盾，瓦解战时同盟。为此，老布什政府一方面劝说以色列在遭到伊拉克挑衅或者攻击时保持克制，另一方面向以色列提供安全担保。战争开始后，美军"爱国者"防空导弹多次成功拦截伊军袭击以色列的"飞毛腿"导弹，伊拉克激化阿以矛盾的希望落空。战时同盟得以维持。

指挥作战必先强调统一指挥权力，联军作战更加如此。但是，出于对阿拉伯国家的尊重，美军在多国部队建立了两个平行的作战指挥系统：由施瓦茨科普夫领导的西方盟国军队指挥系统和由沙特阿拉伯王子哈立德将军领导的阿拉伯联军指挥系统。务实而又成熟的安排确保了美军拥有实际指挥权。开战以后，阿拉伯国家联军所有行动都是根据美军制订的作战计划付诸实施。尤其是"沙漠军刀"行动中，原本处于平等地位的阿拉伯联军总指挥哈立德，主动将作战指挥权交由施瓦茨科普夫行使。施瓦茨科普夫也"给足了阿拉伯国家面子"。伊拉克军队被赶出科威特后，他效仿艾森豪威尔让法国军队最先进入巴黎，命令所有部队务必让科威特军队最先进入科威特城。

美军从政治上考虑指挥权力划分，不仅体现在与阿拉伯国家联军关系上，还体现在西方同盟内部。法国虽然也派出军队参与解决海湾危机，但希望保持一定的独立性。在实施"沙漠军刀"行动时，施瓦茨科普夫赋予法军第6轻装甲师翼侧警戒任务，将美第82空降师1个旅置于其控制之下。由于英军完全让渡地面作战指挥权，施瓦茨科普夫将英军第1装甲师编入美第7军，担任主要攻击任务。

两套指挥系统用于同一场战争，是一项复杂的政治、军事活动。只有在集中和分散指挥权力之间进行富有艺术的平衡，才能使之服务于统一的战争目标。如果美军强调不可争辩的指挥权力，容易被贴上"唯我独尊者"的标签，而不是共同军事努力的领导者。美军将政治平衡之术与军事集中之权结合，展现出首屈一指的联军指挥能力，使来自30多个国家总兵力达70余万的多国部队协调一致。

二是联合作战能力优势。美军在海湾战争中全新作战方式的背后，是太空上各类卫星和遍布陆海空天的电子战武器系统。通过侦察、监视、导航、遥感、通信、预警、干扰、破坏，美军对战场一清二楚，伊军却混沌不知。

信息优势不再限于战场感知，还延伸至整个作战行动全过程，使高效的精确作战成为主流。美军在"沙漠风暴"行动中，8%的精确制导弹药完成了超过80%的轰炸任务，携带精确制导炸药的F-117隐形轰炸机出动架次只占战机出动总架次的2%，却打击了40%的战略目标，命中率达到80%。对目标精确定位、跟踪、打击的精确作战全方位提高了战争效费比。首先，精确作战降低了战场伤亡。精确作战手段依托超出伊军侦察感知能力范围之外的制导系统，实施远程作战，使美军可以"打得着"伊军，伊军却"打不着"美军。开战之前，美国国防部后勤局准备了15000个装尸袋、46000张抢救床位。中央司令部预测估计伤亡将达5000人，美军阵亡总数只有146人，其中35人为误炸所致，战损率低得令人惊讶。其次，精确作战提高了作战行动灵活性。海湾战争中，美军在东起阿曼湾、西至地中海、南到吉布提、北达土耳其的广阔战场上，不区分传统前沿与纵深地发起凌厉攻势，先进的指挥控制系统功不可没。

战争史上，对最后的胜利者而言，鲜有像海湾战争般完美的优势。美国获得国际社会空前支持而伊拉克空前孤立，最可能掣肘美国的大国苏联自顾不暇，平坦开阔的沙漠是美军先进武器装备的理想战场，美军对中东地区大国早有预防等，使美军获胜条件几乎是理想化的。

海湾战争令美国尝到了军事变革的"甜头"，越南战争战败后痛定思痛的被动改革，变成了主动自觉的军事变革。美军在海湾战争中展示了令人震惊的作战方式，成为大多数国家军队争相仿效的对象。美军自我革新动力成为美国全球霸权最根本的保障。

海湾战争对美国产生了全方位影响。直接影响是，伊拉克已经受到严重削弱，中东地区形成了某种均势，凸显出美国不可或缺的仲裁者角色。海湾战争使美国继第二次世界大战之后走向新的权力顶峰。如果将眼界置于更大的历史空间，历史上从未有一场战争像海湾战争那样，刺激着日积月累的能量释放出来，看似"一蹴而就"地终结了旧式地缘政治博弈。300 年来，英法、英俄、英德争霸和美苏冷战，均是海陆两大强权地缘政治力量对抗。海湾战争前有柏林墙倒塌、德国统一，后有苏联解体。它们像"多米诺骨牌"中的最后三块，相继倒下后，结束了冷战。海权再一次压倒陆权，却停止了海陆对抗的旧式循环。美国即使主观上不愿意成为欧亚大陆的秩序主导者，欧亚大陆也无法像近代欧洲那样，陷入维护均势与破坏均势的怪圈。否则，美国即使获得冷战胜利，也必将丧失历史信誉。但是，海湾战争也为未来世界变局埋下了伏笔。首先，美国战争经费几乎全部仰仗沙特、日本等富国，作为一个超级强国，美国的弱点已经被公之于众。这必然刺激一些力量谋求更大的影响力。其次，海湾战争结束后不久，日本自民党右翼政治家石原慎太郎的《日本坚决说"不"》一书公开指出，美军许多先进武器装备的核心元件均为日本制造。日本作为第二次世界大战战败国崛起，是改变战后国际秩序的先声。美国越来越需要依靠同盟体系和全球市场巩固霸权地位。

第二节　全面变革（1993～2001 年）

克林顿成为总统后，美国全球战略深度调整，以应对国际国内全方位挑战，同时顺应信息时代，掀起了全面变革的高潮。

一　参与和扩展战略

1992 年，战后出生的青年才俊比尔·克林顿在美国冷战结束后首次总统大选中获胜，说明美国政治舞台上新旧力量的历史交替正在加快。战后出生的一代人快速涌向美国政治舞台中心，他们的价值观被冷战的生死决斗、信息科技革命、公众媒体、越南战争、商业社会所塑造，而不是像老派政治家那样被群雄争霸、大工业、治国与军事精英的英雄情怀等塑造。美国政治舞台主角的更换与冷战后魔幻的世界变局结合在一起。

美国看不到如苏联般危险对手出现的迹象，却在全球吸引着越来越多关注，有伙伴，也有潜在敌人。在美国看来，冷战结束之后，全球许多地区还没有享受到"自由""民主"，充斥着新的混乱之源。东欧、东南欧、中亚爆发局部战争，中东仍然矛盾重重，台海、东海、朝鲜半岛、南海的争端存在潜在激化的危险。另外，西欧、日本经济实力足够抗衡美国经济霸权，众多新兴市场国家正在崛起。此时，美国在全球市场和贸易体系中的支配地位正遭到削弱，经济活力正在被巨额贸易逆差和财政赤字吞噬。

迷茫于未来时，变革是最好的解惑良药。在难以捉摸的全新世界中，美国面临的重大机遇与严峻挑战从未如此紧密相交，只有通过激活内在活力，以寻求更大的国际作为，扩大国际责任，巩固实力优势，维护国际道义制高点。参与和扩展战略应时出现，在整个克林顿执政 8 年间不断调整。1993 年 9 月，克林顿政府用"扩展战略"代替"遏制战略"。1994年 7 月，"扩展战略"上升为"参与和扩展战略"，1995 年和 1996 年的美国国家安全战略报告以"参与和扩展战略"为题目。1997 年、1998 年、1999 年的美国国家安全战略报告虽以"面向新世纪的国家安全战略"为题，但仍延续着"参与和扩展战略"。

战略转型都是从自我定位开始的。自我定位是否准确，决定着战略对国家命运的影响。克林顿政府认为："（冷战结束后的）世界必须也只能有一个领导，只有美国能担此重任。"① 自我定位为唯一的世界领导有两个方面的内涵：一是美国安全和利益取决于在多大程度上和怎样影响与之紧密关联的全球事务；二是其他任何国家的国际影响力必须获得美国首肯。冷战之后，全球进入互相依赖、敌友难分的时代。互相依赖意味着"世界上每一个角落陷入战争、贫困、动荡，都会威胁到美国的安全与繁荣，哪怕距离美国非常遥远"②。敌友难分意味着美国的安全、繁荣，不再取决于其是否能与其他大国进行阵线分明的对抗并获胜，而是取决于"在变化无常的世界里，能否建立以市场经济为基础的'民主国家共同体'"③。参与和扩展战略的逻辑是将全球普及美式"民主"的内在责任感外化为塑造全新世界的动力，将信奉市场经济和西方民主制度的国家变成伙伴，并使这类伙伴不断增加，遏制新的威胁。

现代国家制度需要长期稳定的地区秩序，尤其是要在具有重要地缘战略意义的地区构建长久和平机制。但是，地区和平稳定面临许多威胁：地区性大国争夺区域性霸权，领土争端和民族宗教矛盾等历史积怨激化，大规模杀伤性武器扩散，落入恐怖和极端势力之中，经济社会发展失败导致人道主义灾难等。因此，参与和扩展战略有三个重点：首先，遏制地区性大国争夺区域性霸权的野心，使之接受美国的主导与仲裁，成为地区和平保护者而非破坏者；其次，扩充既有国际制度，使之成为令全球尤其是地区性大国主动遵守的行为规范；最后，避免威胁重要地区和平的仇恨和争端激化。上述三个重点决定了美国政府必须满足三个条件。一是，美国应

---

① Bill Clinton, The Speech about the United States Diplomatic Policy in San Francisco, Washington: National Archives, February 26 1999.

② The White House, *National Security Strategy of Engagement and Enlargement*, Washington: Government Printing Office Publishing, 1994, p. 1.

③ The White House, *National Security Strategy of Engagement and Enlargement*, Washington: Government Printing Office Publishing, 1994, p. 2.

当把地区性大国，无论其现实中对美国抱有敌对、友好、中立或者其他态度，都当作潜在的可信赖伙伴甚至盟友，如果激起它们的敌意，要么将陷入地区性地缘政治博弈的泥沼当中，要么花费巨大代价和漫长时间建立地区安全互信机制。二是，美国面对地区性矛盾时必须做到"不偏不倚"，促进地区性矛盾解决，如果大搞平衡之术，要么使矛盾继续存在而累积危险，要么早晚失信于盟友。三是，美国必须建立尤其是自己要严格遵循的统一国际安全规范，对恐怖主义和极端主义、大规模杀伤性武器扩散、残酷统治极权等国际公害"一视同仁"，如果针对同质公害采取不同标准，要么成为"纵容"公害的"帮凶"，要么制造更多的善良的受害者。从历史经验看，这三个条件对于美国，实难完全做到，因此，参与和扩展战略与其说是美国"领导世界"的战略，不如说是自我改变的战略。

参与和扩展战略给美国造成两个困境。一是追求"大一统"国际秩序时如何定义"大一统"。1994 年 5 月，克林顿公开宣称："当有必要使用军事手段时，我们必须要有赢得战争的意志与能力，而且无论何时，必须具备单独赢得战争的意志与能力。"[1] 克林顿的国家安全事务助理安东尼·莱克列举美国使用武力的七种情况："保护美国和盟国免遭直接安全威胁；反对侵略；维护重大经济利益；维护、促进、保卫民主；防止大规模杀伤性武器、恐怖活动、国际犯罪和贩毒活动的蔓延；确保国际信誉尤其是承担伙伴关系领导责任的信誉；实施人道主义救援和打击践踏人权的行径。"[2] 显然，他们认为，基于美国在相当长一段时间内卓绝群伦的经济和军事实力，美国信奉的道义准则应当"世界通用"；世界的安全也就是美国的安全；美国的利弊标准应当成为其他国家的利弊标准。当美国以一己之力解决问题时，即使国际社会不接受，也要单方面令国际社会接受。总而言之，克林顿政府希望世人相信，美国所作所为出自"天下为

① 　Bill Clinton, The Speech about the United States Peaceful Action in Goloble, Washington: National Archives, May 2, 1994.

② 　Anthony Lake, The Speech about the United States and World Peace after Cold War, Washington: Senate Hearing Recording Paper, March 5, 1996.

怀"的大善，而不是"一己之私"。参与扩展战略只提出道义逻辑，而非像遏制战略那样不仅有道义逻辑，还有行动策略。

二是战略转型需要优化军事资产，容易造成国防与经济之间的矛盾。参与和扩展战略要求美国着眼于同时打赢两场地区性战争、围绕"塑造—反应—准备"的三位一体战略构想，全面调整军队力量结构和全球军事布局。同时打赢两场地区性战争，意味着美军要同时准备应对在欧洲和亚洲的局部战争。"塑造—反应—准备"，意味着美国将对全球危险做出轻重缓急评估，先期塑造态势，对危机做出预判，并为控制危机强化军事准备。美军需要裁减专门用于应对苏军的武器装备和部队，研制新的武器装备和组建新的作战力量。全面调整军队结构比维持既定军事力量需要投入更多的资源，实行更加复杂的国防资源领导管理。然而，克林顿发展经济的政策重心要求削减国防开支。经过连年国防开支下降后，美国 1999 年直接国防开支高达 2767 亿美元，相当于俄、英、法、德、日和中国 6 国总和的 1.67 倍。2000 年度和 2001 年度分别上升至 2888 亿美元和 3054 亿美元。国防开支先降后升说明克林顿政府在国防与经济之间的两难。

两个困境显示参与和扩展战略的矛盾之处。将现实地缘政治博弈之术与胸怀天下的远大理想、威尔逊的道义逻辑与杜威的实用哲学、运用实力手段的霸道与推行民主的所谓"仁政"等糅合在一起，使参与和扩展在博采众长中虽有原则却非常模糊，虽重视实力运用却不够坚决。克林顿执政 8 年间，美国尽管没有对等对手，但在索马里、海地、卢旺达、波黑、科索沃、中东、南亚、东亚、东北亚等地，变成了"勤奋敬业"的消防队员。在责任与私利之间优柔寡断的权衡，导致和平与战争、危险与机遇、国家主权与国际公权越来越难以区分。冷战之后，美国本有比第一次世界大战之后更好的理由和机遇实践威尔逊式的国际主义理想，但克林顿政府似乎只有威尔逊式的道德高调，因而给变异的孤立主义留足了空间，拖延了一些重大安全问题的解决，也为未来新的危险的滋生，制造了机会窗口。

二　改造北约

成功的同盟能够内生出互相依赖的文化，促进成员间产生易于理解的吸引力。为应对苏联威胁成立的北约，是美国与西欧实现共同安全、确保共同繁荣的载体。1990 年 7 月，北约伦敦峰会发表《伦敦宣言》，称"北约将继续存在"；1991 年 11 月，北约罗马峰会通过《北约新战略概念》，明确北约新使命为"预防冲突和处理危机"。苏联解体后，欧洲安全形势变得扑朔迷离：俄罗斯国内经济社会秩序混乱，如果重回集权主义，凭借强大的军事力量，将成为威胁欧洲安全、美国安全的最大祸首。被冷战掩盖的民族宗教矛盾已经激化，处于权力真空地带的东南欧陷入失控的暴力争端，随时可能引发全欧洲混乱。原华约成员国正努力进行政治和经济转型，急切渴望繁荣经济和稳定安全的环境，因而真诚地希望获得美国和西欧的支持。而且，如果对东欧放手不管，将会诱使德国或俄罗斯对其施加影响。另外，欧共体经济成就非凡，但政治影响和军事力量还不足以缔造稳固的和平。美国不能袖手旁观，北约转型面临历史性机遇。

同盟转型的基本依据是地缘政治影响。美国希望北约由跨大西洋的防御型军事同盟，扩大为对整个欧洲和平与繁荣负责的全方位同盟，实现美国与欧洲而不仅是西欧的一体安全与繁荣。显然，欧洲安全和繁荣最现实挑战是可能走向失败的俄罗斯。此时，叶利钦正在俄罗斯民族主义者与信奉西方民主主义者之间摇摆。北约的任何行动，都应当以"不刺激俄罗斯国内保守强硬的反西方势力向叶利钦施加更大压力而阻止民主改革为基础"①。北约转型应当审慎于俄罗斯地缘政治影响的变化而稳妥推进。1992 年 12 月，北约决定将根据联合国安理会授权，在其防区以外采取维和行动。这是北约志在转型却希望避免过度刺激俄罗斯的具体反映。

1993 年 4 月，波兰、捷克、匈牙利三国总统在华盛顿当面向克林顿提

---

① Strobe Talbott, *The Russia Hand: A Memory of Presidential Diplomacy*, New York: Random House, 2002, pp. 55 – 57.

出希望加入北约，既为美国推动北约转型增添了信心，也为美国带来了顾虑。令人遐想的是，8 月，叶利钦访问波兰和捷克时公开表示，理解两国加入北约的诉求，甚至在布拉格声称，俄罗斯无权干预捷克加入任何国际组织。但是，他回国后不到一个月，致函美英法德领导人，表示反对原华约国家加入北约。反对理由非常充足。首先，1989 年 4 月，时任美国国务卿贝克向戈尔巴乔夫承诺："如果德国统一后继续留在北约，北约就没有任何向东延伸的法律依据和军事需要。"① 时任英国首相约翰·梅杰和联邦德国总理赫尔姆特·科尔也做过类似承诺，但只限于口头而无文字证明。其次，北约东扩不仅压缩俄罗斯安全缓冲地带，还向世界制造了希望走向西方的俄罗斯却被西方孤立的印象。无论是反西方势力，还是亲西方势力，都不可能接受北约东扩对俄罗斯安全与大国形象与地位的损害。而且，美国国内反对声音也非常强烈，反对者中包括德高望重的乔治·凯南。

　　无论俄罗斯或者美国国内反对北约东扩多么有力，在国际道义和现实政治面前都是羸弱的：主权独立的东欧国家有权在不破坏国际法前提下选择加入或者不加入。俄罗斯的反对，只会加强它们的愿望；北约成员国也有权力按照章程选择接收或者不接收。

　　赞成北约东扩者也有充足理由：既然俄罗斯接受西方价值观和政治制度，有利于传播西方价值观和政治制度的北约东扩，就不应被当作威胁。反对北约东扩表明，俄罗斯随时可能成为欧洲最大的威胁，并非值得北约和东欧国家信赖的伙伴。如果"欧洲将被俄罗斯当作内部政治的抵押品，停滞不前的北约就可能在众多关于俄罗斯变化的争吵中走向衰落甚至消亡"②。若北约瓦解，美国冷战胜利将毫无意义。美国推动北约东扩既是建立俄罗斯威胁欧洲的"防火墙"，也为俄罗斯加速投入西方怀抱奠定基础。

---

① Strobe Talbott, *The Russia Hand: A Memory of Presidential Diplomacy*, New York: Random House, 2002, p. 96.

② Ronald Asmus, Richard Kugler and Stephen Larrabee, "Building A New NATO," *Foreign Affairs*, Vol. 72, No. 5, 1993.

美国支持北约吸收新成员的内在阻力被俄罗斯的高调反对逐步打破。俄罗斯面临潜在的两难选择，在获得西方支持与因维护原有势力范围而招致西方反对之间进行取舍。但是，北约"建设一条吸收波兰、捷克、匈牙利三国成为成员国的'快车道'不现实"①。因为俄罗斯具有摧毁美国和欧洲的战略力量，对东欧、东南欧、中亚、西北太平洋等地区安全能够产生重要影响。东欧国家国防政策、军队武器装备和编制体制，难以在短期内符合北约准入条件。

既要安抚俄罗斯又要支持北约吸收新成员的美国，再一次在矛盾两端操起平衡之术。1994年1月，克林顿在北约布鲁塞尔峰会上正式提出了向包括原华约组织成员国、俄罗斯以及其他独联体国家在内的所有国家开放的"和平伙伴关系计划"，参与者可以以伙伴关系磋商安全议题、扩大军事合作，甚至在必要时联合采取军事行动，但不互相提供安全保证。克林顿政府没有为"给予原华约成员国入盟资格，但提供入盟'通道'，使它们看到希望的曙光"②。"和平伙伴关系计划"变成了对潜在成员国的培训，但没有也不可能向叶利钦承诺："北约吸收原华约组织成员国将是安全的。"③ 折中的本质是拖延问题的解决而非促成问题的解决。之后，克林顿接连访问波兰、匈牙利、捷克、乌克兰、斯洛伐克五国和俄罗斯。他向五国传递的信号是，现在的争议不是北约应不应该或者能不能扩大，而是以什么样的方式和在什么样的时机扩大。显然，"今天的和平伙伴就是未来的盟友"④。克林顿抵达莫斯科后，向正与俄罗斯杜马严重对立的叶利钦表达了政治支持，介绍了北约峰会的情况及"和平伙伴关系计划"。叶利钦不仅表示将继续推进"民主化"进程，还希望参加"和平伙伴关

① James M. Gold and Michael Mc Faul, *Power and Purpose: The United States Policy toward Russia after the Cold War*, Washington: Brookings Institution Press, 2003, p. 185.

② James M. Gold and Michael Mc Faul, *Power and Purpose: The United States Policy toward Russia after the Cold War*, Washington: Brookings Institution Press, 2003, p. 186.

③ John Borawski, "Partnership for Peace and Beyond," *International Affairs*, Vol. 71, No. 2, 1995, p. 24.

④ James M. Gold and Michael Mc Faul, *Power and Purpose: The United States Policy toward Russia after the Cold War*, Washington: Brookings Institution Press, 2003, p. 187.

系计划"。

"和平伙伴关系计划"似乎使美俄在北约东扩问题上互相谅解。然而，双方谅解的基础既脆弱、又虚幻。首先，叶利钦接受"和平伙伴关系计划"的原因有两个方面：一是国内政治陷入分裂危险时，作为总统急需外部尤其是美国的政治支持。但是，叶利钦国内政治影响力已达极限，只要稍有政治变故，便可能丧失掌控能力。二是叶利钦认为俄罗斯参加"和平伙伴关系计划"，可以为东欧国家加入北约制造不可预见的障碍。但是，俄罗斯是令美国、西欧、东欧最为忌惮的军事力量的震慑效应将弱化。其次，克林顿政府对叶利钦"民主化"改革心中无底。克林顿访俄结束不到一个月，国务卿沃伦·迈纳·克里斯托弗在参议院外交关系委员会听证会上说："如果俄罗斯民主化和市场化改革失败，骨子里对外侵略的秉性将会在民族主义和共产主义回流中被激发出来。美国对此必须有所准备。"[1]不久之后，叶利钦在国情咨文中，将北约东扩描绘为"欧洲和世界的新威胁"。除外长科济列夫之外，所有叶利钦身边重要级人物，以及杜马大多数议员，均反对俄罗斯加入"和平伙伴关系计划"。叶利钦加入"和平伙伴关系计划"的条件是，北约与俄罗斯签订单独协议，以体现俄罗斯的大国地位。可见，克林顿与叶利钦的"默契"随时可能烟消云散。

欧洲和联合国面对东南欧的动荡与混乱束手无力，恰好为美国推动北约东扩和扩展行动区域提供绝佳机会。1994 年 4 月 12 日，北约在未通知俄罗斯情况下，出动数十架战斗机在波黑领空执行联合国授权的建立禁飞区任务。北约首次在防区以外采取军事行动，却未事先告知，激起了俄罗斯国内反对"和平伙伴关系计划"的声浪。叶利钦立即做出一些回应：声明不放弃首先使用核武器，加速推进独联体国家军事一体化，提出建立由北约、欧共体、西欧联盟、独联体共同负责的欧洲集体安全机制等。没有使对方遭到惩罚的回应没有实质效果。1995 年 8 月 30 日至

---

① Warren Christopher, "Senate Hearing: Russian Crisis in the Future," *Senate Hearing Recording Paper*, February 4, 1994.

9 月 14 日，北约继续空袭波黑塞族武装。北约转型取决于同盟共同利益和意志，更取决于美国的战略远见，以及对现实和理想的平衡，俄罗斯影响力有限。

1994 年 6 月 9 日，西方七国集团宣布，将接纳俄罗斯参加政治性议题讨论。6 月 22 日，美国国防部部长佩里在莫斯科出席纪念苏联卫国战争爆发活动时，与俄罗斯签署《和平伙伴关系计划框架文件》及《俄罗斯与北约合作议定书》。文件明确承认，俄罗斯是世界和欧洲的主要大国。北约与俄罗斯随即开始讨论《双边军事合作计划》和《建立定期磋商制度的框架文件》。之后，克林顿向叶利钦承诺，北约至少要在到叶利钦连任选举之后，才会考虑接纳新成员。9 月，叶利钦对美国正式访问，克林顿在重申 1996 年之前不会接纳新成员的基础上，做出三点承诺，"不在通知俄罗斯前突然接纳新成员，不在潜在新成员符合北约标准之前接纳，不排斥性地拒绝俄罗斯安全诉求……北约扩大不是组建反俄联盟，也没有时间表"①。美国承认俄罗斯大国地位的实质是，对叶利钦示以尊重，减少北约东扩的阻力。

领导人的面子既容易得到，也容易失去。1994 年 9 月，美国国会中期选举中，北约东扩成为重要议题。共和党提出《美利坚契约》，将北约东扩作为关键的外交政策之一，强烈要求克林顿政府尽快确定北约新成员候选国名单及接纳时间表。共和党在中期选举后全面控制参众两院，作为民主党的克林顿在内政外交上受到极大约束，不得不展示推动北约东扩决心，以缓解国会压力。1994 年 12 月 1 日，北约外长会议发表公告宣称："尽管确定邀请、接纳新成员还为时过早，但有必要开启对北约扩大原则与进程的协商和研究。"② 应邀参会的俄罗斯外长科济列夫当即强烈反对，威胁将重新考虑与北约的关系。

---

① Strobe Talbott, *The Russia Hand: A Memory of Presidential Diplomacy*, New York: Random House, 2002, pp. 135 – 136.

② NATO, Joint Declaration in Foreign Ministerial Meeting, Brussels: North Atlantic Council, December 1, 1994, p. 11.

克林顿在北约外长会议结束仅4天后的布达佩斯欧洲安全峰会致辞："'和平伙伴关系计划'已经为新成员打开了大门，……北约不会自动地排斥希望加入的国家，也不可能允许任何外部国家阻止北约扩大。"① 克林顿公然违背了仅三个月前的"三不承诺"，叶利钦因颜面尽失而恼怒不已，二人在布达佩斯爆发了激烈争吵。

双方明知对方底线的争吵有时是一种妥协的艺术。在布达佩斯争吵后不到两周，美国副总统阿尔·戈尔在莫斯科出席美俄经济技术合作委员会会议，专程赴医院看望刚刚接受心脏手术的叶利钦，针对其担心北约将在1995年吸收新成员做出回应："克林顿总统做出的1996年之前不考虑接收新成员的承诺没有改变。北约不会在1995年举行接纳新成员的谈判，仅仅是从1995年开始研究北约扩大而已。这需要不知终点的时日，会向俄罗斯保持开放的态度。"② 对此，叶利钦表示，俄罗斯永远是美国的伙伴。1995年1月17日，克里斯托弗在外交政策演说中谈道："一个走向民主的俄罗斯有利于稳定欧洲的安全秩序，防止大规模杀伤性武器扩散。一个改革失败的俄罗斯，将被富于侵略性的民族主义、集权主义支配，利用庞大的核武库再次威胁欧洲和全世界。"③ 克林顿向叶利钦发出了美国不急于推动北约东扩的信号。

此时，双方底牌非常清楚。1995年、1996年分别是叶利钦和克林顿连任选举的关键之年。叶利钦尽管真心反对北约东扩，但也真心知道反对无效；克林顿尽管稳步筹划和推进北约东扩，但仍然高调地宣示决心。叶利钦不希望克林顿被一名激进推动北约东扩的共和党人取代，危及他个人的政治生命。克林顿不希望叶利钦被一个极端民族主义者取代，导致推动北约东扩时面临不稳定的俄罗斯和欧洲。克林顿和叶利钦围绕北约东扩的

① Bill Clinton, Remarks to the Conference on Security and Cooperation in Europe in Budapest, Washington: National Archives, December 1, 1984.

② Strobe Talbott, *The Russia Hand: A Memory of Presidential Diplomacy*, New York: Random House, 2002, pp. 143 - 144.

③ Warren Christopher, *In the Stream of History: Shaping Foreign Policy for a New Era*, New York: Stanford University Press, 1995, p. 6.

争吵成为一种政治双簧，只待各自选举之后见真章。1995 年 5 月 29 日，俄罗斯正式加入北约"和平伙伴关系计划"。9 月，北约通过了《关于扩大成员国计划的研究报告》，重点说明北约扩大成员的进程是透明、慎重的。报告没有列出潜在新成员国的名单；特别强调要与俄罗斯建立避免互相感到威胁的特殊关系；提出新成员国的政治和军事标准；新成员入盟后受到北约保护，但短期内不会在其领土上部署核武器和外国大规模常规部队。显然，克林顿似乎在履行对叶利钦的承诺，但不准备给予俄罗斯对北约的否决权。

此时，克林顿和叶利钦几乎同时面临国内政治压力。美国国会通过《北约扩大法 1995 年修正案》（《布朗修正案》），要求政府"对中东欧国家安全承担更大责任，加速北约吸收它们的进程，按照北约标准指导它们军队转型，提供后勤与装备支援"[1]。1996 年年初，波兰、匈牙利、捷克等前华约组织国家领导人在纪念华约解散 5 周年活动中，公开表示了对北约东扩进程迟缓的不满。此前，1995 年 12 月，俄罗斯举行国家杜马换届选举，共产党等成为第一大党，支持叶利钦的中右政党惨败。迫于压力，叶利钦撤换了亲西方的科济列夫外长，任命苏联著名强硬派、时任对外情报局局长的叶夫根尼·马克西莫维奇·普里马科夫出任外长。这一关键人事更换被普遍认为将"重回苏联时代的严重对抗"[2]。双方都难以履行承诺之际，叶利钦冒着巨大政治风险向克林顿主动打电话，解释外长更换的原因，承诺俄罗斯"民主化"进程不会停止。叶利钦对克林顿的帮助产生了积极的效果。克林顿可以为了选举，迎合国内加快推动北约东扩的呼声，叶利钦也可以通过任命一名强硬派外长，抵消国内反西方势力的质疑和攻击。

叶利钦主动退步的原因有两个方面：一是面对美国国内推动北约东扩

---

[1] The United States Congress, NATO Participation Act Amendments of 1995, National Archives and Records Administration, 1995, p. 92.

[2] Strobe Talbott, *The Russia Hand: A Memory of Presidential Diplomacy*, New York: Random House, 2002, p. 160.

的强大呼声，俄罗斯经不起再一次冷战；二是克林顿继续担任美国总统，有利于叶利钦连任或者对其连任危害最小。如果克林顿顶不住国内压力，叶利钦的政治前景将更加危险。接下来，普里马科夫与克里斯托弗针锋相对地唇枪舌剑，只是源于叶利钦和克林顿之间的"默契"。1996 年 6 月 3 日，普里马科夫在北约外长会议上亮出了俄罗斯的底牌：不在前华约组织成员国领土上建立军事基地、不部署北约军队和核武器、不吸收苏联国家加入。克林顿政府经过两年多软硬兼施，终于在叶利钦反对北约东扩的"堤坝"上打开了"缺口"。"缺口"一开，必然要求更大让步。果不其然，克林顿拒绝承诺"不吸收苏联国家加入"和"不在新成员国上部署常规部队"。

1996 年 7 月，叶利钦连任成功，加上此前普里马科夫表示愿意有条件接受北约东扩，恰到好处地为处于连任竞选关键时刻的克林顿，增添了外交得分。克林顿自然不会放过"锦上添花"的机会，北约东扩进程开始加速。

1996 年 10 月，北约外长会议发表公告，提出北约吸收新成员时间表：北约峰会将于 1997 年 7 月在马德里举行，决定是否邀请和邀请哪些国家开始入盟谈判；1999 年 4 月，北约成立 50 周年之际正式接纳第一批新成员。这次北约外长会议是构建北约－俄罗斯双边关系的里程碑，决定形成一个具有"宪章意义的北约－俄罗斯关系文件"[1]。克里斯托弗会上宣称："现在还看不出北约在新成员国部署核武器的必要。"[2] 显然，克林顿在叶利钦连任后，加快推动北约东扩与"蚕食"俄罗斯立场的两手策略是相辅相成的，满足了连任选举与美俄政治现实的双重需求。仅一个月后，克林顿连任成功。

1997 年 1 月，北约秘书长贾维尔·索拉纳和俄罗斯外长普里马科夫就北约－俄罗斯双边关系展开谈判。北约的基本立场也是美国的底线："拒

---

[1] NATO, Joint Declaration in Foreign Ministerial Meeting, Brussels: North Atlantic Council, December 10, 1996.

[2] James M. Gold and Michael Mc Faul, *Power and Purpose: The United States Policy toward Russia after the Cold War*, Washington: Brookings Institution Press, 2003, p. 1203.

绝俄罗斯对北约内部事务直接或者暗示性否决权；北约是不从属任何其他国际组织（如联合国）的独立组织；不延迟最新北约外长会议公布的吸收新成员进程；新成员与老成员享有同等地位；北约对包括波罗的海国家在内的所有国家保持开放。"①

公开主张北约加速东扩的新任国务卿玛德琳·奥尔布赖，几乎从赴任第一天起就强调："北约是美国在欧洲越来越重要的'铁锚'。"② 1996 年 3 月 21 日，克林顿与叶利钦在赫尔辛基会晤时宣布："俄罗斯是欧洲和平与安全的关键因素，理应成为受到北约尊重的和平伙伴，……我们准备鼓励各类企业向俄罗斯投资，推动俄罗斯加入重要的国际经济组织，如 WTO、巴黎俱乐部等。俄罗斯将参加 6 月在丹佛举办的七国领导集体，G7 集团将改称为 G8 集团。"③ 叶利钦回应非常积极，克林顿政府搬掉了北约东扩最大的政治障碍。

1997 年 5 月 27 日，北约各国元首与叶利钦在巴黎签署了标志着北约与俄罗斯新型关系的《俄罗斯与北约相互关系、合作与安全的基本文件》（简称《基本文件》），主要有五个方面内容：双方建立常设联合委员会，保持经常性磋商与协作，在合适情况下采取共同行动；双方不影响各自独立自主做出决定；北约不改变现有核武器部署、核力量配置、核威慑政策，不增加新的核设施；北约在今后一个时期安全条件不变的前提下，通过保持必要的互通性、一体化增强潜力，而不是通过频繁增加现有兵力部署来实现集体安全和执行其他任务；俄罗斯和北约将共同努力修改《欧洲常规武装力量条约》，大幅度减少受条约限制的武器并加强军事交流。同时，俄罗斯在反恐、防止核扩散、战区导弹防御、军事改革与科技合作等领域，享有与北约成员国同等磋商与决策权。文件避而不谈苏联国家是

①　Ronald Asmus, "Opening NATO's Door: How the Alliances Remade Itself for a New Era," *International Affair*, Spring, 1997, pp. 91 – 93.

②　Madeleine Albright, Prepared Statement before the Senate Armed Services Committee on NATO Enlargement, Washington: State Department, April 23, 1997.

③　Bill Clinton, "News Conference with President Boris Yeltsin in Helsinki," *Washington Post*, March 21, 1993.

否入盟和是否在新成员部署常规部队，仅根据之前达成的共识出现原则性措辞。文件签字仪式结束时，叶利钦出乎所有人意料地宣布，俄罗斯导弹不再瞄准北约。尽管之后俄罗斯官方极力做出新的说明，但有理由认为，克林顿政府推动北约东扩的努力成功了。

美国国内许多重量级人物批评克林顿政府推动北约东扩时优柔寡断。比如，资深参议员罗伯特·多尔抨击克林顿的欧洲政策是"叶利钦优先"[1]。兹比格涅夫·布热津斯基认为："过分重视叶利钦容易激发俄罗斯重建帝国的冲动，如果达成某种美俄共治欧洲的安排，北约将走向名存实亡。"[2]基辛格针对北约不公开表示将在新成员国部署常规力量提出质疑："历史上尚未有一个胜利者，需要恳请一个失败的对手同意自己的决定！北约不能为'安慰'俄罗斯而存在，否则将会招致它越来越多的破坏性计谋。"[3] 批评者们看似有充足的理由，但都欠缺考虑美国政治制度对政府的约束。

克林顿连任的关键时期是 1996 年，而俄罗斯总统大选结果恰好在当年 7 月揭晓。如果叶利钦连任成功，北约东扩从 1996 年 7 月后加速，能够为克林顿增添重量级的外交成果。如果克林顿政府试图在 1995 年甚至更早时间确定新成员国名单和入盟程序与标准，叶利钦将可能被迫利用波黑战火正酣之机，在东欧、东南欧制造事端，引起北约内部的分歧和争吵。届时，北约东扩进程反而易遭拖延。克林顿个人缺乏外交经验的短板会在连任竞选的关键时期被无限放大。承担欧洲和平遭到破坏的责任者，只会是总统和政府内阁成员，而不会是议员、学者、离任官员。经过对个人政治风险和收益的复杂权衡，克林顿只能多管齐下地使用"帮助""逼迫""诱导""迎合"等政治技巧，而不是生硬地要求叶利钦"合作"。

依照美俄综合国力对比，克林顿政府无须如此"重视"叶利钦的个人

① Strobe Talbott, *The Russia Hand: A Memory of Presidential Diplomacy*, New York: Random House, 2002, p. 153.

② Zbigniew Bzrenzingski, "The Premature Partnership," *Foreign Affairs*, Vol. 73, No. 3, 1994.

③ James M. Gold and Michael Mc Faul, *Power and Purpose: The United States Policy toward Russia after the Cold War*, Washington: Brookings Institution Press, 2003, p. 206.

政治地位，但必须以足够的审慎与灵活，兼顾美俄关系、美欧关系、俄欧关系，促使冷战后的欧洲乃至世界走向新的稳定，而不是失控。美国必须承认俄罗斯在欧洲乃至在世界的大国地位，也需要尊重欧洲其他国家提升国际影响力的诉求。北约与俄罗斯的新型关系令多方获利，北约东扩显示了陈旧的地缘政治藩篱被打破的大势，但历史惯性仍然不可忽略。克林顿政府在多个复杂因素中不紧不慢的微妙平衡，是美国在风险与机遇之中的矛盾所致。当世界陷入无序、动乱时，也就是美国价值观、制度失败之日。

克林顿政府不承诺拒绝吸收某些特定国家，不公开表示在新成员国部署军事力量，不改变既定欧洲核态势，有利于北约灵活与主动地根据俄罗斯的可能变化，在进一步友好抑或重回对抗之间，选择不同的筹码，引导合作或者加重施压。首先，审核、吸收新成员的程序规则与时间进程，成为美国影响俄罗斯与欧洲的有力杠杆。其次，基于新型武器射程与精度，以及部队快速反应能力的增强，北约常规部队即便不部署在更靠近俄罗斯边境的新成员国内，也能对新成员国保持军事影响力。最后，俄罗斯作为苏联庞大核力量的主要继承者，战略力量均势依旧，北约改变核威慑政策没有实质价值。当欧洲出现更加强劲的一体化动力时，美国积极呼应东欧国家加入北约，有利于制约法国、德国，平衡西欧的力量。

俄罗斯获得了更稳定的外部安全环境。即便东扩，北约也不可能主动入侵俄罗斯。因为邻国不可能希望成为西方入侵俄罗斯的前沿阵地。第一次车臣战争表明，俄罗斯最大的安全威胁是经济社会发展失败导致民族关系失控，而不是西方大国入侵。北约东扩有利于独联体和东欧其他国家经济社会的发展，在俄罗斯西部邻国消灭贫穷、匮乏，也为俄罗斯创造了更加富裕的贸易伙伴。俄罗斯在 2000 年第二次车臣战争的胜利证明了这一点。俄罗斯的传统是将军事和领土安全置于经济民生之前，北约东扩自然会点燃俄罗斯民族主义情绪的"火种"。

1997 年 7 月 8~9 日，北约马德里峰会正式决定与波兰、匈牙利、捷克三国展开入盟谈判，以及 1999 年将罗马尼亚和斯洛文尼亚作为候选国。1999 年 4 月，北约成立 50 周年纪念大会在华盛顿召开，正式吸收波兰、匈牙利、捷克三国成为新成员，出台《华盛顿宣言》、《联盟战略概念》以及《关于科索沃的 17 点声明》。这一重要的历史纪念活动在华盛顿举行，是美国作为北约领导者的最佳见证，更显示出北约转型的方向："采取政治和军事手段保卫所有成员国的自由与安全。基于民主、人权、法制的共同价值观，致力于欧洲持久和平与公正。"①

北约发生全方位变化。首先，建立开放型同盟框架。北约不仅要防范成员国主权遭到威胁和破坏，还将保护非成员国、鼓励同盟体系外国家走向"民主"制度和市场经济，由被动吸收新成员变成主动培养和招募新成员；将行动区域由欧洲内陆及近海，扩展至北非、西亚。其次，明确新的行动指向。北约针对的不仅是成员国领土、领空、领海面临的军事威胁，而是伤及成员国经济社会发展、激化宗教民族矛盾的所有威胁，包括"核、化学和生物武器扩散，以及因政治、经济、社会、宗教、领土争端、侵犯人权而导致的地区动荡"②。再次，丰富了同盟行动方式。北约"为维护和平、防止战争、保护地区稳定，将与其他组织合作"③。北约对联合国等国际组织可选择与之合作，也可无须获得授权便采取行动。

对北约转型极为有利的是，会议前一个多月，原南斯拉夫境内民族和谈失败，为验证北约转型成果提供了"机遇"。但是，后来一系列事件证明，同盟内在多元的"机遇"，从来不是"信手拈来"，而仅是一个主观意愿。

三　构建开放与联合的军事力量体系

主导性科技的基本原理决定经济社会形态，进而决定军队结构形态。20 世纪 90 年代后，将地球各个角落连接起来的信息技术，把计算机、卫星、所有工农业和商业设施等看似无所关联的要素，组合成跨越、贯穿陆海空天等物理空间的信息系统。其中，网络推动单个信息技术平台各自独立的感知、传递、处理信息等个体化功能，跃升为信息系统的信息共享、同

---

① NATO，Alliance Strategy，Brussels：North Atlantic Council，April 25，1999，p. 71.
② NATO，Alliance Strategy，Brussels：North Atlantic Council，April 25，1999，p. 2.
③ NATO，Alliance Strategy，Brussels：North Atlantic Council，April 25，1999，p. 3.

步处理、全时空开放等整体化功能。这一经济社会形态变化传导至军队中的侦察卫星、预警机、雷达等战场感知工具，使它们通过网络，组合出功能强大的自动化指挥控制系统，与嵌入信息技术的飞机、坦克、火炮、战舰等融合，颠覆了军队原有的结构形态。军种界限逐渐模糊，各个军种的战场不再局限于单一空间；军队外部结构越来越简单，内部运行越来越精细；军队、企业、政府、社会组织的信息系统共同依托于全球公共网络而互为兼容，军事力量体系突破封闭与独立的空间而走向开放与一体。

1996 年，美军参谋长联席会议出台的《2010 年联合作战构想》，正是信息技术引发军队结构形态革命后，促进作战方式革命的系统化设计成果。它要求美军将各个军种的侦察、探测、预警、通信、计算机等设备，通过军用网络融合成信息系统，再与部队、武器系统、后勤保障力量系统集成，按照"制敌机动、精确打击、全维防护、聚焦式后勤四大原则"①实施一体化联合作战。

《2010 年联合作战构想》最重要的现实影响是，促成美军作战能力建设与美国战争战略构想高度匹配，有利于破解能力需求与行动需求这一军队建设与运用的天然矛盾。美国战争的战略构想是"塑造—反应—准备"。"塑造"要求在危机尚未爆发之前，对可能的危机制造者和战争发起者，形成强大的震慑与孤立之势，慑止其挑起危机或者战争的意志，主要行动包括"保持在前沿地区军事存在，通过与盟友或者伙伴的情报合作、设施互联、联合训练等，预防和减少地区性冲突的威胁，维护地区稳定"②。"反应"要求在"塑造"基础上，根据危机、战争征候，以高效的行动显示决心，控制局势，力争以尽量小的风险、代价，防范地区安全形势进一步恶化。"准备"要求在塑造主动态势、尽快感知危机的基础上，在关键地区保持常态化的高度戒备，一旦出现战事，能精准、集约地投入军事力

① U. S. Joint Chiefs of Staff, 2010 Joint Operation Vision, Washington: The Pentagon, 1996, p. 3.

② State Department, *The United States Militant Strategy*, Washington: Government Printing Office Publishing, May, 1997, p. 13.

量，打赢地区性战争。"塑造—反应—准备"的战争战略构想的核心因素是，美军情报优势和强大、可靠的前沿存在，对对手的严密监控、全面瞰制，实时掌握对手的部署调整、行动方式以及出动的兵力规模等，在危机爆发和扩大时，以最快速、最安全、最廉价的行动，尽量小规模地实施精确毁伤，迫使对手丧失扩大危机、挑起战争的能力。

美国战争战略构想具体化为"制敌机动、精确打击、全维防护、聚焦式后勤"四大原则，体现了作战行动需求。制敌机动就是通过塑造态势，剥夺对方行动自由权。精确打击就是通过快速反应，对对方要害目标实施"建立在传感器、投送系统、精确打击武器之间无缝链接基础上的精确定位、精确制导、精确评估"①。全维防护就是要确保美军可靠的前沿存在。聚焦式后勤代表美军行动需要控制资源投入。美国战争战略构想与美军作战行动的传统思维是，通过发挥技术优势，最大限度减少伤亡和节省资源。

从针对以苏军为明确对手的欧洲战争、全球战争，到针对不确定对手塑造态势、危机反应、打赢地区性战争；从各个军种独立作战，到各个军种联合作战，要求美军从应对核战争、常规战争，转变为快速转换任务区域和全球力量投送，适应和主导各种规模、强度的冲突环境。

能力需求与技术革命协力改变了美军建设模式，而不是局部性创新。根据《2010 年联合作战构想》，美军联合作战能力的关键是超越军种的统一指挥。因此，连接各个军种指挥机构、部队、武器系统的 C⁴ISR 系统（指挥、控制、计算机、通信、情报、侦察、监视）成为重点，促使美军在火力攻防、机动投送、支援保障等领域，提升军种间兼容性程度。这一新型建设模式激发了军种良性竞争创造力，推动各个军种从武器装备到战略规划的全面革新，促进美军新技术、新武器与新观念、新作战理论与新组织结构等全方位变革。美军建设模式革命的核心是各个军种基于体系联

---

① U. S. Joint Chiefs of Staff, 2010 Joint Operation Vision, Washington: The Pentagon, 1996, p. 3.

合，不仅升级现有技术优化装备和提升军队质量，更注重通过设计战争牵引新的作战能力。

《2010年联合作战构想》激发出美军各个军种海湾战争之后首次创新变革高潮。

空军制订了《全球参与——21世纪空军构想》，目标是建成具备六种能力的全球空军："保持空中与空间优势、全球攻击能力、全球快速机动能力、精确打击能力、夺取信息优势、灵活的后勤支援。"[1] 能力目标决定作战需求。美军要同时应对两场地区性战争，却因削减国防开支而裁减兵力规模。为此，空军只有"全球到达、全球作战"[2]，才能在总体兵力规模相对较小的情况下，兼顾同时爆发的两场地区战争。

全球到达、全球作战需要实时感知全球各个地区的战场态势、减少对前沿基地的依赖以及建立损耗更小、后勤支援更加便利的空中作战平台。因此，空军作战需求是"夺取太空控制权和制空权、实施空中作战、强化空中力量、全维支援与保障"[3]，具体包括：能够摧毁、击落对手太空和空中目标，抗击对手太空和空中进攻行动，保护美国本土和海外基地（机构）、盟国的太空和空中安全，支援和保护地面及海上作战力量；能够在任何时间、针对全球任何目标，依托本土或者海外基地，从空中发起精确打击，或者直接获取战争胜利，或者支援美军和盟军陆上和海上作战，或者阻滞、干扰、牵制敌方行动；能够在全球范围内针对地区性危机，协助其他力量进行战略投送，确保美军对危机做出快速、合理反应；能够在太空、地面、海上直接实施后勤与战斗支援行动。

为满足上述作战需求，美国空军重点研发和装备新型空天武器系统。首先，发展满足空天一体作战需要的指挥控制系统。建成以各类卫星为主体的空天一体化侦察、定位、监视、预警系统，与空军指挥机构连接，形成高度兼容的空天感知系统、战场管理系统、辅助决策系统。其次，发展

---

① U. S. Air Force, 21st Air Force Vision, Washington: The Pentagon, 1996, p. 3.

② U. S. Air Force, 21st Air Force Vision, Washington: The Pentagon, 1996, p. 9.

③ U. S. Air Force, 21st Air Force Vision, Washington: The Pentagon, 1996, p. 12.

新型空中主战平台。按照隐形化、远程化、信息化、智能化，研发新型主战飞机、空中加油机、空中预警机、无人驾驶飞机、智能弹药等，具备独立精确打击、空中后勤支援、有人与无人协同等先进作战能力，这一时期研发的新型主力战机就包括正在取代 F－15、F－16 的 F－22、F－35 等。

海军制订了《2020 年海军构想》。构想认为，未来海军任务将包括三个方面："和平行动、遏止冲突、直接交战。"① 海军行动将涵盖从低强度的人道主义与救援行动、海上外交与国际合作、海上同盟行动，到高强度的前沿存在、战略投送、战略威慑、倚海作战。美国海军希望突破军事力量的角色限制，成为直接为国家利益服务的政策工具。从军事力量效费比看，如果仍然满足于大洋决战，花费昂贵的美国海军将可能无用武之地，因而需要实时掌握全球海洋和重要沿海地区的危机征候与动态，建立与盟国海上联合行动机制，对潜在的危机制造者、战争发起者保持强力震慑，确保能随时投入危机和在战争中取得胜利。

美国海军作战需求是"在全球敏感海区和危机地区保持强有力的前沿存在和快速部署，控制海上危机态势，将海上行动效果向陆地延伸"②，具体包括：能够对海面、水下、空中、沿海等区域实时、全面侦察、探测、预警等；能够从空中发起有效的对海、对陆攻击，识别来自空中、太空的威胁性目标；能够从海面、水下发起对海、对空攻击，为保护海面和水下力量安全，实施反潜作战、反水雷作战等；能够与其他军事力量联合或者独立实施大规模两栖作战，夺取重要沿海地区等。

为满足上述作战需求，海军决定研发舰载海上侦察、水下探测、空中预警的高性能信息系统，发展新型两栖投送平台和无人化作战平台，改进"战斧"导弹，使之射程更大，可自由选择瞄准点；装备新型反水雷武器、NSSN 新一代多用途隐形核动力攻击潜艇、CVX 型航空母舰、LPD－7 型两栖船坞运输舰、可发射各种导弹的新概念舰艇、"21 世纪水

---

① U. S. Navy, 2020 Navy Vision, Washington：The Pentagon, 2000, p. 2.

② U. S. Navy, 2020 Navy Vision, Washington：The Pentagon, 2000, p. 6.

面战舰"等。

陆军制订了《2010 年陆军构想》。构想认为，未来陆军将主要担负六项任务："保卫或解放被敌对力量控制的陆地区域、以'惩罚'为目的的有限入侵、遏止地区冲突、塑造新的技术优势、履行向盟友或者伙伴的国际承诺、实施人道主义行动等。"① 陆军将在地区性战争、冲突、危机中遇到各类对手、执行各种强度的任务。从火力打击射程、部队应急反应能力、投送机动特点看，陆军极为依赖海空军远程精确打击、靠近危机地域的前沿基地、国家和军队的运输力量等，因而特别强调"必须以联合作战为指针，建立一支结构合理、灵敏多能的一体化部队"②。

由于对手、战场环境、行动规模和强度等充满诸多不确定因素，陆军首要作战需求是，快速控制信息环境，避免陷入战争迷雾。陆军将信息优势作为一切作战的基础，通过获取信息优势，力争实现对战场的高清晰透视，不断根据信息环境变化，调整编组、灵活部署，使对手难以有效判断和反应，同时通过精确打击，迅速击溃对手，为此要借助信息技术统一编组后勤力量，将本土、基地、作战区域的后勤保障行动与作战行动连为一体。

基于上述作战需求，陆军重点对远程侦察监视、指挥控制、地面主战平台系统集成，对具有决定性优势的武器装备信息化升级，探索组建数字化部队，聚集于远程投送能力、战区战场设施、后勤，增强机动部署的灵敏性、危机快速的有效性、战事应对的持续性。

美军各个军种发展规划显示出联合作战的基本优势，减少信息与行动之间流动环节，将掌握信息优势与剥夺对方信息同步，塑造态势与机动部署衔接，既不给对手制造持久战局的机会，也可以在自己选择的战场和时机高效打击对手。首先，遍布陆海空天的信息系统，成为联合作战力量体系的基础。侦察监视卫星、空中预警机和机载雷达、海上（水下）和地面

---

① U. S. Navy, 2010 Army Vision, Washington: The Pentagon, 2000, p. 2.
② U. S. Army, 2010 Army Vision, Washington: The Pentagon, 2000, p. 5.

雷达等探测装置，将通过先进网络连成一体，使各个军种指挥机构，甚至各个军种的主要武器系统直接共享战场信息。信息系统的最大价值不是危机、战争爆发之后的快速反应，而是确保美军在敏感地区超前部署，及时调整、加强前沿存在，震慑对手意志，削弱其能力。其次，将陆海空天等战场连为一体，实施远程、快速的精确打击，成为联合作战主要行动。美军不区分前沿与后方，对各类目标实施"非接触"精确打击，尽量缩短作战周期、加快作战节奏，以小行动、低风险实现战略目标。最后，建立全球战略性、地区战术性投送机动力量，成为联合作战能力的支撑体系。全球的机场、港口、基地、工厂和各类大型运输机、大型航船（两栖船只）、直升机、运输车等，成为美军实施全球机动，在各战区之间互相支援的基本依托。各个军种根据具体作战任务，从中获得后勤支援。

作战思想决定战争设计与军队建设的行为逻辑。根据美军联合作战思想，研发操作简便、标准格式统一、连接各个军种指挥控制系统的传感器，构建一体化指挥体系，成为美军联合作战能力建设的灵魂。为保证指挥体系高效运行，主要有两大措施：一是在参联会—战区—各个军种作战部队指挥链条上，扩展顶层信息作战、网络作战、空天作战的指挥职能，利用新型指挥控制系统，形成战略指挥职能更加全面、联合作战指挥更加专业的指挥机构。二是根据指挥机构运行特点，实现指挥活动精简，推动领导管理体制走向集约化。国防部各个军种需要减少、合并行政事务机构，建立新的专业行政部门，对各类专业部队实行集中式领导管理。根据上述两大措施，国防部 1997 年 6 月提出了未来 20 年兵力整编计划：至2015 年，现役规模兵力员额由 142 万削减至不超过 136 万，后备役部队总兵力由 89 万削减至不超过 83.6 万，文职人员由 72 万削减至 64 万。陆军保留现役 10 个师；海军航母编队削减至 12 支，整编 12 个两栖作战大队；空军整编 12 个现役联队和 8 个后备役联队。可见，美军希望部队编制结构走向小型化、多能化。现役部队比重将下降，预备役力量比重将有所提高；常规力量地位突出，核力量保持强大威慑能力；作战人员、保障人员、文职人员比重得到优化。另外，美国国防部将部分文职人员培训、后勤设施管理、情报设备维护等部分军事支援职能赋予民营力量，裁减部分行政性文职人员，吸收民间商务管理系统工具。从深层次看，设计适应美军作战需求的领导管理体制、部队编制表明，信息技术与信息系统对美军的革命性影响归结为：开放。

美军信息化建设模式革命在世界军事史上占据显要位置。危险的对手消失之后，一支军队的变革意志和能力也容易随之消失。罗马军团、西班牙无敌舰队、第一次世界大战之后的法国陆军等都是这一规律的证明。它们要么是因安全而懈怠武备，要么是因自负而迷信原有经验。海湾战争之后，"一览众山小"的美军却没有蹈袭覆辙，主要有三方面原因。

一是冷战后新的国家安全威胁对美军变革产生新的外部激励。尽管苏联不复存在，但美国面临新的、更加多样和难以确定的国家安全威胁：俄罗斯仍然掌握着强大的军事力量；恐怖主义、极端主义在西亚和非洲地区沉渣泛起；东南欧地区的民族宗教矛盾大有破坏和平之势。美军在索马里的失败，暴露了明显的作战能力短板。美军不仅要应对大国正规军队，还要应对非对称的非国家武装组织。美军不变革，美国就危险。

二是军队领导层"吐故纳新"。克林顿就任总统一年后，任命曾在第二次抵消战略中的关键人物佩里担任国防部部长。他上任伊始便成立"军事革命高级指导委员会"，专门研究信息技术发展对军事领域的革命性影响。以破除军事权威迷信而著称的国防部办公厅净评估办公室主任安德鲁·马歇尔，成为美军军事变革的主要倡导者。虽然他官阶不够显赫，但思维敏捷，在国防部任职 30 余年，系统地提出美军在信息时代的建设与运用设想，被称为国防部"思想机器"。20 世纪 90 年代的美军高级将领，经历过越南战争后的全面变革，亲身感受到美军作战能力的短板及其原因，他们作为年轻军官是越南战争之后美军全面变革的受益者，比起前辈具有更加强烈的变革意志与能力。1995 年初，大力倡导数字化军队的参联会主席约翰·沙卡什维利下令成立"战略规划研究委员会"。由提出系统集成思想的副主席威廉·A. 欧文斯牵头，经过一年半研究论证，出台了以参联会名义颁发的、代表作战方式深彻变革的《2010 年联合作战构想》。具有强烈变革精神的军队领导层，敏感地捕捉到了信息技术革命时代脉搏。美军领导层的变革之力，培育了美军各个军种的变革之风。1995年，海军相继提出"21 世纪作战计划""海上机动作战""未来战斗力""狙击航空兵作战"等超前作战概念。空军 1997 年 7 月建立宇宙空间作战、快速反应部队运用、战场管理和指挥与控制、部队防护、信息战和无人驾驶飞机运用等 6 个战斗实验室，对作战方式和装备进行专业验证。陆军 1996 年开始运用数据模型技术，研究作战计划与战法，评估武器系统效能。美军变革的重要思想和举措均出自各类专业委员会。这表明，变革的力量取决于传统官僚制度在多大程度上包容新生事物。

三是信息技术引发的社会和商业变革效应渗入国防领域。美国企业受市场竞争激励，将信息技术作为推动工业生产、商业运作的主要革命性因素。作为为经济社会发展提供公共服务的顶层行政机构，克林顿政府借势鼓励建立"数字化地球"和推动"全球信息高速公路"计划，建设以网络为基础，遍布全国的超大容量信息系统，使用电话、有线电视、无线通信等手段，将所有计算机和数据库等设施设备连接，提供传送数据、语音、图像等服务，直接促成统一的国家信息基础设施建设进入国防领域。国防部、战区、军种等行政事务、指挥活动得以同步简化，形成互联互通格局。军队内部侦察监视、预警探测、指挥控制等设备连接为一体化信息系统，为联合作战提供必需的一体化信息支持。这其中，美军信息技术中70%~80% 直接来自民用信息技术，其余为依托民用信息技术、商用信息技术的军事化再开发。

第五章　时代转折中的探索与调整
（2001 年至今）

新兴力量崛起与公共威胁给美国制造的难题是：当世界安全与所有大国安全连为一体时，美国如何寻找主要的安全威胁？全球政治、经济、社会、科技、文化、军事已经深度交融，美国安全与国际地位不再仅仅取决于赢得大国零和博弈和意识形态斗争，而是在多大程度上在巩固优势与推动政治文明之间取得平衡，令世界更加美好。一切尚处于迷雾当中。

第一节　反恐与军队转型（2001～2008 年）

全球化加速发展，恐怖主义和极端主义威胁全球安全。美国在急迫反恐与维护全球霸权地位的叠加压力下，以百年来最强烈的单边主义倾向，打击恐怖主义，谋求欧亚大陆主导地位，巩固对全球事务的仲裁权力，相继发动阿富汗战争与伊拉克战争，开始了集大成的军队转型。美国实力地位急剧上升与国际道义优势急剧下降形成鲜明对比。无重点的全球战略注定难以为继。

一　先发制人战略

笃定美国强大至足以令任何现实或者潜在的挑战者屈服的小布什成为总统时，世界正在加速变化。俄罗斯能源丰富，军事雄风犹存；美国、俄罗斯、欧洲、中国、日本等全球主要力量体之间的关系越来越复杂，共同利益增加，矛盾也显而易见；在互联网、全球市场和贸易体系中，传统国界日益模糊；现代文明进步的步伐在各个地区之间失衡；恐怖主义、极端主义在不知不觉中野蛮生长。

"为了政治目的而有预谋地杀戮无辜民众"① 的恐怖组织没有政府机构、没有旨在促进人类个体精神自由与物质充裕的意识形态和社会行为规范。

"9·11"表明，虽然冷战结束，美国却没有更加安全，还产生了新的疑问：敌人将在哪里出现？威胁方式有哪些？可能造成哪些危害？拥有大规模杀伤性武器的敌对国家是否支持恐怖组织？恐怖组织能否获得大规模杀伤性武器？阿富汗战争一个月内，美军可以利用技术优势摧枯拉朽般地攻城略地，迅速推翻塔利班政权，却很难消灭阿富汗境内的恐怖分子。原有的战争模式很难适用于未来。此时，美国最大的安全威胁是"极端主义与现代科技结合而成的'邪恶力量'，而非传统大国"②。

自信与危机感会扭合成一股冲动，刺激感觉到危险的强者将安全压力转向对手。小布什 2002 年 5 月在德国访问时，首次提出要先发制人地打击恐怖主义。6 月 1 日，他在西点军校毕业典礼上宣称："必须做好充足的准备，对恐怖分子和暴君进行先发制人的打击。"③ 9 月 20 日，小布什向国会递交了由其本人撰写引言的《美国国家安全战略报告》，正式提出先发制人战略。

先发制人战略的逻辑是，既然恐怖分子制造危险的时间、地点、方式难以确定，就应主动寻找、消灭他们。但是，"先发制人"具有积极的战术效应，无法产生积极的战略效应。首先，先发制人战略预示着美军将在全球范围内主动行动，甚至进行许多秘密行动，必然侵害其他国家的主权，制造地区动荡的潜在风险，甚至容易伤及无辜等，也容易使其他大国产生"项庄舞剑、意在沛公"的猜忌。其次，恐怖组织虽没有现代工业生产能力，但可以借助信息时代的人类文明成果，利用无孔不入的互联网筹集物资、资金和传达指令，利用贫瘠的土地种植少量粮食，在全球

---

① The White House, *The National Security Strategy of the United States 2002*, Washington: Government Printing Office Publishing, 2002, p. 5.

② The White House, *The National Security Strategy of the United States 2002*, Washington: Government Printing Office Publishing, 2002, p. 7.

③ George W. Bush, The Speech in West Point, Washington: National Archives, June 1, 2002.

黑市获得军用物资。恐怖主义是落后的宗教极端主义和现代社会形态产生冲突的变异产物。消除恐怖主义公害的根本出路是，越来越多人受益于现代文明进步，以埋葬极端思想。显然，"先发制人"如果仅作为反恐战术原则，或许值得赞许，作为国家安全战略，则显得本末倒置。

先发制人战略的影响是复杂的：既迎合了深受恐怖主义之害后的政治氛围，也制造了国际社会的不安；既看起来主动强势，也让世界看到美国成为铲除全球公害的领导者。美国的强者困境正在于此：一方面，需要加强国际合作；另一方面，可能会破坏国际合作的前提——尊重其他国家主权与安全。因为先发制人战略下，美国可能为了抓住不确定的时机，采取单方面军事行动，损害其他国家的安全与主权，导致反恐动机将受质疑和诘难。伊拉克战争成为先发制人战略的最客观诠释。

恐怖主义势力虽产生于落后封闭地区，但可利用全球化网络、全球化市场和交通体系，隐藏于灯红酒绿的城镇，或者流窜于荒郊野外，不受主权范围限制。当美国发现恐怖分子躲藏于某一个国家境内时，如果在与他国的沟通中花费太长时间，很有可能在冗长的外交协调下贻误战机。美国擅长的适用于大国博弈的地缘政治策略无法针对恐怖分子使用。另外，恐怖组织不具有主权属性，国际法中不适用于它。贯彻先发制人战略的核心不是发现恐怖分子再施以军事打击，而是规避国际法中规定的主权独立完整的原则，发现和创造打击恐怖分子的战机。美军情报、装备、训练、外交协作等面临全新挑战。

恐怖主义不仅危害本土安全，还威胁全球秩序，而全球秩序的稳定正是美国的目标之一。这也反映了美国的历史性变化，当美国对世界安全局势不满时，不会因失望而重回孤立主义，必会试图去改造世界，甚至愿意"与大国合作共同应对恐怖主义的全球危险"①。保护美国本土安全、盟国

---

① The White House, *The National Security Strategy of the United States 2002*, Washington: Government Printing Office Publishing, 2002, p. 68.

安全，维护美国全球领导地位，需要"关注那些美国力量无法出现的地方，并向那些地方维持令盟友可信的军事力量"①。小布什政府 8 年中所有战略都以此为基点。

二　进入欧亚大陆腹地的两场战争

新的事态对未来的影响，取决于事态应对者复杂多元的战略目标。胸怀新的、更加远大目标的小布什政府看到，"恐怖主义的兴起有利于美国以一种新的方式实现特定的政治目的"②。"9·11"后，美国全球战略重心是打击恐怖主义，这也成为构建新的全球秩序的重要途径。阿富汗战争和伊拉克战争与其说是小布什政府重要成员政治理念与抱负使然，不如说是美国安全与繁荣的挑战所致。

2001 年 10 月 7 日，小布什政府发动阿富汗战争，对手是没有完整地控制阿富汗国土的塔利班政权。塔利班军队只有约 7 万人，主要武器是 AK－47 突击步枪、简陋的反装甲武器和低空防空武器等。即便如 T－62 坦克和 M－46 加农炮等可以数得过来的重装备，也是从苏联军队缴获或者撤退时遗留所得。美军凭借全世界首屈一指的精良装备和训练有素的部队，在开战后两个月内，摧枯拉朽地推翻了塔利班政权，控制了阿富汗主要城市和大部分地区。美军作战能力反映出海湾战争之后最新变革成果：复杂地形中的情报优势和特种作战优势。

美军在阿富汗战场上的情报优势依托从昂贵的单个武器平台到士兵、从天上直到地上某个村落全部联网的战场信息系统。在太空，阿富汗战争前三周，美军动用了包括著名的"锁眼"系列照相侦察卫星和"长曲棍球"合成孔径雷达侦察卫星在内的 94 颗卫星。其中，"锁眼"系统照相侦察卫星采用可见光、多光谱照相技术和红外照相技术数字成像，分辨率

---

① The White House, *The National Security Strategy of the United States 2002*, Washington：Government Printing Office Publishing, 2002, pp. 2, 3, 13.

② Douglas Kellner, "9/11, Spectacles of Terror, and Media Manipulation：A Critique of Jihadist Bush Media Politics," *Critical Discourse Studies*, Vol. 1, No. 1, 2004, p. 63.

高达 0.1 米。"长曲棍球"合成孔径雷达侦察卫星分辨率约为 1 米，能全天候、全天时工作，可在同一时间获取同一目标的六种图像。在空中，美军出动 30 多架侦察机和预警机，包括 E−8 "联合监视目标攻击雷达系统"飞机、U−2 高空侦察机、RC−135 "铆钉"信号情报飞机以及 E−3 预警机等。由于侦察卫星只能在固定轨道，侦察机和预警机不能长期滞空侦察，也不能准确确定目标敌我属性，难以完全满足美军战场情报需求。为此，美军首次大规模动用无人侦察机。使用最频繁的是"捕食者"无人侦察机和"全球鹰"无人侦察机。"捕食者"无人侦察机飞行高度 3000 ~ 5000 米，续航时间达 24 小时，装有合成孔径雷达和光电摄像机等侦察器材，可不间断摄像，将图像和目标定位信息通过卫星通信线路，直接发送到 AC−130 "幽灵"对地攻击飞机和 B−1、B−2A、B−52H 等远程轰炸机。"全球鹰"无人侦察机飞行高度约 2 万米，续航时间 40 小时，监视范围达 13.75 万平方千米，主要携带合成孔径雷达和光电摄像装置等。侦察范围远、滞空时间不受飞行员生理极限影响的无人侦察机发挥了重要作用。2001 年 11 月 13 日晚，美军一架"捕食者"无人侦察机发现一支撤出喀布尔的塔利班车队，立即开始跟踪，将拍摄的照片图像不断推送至位于美国本土佛罗里达州坦帕的美军中央司令部，再由中央司令部转送国防部和中情局。经过专业分析确认，这支车队中有不明身份的基地组织重要人物。当这支车队停留在一片建筑物区域时，美军中央司令部根据"捕食者"无人侦察机跟踪监视的位置信息，命令最近机场的空军战机实施空袭。事后证实，拉登的副手穆罕默德·阿提夫被当场炸死。受此启发，美军在"捕食者"无人机上加装 AGM−114 "地狱火"反坦克导弹，成为集侦察、监视、定位等作战支援与精确火力打击功能于一体的作战平台。无人侦察机功能拓展，像坦克之于陆战、航母之于海战、精确制导武器之于空战一样，拉开了新一轮作战方式革命的序幕。

　　美军运用情报优势的流程是，空天战场感知系统通过侦察、监视、跟踪关键目标，确定真伪后将目标信息发送至最便于执行打击任务的部队和作战平台，将战场情报优势转化为作战效能优势。从太空的卫星向下延伸直到低空的无人侦察机，层层密集的侦察手段，为特种部队、武装直升机、轻型地面部队随时掌握战场态势，提供了安全、可靠的"天眼"。一个普通士兵手中只要握有 GPS 或者普通电台，便可以通过这些"天眼"与战机、导弹、舰艇等直接相连，使塔利班和基地组织人员很难像北越游击队一样有效躲避。

美军另外一个独特的优势是大规模特种作战能力。美军在阿富汗战争中实施大规模特种作战有两个原因。一是空中作战效果有限。阿富汗战争的政治目标是在阿富汗建立美式民主制度，美军必须考虑到战后重建，以借此赢得阿富汗民众支持，因而空袭受到较多限制。美军开战前三天的空袭目标主要包括：塔利班政权主要机构、指挥所、机场、防空和炮兵阵地、弹药厂、军械修理厂和油库、物资仓库等军事设施。塔利班军队和基地组织处于前工业时代，即使军事设施被炸成粉末，也能简易再生，它们或者根本不需要任何军事设施，或者能非常容易地找到安全庇护地，空袭过后重新集结。另外，塔利班军队数量很少的火炮、装甲车、坦克等处于隐匿中，很难被侦测到。二是阿富汗地形限制了大规模传统地面部队的使用。阿富汗位于帕米尔高原西南兴都库什山脉，平均海拔 5000～6500 米，经过多年反苏战争和各个政治派别、宗教民族力量之间武装冲突，境内遍布堑壕、密洞及暗沟等，还有许多不知准确埋设地点和范围的地雷场。塔利班军营与居民区混杂，有的士兵与普通农牧民无异。这样的地形是大规模传统地面部队的陷阱。

战争是两股活的力量的对抗，风险与机遇、优势与劣势是相对的。阿富汗境人口密集的城镇较少，大多是散布于荒山野岭的小型村落，只要切断村落与山地之间交通联系，塔利班和基地组织分子的活动地域将非常有限，要么躲在附近山洞和丛林中，要么躲在村落居民屋中。美军特种部队可以采取规模小、忽聚忽散的突然行动，不依赖伴随后勤与正规交通，利用直升机、小型汽车甚至原始输送工具穿插分割，便将塔利班人员变成"笼中之鸟"。美军还专门配备可击穿坚固地下掩体的 GBU－28 钻地炸弹和投向洞口以封闭山洞的 AGM－130 导弹，使塔利班军队和基地组织分子失去屏护。阿富汗战争成为首次由特种部队主导地面作战的战争。

特种部队不再是侦察情报、精确破袭专用力量，而是全新空地协同的骨干力量。开战前，特种部队秘密潜入阿富汗境内，实施侦察、为战机指引目标、与北方联盟取得联系。开战仅一周，特种部队成功协助中央情报局策动普什图族首领同塔利班决裂。开战不到两周，特种部队实施了首次大规模作战。10月19日晚，陆海空三个军种所属特种部队同步展开作战行动：陆军三角洲部队2个中队约90名特战队员乘坐空中运输机在坎大哈西南60英里的机场着陆，2小时内占领该机场。与此同时，海军海豹突击队1个中队从"小鹰"号航母上搭乘直升机飞抵坎大哈，突袭重要人物住所，虽然没有完全达成作战目的，但缴获了一些文件和设备，从中获得重要情报。

随着阿富汗战争持续进行，美军特种部队对阿富汗山区的适应能力逐渐提高，显现出不可取代的作用。首先，特种部队能够根据当地环境采取适合的战术。阿富汗山区不利于车辆机动，直升机又难以全天候使用，特种部队从山区民众手中购买或者租用驴、马、原始车辆等作为机动工具，尽量减少既容易导致疲劳又容易招致危险的徒步行动。其次，特种部队配备便携式小型装备，如先进的通信系统、目标定位系统、单兵防护装备等。尤其是单兵防护装备，涂有与山地背景基本一致的伪装迷彩，具有防弹功能，还安装有水净化系统、护肘、眼罩和耳罩等，有效减少了山地近战中木石和炸弹冲击波对人员伤害。

美军在阿富汗战争中的情报优势和特种作战优势，令塔利班和基地组织越来越难以集中兵力主动出击，只能在局部伏击中造成美军小股兵力的暂时被动。美军伤亡远远少于塔利班军队和基地组织。当然，仅凭军队作战能力优势，美国并不能改造阿富汗。

阿富汗境内数不清的洞穴、陡坡丛生的山谷、难以追溯起源的封闭村落，特别容易令美国人回忆起越南战争的惨痛历史。但是，仅仅运用历史表象显现出来的经验预判未来的战争，终将自我制造迷雾。阿富汗战争与越南战争不可同日而语。首先，美国没有遭遇其他大国掣肘，塔利班和基地组织难以获得能够击毁美军先进主战装备的武器系统。其次，美国在邻近阿富汗的中亚地区取得了军事基地使用权。美军可以就近进行后勤补给、轮换部队。没有就近补给是越南战争的重要教训之一。最后，阿富汗社会形态不同于越南。越南是以自然村落为基础的单一民族国家，阿富汗则是以各个部落为基础的多民族国家。在越南，如果某个村落生活遭到破坏，众多村落就在相同民族性心理支配下，产生同情而互相支援。阿富汗则不然，塔利班与多个部落存在历史积怨。美国可以相对容易地组建反塔利班同盟。

美国虽然在阿富汗避免了越南战争的可怕泥潭，但也没有取得海湾战争般的胜利。这主要有两个原因。一是全球性互联网和交通体系促进全球商业贸易不断发展，恐怖组织分散于全球各个角落里，尤其是在难以察觉和容易忽略的地点组织、策划恐怖行动，诱惑、招募成员。二是战争政治目标过大。美国希望按照美式民主制度和价值观建立一个新的阿富汗。民主制度需要漫长时间弥平社会矛盾，为经济发展和民族团结提供彰显公平正义的法律和强力执行政策。然而，在一个多部落流散、矛盾丛生、宗教极端主义思想根深蒂固的未开化之地，如果没有快速实现经济繁荣和社会公平正义，战争会变成泥潭。总之，构建现代国家制度所必需的科技和社会文明，"既是美国的力量源泉，也是美国敌人的生存之道"①。美国赢得阿富汗战争，关键不在于击毙、逮捕、审讯恐怖组织头目、骨干的数量与速度，而在于为平民提供现代化生活方式，让阿富汗成为世界主流文明进步中充分享受其成果的一分子。这比起第二次世界大战结束之后复兴西欧、改造日本更加艰难。2021 年美国全面撤出阿富汗，塔利班重新执政印证了这一点。

阿富汗战争是美国对来自欧亚大陆腹地的危险的反应，反映了一个深层次的战略博弈规律：大国需要强化地位才能强化安全。基于美国唯一超级大国地位，阿富汗战争意蕴着人类历史上首次发生的、海权大国主动追

① Bruce Riedel, "Al Qaeda Strikes Back," *Foreign Affairs*, Vol. 86, No. 3, 2007, p. 26.

求欧亚大陆陆权秩序的主导权。美国追求安全就不可能满足于中亚。按照这个逻辑，代表着美国百年来最具单边主义色彩的伊拉克战争就成为必然。

2002 年 1 月 31 日，小布什发表国情咨文演讲，将伊拉克、伊朗、朝鲜等国家列为"邪恶轴心"①。9 月 12 日，小布什政府向联合国安理会提交核查伊拉克大规模杀伤性武器议案。11 月，联合国安理会允许武器核查人员进入伊拉克境内。联合国回应美国此举，等于承认伊拉克对国际社会存在威胁。如果有国家为本国安全而消除国际社会安全之虞，其武力行动可能获得联合国合法性授权。小布什政府在没有获得联合国的动用武力授权情况下，仍不断强化施加压力。

政治目的决定作战行动。小布什政府认为，要消除伊拉克大规模杀伤性武器的威胁，就必须建立没有萨达姆的伊拉克。在阿富汗战争尚未结束时，美国推翻萨达姆政权的军事行动必须满足两个基本条件：一是力争尽早攻占巴格达；二是大量使用精确制导武器，减少战争对经济设施（尤其是石油设施）和民生设施、宗教场所的附带损伤。前者既为避免战局拖延，又为尽快建立代替萨达姆的亲美政府；后者既为避免过大军事消耗和伤亡，又为最大限度避免伊拉克民众产生敌意。美军需要改变海湾战争时的作战方式，在没有长时间空袭为地面作战创造有利条件的情况下，实施陆空精确协同作战。联合作战中，即使是空中作战或地面作战时机的简单改变，也需要情报侦察、指挥控制、兵力编成、后勤保障等方面做出一连串调整。但是，海湾战争之后，美军从未停止研究、准备针对萨达姆的战争。首先，美军中央司令部从 2002 年 1 月开始便围绕"推翻萨达姆政权"的政治目标，研究和制订全面作战计划。半年之后，作战计划基本成熟。美军参联会进行"千年挑战 - 2002"演习对其检验和修正。2002 年底，美军中央司令部又进行代号"内窥"的指挥部演习，完成了作战指挥准备。其次，美军参战陆军部队和空军部队在计划修订过程中，完成了以精

---

① George W. Bush, The State of Union, Washington: National Archives, January 31, 2002.

确协同为主要内容的临战训练，提高了各级指挥员及其指挥机关的指挥协调能力，测试了指挥手段。

2003 年 2 月 26 日，小布什发表"伊拉克与中东和平"演讲时称："中东向往自由的希望，从未如此接近现实。萨达姆之后的伊拉克，将是对此最激动人心的见证。"[①] 美国推翻萨达姆政权的军事准备已经就绪。3 月 20 日，"伊拉克自由行动"拉开帷幕。

美军开战初期，进展出乎意料地顺利，仅仅三周就兵临巴格达，其原因是多方面的。除去伊拉克国力弱小、军队士气低落、高级官员甚至高级军官被收买、萨达姆执政集团离心离德等因素之外，最关键的是，美军对伊拉克全境不间断、不留死角的战场侦察，以及顺畅的通信与信息共享，使深入伊拉克境内的地面部队能实时与空中作战力量进行精确协同作战。美军集中调用 67 颗侦察卫星、100 多架侦察预警飞机、90 多架无人侦察机，对从伊拉克南部直到巴格达的主要战场实施全方位、全天候、全时辰侦察监视。开战后第三天，美军发起地面攻击时，得到空天战场感知系统直接支援。3 月 26 日，巴格达南部突然出现沙尘暴天气，萨达姆命令附近的共和国卫队精锐麦地那装甲师南下，利用沙尘暴掩护对美军突然攻击，但被美军侦察卫星发现，麦地那装甲师尚未展开便遭到猛烈的空中轰炸而溃不成军。

美军陆空精确协同作战的前提有两个：一是空天感知系统对地面战场了如指掌；二是空中打击行动必须在地面部队进入交战之前，对对手实现高强度毁伤。

具备这两个前提的美军非常轻松地占领了巴格达，其中有三方面原因。一是萨达姆无法组织有效的巷战。防御者在巷战中取胜条件是，政治意志的坚定与统一，以及灵活分散的战术指挥。萨达姆没有将胜利希望寄托于沙漠防线，而是寄希望于城区大大小小的街道，希望美军重演索马里

---

① George W. Bush, "The Speech on Iraq and the Middle East Peace Process," *New York Times*, February 27, 2003.

悲剧后知难而退。但是，萨达姆政权在美军抵达巴格达前处于分崩离析状态，伊拉克军队情报、通信系统陷入瘫痪。在巴格达城中，即使有绝对忠心于萨达姆的部队，也无力组织起顽强抵抗。二是巴格达市区地形不适合守城作战。容易令攻城者陷入巷战的市区，通常有密集、狭窄、弯曲的街道，构造复杂的高大建筑物、闹市区和人口聚集地众多等条件。如果主干街道宽度只够容纳一辆坦克或者装甲车机动且弯曲度较大，坦克或者装甲车在行进中特别容易暴露其中一侧而遭到埋伏，难以发挥直瞄火器杀伤力。但是，巴格达市区内主干街道非常宽阔，可以容纳两辆坦克或者装甲车并行机动。当两辆坦克或者装甲车并行时，可以互相侧应和保护。巴格达市区中超过七层以上的高大建筑物很少，主要建筑物之间间隔非常大，有利于美军直升机、坦克、装甲车，发挥精确火力和远程火力的优势，机动寻歼残余伊军。三是美军城市作战能力得到增强。城市作战是美军自20世纪80年代以来的重点训练内容。陆军和海军陆战队每年需要经过两个月以上的城市作战训练。海湾战争之后，美国陆军和海军陆战队装备大量精确打击武器，极大地增强了市区作战的杀伤效能。比如，美国陆军和海军陆战队装备有一种自动步枪，300米距离内目标命中率达80%（传统步枪命中率仅为15%），且能够在无月光黑夜中正常射击。美国陆军装备了少量轻型智能坦克，能够清除地雷，击穿建筑物。海军陆战队狙击步枪安装激光制导微型弹头。仅从军事技战术角度看，美军在阿富汗战争和伊拉克战争中作战方式的革命性程度充其量是海湾战争的升级版，但获得更多的机会，重新检验作战能力，再一次引领世界军事潮流。

　　两场战争最具革命性的影响是在地缘政治和政治文明领域。美国强化了在欧亚大陆腹地的战略地位，开始重塑欧亚大陆秩序，为冷战惯性"刹车"。伊拉克战争之前，法国、德国破天荒般地反对，但开战后宣布，站在美国的一边。俄罗斯不断与法国、德国协调立场，开战后却极力说服伊朗放弃发展军事核计划。当萨达姆被俘后，叙利亚宣布"截获"基地组织一笔2500万美元的活动资金，朝鲜和伊朗宣布核开发只用于和平目的，卡扎菲宣布放弃发展大规模杀伤性计划。

较之于塔利班政权的阿富汗，萨达姆政权的伊拉克有较完善的现代工农业体系、更加普及的公众教育。伊拉克重建不会遇到在阿富汗的困难与坎坷。然而，在一个受宗教文化主导的地区内，现代国家制度受到地缘政治与民族关系的双重影响。建立民主政体的前提是平衡各方面利益，稳定权力结构。

既然小布什政府决意推翻萨达姆政权，美国中东政策的任何改变均会显得目标宏大。早在 2002 年 12 月 13 日，时任国务卿科林·鲍威尔宣布了"中东伙伴关系计划"（简称"大中东计划"），主要内容有四个方面："鼓励扩大公民参与政府治理，培养公民意识和能力；支持私营企业发展，改善市场环境；增强中东地区与其他地区的文化教育交流，向中东地区青年传播自由民主价值观；提高女性社会地位。"① 美国希望推动中东"历史性"全面变革。

萨达姆政权土崩瓦解后，极端主义势力一度兴起，打开了"潘多拉魔盒"，什叶派和逊尼派矛盾成为伊拉克政局稳定的威胁。

2004 年 6 月 9 日，G8 首脑会议正式推出由美国提议的"大中东计划"，并宣布支持在中东地区实行政治、社会、文化、经济改革，努力推动公正、全面、持久地解决阿以冲突。2005 年 1 月，小布什在连任后就职演讲中，满腹激情地说道："我们这片土地的自由越来越取决于其他土地的自由力量能否获得成功，……世界和平的希望存在于自由向全世界扩展。"② 美国试图将"民主"制度和价值观移植到一个具有数千年伊斯兰文化传统的地区。

民族文化一旦和地缘政治结合，将产生难以预测的力量。"大中东计划"对美国的最大挑战是，民主化进程在中东地区失衡和由此导致的敌友身份转变。中东地区（西亚和北非）的阿拉伯民族分成 22 个政治权力格局、经济发展水平、外交倾向各不相同、亲疏各自不一的国家，它们与中

---

① Colin Powell, The Speech about Partnership in Middle East, Washington: Traditional Foundation, December 13, 2002.

② George W. Bush, Inaugural Speech, Washington: National Archives, January 20, 2005.

东地区其他两个重要国家以色列、伊朗的关系纷繁复杂。由此，中东地区充斥着民族矛盾、宗教派系积怨、领土和能源争端等，其民主化进程必将引起力量重组、格局嬗变。

"大中东计划"符合美国价值观和现实利益，但也暴露了某种尴尬：中东地区亲美国家中不乏长期执政并有严重贪腐问题的领导人。民主化道路开始后，民众在长期积累、难以缓解的经济社会矛盾激化中，容易转化为对他们的敌对情绪，许多激进运动组织演变为合法政党，借助民主机制获得政治权力，造成政局动荡，弱化了美国在中东的地位。

如果美国不是在长期执政领导人的晚年，而是在长期执政的领导人退出政治舞台后，强力推动"大中东计划"，也许会减少风险。"大中东计划"导致中东地缘政治格局巨变，原来亲美、反美各自明确的阵线开始交互渗透，处于难以预知的激变中。

与利用伊拉克战争在中东推动全面变革不同的是，小布什政府在中亚（指乌兹别克斯坦、吉尔吉斯斯坦、塔吉克斯坦、土库曼斯坦和哈萨克斯坦五国）的做法显得非常实用。主要原因是，美国在中东的主导者地位由来已久，但在长期受苏联管辖，受到俄罗斯、中国极大关注的中亚，却是后来者。阿富汗战争表明，美国既需要与中亚国家合作，也需要与俄罗斯、中国合作。美国在中亚的反恐实际需要与"民主"理想之间存在障碍时，现实主义占据上风。如果小布什政府不分对象地将输出民主价值观置于突出位置，背离了中亚国家的政治现实，它们会将稳定经济和社会秩序置于首要地位。中亚各国既亟须外部经济援助，也需要外部力量帮助协调各种政治力量搁置矛盾。因此，小布什政府重点支持能够稳定中亚国家内部政治、经济、社会秩序的力量，而不是鼓励各国内反对党加入"民主"体系。如果小布什政府在推动中亚各国"民主"进程中"拔苗助长"，将难以真正施加期望的影响。

美国与中亚国家的主要合作领域是军事和能源。美国与中亚五国军事合作，必然引发俄罗斯担忧，小布什政府不会、也不可能利用阿富汗战争，在中亚推动类似于大中东计划的全面变革。中亚也不可能出现大国恶性争夺势力范围的对抗式互动。信奉多边平衡的中亚国家，既不会亲美，也不会亲俄，使任何一个大国都不具备决定性影响，也就没有争夺势力范围的运作空间，而是代之以对中亚制度和价值观的影响力的竞争。

美国反恐在中亚受到的欢迎比反对声音多。因为中亚与美国进行军事和能源合作，有利于获取经济利益和维护国内社会稳定。再加上中国扩大投资，俄罗斯利用彼此相近的文化发展军工贸易，中亚国家经济社会发展成果非常显著。2000年之前经济连年下滑的哈萨克斯坦，自"9·11"后与美国展开能源合作，经济发展势头异常强劲。

美国进入中亚后，北约、欧盟和日本接踵而至，有力地推动中亚融入国际社会、享受经济发展红利的同时，国际影响力显著提升。

冷战结束后，欧亚大陆腹地出现了文化异质导致的地区动荡不安、接连不断的民族矛盾和冲突、此起彼伏的边界和领土纠纷、日益猖獗的恐怖主义和极端主义。久已存在却遭到掩盖的民族矛盾与部落仇视成为新的挑战。欧亚大陆腹地就像一根扁担，一头挑着欧洲，另一头挑着亚太。美国如果不能主导其走向，可能被"挤出"欧亚大陆。因此，美国通过两场战争进入欧亚大陆腹地，既存在巨大的风险，也蕴含巨大的机遇。苏联解体造成众多地区出现权力真空，恰好为大国改变地区政策制造了诱因。"9·11"只是加速了美国进入欧亚大陆腹地的步伐而已。

三　拉姆斯菲尔德主导的美军转型

通常，久历风云者随着年纪增长而行事日益持重。在绝大多数领域，推动变革的都不是经验丰富者，而是"初登舞台者"。但是，拉姆斯菲尔德却非政治常理所能判断。经历长久政坛斗争的他，性格倔强而不乖张，加上最年轻国防部部长的鲜亮履历，使他在成为最年长国防部部长后更加强势，凭借国防领域内的威望，成为最适合推动美军转型的变革者。法制化和专业化的军事领导体制，才可以确保极具变革精神和能力的优秀人才，在复杂的政党斗争和利益格局的掣肘中，专注于变革的重大事务，避免被烦琐的行政事务所扰。

　　拉姆斯菲尔德认为，美军尽管在海湾战争和科索沃战争中表现出色，但当美国面临日益复杂的全球安全威胁时，必须迅速摆脱原有桎梏，建立起无可匹敌的优势。2001 年 4 月，拉姆斯菲尔德确立美军转型的四大任务：设计未来战争、组建有志于推动军事变革的领导组织、获得足够的财政支持、培育容纳试错和鼓励创新的军事文化和组织环境。美军转型的根本目标是打赢"明天"的战争，而不是应对"今天"的对手，因而不仅要扩大技术优势，还要塑造思想和眼光的优势。

　　对未来战争的判断是否准确、科学，成为军队变革成功的前提。2001年 4 月 27 日，空军退役上将吉姆·麦卡锡召集多名军事专家组成的研究小组向拉姆斯菲尔德提交了《转型研究报告》。报告认为："未来美国面临的主要战争威胁，将是大规模杀伤性武器扩散背景下的地区性战争；敌对力量将利用先进的全球性信息网络，采用各种技术手段，攻击美国政治、经济、军事、科技等要害目标；战争进程将难以预见的持久，战斗却将可能出人意料的短促。"① 报告的总体判断显示了美国面临的安全挑战。1997 年，北约与俄罗斯达成新型军事合作框架和 1999 年的科索沃战争已经表明，全球和平的主要威胁不再是大国战争，而是民族宗教矛盾激化后，大规模杀伤性武器落入极端主义者手中。各类地区性武装组织成为和平的关键变量。有的地区性武装组织演变为信奉现代国家制度、现代政治文明的力量，有的地区性武装组织成为极端主义力量。地区性政治、经济、军事、文化（民族宗教）等内外事务深度关联后，任何战争都远远超出原来大国博弈所能理解的范畴。一个敌友难分的时代跃然于眼前。美国的最佳选项是对任何危机、战争的潜在制造者，保持强大的战略威慑能力，防范危机和战争被突然挑起；次之选项是一旦爆发危机、战争，能够尽量快速地控制危机、战争规模，以尽量小的风险与代价重塑和平；最差选项是战争长期拖延，造成国家利益与国际责任严重失衡。

---

① State Department, *Militant Transformation Report*, Washington: Government Printing Office Publishing, 2001, p. 13.

上述变化，预示着美国"赢得战争"的标准不再是迫使对方政府接受军事失败，而是令地区性力量没有意志和能力制造战争。美军的职能将由战争爆发之后战胜对手，扩展为在战前与国家机器耦合，成为塑造地区政治、经济、社会等秩序的重要力量，根除地区性战争的诱因。

信息技术持续发展和由此推动的信息产业革命，向政治、经济、社会、军事等全方位渗透，美国面临新的安全困境：军事功能越来越依赖复杂的经济社会体系。联合作战将重点对对手政治、经济、社会、军事目标实施快速、精确毁伤，而不是歼灭对手军队，全新的战争制胜准则开始出现。

正确预判战争，才能准确提出作战需求。《转型研究报告》认为，美军应当"着眼于有效实施战略威慑和联合作战，重点发展空天与核打击、信息作战、远程精确打击与全球投送等前沿性作战能力"[①]。

《转型研究报告》超出了单纯的军事视野，明确了作战需求，要求美军转型打破领导机制、新兴科技、作战理论、部队教育训练等具体军事专业领域，进行系统性创新变革。即使"9·11"事件爆发，美军也没有拖延转型的步伐。

2001 年 9 月 30 日，美国国防部出台了贯彻《转型研究报告》思想的《四年防务审查报告》。报告出现了"Transformation"而非之前惯用的"Reformation"，将美军转型正式定义为"为发展、部署、使用具有革命性优势或者非对称优势作战能力的转型"[②]。革命性优势是转型的核心，要求美军具备独有的或者对手难以模仿的新型作战能力优势。非对称优势是转型的目标，要求美军具备对手无法抗衡与防范的作战能力优势。可见，转型不是基于现实威胁去除既定系统中不合时宜的要素，而是基于新型作战能力重塑系统。

---

① State Department, *Militant Transformation Report*, Washington：Government Printing Office Publishing，2001，p. 26.

② U. S. Department of Defense, *Four Years Defense Report*, Washington：Government Printing Office Publishing，2001，p. 6.

美军转型紧扣住了"9·11"后的美国国家安全环境。面对复杂的世界，恐怖组织、极端组织等非国家组织，以及地区大国对美国的挑战，充满着难以预料的不确定性。明确的对手消失，强大的军队需要花费巨大代价适应多样的对手极为透彻地说明了，军事是人类最复杂的、难以用常理推断的领域。当无法准确预判未来对手时，与其花费大量精力和资源被动防御，不如发展全面能力，尽量使对手无机可乘。美军转型由针对明确对手和明确战场，转而着眼于在全球任何地区、在任何强度和规模的战争中，威慑和打赢任何对手。为此，基于能力的转型关键在于制定与威胁相适应的作战能力需求，在应对现实任务与谋求长远优势之间寻求平衡，而不是偏废一端。如果作战能力需求脱离现实威胁，将导致军队转型误入歧途。如果作战能力需求仅仅满足应对现实威胁，又容易诱使对手寻找新的安全漏洞。

《四年防务审查报告》要求美军重点发展六大能力："保护国土与海外基地的能力、信息作战能力、远程精确打击能力、远程投送能力、联合作战能力、太空作战能力。"[1] 2001 年 12 月，美国国防部按照先发制人战略颁布《2002 年度国防战略报告》，确立了美军全面转型的基本原则，"在难以预知、充满不确定性的安全环境中，灵活应对非对称对手"[2]。六大重点能力被具体化为六项行动需求："以保卫美国本土为前提，确保关键作战基地安全可靠、防范大规模毁杀伤性武器攻击、向反介入环境投送兵力并持久作战、对各类重要目标进行精确侦察与快速打击、运用信息和网络组建无缝连接的联合部队、信息系统具有可靠的可毁能力、消除对手太空威胁。"[3] 美军转型的顶层设计全面成熟，基本适应了美国快速变化的安全环境、美军现有作战优势、最新科技发展成果，保证了转型

---

① U. S. Department of Defense, *Four Years Defense Report*, Washington: Government Printing Office Publishing, 2001, pp. 11 – 19.

② U. S. Department of Defense, *National Defense Report 2002*, Washington: Government Printing Office Publishing, 2002, p. 3.

③ U. S. Department of Defense, *National Defense Report 2002*, Washington: Government Printing Office Publishing, 2002, pp. 6 – 32.

成果的实效性。

"9·11"事件证明，美国面临的安全威胁不仅来自拥有远程打击甚至洲际打击力量的国家，还包括制造恐怖和流血事件的、毫无工业基础与现代产业的非国家组织。它们可以利用远程打击手段或者寻找民事系统的安全漏洞攻击美国本土、海外基地。本土安全是美国安全的基础，只有美国本土安全，美军才能拥有稳固的大后方，海外军事行动才能获得民众支持。美军必须以本土和海外基地安全为前提，打造攻防兼备的威慑与实战能力。

大规模杀伤性武器扩散的危险成为美国心腹大患。如果大规模杀伤性武器落入恐怖分子手中或者其他敌对者手中，他们可以躲藏在全球任何一个角落或者疏于防范之处发起致命性攻击。美国最大的危险源是远离美军重兵密集或者脱离美国监控的"死角"之地。在海湾战争、科索沃战争中大放异彩的远程精确打击、远程投送手段变得日益重要。当美军布局薄弱之处或者权力真空地带出现危机，美军可以通过远程输送工具和交通设施，将足够的兵力投送至合适位置，尽快消除威胁、控制局势；还可以以非接触作战，创造非线式战场，产生非对称优势，减少战争消耗和人员伤亡，降低军事风险、政治风险和经济风险。美军还可以凭借强大的远程精确打击能力、远程快速投送能力，保持"箭在弦上"的主动威慑之势，以吓阻现实和潜在对手制造危机、战争的冒险心态。这样的威慑之势，有利于在危机刚刚爆发、影响最小时快速反应，控制危机事态，甚至快速控制战争规模。

美军的主要作战方式是在从空天到海陆等全维战场感知系统支援下，使用制导武器、远程投送力量，实施精确快速作战。这样的作战方式颠覆了以往的作战原理，导致衡量军事力量优劣强弱指标发生全面偏移。信息优势成为抵消对方数量规模优势、剥夺对方信息获取能力的第一优势。

新一轮科技革命推动新军事革命，加剧了美军各个军种之间的竞争。增强联合作战能力成为统合军种利益格局的最佳途径。克林顿时代，美军运用系统集成和网络技术，推动各个军种武器装备之间互联互通互操作，联合作战能力大幅增强，使转型有了坚实基础。

六大重点能力既体现了美军应对现实威胁的需求，也体现了运用最新科技成果打造新型作战能力的长远考虑，即形成核力量与常规力量兼备、进攻力量与防御力量一体、战略与战役战术功能优势互补的军事系统，以及塑造威慑与实战一体、应对高中低强度与大中小规模的军事态势。它们也反映了美军未来作战行动的典型特征：依托精准高效的情报通信、指挥控制，利用远程精确打击力量、轻型突击力量，通过非接触、非对称、非线式作战，进行全球快速反应、快速投送、快速控制，而不是在广阔的全球战场上的某个特定区域陷入持久战。可见，美军转型的目标是谋求有利的全球性布局，而非令全球陷入无法预料的混乱，即在平时加强战略威慑，一旦威慑不成，便力争以小战、速战制造胜局。在这种情况下，美军转型突出发展两类武器系统。一是导弹防御系统。始于里根时代"星球大战"计划的导弹防御系统成为继核武器之后新型战略威慑力量。虽然多弹同发技术、一弹多发技术、子母弹技术等趋于成熟，导弹防御系统无法成功地拦截所有来袭导弹，但抵消了对方战略进攻的威慑能力。对手对称性优势丧失，意味着己方优势扩大。二是太空武器系统。相对于陆海空电磁和网络空间，太空成为美军优势最大的战场，也是美军最为依赖与倚重的战场。太空部署的卫星和传感器是美军几乎所有先进武器正常发挥功能的基础。另外，太空军事化趋势已经在大国间形成，保持太空的军事优势，成为战略制高点。

全面成熟的战略规划需要充足的财政、科技资源支撑，以及专业化、法治化领导管理，才能转化为实际效用。军事领域的变革是依赖金钱的变革。"9·11"事件为增加国防开支提供了极佳的借口。严峻的现实安全威胁令增加国防开支的呼声高涨。"美国2002财年国防预算高达3480亿美元，比2001财年增加277亿，增长8.8%，占GDP的3.04%。2003财年国防预算又高达3930亿美元，比2002年增加450亿美元，成为自1982财年以来增幅最大的一次。"① 此后，美国国防开支一直占世界国防总开支的40%左右，超过美国之外前 15 个国家的总和。小布什总统在拉姆斯菲尔德提出国防预算应不少于 GDP 的 3%基础上，又提升至 4%。

基于技术水平对作战能力的决定性影响，研发新型武器装备成为推动美军转型的基础性举措。2003 年 11 月，美国国防部根据六大重点作战能力需求，决定将"精确打击武器、集侦察与打击功能于一体的无人机、远程运输工具列为近期发展重点；中期重点发展全球感知、远程精确打击、远程力量投送和太空攻防等四项武器系统"②。同时，拉姆斯菲尔德取消部分不合时宜的武器研发项目。典型的有两个：一是全重达 40 吨的"十字军战士"自行火炮；二是具有隐身性能、技战术指标全面超过"阿帕奇"直升机的"科曼奇"重型直升机。这两个项目已经投入巨额研发费用，即便从经济角度来看，遭到削减也着实令人惋惜。但是，拉姆斯菲尔德认为，既然不适合于未来战争，就没有必要投入更多费用。可见，希望变得更轻、更小、更快、更精确的美军，比对手更早地感知最新科技成就的根源是超越现实的眼界。

资源投入效益取决于领导管理的专业化、法制化水平。拉姆斯菲尔德为推动美军转型，在国防部设置了由多个专家组成的军事转型办公室，主要职责是在国防部部长与常务副部长直接领导下，对美军转型进行顶层设计、全面监督和评估，适时提出决策咨询建议。军事转型办公室主任由前海军军事学院院长、被誉为"网络中心战之父"的亚瑟·塞布罗斯基海军中将担任。作为拉姆斯菲尔德推动美军转型的主要助手和首席智囊，塞布罗斯基是具有战争设计远见的学院派高级将领，而不是醉心于行政权力的官僚型将领，他保证了转型办公室发挥关键性的专业化领导作用，使美军转型与国防政策、军事专业、武器采购、作战指挥、战略规划

---

① U. S. Congress, *2003 Fiscal Year Defense Authorized Act*, Washington：Government Printing Office Publishing, November 13, 2002, p. 31.

② U. S. Congress, *2003 Fiscal Year Defense Authorized Act*, Washington：Government Printing Office Publishing, November 13, 2002, p. 33.

等"浑然一体"。

作为一项巨型系统工程，美军转型牵扯到政府、企业、社会组织，关联到军种竞争，复杂的利益格局可能造成难以回避的阻力和障碍。在军事转型办公室之外，设立了独立于军种和国会的总检察长。总检察长由退休将领约瑟夫·施密茨担任，他与其他部分退役将领、独立律师监督监查军队转型进展，尤其是资金使用情况。由专业化机构实施、体制外人员或机构进行监管的制度虽不完美却必需。它既最大限度地发挥专业人员与机构的作用，又防止了专业人员与机构利用专业化技能与信息不对称可能导致的资金浪费、形式主义、腐败。后来的实践证明，总检察长制度卓有成效。自 2002 年 6 月 9 日成立起仅 3 个月，总检察长进行了 316 次个人会见，与初、中和高级机关的约 643 名人员举行了 34 场讨论会，视察了 26 个野战基地，发起 527 份问卷调查。9 月 10 日，总检察长办公室发表第一份审计评估报告，提出了 10 项重要建议。美军转型改变了军事领导体制及其运作机制。以旧的领导方式和办事程序，无法支撑军队形成新的作战能力。因此，新型作战能力的生成与新型领导管理机制的生成必须同步。

按照常理，战争时期并非军队变革良机。因为变革导致军心动荡，易使一支强大军队成为"泥足巨人"。然而，拉姆斯菲尔德却认为，战争恰好为美军转型提供了难得的"检测仪"。阿富汗战争和伊拉克战争并非全面战争。美军可以对组织指挥、作战方式、后勤保障等，进行考察和检验评估，校对转型目标和进程、举措。美军一边转型，一边从事两场战争，为世界军事史上罕见。

拉姆斯菲尔德推动美军转型带有深刻的个人印记，强势风格和领导变革的统筹能力恰好与转型和战争这个特殊时期所契合。但是，他个人过于激进的工作方式，却使美军军政、军令二元制度弊端频繁暴露。军队一味追求规模小、功能全、部署快的联合作战能力和过度重视无人机、导弹防御系统、远程打击手段和太空武器系统，降低了地面战场的适应能力。基于阿富汗战争和伊拉克战争实际进展，美军地面战场适应能力弱化是战略性弊端。负责指挥作战的中央司令部与军种之间常常争吵，引起军工企业、国会等利益格局的变化。一些新兴军工企业因美军转型快速成长，另外一些传统军工产业因此陷入困境，引起社会性问题。美军转型中，新矛盾层出不穷。这表明，没有完美的军队，没有完美的战争，更没有完美的胜利者。如果用完美主义的视角评价一个人、一段历史、一场战争，陷入迷思的只能是完美主义者自己。

首先，美军转型催生出基于能力的变革模式。美军转型没有事先明确对手和战场，而是从未来美国可能面临的各种安全威胁场景中，设想作战需求，使美军"为了灵活应对各种可能的危险，始终创新对战争环境与行动的设计，解决未来的问题，成为弥漫着变革文化的学习型组织"[①]。该变革文化产生三个方面效果：一是令现实和潜在对手看到美军不断更新、升级新的作战能力，心理受到震撼；二是新型作战能力促使其他大国军队模仿，引领它们跟着美军走，一旦发生战争，便落入美军熟悉的套路中；三是激发美军内部的自我变革与创新潜能，各个军种根据六大重点作战能力需求，对照和评估能力现状，找到差距与解决方式。但是，这一模式也带来两个致命弊端：一是很难确定新型作战能力能否适应未来真实作战场景。作战能力只有放在具体任务环境中，才能获得检验。二是军队建设成什么样子，仗就会打成什么样子。一旦战争设计与未来不符，投入的巨大资源将会"打水漂"。

其次，美军转型快速适应了国家安全环境变化。美军转型启动后，在从事两场战争同时，始终关注美国面临的安全形势的变化。美军关注焦点不断更新："从和平时期到战争状态；从可预见性到不确定性；从单一威胁到多元化威胁；从主权国家构成的威胁到主权国家与非国家行为体并重的多重威胁；从针对主权国家发动战争到针对一国内部某些势力发动战争；从传统的单一威慑到针对'无赖国家'、恐怖主义网络和其他大国构

[①]　George W. Casey, "The Army of the 21st Century," *Army Magazine*, Vol. 59, No. 10, 2009, p. 36.

成的威胁而形成的多重威慑;从应对危机爆发后的挑战到预防危机的爆发;从被动应对到主动塑造未来;从基于敌人的威胁意图到基于敌人的威胁能力;从传统作战到非传统、非对称性作战。"①

拉姆斯菲尔德主导的美军转型显示了军事变革的基本原理:发端于创新军事技术,成熟于组织结构、思维方式等高级领域,最终实现作战能力全面更新。美军转型不再是推动武器装备质量跃升式发展,还包括着眼于提高信息作战、精确作战、太空作战、联合作战等作战能力,超前设计武器系统,形成新思想、新能力需求、新武器系统的体系化发展。美军转型的目标不是为了变革而变革,而是着眼于未来战争需求变革。

第二节　全球战略重心调整 (2009～2016 年)

贝拉克·侯赛因·奥巴马成为美国首任黑人总统,他努力结束伊拉克战争与重返亚太标志着"9·11"后美国全球战略的首次调整。人工智能、网络、太空等新兴技术广泛运用于军事领域,各个大国之间出现明显区别于传统地缘政治博弈与军备竞赛的新型军事竞争,美国仍然是率先变革者。

一　全球战略重心转移

战略主动权来自更快地适应环境变化。奥巴马政府急于结束阿富汗战争、伊拉克战争的重要原因是,欧亚大陆对美国全球地位的影响出现变化。亚太地区成为全球焦点:这里既充满经济活力,又是矛盾争端高发的敏感区域;既有大国间难以厘清的利益交织和地缘政治博弈,也有主权争议、商业利益、宗教信仰等分歧冲突。错综复杂的亚太地区堪比近代欧

---

① U. S. Department of Defense, *Quadrennial Defense Review Report*, Washington: Government Printing Office Publishing, 2006, p. 9.

洲，没有稳定的地区安全机制。美国必须主要关注亚太地区。承诺结束战争和改变现状的奥巴马，注定要两头兼顾地忙碌。

结束战争不能以对手死灰复燃为代价，胜利需要承担责任和风险。国务卿克林顿·希拉里 2009 年 7 月正式提出"重返亚太"。2009 年 12 月，主张从伊拉克和阿富汗撤军的奥巴马政府，却宣布向阿富汗增兵 3 万，加快清剿塔利班和基地组织、增加对阿富汗政府的扶持。急于摆脱伊拉克和阿富汗战局，遮蔽了奥巴马政府的全球视野。直到 2011 年 11 月，奥巴马政府才正式宣布，美国将全球战略重心向亚太转移。

自美西战争后美国从未离开过太平洋。即便将全球战略重点置于欧洲的冷战，美国从事的大规模战争均发生在亚太。冷战结束后，即便在两场战争时期，美国也从未离开亚太。所谓"重返"，只是显示奥巴马政府对亚太秩序新变化的深度关注。2012 年 6 月 3 日，美国国防部部长莱昂·帕内塔提出亚太再平衡战略，2014 年，奥巴马正式宣布实施亚太再平衡战略。自 2015 年 1 月至离任，奥巴马前往亚太地区达 9 次，创下了历任总统在任时赴亚太地区访问的纪录。

战略重心的最可靠保证是军事存在。美国在亚太地区的军事存在以太平洋岛链为依托，靠近欧亚大陆东端的日本、中国台湾、部分东南亚国家（菲律宾、马来西亚等）等被称为第一岛链。在这一岛链内，宫古海峡、台湾海峡、巴士拉海峡、马六甲海峡等重要海上战略通道，对全球和地区贸易、能源、安全等极为关键。关岛、澳大利亚等被构成第二岛链。这一岛链影响美国、欧洲、日本、中国、韩国、俄罗斯等走向远海。阿拉斯加、夏威夷群岛等构成第三岛链，是美国本土面对太平洋的最后屏障。

军事存在的价值有两个方面：一是针对现实或者潜在对手塑造不可撼动的军事优势；二是针对可能爆发的危机增强军事威慑。欧亚大陆东端与第一岛链之间，存在多个充满主权争议的海域，美国在第一岛链加强军事存在的意图非常明显，展示强大军事实力震慑危机挑起者，或者一旦危机爆发，可以快速应对。美国在第一岛链上最大军事基地位于日本，它们既是保持军事威慑的最可靠依托，也是针对危机快速反应的最近跳板。自克林顿时代起，驻日美军不断调整。奥巴马时代，美军驻日部队约为3.8万人，主要军事基地包括：东京附近的横须贺海军基地（美海军第7舰队所在地）、冲绳的军事基地（美海军陆战队第3远征部队所在地）、三泽和嘉手纳空军基地（美空军战斗机联队所在地）。美国加强第一岛链存在的核心是扩大在日本的部署。自2012年开始，美国开始了冷战结束以来在日本军事基地强化部署的最快步伐。最重要的象征是"里根"号航母2015年替代"华盛顿"号航母，常驻横须贺海军基地。作为美国海上实力象征的航母编队，既是针对危机事态的先头力量，又是海上作战的主要力量。美军由以往危机爆发后的应对性干预者，变成超前的态势塑造者。

2015年4月，《美日防卫合作指针》取消了美日安保合作的"地理限制"。2016年9月，美日新版《物资劳务相互提供协定》规定，美军与日本自卫队应当相互提供包括食物、燃料等物资以及运输劳务在内的后勤支援。美国依靠在美日同盟中不可动摇的主导地位，持续强化美日联军作战体系，彻底改变冷战时期在亚太塑造制衡态势的角色，变成直接面对危机的超前介入者。

美日同盟变化促进了美国和其他亚太地区国家军事同盟变化。随着美日同盟扩展，为"照顾"其他盟友，美国相应增强了美韩军事同盟、美国与新加坡军事合作关系。美韩在2012年之后的联合军事行动明显增多，联合军事演习规模明显扩大。美国海军第七舰队2016年在新加坡增加部署了4艘濒海战斗舰和3架P-8A型巡逻侦察机，加强了对全球性战略要道马六甲海峡的控制。

如果争端激化和危机爆发的征兆明显，盟国或许出于躲避战火和麻烦，或许出于在多边框架中争取最大利益，将可能动摇对美军前沿存在的支持。美军前沿存在的依托是庞大的军事同盟体系和军事基地，当军事基地所在地遭受远程火力打击和网络攻击时，难以发挥前沿的战略支撑作用。因此，美国强化在亚太军事存在的另外一个重要措施是，提高第二岛链的战略地位。关岛成为美军部署先进战机和机动作战兵力的核心支点，澳大利亚成为美军重要的后方基地。位于关岛的安德森空军基地部署了美军最先进的空军战机，如 F－22 战斗机、F－35 战斗机、B－1 战略轰炸机、B－2 战略轰炸机等。2016 年 4 月，1250 名美国海军陆战队队员抵达澳大利亚澳北部达尔文港。在奥巴马第二任期即将结束时，美军仍然在执行"将 60% 的海空作战力量部署至亚太"[①] 的计划。

美国与印度的军事合作关系不断深化。2016 年 8 月，美印正式签署《后勤交换协议备忘录》。12 月，时任国防部部长阿什顿·卡特访问印度时，宣称印度是美国的重要防务伙伴，美印双方国防技术交流与国防贸易被提升至"亲密盟国与伙伴"等级。美国将印度变成了"准盟国"。

关岛和澳大利亚成为重要的兵力集结地和战略支点，印度在美国全球战略中地位提升，增加了美军在亚太地区的战略纵深。美军超前防范危机、快速遏制危机的深层次意图，是将塑造地区安全态势当成地缘政治博弈的一种手法。

新的军事部署必将要求设计新的作战行动。形成部署与制订作战构想成为美军战略行动的"双翼"。伴随着美国在亚太形成新军事部署，美军开始制定新的作战构想。作战构想是一支军队根据对手、战场、武器装备等因素设计作战行动的基本蓝图。制订作战构想本质是设计战争，是先于对手在头脑里展开的战争。

2011 年 2 月，美军提出空海一体战思想，对"9·11"后作战构想做出重大改变。越南战争之后，美军在亚太地区始终避免直接军事冲突，注重在危机爆发后采取战争边缘政策，遏制危机扩大。空海一体战思想强调，超前部署强大海空力量，形成震慑之势，将危机扼杀于萌芽状态，如果危机恶化为局部战争，利用海空力量优势，在亚太地区实施一体化作战。

按照空海一体战思想形成的全新作战构想，要求美军塑造不可超越的

---

① Ash Carter, 2017 Defense Posture Statement: Taking the Long View, Investing for the Future, Washington: U. S. Department of Defense, 2016, p. 12.

海空力量优势、同盟优势、情报优势，既可进入危机爆发地区"灭火"，也可在广袤的太平洋上高强度作战。

作战构想需要具体战略与政策支持，才能转化为有效行动。为落实基于空海一体战思想的全新作战构想，美国国防部 2011 年底出台《美国国家军事战略》，提出"全球公域进入与机动联合"的作战概念；2012 年 1 月出台《可持续的美国全球领导：21 世纪国防的优先任务》，提出"将在未来以联合军事演习、灵活的军事部署、派出军事顾问等方式，谋求在重要地区低成本、小规模的军事存在"①。据此，美国国防部提出一系列新的战略与政策。

它们产生了深刻的政治意义。美国将主要对手由行动方式和威胁难以确定的恐怖组织、极端组织、叛乱力量等，转变为拥有正规海空军力量和战略进攻能力的地区性大国。2015 年 7 月，美国国防部出台《美国国家军事战略》，明确美军的战略任务是："威慑敌对性国家政府，在重要区域拒止并在全球战场上击败敌对性国家军队；消灭、瓦解和摧毁恐怖暴力组织；为全球盟友提供可靠军事支持；加强全球合作伙伴关系。"② 改变主要对手必将要求新的情报重点、作战计划、战备训练等。

新的作战构想既需要新的作战力量支撑，也会牵引发展新的作战力量。为落实空海一体战思想。首先，美国海军与空军的联合作战能力需要得到增强。其次，海空军的远程打击和机动投送能力需要得到增强。最后，海空军依托的基地网络需要更加庞大。能否获得这些支撑，又取决于国防开支投入和外交运作的效果。可见，作战构想的直接执行者是军队，背后是整个国家。

2016 年 2 月，美国国防部出台《2017 年国防态势报告：放眼长远、投资未来》，指出："美国不仅将加强与日本、韩国等传统盟友关系，还将

---

① U. S. Department of Defense, *Sustaining Global Leadership Priority for 21st Century Defense*, Washington: Government Printing Office Publishing, 2012, p. 2.

② U. S. Joint Chiefs of Staff, The National Military Strategy of the United States 2015, Washington: The Pentagon, June, 2015, pp. 22 – 26.

提升与印度、越南重要的伙伴关系。"① 美军需要在亚太地区谋求更多的机场和港口、后勤与情报合作，强化控制军事态势主导权，确保作战行动更持久、更有力。美国也将因此承担更多的地区安全责任，使区别于传统军事同盟的新型军事合作关系，成为扩展全球霸权的新支点。美国将亚太作为全球战略重心，不仅是对西太平洋地区争端激化的反应，还将从东北亚海域直到印度洋广阔海域联结为一个整体地缘政治板块。此后的印太战略成为必然结果。

在美国因次贷危机爆发而经济与社会问题堆积如山时，奥巴马政府投入巨大的政治、外交和军事资源，将全球战略重心向亚太转移，说明美国仍然是根据地区秩序的可能变化而自我调整适应，言其衰落恐怕稍显简单。

二 新的太空战略

任何新兴技术，终将全球普及。正如核武器，由少数强国垄断的"专利"，变成今日人类最危险的扩散技术。太空已经成为一个新的国际公域。在海湾战争、科索沃战争、阿富汗战争、伊拉克战争中，美军不仅依赖军用卫星获取战场情报优势，还租用商业公司的通信卫星直接用于指挥控制。行为传统、商业利益、战争胜利等多重诉求，合力驱动着美国越来越重视太空。1994 年 10 月，克林顿政府出台《国家太空政策》，指出："任何国家的空间技术设备都属于该国资产，具有在太空不受干涉地自由通行和行动的权利。对任何国家空间技术设备进行有目的的干涉，都将被看作是对主权的侵犯。"② 克林顿政府承认所有国家对太空自由通行权的本质是，确保美国太空力量的自由通行权。小布什政府 2002 年 11 月拒绝签署《太空非武器化条约》，试图"将太空武器化作为一种武力震慑行为，切

---

① Ash Carter, 2017 Defense Posture Statement: Taking the Long View, Investing For the Future, Washington: U. S. Department of Defense, 2016, p. 20.

② The White House, *National Space Policy of the United States*, Washington: Government Printing Office Publishing, 1994, p. 2.

断可能威胁美国国家安全与利益的所有国家进入太空的途径"①。2004 年
10 月，总部位于加利福尼亚州的斯凯尔联合公司成功研制航天飞行器并
取名为"太空船一号"。同时，许多美国私营企业正在研究开发太空旅游
商业项目。小布什政府 2006 年 10 月发布《国家太空政策》宣称："对美
国空间技术设备的任何干扰都将会被视为对美国主权的侵害。"② 比起克
林顿政府，小布什政府直白地强调，美国太空力量享有太空自由通行权。
2007 年 9 月，美国国家航空航天局局长迈克尔·格里芬首次提出"太空
经济"理念，加快发展新型航天载人技术，开发新的太空活动服务与产
品。冷战后美国太空战略框架就此确立：自由通行权、商业利益、军事优
势。塑造军事优势确保自由通行权以追求商业利益，而追求商业利益的前
提是美国太空资产及其任何行为不受威胁。

相对其他高新科技领域，太空科技的特殊性在于，商用设备与军用设
备高度重合。美国的太空战略超越单纯的军备竞赛，成为谋求军事垄断与
开发商业利益的全面控制权的国家行为。追求军事垄断与开发商业利益是一
对矛盾体。不断扩大的太空商业行为，有利于美军获得新的技术，支持部署
和运用新的太空武器，但开发商业利益必然要求扩大市场，制造了其他国家
分享太空科技的机遇窗口。

2010 年 6 月，奥巴马政府出台《国家太空政策》宣称，美国"将通
过充满活力和竞争精神的太空商业行为，巩固在太空的优势地位"③。这
一新的太空政策还充满道德感地主张国际合作："扩大太空开发的受益领
域、推进国际社会和平利用太空、构建关于太空资产的信息合作与共
享。"④ 如果这一主张得到贯彻，太空将会成为国际合作的典范。因为太

---

① Centre for Defense Information, The Bush National Space Policy: Contrasts and Contradictions, Washington: The Pentagon, November, 2002, p. 4.

② The White House, *National Space Policy of the United States*, Washington: Government Printing Office Publishing, 2006, p. 4.

③ The White House, *National Space Policy of the United States*, Washington: Government Printing Office Publishing, 2010, p. 3.

④ The White House, *National Space Policy of the United States*, Washington: Government Printing Office Publishing, 2010, p. 4.

空科技几乎与所有前沿科技存在深刻关联。比如，"载人航天技术、太空和大气层环境监测与保护、自然灾情（地震、极端气象等）预警、通信技术、新型材料与能源、信息探测等各个领域"①。但是，其道德化语言和温和立场的本质，仅是引人注目的倡议，而非改变建立太空秩序的行为规范。

首先，事关国家安全的前沿科技是大国各守畛域的敏感事项，美国提出共享新兴技术产品时，会吸引许多国家，但它们只对美国的成果趋之若鹜，却不大愿意将自己的技术慷慨分享。信息时代的所有合作均是以共享信息科技产品和服务为基础的。谁掌握公用信息科技，谁就掌握合作主动。由于欧洲"伽利略"系统采取不同于美国的核心技术标准，奥巴马政府将拥有独立技术标准的全球卫星定位系统（GPS）列入了国际合作研发项目。可想而知，如果这一系统在国际合作研发中影响其他系统，美国的太空科技主导地位将更加牢固。

其次，国际社会天然不平衡性使太空领域的国际合作显得特别突出。奥巴马政府拟将"负责任的国家、国际组织和商业公司"② 作为合作伙伴，意味着国际社会中国家、国际组织和商业公司是否"负责任"，由美国政府、企业，甚至军队界定，而不是由平等合作的共同意愿界定。这反映出，美国凭借强大的商业资本与科技资源，将国际社会开发太空的战略合作变成由自己主导的同盟行为，而不是有利于国际社会所有相关方的普惠行为。奥巴马政府所谓的国际合作实质上是另外一种形式的垄断。

最后，主权独立平等原则被实力失衡伤害的政治现实始终存在。奥巴马政府主张："空间系统受国家主权保护适用于任何独立主权国家，空间系统在太空的自由通行与采取行动的权利不应当受到干涉；对一个国家或

---

① The White House, *National Space Policy of the United States*, Washington: Government Printing Office Publishing, 2010, p. 7.

② The White House, *National Space Policy of the United States*, Washington: Government Printing Office Publishing, 2010, p. 8.

者组织所属空间系统及其支持性基础设施的有目的的干涉，可以被认为是对主权的侵犯"。① 奥巴马政府认可其他国家和组织所属太空力量作为主权资产的法理权威，是政治与道义上的进步，但对其他主权行为体的太空资产与行动的尊重，也从另外一面强调了太空力量的自我保护权利。对太空力量的自我保护能力和对其他主权行为体的太空资产的进攻能力，美国已经无可匹敌。所有主权行为体的太空资产的主权法理地位必须得到尊重，意味着美国取得了主导制定太空行为规则的绝对道德与法理权威，这是一种软财富，对于未来美国继续巩固太空优势，具有不可估量的前景。

本质上，奥巴马政府太空战略与之前"公开拒绝和平使用太空的小布什政府"② 是一脉相承的，即"保证美国在与太空相关的科技、商业、产业与伙伴关系等领域占据绝对优势"③。因此，奥巴马政府太空战略的核心仍然是美国与盟国太空力量的安全、主导地位的巩固，而非令太空为国际社会共享。实际上，国际社会共享太空的基础本就不牢固。首先，各国需要毫无保留地与他国分享太空科技，以此为前提进行国际太空科技研发。其次，各国能够平等地制定太空行为规则，并且在太空行为规则中共同受益。最后，各国必须在太空领域形成军事互信。这三个基础中的任何一个，在可预见的未来内都极难实现。

奥巴马政府太空战略在理想主义和现实主义的矛盾中模糊难行。一方面，美国"推动国际社会实现太空非军事化，希望达成全面禁止研发、部署、使用太空武器的协议"④；另一方面，美国将"采取多种方法确保所有负责任方使用太空；通过震慑潜在的太空攻击行为，采取多种方式挫败

---

① The White House, *National Space Policy of the United States*, Washington：Government Printing Office Publishing, 2010, p. 13.

② Institute of Air and Space Law, *Peaceful and Military Uses of Outer Space：Law and Policy*, McGill University, February, 2005, p. 3.

③ The White House, *National Space Policy of the United States*, Washington：Government Printing Office Publishing, 2010, pp. 5 – 15.

④ Tener Brinton, "Obama's Proposed Space Weapon Ban Draws and Mixed Response," *International Affair*, February 4, 2009.

敌人的太空攻击行为，确保固有的自卫权力和太空资产安全，支持维护盟国的太空资产安全"①。2010 年 4 月，美国最新型空天打击飞机 X‑37B 首次试飞。2010 年 6 月，奥巴马公开宣称："我们不希望与对手进行毫无意义的竞争……我们的中心目标是促进国际社会在太空探索方面的协作。"②奥巴马政府太空战略将国际合作与提升硬实力并重，对于国际社会和平开发太空具有政治和心理上的积极意义，但在不断强化太空军事能力的背景下，不仅没有阻止太空武器化，反而成为加快发展新型太空武器的"掩护"。

商业利益决定美国开拓新兴领域的基本模式。相对于其他国家，美国开发太空的基本模式是，强大的商业力量察觉到赢利机遇，激活资本与科技资源，发展新型太空产品和服务，驱动政府建立太空军事优势与主导制定太空规则。奥巴马政府于 2010 年 6 月 "计划向私企提供 62 亿美元的研发载人航天器的支持经费"③。2010 年 6 月，美国太空探索技术公司成功发射 "猎鹰 9 号" 运载火箭。2012 年 5 月 22 日，该公司成功发射 "龙" 飞船，成为第一架向国际空间站输送货物和人员的商用太空航天器。2013 年 12 月 3 日，该公司又成功发射在地球同步轨道运行的通信卫星。私营企业的太空产品与服务力量与政府的太空设施，共同构成了美国太空力量。奥巴马政府的太空战略出现一个新趋势，向太空输送物资、人员和建设空间设施、发射航天器等由私营企业承担，政府侧重于培育太空市场、制定太空商业与科技行为规则、主导太空开发战略、规范与支持私营企业商业行为等。当私营企业对国家行为影响力增强时，逐利天性中对国际道义的相对轻视和对地位的绝对重视，必将促使美国在太空的国家行为，尤其是军事行为更加容易带有单边主义色彩。未来，美国推动国际社会合作

---

① The White House, *National Space Policy of the United States*, Washington: Government Printing Office Publishing, 2010, p. 3.
② Barack Hussein Obama, The Speech about Statement of National Space Policy, Washington: National Archive, June 28, 2010.
③ Steven Holland, *White House Defense Space Plan from Astronaut Critics*, Washington: Government Printing Office Publishing, 2010, p. 6.

开发太空，受制于私营企业。政府和私营企业行为日益交融，私营企业的商业利益鲜明地代表美国的国家利益。优势的商业资源成为开发太空的重要力量，美国将比其他国家更加主动地创造新的商业机遇，给伙伴提供合作平台，给竞争对手造成新的压力。

　　商业利益扩大时，奥巴马政府似乎有些"身不由己"。奥巴马政府一直以来批评小布什政府开发太空的"星座"项目，反对研发新的宇宙飞船取代现有航天飞机，在月球上建立基地。奥巴马政府认为，"星座"项目耗费巨大、需要时间过长，希望以花费较小、用时较短的项目取而代之。但是，不断扩大的商业利益不允许政府压缩战略性、综合性工程项目。小布什政府确定的"星座"项目非常庞大，令众多企业成为受益者，如果被压缩，利益受损风险剧增，企业必定向国会施加压力。第一位登上月球的宇航员尼尔·阿姆斯特朗等一大批宇航员公开指责，取消"星座"项目将对美国航天事业造成毁灭性打击。2010年4月，迫于各方压力和利益诉求，奥巴马政府宣布了比"星座"项目更加宏大的太空工程，计划在2025年前后，在月球上建立以机器人为主的太空基地，使用新的航天器探索月球之外的宇宙空间，2030年之后实现环绕火星飞行，登上火星。比之小布什政府的"星座"项目，奥巴马政府的计划虽然时间跨度相对较短，但吸纳了人工智能技术和机器人技术等先进技术，开发太空步伐更大。另外，旧航天飞机即将退役，许多失业者即将出现。为了弥补失业损失，奥巴马政府"出资4000万美元进行新的就业培训，改造升级肯尼迪航天中心，创造超过10000个就业岗位"[1]。奥巴马鼓励私营企业参与开发太空，反映了美国国家行为的本质，新兴领域的军事优势与商业利益、科技创新、社会公平是一体的。

　　奥巴马政府的太空战略基点是科技优势、商业利益、太空力量安全。研发新型太空武器系统是集科技研发、商业行为与国家安全行为等功能于

---

　　① Barack Hussein Obama, The Speech about Space Exploration in the 21st Century, Washington: National Archive, April 15, 2010, p. 2.

一身的，比起太空军备谈判和国际合作，更加容易触动美国国内政治经济社会的"神经"，使得太空军备竞争比太空军备控制谈判更能够刺激私营企业追逐商业利益。

三　第三次抵消战略

美军利用第二次抵消战略形成了以信息作战、远程精确作战为核心优势的能力体系。全球化进程加快，科技成果、资本、人才等依托全球性市场、交通、现代媒介广泛流动，越来越多国家军队显著增强了远程精确打击能力、信息作战能力，极大削弱了美军优势。

首先，美军布满全球的军事基地网，暴露在对手的远程火力打击范围之内。全球性基地网对美军的价值有两个方面。一是全球范围内针对危机快速反应。当全球范围内敏感或者关键地区爆发影响美国安全与利益的危机时，美军可以依托就近基地快速反应。二是一旦开战，美国依托全球性基地网，迫使对手多线作战而首尾难顾。当今世界，没有任何一个大国像美国一样，在全球建立密集的军事基地，使美军借此依托，从多个方向、使用多种手段，令对手陷入四处应战之状。

然而，依赖就是弱点。全球性军事基地网也为美军带来致命弱点。一是军事基地持续支撑美军作战的风险巨大。军事基地分布于各个发展不平衡的地区之间，有的军事基地所在地区的政治经济社会秩序高度动荡；军事基地直接处于安全威胁之中，地区性非政府武装组织可以相对容易地获得火箭弹、迫击炮等武器，对美军军事基地进行直接摧毁和炮火打击；军事基地生活给养、后勤供应等物资，依赖所在地区市场，容易被敌对力量控制，造成运转困难。二是美军军事基地限制了美军选择使用多种作战方式的灵活性。有的军事基地只能驻扎战机，有的军事基地只能停泊舰艇编队，有的军事基地只能容纳少量地面兵力。各个地区军事基地功能的局限，造成美军诸多作战行动难以、甚至无法有效展开，对手可能避开美军优势利用它的短板制造事端。

其次，美军现有作战能力受到越来越大的制约。一是传统的海军作战模式遭遇严重挑战。美国海军的主要作战力量是航母编队，作战方式是以大型航母作为海上移动机场，搭载舰载机实施攻击。为了屏护在海上移动的航母，需要配置潜艇、驱逐舰、巡洋舰等舰艇。这种作战方式的优点是，可以在广阔的公海战略机动，对海上目标、空中目标和陆地目标实施"非接触"精确打击，也可以利用舰艇运载能力，投送两栖部队在沿海地区登陆。但是，在先进的侦察技术和发达的信息媒体环境中，航母一动，全球尽知，美军难以达成战略突然性。远程精确打击手段在精确侦察与定位的支援下，完全可以直接摧毁航母编队中的舰艇；随着防空武器系统的发展，舰载机一经出动，便容易遭到监视和打击。而且，强大的实力和垄断的地位更加容易刺激对手寻找美军的弱点。虽然规模庞大的航母编队令美国海军在公海不可能遭遇挑战，但也失去了实用价值。如果在濒海地区时，航母编队又可能遭受威胁。换言之，航母编队长于远程精确打击和对小范围沿海地带实施短期夺控，如果在长期战争中，航母编队的作用只限于战场空间遭到分割时的火力支援。缺乏固守能力的航母编队限制了美国政府运用政治和外交手段。二是先进的空中作战平台在新型防空力量面前变得特别脆弱。空中作战平台始终面临防空兵器的威胁。海湾战争之后的历次战争中，美军仅有 1 架 F – 117 隐形轰炸机被击落。但是，新型雷达技术、制导技术的发展，令攻克隐身技术难关的可能性越来越大，即便是先进的隐身战机，也容易遭到击落。价格昂贵且代表着国家科技、军事综合能力的先进隐身战机，一旦被击落，美国的战争能力将受到质疑。美军过于依赖信息系统和基地体系，导致部队、作战平台部署与运用几乎公开暴露。

为了弥补上述劣势，2014 年 11 月 15 日，美国国防部部长查克·哈格尔宣布实施国防创新行动，被称为第三次抵消战略。随后，国防部官方宣布，国防部副部长鲍勃·沃克专门领导和实施第三次抵消战略，由负责装备采购与研制的国防部副部长弗兰克·肯德尔负责制订具体实施计划，确定未来 5 年新型军事技术研发重点。

第三次抵消战略"特别关注太空作战、水下作战、新型制空、导弹防御，以及其他新兴领域"①。可见，美军针对作战能力的弱点，通过第三次抵消战略提出两个解决之道：一是降低部署与运用的暴露概率；二是加强对现实和潜在对手的监视能力。

前者需要研制具备自主作战能力的智能化无人作战平台（包括机器人）、新型的远程打击平台等武器系统，主要目的是降低人员伤亡危险和对基地的依赖；寻求新的战场空间，如水下、低空、极地等；建立新型远程投送力量体系，以更快的速度改变部署与运用方式。后者需要构建全球性监视网络，"重点是基于人工智能和大数据技术于一体的新型指挥控制系统，能够自动跟踪恐怖组织活动、敌对国家导弹储运、重要目标的位置变化等情况"②。美军将现有空天侦察、探测、预警等平台，与陆海相应平台融合，构建一体化战场监视体系，实时监控各种威胁性目标，实现自动反应、同步打击。

美军新型全球作战构想就此出现，即便不需要现有基地和信息系统，也可以在尽量多的地点、针对尽量多的敌对目标，发起主动、精确、迅猛的打击。如果这个新型作战构想得到落实，当前普遍用于"前沿存在""力量融合""分布式部署"等的武器与设施，将和 20 世纪 90 年代后重型坦克装甲车一样走进"历史博物馆"。代之以兴起的是，美军无须全球驻扎，也可全球运用；无须依赖某一个空天系统和基地，也可使对手的任何防御都成为徒劳。

正如第二次抵消战略的基本原理一样，利用最先进科技革命成果形成军事优势也是第三次抵消战略的基本原理。以人工智能技术为核心的一大批新兴科技成果对经济社会产生巨大冲击，继信息技术之后的又一次科技革命浪潮喷涌而来。受益于科技革命的美军，必然要围绕人工智能技术实施第三次抵消战略。

---

① U. S. Department of Defense, *Long Range Research and Development Plan Request for Information*, Washington: Government Printing Office Publishing , 2014, p. 16.

② U. S. Department of Defense, Military Robotics: The Future of War, Washington: The Pentagon, February 2, 2018, p. 14.

人工智能技术是使机器具备人脑支配和决定人体行为的模仿技术。建立在计算机技术基础上的制导技术是初级的人工智能技术。因此，以人工智能技术为核心支撑的作战方式，本质上是自动化精确作战。

精确作战出现前，军队作战能力优势依赖武器、人力的数量规模，交战双方必须在关键时间和空间上集中兵力与火力，胜利属于能够在更大战场和更长久的时间里占据主动和优势的一方。因此，拥有更多人口、更加强大的工农业、更加广阔的领土和远离是非之地的地理位置等成为获得战争胜利的有利条件。美国因近乎完美拥有这些条件成为世界大战的胜利者，苏联次之，正是这一规律的反映。

精确作战出现之后，利用远程精确打击武器一击而胜，成为理想化的战争制胜模式。然而，正如核武器导致的悖论一样。当所有军队都在追求一击而胜时，一击而胜便成为不可能。远程精确打击武器的精髓不是远程运载工具和精确打击弹药，而是引导弹体和运载工具向目标精确"击打"的信息系统。信息系统如果失灵、瘫痪，战争将可能走向失败。信息系统贯穿于陆海空天等物理空间领域，导致战场空间既可以是全球、远程或者近程，也可以是一维或者多维，战争时间既可能持久，也可能短促。战争胜利也许属于能一击而胜的一方，也许属于经久不败的一方。尽管短促决胜日益重要，但也不可能完全颠覆持久制胜的法则。战争胜利者属于信息系统以及信息系统支撑下的军事力量体系更能经得起消耗与打击的一方。

精确作战降低了人员和武器装备数量规模优势的价值，但并不代表军队规模毫无意义。军队由人少器精的各个部队构成，人员可能突破以往军人与平民的界限。因此，精确作战逐步使"发现—打击（防护）—评估"的普遍作战周期与平时的"威慑—作战—塑造"的战略周期相统一，依赖信息系统与打击（防护）系统高度融合，针对敌对目标进行跟踪、探测，或者直接打击。精确作战没有也不可能颠覆战争制胜原理，但改变了战争行动方式。

以人工智能技术为核心的诸多先进技术注入军队，提高了精确作战的自动化程度，直至实现无人化作战。无人化作战的核心是"自动进行信息共享及其在此基础上的自主协同，形成高速和精确攻防"①。无人化作战的技术基础是以人工智能技术为基础的广泛技术群，包括当代最前沿的几乎所有成果，尤其是 3D 打印技术、机器人、自主控制、微型工具、大数据、新型的制造工艺等。因此，无人化作战新的优势是节省大量人力，减少人员伤亡；提高战场生存能力和适应能力；具备无限制精确火力、无障碍机动能力、无遮挡探测能力形成的超强作战效能。

无人化作战平台只有大规模使用，形成独特的作战体系，才能确保美军持续作战和辅助政治控制。但是，研发、制造、装备、维修等经费非常高昂，美国更倾向于凭借超群的经济与科技实力，不待传统意义上宣战，未战而定胜负。美军需要着眼于在未来更加安全和便利地发挥精确作战、全球作战的优势，不能被动应战，而是主动求战。强化单边主义的心理诱因更加强烈。

技术迭代创新周期正在急剧缩短，军事技术代差呈算术级增长，军队作战能力呈现代数级增长，导致具有相同类型而不是相等能力指数的大国军队之间，作战能力差距明显。

美国完全有可能凭借军队强大的无人化作战能力、空天作战能力、全球打击能力，迫使对手发展相同而永远无法相等的作战能力，因而减少关注其他各方尤其是对手的反应，导致其未来全球战略趋向更加主动。

只有大国才能积累先进的科技和工业资源。充满着危机感的美军希望第三次抵消战略率先形成其他大国军队无法制约的作战能力。可见，维护军事优势已经不是大国的政治手段，而成为政治目的。

第三次抵消战略区别于第二次抵消战略的显著特征是，依托不同的科技资源。第二次抵消战略强调依托美国最新信息科技成果，第三次抵消战略要求"充分运用全球市场中的新兴技术"②。这一变化反映了全球化与

---

① Robert O. Work and Shawn Brimley, 20YY：Preparing for War in the Robotic Age, Washington：The Pentagon, January, 2014, p. 101.

② Chuck Hagel, Defense Innovation Days Opening Keynote, Washington：The Pentagon, September 3, 2014, p. 72.

美国的复杂关系。美国推动全球市场加速形成，也依赖于全球市场。全球化成为美国的最强大优势，也成为美国的最致命劣势。希望将全球化市场中的科技资源军事化反映的是美国、美军的开放。政府部门、国内党派、企业、社会团队必须按照全球化市场规则，打破科技资源军事化的政治、经济、社会束缚，才能使美军不断保持技术优势。注重资本逐利天性的商业力量，将第三次抵消战略套上了市场枷锁。美军深深地嵌入全球市场表明，全球市场兴则美国兴、美军强；全球市场衰则美国衰、美军弱。在全球市场的科技资源配置中，美国掌握着该领域的主导权，全球市场中产业链一旦断裂，先进科技资源难以转化为市场与商业效率，美军就无法及时吸纳先进科技资源。

美军更加依赖于全球市场，国内军工复合体因而出现扩大国际市场的冲动。美国国防部正式宣布实行第三次抵消战略之后仅一个月，一个工作班子造访了"硅谷"中许多从未与美军合作过的新兴科技公司，询问它们对未来美军发展的意见。欧洲、日本、印度等一些拥有科技创新能力的企业，也将参与美军合同。美国军工复合体由国内走向国际的过程中，在全球市场框架中将促进美国与盟友、伙伴的军事合作。这显现出一个趋势：美国承担的领导同盟责任扩大，其他盟友也要扩大相应的同盟责任，最终实现军事一体化。

四　谋求网络空间霸权

科技水平决定社会形态。信息时代相对于工业时代的鲜明区别是，政府、企业、军队、社会组织运转必须依托庞大、多样的信息基础设施。将数不胜数的信息基础设施连接为无处不在的网络，成为大国政治、经济、外交、文化、军事等行为的基础载体。一个大国的网络若被摧毁，尽管没有战火硝烟，也会"灰飞烟灭"。

依存程度代表安全脆弱程度。美国是对网络依存度最高的大国，因而成为对网络安全最为敏感的大国。作为美国全面进入信息时代的标志，克林顿政府提出的"信息高速公路计划"的最大影响是，"国家安全边界消失于没有边界的网络空间里"①。在全球反恐时期，小布什政府为了防止恐怖分子利用网络发起袭击，"重点建设国家网络空间预警与安全响应系统，加大对互联网的监控、保护、国际合作"②。网络全方位地影响美国外交、情报、工业、商业、国防、通信等所有领域，"网络攻击成为美国国家安全的首要威胁"③。

美国军事行为模式是，先有所行动，再出台国家层面的战略。比如，先在太空先发射卫星，再出台太空战略。在网络空间上，这一行为模式得到延用。早在海湾战争，美军运用计算机病毒渗透攻击伊拉克防空系统，开启了网络空间作战。在之后历次局部战争和武装冲突中，美军网络空间作战从未停止。2003 年之前，美军各个军种开始探索成立网络空间作战力量，以及大量网络空间军事行动为政府、军队制定网络空间战略奠定了坚实基础。

克林顿政府 2000 年 12 月颁布的《全球时代的国家安全战略》，小布什政府 2001 年 10 月颁布的《爱国者法案》、2002 年 12 月颁布的《国土安全法》、2003 年 2 月颁布的《美国网络空间安全战略》，推动着美国在网络空间全面军事化。

2011 年 7 月，奥巴马政府出台《国防部网络战略》，首次系统提出了美国维护网络空间安全的五大战略举措："将网络空间定位为与陆、海、空、太空平等的力量存在与行动的战略领域；国防部应当以新的防务理念，创新政策、组织、装备、方式；加强政府跨部门合作、政府与私营企业合作；美国应当与盟友、伙伴积极展开合作，维护网络空间集体安全体系；从社会聚合高素质的网络技术与网络行动的人才，加以合理化组织。"④ 美国

---

① The White House, *A National Security Strategy in Global Age*, Washington: Government Printing Office Publishing, 2000, p. 2.

② The White House, *A National Security Strategy in Cyber Space*, Washington: Government Printing Office Publishing, 2003, p. 3.

③ James R. Clapper, Worldwide Threat Assessment of the US Intelligent Community, Washington: The Pentagon, February 9, 2016, p. 4.

④ U. S. Department of Defense, *Strategy for Operating in Cyberspace*, Washington: Government Printing Office Publishing, 2011, p. 10.

维护网络空间安全有了整体战略设计，也有了美军在网络空间行动策略与力量构建的指针。

美国国防部 2015 年发布《国防部网络战略》，对网络空间行动与力量建设做出全面规划。明确主要职能包括："维护国防部自身网络空间的系统、设备、人员、信息安全；防范针对美国国家安全的所有网络威胁和入侵行为。"① 根据维护网络空间安全的职能，国防部获得授权"建立网络空间的军事力量，对无处不在的网络威胁保持高度戒备状态，保卫对网络空间安全极为重要数据安全，加强与盟友、伙伴、国际组织合作，增强国际网络空间的安全与稳定"②。

伴随着美国政府制定网络空间军事战略，美军也开始推动网络作战能力建设和设计网络空间作战行动。2009 年，美军在战略司令部内组建网络司令部。2014 年 3 月，奥巴马政府出台《四年防务评估报告》，将美军网络空间作战能力作为"必须予以首要关注的未来作战能力"③。2016 年2 月，美军网络司令部执行打击"伊斯兰国"的作战任务，成为首次大规模的专业化网络作战行动。一个清晰的轨迹已经显现：美军网络空间作战已经由辅助传统兵力、火力对抗的支援性行动，变成了单独影响战局的主要作战行动之一。网络空间作战能力已经与战略核威慑、战略攻防、联合作战等能力地位平等，成为军事实力的重要组成部分。

网络空间成为重要的新型独立战场，要求美军"具备从战略至战术层次的网络攻击能力，破坏现实和潜在敌人的网络及其相关设施"④。2010年 5 月网络司令部运行以来，美军各个军种的网络空间作战力量结束了各自为战的扩充，按照统一规划进行建设。2017 年 8 月，美军网络司令部升

① U. S. Department of Defense, *Strategy for Operating in Cyberspace*, Washington：Government Printing Office Publishing, 2015, p. 11.

② U. S. Department of Defense, *Strategy for Operating in Cyberspace*, Washington：Government Printing Office Publishing, 2015, p. 6.

③ U. S. Department of Defense, *Quadrennial Defense Review Report*, Washington：Government Printing Office Publishing, 2014, p. 7.

④ U. S. Department of Defense, *The DOD Cyber Strategy*, Washington：Government Printing Office Publishing, 2015, p. 14.

格为美军第 10 个拥有作战指挥权的作战司令部，地位与中央司令部等主要作战司令部相同，代表着网络成为与陆海空天电等同等重要的战场。当前，美军网络空间作战力量编制有 133 支营级单位，形成上至国家安全、军队战略领导，下至部队战术行动的完整作战力量体系，是世界上唯一一支全层级存在、全领域渗透的大国军事力量。其中，最重要的功能是形成美军独特而又深度嵌入全球的一体化网络。军事意义上的网络，不是专指国际互联网或者特定用户使用的局域网，而是指军事信息获取、处理、传输、使用等流动过程中形成的网络及其将各个军事力量要素连接成功能耦合、优势互补的军事力量体系。网络空间作战力量，不仅是指运用各种网络技术攻击敌方网络、防护己方网络的黑客，而是充分进行信息对抗的结构完整的部队。

基于军事网络的特性，美军网络空间作战力量的建设对美军整体建设产生革命性影响。

首先，美军提升作战能力不再单纯依赖提升某类武器系统技战术性能。战争形态快速走向信息化、智能化，网络战场已经成为决定陆海空等战场作战行动是否顺利高效的基础。得信息者得胜利，所有先进武器系统只有融入公用军事（甚至民用）网络中，才能产生足够的作战效能。例如，F－35 战斗机的电子系统接入美国空军覆盖全球的云数据中心，能够接收来自太空、空中战场感知系统发出的图像、信号和开源情报，提升情报处理能力，有效应对日益增长的任务需求。可见，F－35 战斗机先进性能需要成为作战体系中的节点，才能产生作战效能。美军提升作战能力，将不仅仅是单项武器系统技战术性能的提升，而是涵盖一体化联合作战能力所有要素的作战体系中战场感知、信息处理、指挥控制、作战评估等性能的综合提升。

其次，军队数量规模的意义日益弱化。传统部队信息传递往往是存在于上下级之间，缺乏横向交流，通常实施自上而下的集中指挥控制。作战部队在变幻莫测的战场上缺乏必要的自主能力，以致行动滞后于战场情况变化而贻误战机，军队保持庞大的数量规模非常必要。然而，在依托网络连接的各个部队之间，信息可以快速流动，甚至在不同层级的部队之间实现横向联通，尤其是人工智能技术注入后，各个部队在具备自我修复能力的网络中，组建成可以互相直接联通的分布式结构的作战体系，比传统部队反应更加灵敏，行动更加高效。战略、战役、战术层级力量融为一体后，即使不需要庞大规模的军队，也能产生极大的作战效能。

网络的本质是不同个体和群体表述思想、交流共享的虚拟公共空间，是科技与人文领域文明进步物化的结果。美国在多样化文明和意识形态中追求网络空间霸权，既会享受到各类信息、数据、资源的交流共享，也会遭遇对其否定者的威胁。网络的作用是追求信息自由与开放，美国网络空间霸权应当旨在保护个体自由、个体隐私、尊重多样性群体特殊文明。然而，美国追求网络空间绝对军事优势时，大力发展独具特色的网络空间军事力量，发展用于网络瘫痪、网络病毒、网络逻辑攻击的武器。当所有大国都如此时，网络成为制造新的不公与仇恨的公共空间。

网络作为一个政治、经济、社会、科技等信息全面、自由流动的大平台，改变了商业和军事行为，国家实力地位越来越取决于在网络空间中的影响力抑或依赖性。一个并不依赖现代工业、信息产业的国家或者组织，只需花费少量人员和情报，就能将一个看似强大的国家或者组织置于死地。利用网络是弱者确保自身安全最廉价的方式。凭借低消耗参与和可高便捷进入，网络空间成为国际社会中充满了创造性的公用空间，也是美国最难占据国际道义制高点、最容易丧失军事优势的公用空间。因为网络有利于构建技术资源、人力资源、财力资源的开放共享机制，而阻止了资源垄断。

美军的最终目标是建成全球网络化军事力量体系，适应全球漫长断续的战线，缩短从国家最高军事当局到具体行动的各级各类指挥机构决策—计划—控制的指挥周期，在散布于战场各处的多个作战力量之间建立自主平行协同机制，使所有参战人员在可视、开放的网络中，将精确打击、机动投送、网电对抗、后勤保障等行动集于一体，形成"牵一发而动全身"的信息化、智能化、一体化军事系统。

第三节　重启大国竞争（2017 年至今）

美国重启大国竞争似乎要将百年前大国群雄争斗的场景再现，导致围绕着欧亚大陆腹地和世界海洋的大国传统地缘政治博弈再度激化。同时，人工智能、太空、网络等领域的军事竞争快速激化，模糊的敌友关系重新清晰。但是，表象终究掩盖不了本质。唐纳德·特朗普和乔·拜登治下的美国，变革的挑战越来越严峻。

一　重启大国竞争

欧亚大陆腹地和边缘出现了"9·11"以来最密集的争端事态，在格鲁吉亚、伊朗、叙利亚、乌克兰、西太平洋、南亚次大陆等地区，没有哪个大国能够独善其身；恐怖主义和极端主义、自然灾害、人道主义灾难等国际公害还没有消除；价值观对地区秩序影响力越来越大。全球化时代、信息化时代推动国际秩序革命，不在于国际秩序变化本身，而是决定国际秩序变化的因素发生变化。国际秩序百年演变至今，决定国际秩序的因素由单纯的大国地缘政治博弈，扩展为"一哄而上"的地缘政治博弈、意识形态、民族文化、公共问题等。在很难一一列举、量化评判的诸多因素中，"何为主、何为次？"已经成为疑问。国际秩序进入混沌年代。庞杂的数据信息很难准确地验证每个国家的实力地位，人们很难准确地描述国际秩序。现实世界与人们习惯的世界截然不同时，特朗普成为美国新一任总统。

强调内部个体优先与注重对外敌意是一体两面。特朗普以"美国优先"胜选，自然倾向于以对抗性视角看待美国在全球的挑战。2017 年 12 月，特朗普政府发布第一份《国家安全战略报告》，指出"世界已经重回大国竞争时代"[①]。美国面临的多重安全威胁："一是俄罗斯和中国等'修

---

① The White House, *A New National Security Strategy for a New Era*, Washington：Government Printing Office Publishing, 2017, p. 2.

正主义国家'挑战美国世界领导地位；二是朝鲜和伊朗等'危险的无赖国家'在重要地区有意制造危险；三是恐怖主义、极端主义、犯罪集团造成洲际和跨国威胁。"① 2018 年 1 月，美国国防部发布《美国国防战略》指出："中国、俄罗斯等大国已经超越恐怖主义，成为美国国家安全的首要威胁，……与它们的战略竞争是美国面临的首要挑战"②。

　　权威的时代定位容易消除政治分歧。大国竞争时代定位的直白措辞结束了美国国内各个政治力量与社会思潮关于面临的挑战的争吵。尽管质疑、否认大国竞争者大有人在，但追求新的实力地位却成为美国朝野共识。2017 年 8 月，特朗普政府首次提出的年度国防预算就创下了年度增长纪录。2018 财年国防预算总额接近 7000 亿美元，较 2017 财年增长 13%。美国国会表决时，两党高度一致的计票结果在 2006 年之后首度出现：参议院一致通过，众议院 356 票支持，仅有 70 票反对。这表明美国国内一致认为，"奥巴马政府减少军费开支，严重削弱了美国的全球领导能力与信誉"③，扩大美国军事实力优势势在必行。与相对应的是，特朗普政府在叙利亚、乌克兰、亚洲等敏感地区的军事行动日益强势。在矛盾争端激化时，美国与相关大国似乎只面临两个对立选择：要么对抗，要么一致。当大国关系似乎由复杂重新简单时，美国就会面临新的挑战。

　　首先，美国百年来累积的国际道义优势遭到弱化。百年来，美国先后经历了两个历史阶段的剧烈的大国竞争。第一次世界大战之后，作为后起之秀的美国，与英法俄德日围绕全球贸易与金融、海军优势等展开竞争。冷战期间，作为世界上综合实力最强大的美国，与另外一个超级大国苏联，围绕经济贸易、意识形态、争夺军备优势等展开全面对抗。在两次大国竞争中，美国成为最终胜利者的重要原因之一是，站在国际道义制高点

---

①　The White House, *A New National Security Strategy for a New Era*, Washington: Government Printing Office Publishing, 2017, p. 6.

②　U. S. Department of Defense, *Summary of the 2018 National Defense Strategy*, Washington: Government Printing Office Publishing, 2018, p. 2.

③　Tim Kaine, "A New Truman Doctrine: Grand Strategy in a Hyperconnected World," *Foreign Affairs*, Vol. 96, No. 4, July/August 2017, pp. 48 – 49.

上，运用超强的经济、科技、军事实力。尤其是冷战期间，"无论美国主动抑或被动，总能赢得比对手更加广泛的道义支持，获得令苏联望尘莫及的胜利机会"①。冷战之后，历届政府笃信，美国已成为人类"前进的灯塔"，"指引"全世界政府和民众虔诚地接受以"自由"和"民主"为底蕴的价值观和政治制度。至少从历史经验看，特朗普政府忽略运用国际道义优势必然是短视的。

其次，美国与传统盟友及伙伴关系的基础松动。传统盟友与伙伴关系是维系美国全球地位的基本依托。第二次世界大战结束以来，几乎每次战争、危机或者其他重大地缘政治事件过后，美国都增加了盟友或者伙伴，与越来越多的国家和地区之间，出现越来越广泛的共同的安全需求，对世界安全的影响越来越大。在同盟体系内，美国不断追求和扩大与盟友之间的共同利益，影响盟友行动，塑造了"进取时有跳板、退却时有屏障"的主动态势。然而，特朗普政府大国竞争政策伤害了欧洲、日本、韩国、澳大利亚等国的利益，迫使它们要么艰难地平衡矛盾，要么为美国"火中取栗"。美国为维系、巩固同盟和伙伴关系而面临更大挑战。2017 年 12 月，欧盟 25 个成员国共同签署《欧盟合作安全协定》，这是欧盟成员国之间首个共同防务合作协定，提升欧盟独立战略行动能力的意图非常明显。

最后，美国面临的国家安全威胁增多。在全球化进程加快、武器杀伤效能剧增、公共安全威胁层出不穷，美国与各个大国安全与利益交融紧密，避免爆发直接武装冲突成为高度共识。但是，特朗普政府宣称大国竞争，将激化大国间传统地缘政治博弈与历史积怨，使本已稀缺的安全互信更加脆弱，包括美国在内的各个大国面临更加多样的安全威胁。在容易产生大国合作的公共安全领域，军事交流合作缺乏政治认同而进展缓慢，甚至陷于停滞，更毋言在武器控制、地区安全等涉及根本利益的敏感领域。另外，美国在网络、太空、心理认知等新兴领域不断推动军事技术发展，

---

① Friedbert Pfluger, "Human Rights Unbound: Carter's Human Rights Policy Reassessed," *Presidential Studies Quarterly*, Fall, 1989.

引起各国追随仿效，导致各个大国突破现有国际法、战争法约束的行为更加容易出现，平时与战时变得非常模糊，危机性事态的概率急剧升高，美国的安全困境也随之固化。

特朗普政府似乎更加注重运用实力优势。但是，如果放在百年历史大背景中看，特朗普政府的极端务实只是美国在国际主义与孤立主义、理想主义与现实之间又一次摇摆而已。周期性摇摆抑制了美国对全球事务的整体规划，只能应景式地处理国际事务。历史已经证明，美国必须谋求最有利的国际秩序，才能保证利益最大化。第一次世界大战之后，美国将凡尔赛体系修正为凡尔赛－华盛顿体系；第二次世界大战之后，美国在两极体系中处于优势地位；冷战之后，美国维护和扩展既定国际体系。从这一历史轨迹中可以看出，美国是百年变局的最大受益者，破坏既定国际体系，终将伤及自己。

当今，多方互相依赖，传统上独立发展模式成为历史，但个体安全难以实现，集体安全却又不够成熟，争吵比以前更易公开，掩盖了一个现象：美国保持着难以超越的经济、科技、军事实力优势，价值观具有难以替代的国际影响力，实力与道德界限日趋模糊。因此，特朗普政府希望减少维护既定全球秩序的成本，以扩大对全球对手的优势。按照这个逻辑，特朗普政府才会有选择性地退出部分国际机制，减少对集体安全和军事同盟的承诺，降低国际道义的宣扬声调，缩小在中东和中亚的军事行动规模等。但是，特朗普政府在重振经济活力和强化军事实力方面，既干脆又卖力。如果认为特朗普政府将大国关系陷入英德、美苏怪圈，则是昧于美国新的全球利益格局。特朗普政府只是试图在节约霸权成本和提升霸权效益之间取得平衡。在意识形态对立、历史争端未解、非传统的公共威胁暂时淡化时，特朗普政府推行大国竞争，实质上是寄希望于在巩固军事优势和主动塑造战略态势，以继续保证美国的全球地位。

考虑到美国国内互相制衡的权力运行机制的特殊性，特朗普政府推行大国竞争，不可能将世界再度推向零和博弈，而是产生大国合作型制衡的趋势。这个趋势不是国际秩序演变的断层，而是其内在逻辑的延续。冷战结束后，沿着欧亚大陆腹地向东南方向，先后出现多个地区秩序动荡与重构，进而在全球科技革命、商业革命传导下，导致全球秩序产生连锁反应。

诸多大国矛盾几乎同步、多层激化加剧，大国在广泛领域中的深层次竞争，超越了大国之间的合作。但是，大国竞争不可能消除大国合作，而是对大国合作造成强有力的约束。恐怖主义、极端主义、核扩散、地区性犯罪、民族分裂势力等全球公害，在全球力量体系加快嬗变中，仍然存在多重威胁；大国之间围绕地区秩序、能源市场、意识形态、传统利益等的地缘政治、经济、文化、军事等全方位竞争出现新的拓展。大国进入了新的竞争合作复杂交织的时代。特朗普政府尽管强调大国竞争，众多热点也开始发酵，但这只是巨变中的国际体系这块大幕布中的明显斑点而不是全貌。受制于国际体系变迁，合作型制衡是全球秩序中大国亦敌亦友的博弈结果，而非极端现实主义和实力政策的必然。

二　印太战略

同盟主导者的视野决定同盟转型的广度与深度。西太平洋沿岸和印度洋沿岸两大地区中，市场容量不断扩大、历史遗留的多个难解矛盾争端几乎骤然间同步激化等，明白无误地显示，它们之间政治、经济、安全关联正在加深。一个融合两大地区的庞大的地缘政治板块正在清晰显现。2017年 10 月 18 日，时任国务卿雷克斯·蒂勒森在美国战略与国际研究中心发表"下个世纪的美印关系"演讲时称："21 世纪全球最重要的事情将出现在包括印度洋和西太平洋地区以及周边国家的印太地区，……保持印太地区自由和开放对美国至关重要。"[1] 2017 年 11 月，特朗普出访亚洲之际，正式提出"开放和自由的印太"概念。至此，印太战略正式出台。全新战略可能会掩盖但必然包含永恒利益。

---

[1]　Rex W. Tillerson，"Remarks on Defining Our Relationship with India for the Next Century,"*New York Times*，October 19，2017.

美国永恒的利益诉求有三方面：一是美国国土、民众，以及盟国的安全；二是建立在市场机制基础上的经济繁荣；三是由美国主导的国际秩序。在全球推广美式价值观和保持以经济、科技、军事实力为主的绝对优势，将上述三方面利益联结为密不可分的整体。因此，美国利益的扩展需要同盟或者伙伴关系的扩展，成为印太战略的基本行为逻辑。2017 年 12月公布的《国家安全战略报告》明确了印太战略的核心："努力扩展美国、日本、澳大利亚、印度四边合作关系。"① 2018 年 1 月，美国国防部公布《国防战略报告》，提出要"巩固印太同盟关系与伙伴关系，建设一个能制止侵略、维护地区稳定和繁荣、自由进入全球海域的安全网络，实现自由、开放的双边合作和多边合作"②。从地缘政治现实看，美国推行印太战略，既有利于扩大在欧亚腹地和亚太地区之间的战略弹性，也有利于将亚太和印度洋沿岸市场与中东、中亚能源连接。

2018 年 5 月，特朗普总统下令将美军太平洋总部更名为印度 – 太平洋总部（简称印太总部）。美军战区司令部更名预示着防务职能的改变。国防部部长詹姆斯·马蒂斯 5 月 30 日在更名仪式上，提出了印太总部的三大使命："增强印太总部行动杀伤力、增强与盟友和伙伴之间互信、为完成上述两项使命而改革领导和指挥。"③ 3 日后，他在新加坡香格里拉安全会议上，提出印太战略的四大目标："确保海洋安全与自由、鼓励推动以市场为基础的经济、支持温良政府、保障主权国家免遭外部恐吓与威胁。"④

美国没有签订《国际海洋公约》，只能根据具体情况定义"海洋安全与自由"，且有可能借此压制利益相关方对海洋权益的合理诉求。美国私

---

① The White House, *A New National Security Strategy for a New Era*, Washington: Government Printing Office Publishing, 2017, p. 46.

② U. S. Department of Defense, *Summary of the 2018 National Defense Strategy*, Washington: Government Printing Office Publishing, 2018, p. 5.

③ James N. Mattis, Remarks at the United States Indo – Pacific Command Change of Command Ceremony, Washington: The Pentagon, May 30, 2018.

④ James N. Mattis, Address in Singapore Shangri – La International Security Conference, Washington: The Pentagon, June 4, 2018.

营企业主导着全球市场和贸易体系，"鼓励推动以市场为基础的经济"可能会造成印太地区贫富差距加大。美国在印太地区存在比欧洲、美洲、非洲更加明显的亲疏远近，"支持温良政府"意味着"温良"的标准由美国制定。由于存在领土争端，"保障主权国家免遭外部恐吓与威胁"可能导致所有相关主权争端方被划分为敌友分裂式的阵营，申诉的合理性需要得到美国认可。可见，印太战略延续了美国的行事方式：哪里有利润，美国政府就会关注哪里；哪里有动荡，美国军队就会出现在哪里。

印太战略反映了，美国面临的主要挑战不仅仅是地区性大国对美国实力地位的威胁，还包括在多个地区性大国实力与行为方式发生变化时对秩序的重构。中国、印度等濒海大国的经济、科技、军事实力迅速增强，日本和澳大利亚在各自区域内政治影响力不断上升，东南亚正在成为最富活力的地区，种种现象已经显示出变数增多而难以掌控的前景。

首先，主要力量体之间共同利益增大，将可能出现地区一体化市场体系，在欧亚大陆上一旦出现巨型能源与市场融合的经济体，已经成为能源出口国的美国，在全球资本市场的话语权会遭遇挑战。

其次，复杂交织的海洋权益和陆地边界争议，可能刺激各个力量体划分势力范围，使印太地区出现成为近代欧洲的危险。开放的市场若重新封闭，作为域外的美国将成为最大受害者。

最后，全球性海上航线地位突出，一国受制于全球性海上航线，便可能有多个国家受制于该国，暴露美国在全球性海上航线的脆弱性。美国需要将有限的军事力量在中东、中亚等欧亚大陆腹地，与亚太地区之间进行协调运用。

印太地区拥有超过 30 亿的人口和多条影响全球的能源和贸易通道，引起美国极大关注是迟早之事，只是众多新兴市场国家由国际秩序的受益者成为（潜在或者现实）挑战者，身份转变之快出人意料，美国不得不在众多历史遗留矛盾争端激化之时推动印太战略。

对于历史遗留的海洋权益和陆地边界争议，言必称"自由、开放、繁荣、包容的印太"的特朗普政府，似乎正在造成某种对立氛围，将原本日渐模糊的利益边界重新变得清晰。

印太战略是美国重拾冷战时期的遏制战略、旧式海权博弈与市场化、民主化潮流进行结合的产物，既难逃传统大国博弈的地缘政治约束，又成为推动区域性共同利益发展的重要动力。因此，印太战略的本质是在构建美国仲裁的权力平衡。

美国维护太平洋战略地位的基石是美日同盟。如果印太战略不能使日本认为自己将成为受益者，在起步阶段便寸步难行。特朗普首次亚洲之行选在日本正式提出印太战略，预示着美日同盟将变轨式跃升，而不是原有惯性发展。冷战结束以来，日本的最大愿望是依托美日同盟，追求与经济、科技实力相对称的政治大国地位。印太战略既是日本政治地位提升的明证，也构成新的动力。日本与东南亚、澳大利亚、印度之间经济、科技、军事合作，由此全面成体系地向前推进。

澳大利亚是美国在太平洋上结盟时间最长的地区性大国。美澳同盟可以追溯至第二次世界大战期间。地广人稀的澳大利亚虽远离争议区域，但在印太战略推动下，由西南太平洋走向西太平洋、印度洋，是对日本、印度处理各自海洋权益和领土争议的支持，也增加了卷入地区性危机的危险。

印度是印度洋沿岸的最大国家，也是唯一一个可以与美俄欧日等重要力量体保持可进可退的灵活立场的国家。印太战略为美国与印度之间经济、军事合作实现历史性跃升提供了机遇，印度将在南亚次大陆、印度洋上，成为美国的重要战略支点，发挥重要作用。

美国、日本、澳大利亚、印度之间合作关系扩展，更加凸显了东南亚的地缘政治枢纽的价值。东南亚处于印太地区的中间位置，成为美国、日本、澳大利亚、印度纷纷驻足、交汇之地，在经济发展和地区安全方面将迎来前所未有的机遇。

三　单极化太空战略

任何领域内垄断者的最大担心，不是少数挑战者的"冒犯"，而是多支力量有意或者无意共同打破既定规则。越来越多的大国在太空占有一席之地，太空有些类似于美国刚刚崛起时的世界海洋，成为大国竞逐的战略制高点。带着对奥巴马政府太空战略的不满，特朗普在上任半年后决定重建"停摆"已久的国家太空委员会，指定副总统斯科特·彭斯担任主席，成员包括国务卿、国防部部长、商务部部长、交通部部长、国土安全部部长、航天局局长、国家情报总监、参谋长联席会议主席等人。国家太空委员会被赋予的任务是："应对太空安全的挑战，恢复美国在太空的领导地位。"① 2017 年 12 月 13 日，彭斯宣称："《太空条约》没有赋予太空作为人类公共区域的法律地位。"② 得到国际社会认可的《太空条约》基本原则是，"天体不得为国家行为体占为己有"，彭斯此言反映出，特朗普政府将"美国优先"由地面"搬到了天上"。

天体公有原则针对的是国家行为体，对私营企业没有约束力。特朗普政府希望，商业力量成为美国塑造太空领导地位的主力军。代表着商业力量的大型私营企业，塑造了美国相对于其他国家的经济、科技优势。

2018 年 3 月，特朗普政府公布了《国家太空战略》。除了雄心勃勃的载人登陆月球和火星之外，引入商业资源开发太空步子更大：鼓励波音公司、太空探索公司等私营企业试验新型载人航天器；促进爱立信等高科技公司与国家航空航天局、国防部合作，建设商业空间站；立法加快军用航天技术向私营企业转移，形成政府部门与私营企业的利益伙伴关系等。

2018 年 5 月，美国商务部增设一名专职负责太空事务的副部长，主持研究、制订商业化开发太空的规章制度。8 月，国家航空航天局宣布把价值达 5500 万美元的技术项目进行市场化处理。政府与私营企业合作开发太空，不是权宜之计，而是重要国策。

---

① Donald Trump, "The Remarks as Signing an Executive Order on the National Space Council," *Fox News*, June 30, 2017.

② Scott Pace, Final for Delivery and Public Distribution Embargoed before Delivery of Remarks, Washington: National Archives, December 13, 2017.

　　追求商业优势意味着追求垄断和排他性竞争。商业利益的基础是产权。太空旅游、天体自然资源开采、通信与网络服务等产业巨额的利润前景，制造了在太空"圈地"的诱因，刺激它们在政府政治、科技、社会、军事等资源支撑下，加快发展航天技术，培育潜力无穷的太空市场。显然，特朗普政府太空战略的逻辑基础就是，私营企业垄断太空，代表美国控制太空。

　　垄断商业利益需要军事优势作为根本保障。美军专职指挥太空军事行动的"联合太空作战中心"从 2018 年 9 月开始增设商务代表席位。截至 2018 年 12 月 1 日，"正在太空轨道上运行的卫星总数为 1957 颗，其中美国 849 颗、中国 284 颗、俄罗斯 152 颗，欧洲、日本、以色列、印度等共 672 颗"①。2019 年 1 月，国家情报局公布《国家情报战略》，指出："进入太空的国家和组织增多，美国国家安全和军事优势再次面临着不确定性挑战。"② 2 月，国防部发布《太空安全面临的挑战》报告，指出："动能反卫星、天基反卫星、定向能反卫星武器、网络和电磁反卫星武器是美国太空安全的主要威胁。"③

　　美国是太空武器技术储备最丰厚的国家。2017 年 6 月，国防部国防高级研究计划局与波音公司共同研制新型航天作战飞机，希望它成为美国不受干扰地进入太空、获取太空绝对军事优势的主要手段。2019 年 1 月，美军开始部署天基传感器和拦截器，增强导弹防御系统的稳定性。8 月 29 日，特朗普政府宣布，正式成立太空军，作为美国第六大军种，将对所有太空军事行动与军事资产进行统一领导、管理与指挥，以"开展迅速、持续的太空攻防行动和所有领域的联合行动"④。

①　Space Center, UCS Satellite Database, Washington: The Pentagon, December, 2018.

②　Office of the Director of National Intelligence, The National Intelligence Strategy of the United States, Washington: Government Printing Office Publishing, 2019, p. 4.

③　Intelligence Agency, Challenges to Security in Space, Washington: The Pentagon, February, 2019, p. 8.

④　U. S. Congress, Defense Authorization Act of 2020, National Archives and Records Administration, 2019.

建立太空军的意义远远超越了军事领域。美国太空军事资产将越来越频繁与密切地与其他军种力量融合，将美军作战力量体系打造成一个"笼罩"地球、密不透风的军事"铁幕"。在这个"铁幕"里面，美军拥有绝对控制权，能够在全球任何地点、任何时间，形成不可撼动的军事优势。可见，美军试图在未来站在太空上"俯瞰"整个地球，一旦发现敌对性或者"有威胁"的目标，就会即刻发起攻击。

特朗普政府太空战略与第一次世界大战结束后海军竞赛、冷战时期军备竞赛具有相同的行为模式，都是追求商业利益与塑造军事优势的双重驱动。美国参与国际竞争的传统正源自于此。

太空的军事特性在于极强的非对称性。价格高昂、研发周期超长的航天器可能被价格相对低廉的航天器击毁。进攻者在自己选择的时间、空间位置（轨道）、方式实施威胁时，自身也面临着威胁。太空的商业开发越成功、军事资产越强大，越容易走向另一个反面。由于付出巨大的国家资源，美国既是太空中的最强者，也是最脆弱者，因而必须将太空作为"军事化终极高地"①。然而，商业化是最新科技普及全球的最强大动力。美国推动太空商业化必将促使航天技术向全球普及。美国激化太空排他性军事竞争，很有可能造成极大负面效应：潜在或者现实对手的航天技术即便突破甚微，也将对美国的太空资产构成不可抵消的威胁。可见，美国的太空领导地位，不仅取决于商业与军事的双重优势，更取决于在多大程度上推动国际合作。

商业行为实现赢利的重要条件是质量与成本取得平衡。在特朗普政府重商主义的太空战略中，由重点依赖成本高昂、研发周期长的设备设施，转变为重点依赖能够降低成本、压缩研发周期、延长使用寿命的设备设施。单个航天器功能拓展后，集侦察、监视、通信、太空作战、运输、科研等功能于一体，被当作商用航天器与军用航天器重叠使用。这一集约性

---

① Joint Chiefs of Staff, Space Operations：Joint Publication 3 – 14, Washington：The Pentagon, April 10, 2018, p. 4.

商业行为模式延伸到军事领域后，将加强对太空军事态势的监控，尤其是对各类轨道、卫星、航天飞行器等的监控和自动分析，并在必要时发出预警，模糊了威慑与敌对性行动的界限。

威慑成功的战略价值远大于成功报复的战略价值。美国比其他国家更加依赖太空。可信、可靠的威慑虽不能消除敌意，但可以减少误判、太空设备设施被人为引发故障等风险，有利于增强态势的确定性。当太空的"玩家"只有大国时，潜在和现实对手忌惮自身太空安全放弃威慑美国转而主动合作，对美国才最为有利。

特朗普政府不是打开太空军事化"潘多拉魔盒"的先行者，但是成为试图终结太空作为公共区域的先行者。美国追求太空的单极地位，将迫使欧洲、俄罗斯等，要么提升与美军的联合作战能力，要么为对抗和制衡美军的太空行动与力量而加强自身太空军事力量建设。没有任何一个大国愿意遭受挤压，尤其是在"攻击方优势"的太空中，进攻性太空武器的研发与部署，将越来越难以形成互相认可的行为规范。俄罗斯在美国太空军成立仅一周，便宣布试验据称可以"穿透"任何防御系统的新型高超音速导弹，预示着太空军事博弈将不可避免地激化。

四　战略力量竞赛

战略力量是所有大国安全、地位的"定海神针"，是军事力量体系的"底盘"。既然美国认为大国竞争时代已经来临，战略力量无疑将更获重视。战略力量存在目的就是向对方显示不可制衡的毁灭能力。传统战略力量只是核力量，包括：核弹弹头、发射和运载工具与平台等。但是，在军事领域上有一个规律，大国总是喜欢努力发展不受限制的军事技术，显示巨大的杀伤威力，以彰显力量与意志。由于核武器受到国际法理与国际道义的巨大限制，与之震慑与毁灭效果相当的新型军事技术与日俱增，比如，导弹防御系统、高超音速武器、太空武器、激光武器、全球快速打击飞机等。大量令人叹为观止的常规性战略力量的出现，正是这一规律在当代的真实反映。它们使大国战略力量更加多样。

大国军事竞争的走向取决于实力最强的竞争对手之间的博弈。冷战时期，美国和苏联无论是技术水平还是规模数量，都遥遥领先于其他大国，因而成为战略力量竞争的主角。冷战结束后，美国核力量一骑绝尘，俄罗斯佳作寥寥。

美国和俄罗斯在乌克兰危机、叙利亚战争等诸多问题上，矛盾重重，难以调解。二者之间的战略力量竞赛即便不会激化，也难有妥协。何况，奥巴马的继任者特朗普不是一位甘于现状者。美俄 2010 年 4 月 8 日签订的《第三阶段削减和限制进攻性战略武器条约》（简称《新削减战略武器条约》）规定，条约在 2021 年 2 月 5 日到期之前，如果双方同意，可再延长 5 年。2017 年 5 月，特朗普与普京在首次通电话时，拒绝了后者提出的将条约有限期延长 5 年的建议。根据特朗普的说法："它（《新削减战略武器条约》）是奥巴马的一次不良交易。"[1]

2017 年 11 月，美国联邦审计总署向特朗普提交《美国核力量维持成本》报告，称："为维持美国核力量优势，回应俄罗斯不断增强的核力量，需要花费 4000 亿美元研发新型洲际弹道导弹、战略轰炸机、弹道导弹潜艇等战略核武器运载平台，开发新型战术核武器、升级核试验设施、优化核力量指挥控制系统，……在 2018 财年中，维持现有核力量开支需要占整个国防开支的 6.5%，发展新型核武器系统预算占 2%～3.5%。"[2] 特朗普对此全盘接受。

2018 年 2 月 2 日，美国国防部发布《核态势报告》，去除了奥巴马政府"加强国际核合作"和应对"全球性核恐怖主义"等提法，将焦点置于"大国竞争导致的充满不确定性的国际安全环境"[3]。报告提出，美国应当"重视削减核武器这项长远的、严肃的任务，但当务之急是延长现有

---

[1]　"Highlights of Reuters Interview with Trump," *Fox News*, May 19, 2017.

[2]　The United States Government Accountability Office, *Nuclear Weapons Sustainment: Fiscal Year 2018 Nuclear Forces Budget Estimates*, Washington: Government Printing Office Publishing, 2017, p. 8.

[3]　U. S. Department of Defense, *The Nuclear Posture Review*, Washington: Government Printing Office Publishing, February 2, 2018, p. 5.

核弹头的寿命，研发制造新的核弹头"①。这个报告在加强核力量建设的基调下，规划了美国未来 30 年全面更新的三位一体核武库：一是强化海上战略核打击能力，研发新型弹道导弹核潜艇及其配套弹道导弹，部署"哥伦比亚"级战略导弹核潜艇，升级现役"三叉戟"潜射战略导弹等；二是强化空中战略核打击能力，加快研发新一代 B－21 战略轰炸机，开发可挂载于常规战机的核弹头和新型空射弹道导弹；三是强化陆上战略核打击能力，研发新型洲际弹道导弹和相应发射平台。值得注意的是，在这一系列规划中，美国空军开始进行 F－35 战斗机携带战术核弹的作战试验。如果作战试验成功，美国将可能在遭受非核战略攻击时，使用小当量战术核武器进行"合理"核报复。核门槛降低之后，美国增强了多样化攻击能力，开辟了一条新的战略威慑路径，即通过增强核战术攻击能力强化战略威慑。

2018 年 5 月 8 日，特朗普政府宣布退出《伊朗核问题协议》，不仅向伊朗施压，更向国际社会表达了巩固核优势的意图。7 月 16 日，特朗普收到普京关于维护国际战略力量稳定的问题清单，却没有做出任何回应。10月 20 日，特朗普宣布，将退出《美苏消除两国中程和中短程导弹条约》（简称《中导条约》）。12 月 4 日，国务卿迈克尔·理查德·蓬佩奥称，如果俄罗斯在 60 天期限内"继续违反"《中导条约》，美将暂停履行条约规定的义务，并启动"半年通知期"，随后正式退出条约。实际上，冷战结束以来，美俄一边谈判，一边不停互相指责对方破坏《中导条约》。美国指责俄罗斯破坏《中导条约》的行为有：发展《中导条约》禁止的 SSC－8 陆基巡航导弹，在加里宁格勒飞地部署经过改装的"伊斯坎德尔"中程导弹等。俄罗斯指责美国破坏该条约的行为有：先进无人机航程与中程导弹射程相当，"宙斯盾"系统与导弹防御系统可以轻易改装后发射中程导弹等。《中导条约》早已名存实亡。

---

① U. S. Department of Defense, *The Nuclear Posture Review*, Washington: Government Printing Office Publishing, February 2, 2018, p. 8.

大国之间安全互信属于稀有物质。国际法理与大国军事政策扞格抵牾时，往往也是新型军事技术层出不穷之时。特朗普政府"豪掷千金"地扩充战略力量，也刺激了经济陷入低谷的俄罗斯竭尽所能地回应。2017 年底，俄军井式发射的"萨尔马特"洲际导弹完成首次试射；2018 年初，首架升级版图 - 160M2 战略轰炸机完成试飞；2019 年 5 月，陆基"亚尔斯"新型洲际导弹正式列装。2018 年后，有 5 艘最新型"北风之神"战略核潜艇开始建造，最新型"布拉瓦"海基洲际导弹共完成 5 次试射。根据《俄罗斯 2018—2025 年国家武器装备计划》，发展新型核力量、打造全新核盾牌，将是俄罗斯军备建设的首要任务。

与核力量体系相比，常规性战略力量的明显特征是攻防兼备。自 2002 年小布什政府在阿拉斯加部署第一套导弹防御系统后，随着技术日臻成熟，在东欧、日本等重点区域不断成功部署。特朗普政府在此基础上，2017 年 5 月成功进行全球首次运用陆基拦截弹拦截洲际导弹的测试；10 月，借助朝鲜半岛紧张局势在韩国部署"萨德"导弹防御系统；2018 年，在波兰部署第二套导弹防御系统。

从小布什到特朗普，美国大有用战略力量"罩住"欧亚大陆之势，不仅具有露骨的地缘政治目的，强化在重要区域的军事存在，巩固地区安全与军事合作的主导权，还具有抓住宝贵时机检验武器系统性能的考量，在扩大部署过程中测试与评估装备、器材、训练、环境影响、人员等各方面情况，尤其是检验可靠性程度，为改进提出依据。特朗普政府推动美国战略力量规模加速扩大，比如，陆基拦截弹增加至接近 100 枚，"虽然还无法抵抗大规模导弹攻击，但正在产生实质性效果"[①]。

在美国急速增强的压力下，俄罗斯也在打造自己的战略"盾牌"。2017 年，俄罗斯除保留苏联时期部署在莫斯科周边的 A - 135 导弹防御系统之外，开始发展新型导弹防御系统，即由 51T6 远程拦截弹、58R6 中程

---

① U. S. Department of Defense, *Threats to Nuclear Stability—Not so MAD*, Washington：Government Printing Office Publishing, 2018, p. 12.

拦截弹、53T6M 近程拦截弹三层防御体系构成的 A‑235 反导系统。综合试验数据显示，A‑235 反导系统最大射高可达 1000 公里、最大射程可达 1500 公里、最大射速超过 20 马赫，关键组件 53T6M 拦截弹已多次成功试射。如果 A‑235 反导系统研发成功，它将与 S‑400 防空系统、S‑500 防空系统整合成俄罗斯军队的空天防御体系。

不断增强的导弹防御能力，弱化了对方进攻战略力量的威慑效应。一方面，抵消了对方战略进攻能力，另外一方面保护了己方报复能力，获得己方战略进攻力量"增值"感。这产生了强烈的地缘政治效应，导致大国战略博弈的心理与行动双重失衡。

美国不断推出常规的进攻性战略武器。除天基动能武器、电磁轨道炮外，众多成本较低、可以实施全球打击的武器系统，已经进入实战化运用。从 2002 年起，美军频繁试验可 2 小时内对全球任何地点和目标实施精确打击的常规全球打击技术，比如高超音速武器。高超音速武器的价格与发射成本远远低于天基动能武器，同样能使当前任何一种导弹防御系统失效。美军超高音速武器已经硕果累累，著名的有：陆军"先进高超音速武器"项目、空军"高超音速打击武器"项目、空军和国防高级研究计划局联合发展的"高超音速吸气式武器"项目和"战术助推滑翔器"（TBG）项目等。2018 年，美国国防部着手筹划在欧洲和印太地区部署高超音速武器。

不可抗御的战略进攻技术的微小进步也会产生巨大的威慑效能，战略力量竞争区别于其他军事力量竞争的一个显著特质是，小规模非对称性手段产生大规模对称性效能。战略力量是"奢侈品"，谁能以相对"廉价"的方式打破战略平衡，谁就能获取战略主动。特朗普政府加强战略力量建设，不仅导致美俄在国际法理和军事政策上针锋相对，还催生出新型军事竞争，双方争夺战略力量技术优势而不是争相扩大规模的竞赛走向互不相让的白热化。

美国的战略力量体系只适用于大国竞争，而不适用于确保国家安全。因为军事技术内在固有的脆弱性，既会导致"矛与盾"之间此消彼长态势不断在大国之间频繁出现，也会导致国家安全体系中出现难以察觉的漏洞。当战略力量体系成为新型竞争领域时，网络、天基、心理认知等技术将越来越难以被少数几个大国垄断，制造和发现安全漏洞的破坏性技术手段将可能超出人们的预期，使"常规性武器、核武器、生物武器、化学武器、网络武器、太空武器，将可能出现在敌对大国和非国家行为体手中，导致美国面临前所未有的混合性安全威胁"①。

不能否认的是，战略力量降低了美军对前沿军事基地的依赖，减少军事行动中的外交阻力、遭到敌人打击的目标漏洞和伤亡人数，绕过核武器及其非人道后果的障碍。但是，战略力量只能部署于对手难以发现或者打击之处，增加了对手安全威胁的不确定性，可能会迫使对手采取无限制攻击手段对抗美国带来的不确定危险。

美国传统的军事政策认为，对相关方实施战略威慑的确是"维护地区安全稳定的重要基石"②。但其内在反映的是，美国以极端现实主义态度判断他人，以良好理想主义态度谋划自身行为。双重对立的逻辑使美国依据他人能力（尤其是非盟国和非伙伴国）而非意图判断其行为。因此，特朗普政府加强战略力量，必定会改变"慑止加防范"的原有威慑策略，运用"塑造加干预"的威慑策略，因而在未来必须"寻找"对手，而非像两次世界大战时期及其刚刚结束时那样将对手变成伙伴甚至盟友。越强大越僵化的历史规律，越来越可能在美国身上得到印证。

五　争夺北极

北极对大国地缘政治格局的影响力，随着气候变化日益凸显。北极直接连接北美、北欧、俄罗斯等重要力量体，有着它们之间最短的海空航线，又间接关联西欧、中国、日本等，是大西洋和太平洋之间枢纽，成为

① U. S. Department of Defense, *The Nuclear Posture Review*, Washington：Government Printing Office Publishing, 2018, p. 28.

② Brian Rose, *Rethinking Approaches to Strategic Stability in the 21st Century*, Washington：Institute of Center for Global Security, February, 2017, p. 8.

新的大国战略竞争的制高点。2019 年 6 月，美国国防部发布《北极战略》报告，给予北极前所未有的关注。

美国在北极不再仅重视环保和开发能源，还更加注重强化军事存在。美国在北极的海岸线、冰川表层面积等地理条件，远逊于俄罗斯、加拿大等国。俄罗斯拥有北冰洋沿岸最长的海岸线，控制了最大的冰川表层，以及最完善的军事体系。但是，美国拥有俄罗斯无法超越的优势：与除俄罗斯之外其他北冰洋沿岸国家有着良好的合作关系，俄罗斯在北极"形单影只"。另外，美国军事力量可以相对自由地在北极部署与行动，尤其是利用海空力量协作完善军事布局。核潜艇可以在无须频繁补充燃料的情况下，轮流驻扎于北极海域作为战略威慑；航母可以对北极地区的军事事态进行快速反应和常态化监控。2018 年 10 月，"杜鲁门"号航母编队 27 年来首次进入北极，前往挪威参加冷战结束以来北约规模最大的"三叉戟"海上军事演习。

美国空军在北冰洋上空部署了北极地区态势感知系统，以阿拉斯加、格陵兰岛等地的艾尔森空军基地和理查德森联合基地、图勒空军基地等为基础建设了机场群，修建了石油储存设施。当前，美国空军探测预警范围完全覆盖北美上空和大部分北极空域。美空军还在阿拉斯加、加拿大、北欧、格陵兰等部署 F－22、F－35 等新型主力战机，甚至战略轰炸机，试图将北冰洋的制海权、制空权操之于手。

北极不适合人类群体生活，自然不可能长期部署大量陆军部队。但是，美国陆军已经为随时进入北极而有针对性地增强适应性训练，2017 年后，美国陆军少量单位开始配备能适应零下 45 摄氏度作战的联合全天候全地形越野车、特制雪橇飞机等装备，已经具备小规模、低强度的冰川表层作战能力。

区域秩序主导权取决于对争议部分的控制能力。当美军只能暂时保持北冰洋边缘和水下行动能力时，俄罗斯借地利之势拥有了北极地区规模最大的"三叶草"军事基地，控制着比其他国家面积更大的冰川表层，占得北极争夺的先机。这恰好为美国在北极地区扩大国际联合行动，提供了极佳的借口。与在其他新兴领域不同的是，美国在北极不仅着重与盟国扩大军事与安全合作，还特别注重构建新的国际制度。美国与欧盟在北极展开军事、安全等高端政治领域合作；美国国防部与加拿大国防部在 2017 年共同整合美军北美防空司令部、北方司令部、加拿大军队的联合行动司令部人员和设施，建立专职负责指挥北极军事行动的机构；扩大北约在北极"三叉戟"海上军事演习规模；在冰岛、格陵兰、阿拉斯加、挪威等基地部署反潜巡逻机、岸基雷达等，增强在北极地区监控能力。同时，强调"美国优先"的特朗普政府退出《巴黎协定》后，却在北极理事会部长级会议上发出国际倡议，希望扩大北极理事会组织，吸收部分重要域外国家。显然，美国一边强化实力地位，一边推动国际合作，制衡俄罗斯，确立在北极的主导地位。因此，美军在阿拉斯加、冰岛等地的基地极为重要。

首先，随着远程打击和远程投送的武器系统不断发展，这些基地作为北极地区的重要军事设施，将为美军运用先进破冰船、冰川无人作战平台、水下潜航器、立体战场感知系统提供关键支撑。其次，随着美国与盟国在北极地区联合行动扩大，这些基地将与北欧、北美其他位于北极圈附近的基地，共同构成美国及其盟国共享的北极基地群。以美俄为主、其他国家共同参与的复杂的北极地区安全秩序充满着变数。

有观点认为，北冰洋将会决定太平洋、大西洋的海权秩序。显然，这种观点只看到了北冰洋连接太平洋、大西洋的纽带作用，却忽略了它被两大洋包围的实际。美国在北极的影响力，建立在对太平洋和大西洋的影响力基础上，而不是相反。

第六章　美国全球战略的回顾与展望

回顾百年历史，美国全球战略的标志是：道德彰显、资本逐利、军队求胜。三者互相支撑而不可偏废。全球市场和贸易体系的扩展以及全球社会文明进步的速度、力度、广度前所未有，大国兴衰成败取决于在多大程度上获得全球经济资源、向全球输出商品和资本，以及提供道德指南。显然，美国正反经验有利于世界形成远见卓识，也有利于世界规避风险。

第一节　全球战略的内外环境

无论自认为对他人如何熟悉，预测他人行为永远总是容易失之准确。如果眼光停留于美国百年经验和行为惯性，只能流于表面、知其然而不知其所以然地亦步亦趋。要想知道对方的行为，必先知道对方的利益；要想知道对方的利益，必先知道对方是什么样的"人"和处于什么样的时代。美国全球战略体现的是其历史经验、价值观、制度与国际体系演变的互动。

一　多元化的国内环境要求美国在价值观与现实利益之间追求平衡

美国全球战略有两个明显偏好：一是对商业的尊重，重视企业利润和社会效益；二是对竞争和契约的重视，将贸易竞争置于国际关系的中心。这两个偏好促使美国将每个地方看成现实或者潜在的市场。

美国百年全球战略处处都是无法用数学方式计算的妥协，而不是某一领域利益与理念的"垄断"，因而常常看到的是不断平衡矛盾：美国解决自身弊端的诉求超过应对外部威胁时，孤立主义思潮容易出现；当外部威胁明显时，推行所谓民主制度和市场体系，便成为美国全球战略的终极目标。

美国国内多元化社会环境，使任何一个利益集团既直接或者间接地影响国际社会，又被国际社会直接或者间接影响，避免产生极端行为。因此，美国始终在理想主义和现实主义之间徘徊不定，令人难以捉摸。这恰恰说明，世界并非如美国理解的那样由同质个体组成、被普世精神支配。由此可知，美国既不可能放弃内心笃定的道德信条，也不可能放弃必需的、微妙的、有时令人惊奇的纵横之策，只能平行地追求威望与现实利益。

威尔逊虽有难以令欧洲理解的救世主心态，但曲高和寡的他"天真"且看似伪善地推行国际理想主义，尽管结局毁誉难言，但世界被美国刻下了深刻的痕迹，"集体安全""国际联盟""公海航行自由""民族自决"等，旨在促进国际社会公平与保护弱小民族的说法或者愿望，获得国际社会认同。当世界陷入更大危险与混乱时，罗斯福继承威尔逊的道德理想，却避免了他的僵化。从此，美国将自己的价值观，巧妙迂回地服务于现实利益。冷战时期，美国针对苏联的遏制战略，不断在理想主义和现实主义的两端之间平衡与调整。冷战结束至今，美国又在单边主义与多边主义两端之间平衡与调整。

今天，科技革命令世界越来越开放、军事机器越来越恐怖、能源和市场需求越来越紧迫，大国之间互相的安全威胁超过人类历史上所有时期。巨大的外部竞争压力和多元化内部社会环境结合在一起，令主要传承于欧洲文明的美国，具有比欧洲更强的变革能力，并在建立新世界的憧憬与现实之间不断平衡，甚至出现前后矛盾，不断影响世界、改变自我。

当前及未来相当一段时期，美国在航空航天、生物基因、材料、能源开发、信息、人工智能等几乎所有最新科技领域内，拥有不可超越的优势。美国以举国之力推动军事变革，军队被大多数国家军队仿效；美国的巨型私营企业，尤其是新兴领域巨头，运作模式被几乎所有的世界巨型企业模仿，不仅富可敌国，还影响到他国国内事务。

美国喜欢不同的意见，但不会喜欢不同的"人"。浓厚的商业意识、契约精神，令美国可以不受意识形态约束地判断现实，但会受到自己价值观支配，表现出个性化感情倾向。显然，只有相同的"人"才能影响美国的心态，不相同的"人"只可能改变美国的具体策略。可以判断，尽管美国超强的军事力量、经济力量、制定规则的能力不可能永远保证其现实利益与其道德标准一致，但也不会对任何有悖于它认定的道德标准产生心理认同。若在与某一方合作时仅仅只有现实物质利益交换，美国迟早将与之走向对立。

二　国际体系日益开放对美国产生复杂的多重挑战

百年来，决定国际秩序演变的主要有三种力量。一是社会达尔文者的力量，大国实力博弈决定国际秩序。二是重商者的力量。现代国家制度消除了国内土地所有权争端。国家成败取决于能否推进资本扩张拓展国家利益。三是追求共同价值的力量。美国也受这三种力量支配，而造成了全球战略的多元性。美国在两次世界大战中无法容忍德国、日本等，但在战后使二者成为坚定盟友；冷战中无法容忍苏联，但苏联解体后极力推动西方G7集团吸收俄罗斯扩展为G8集团。相对于罗马、英国等旧霸权，美国努力将失败的对手变成盟友和伙伴，纳入由自己主导的国际体系，表明了美国全球战略的复杂性：在情感与现实利益面前摇摆不定。因此，有人认为："美国有能力按照自我意志重新塑造国际体系。"① 实际上，这一观点忽略了美国与国际体系之间的本质。

美国受益必然以国际体系受益为前提。这正是美国最艰巨、最缺乏把握去应对的挑战。国际体系终结了大国零和博弈，但缺乏阻止矛盾激化的强力机制。美国并非新国际体系的缔造者，而是国际体系新旧更替的加速者。美国自从彻底摆脱孤立主义束缚后，不断推动其他地区向自己开放，也在使自己向其他地区开放。双向开放的地区，由西欧、日本向东欧、西亚、中亚、东亚、非洲扩展，美国成为最大受益者，也成为国际责担最大

---

① 　Robert Kagan, *The World America Made*, New York：Knopf, 2012, p. 67.

承担者。理解世界的变化，才能理解美国的未来。美国的最大利益取决于当前国际体系的稳定性。美国一旦摆脱国际责任，无论是对其现实利益还是国际道义，都是自我伤害。美国总是需要在全世界面前把自己当作"天使"，而非一个只有私利的"壮汉"。当有人可能伤及既定秩序与规则时，美国就会"本能"地对其孤立和妖魔化。美国认为与之竞争不是零和博弈，而是维护"自由""民主"的斗争，有胜负之分、无存亡之险。仅此一点，可以断定，如果美国完全按照主观意志塑造国际体系，世界将重回敌友分明时代，将制造国际体系分裂，既难以形成令人认可的天然道德优势，也难以培育共同利益。有人认为，如果未来美国重回孤立主义和执意于单边主义的自利行为，会犯下重大的战略错误。美国是唯一一个全球性军事强国，必须极力控制和约束使用军事压力手段解决经济利益之争、意识形态对立、地缘政治博弈等矛盾的冲动。

零和博弈退出历史舞台之际，有两个趋势值得关注。一是新兴市场国家崛起。新兴市场国家的成功表明了世界的成功。全球市场和贸易体系惠及之前许多贫困和动荡地区，使其变得富庶。但是，新兴市场国家配得上成功。它们拥有稳定的政治秩序、开明的经济社会治理以及不断完善的现代制度，发展模式并非对美国式价值观的简单沿袭，而是与民族文化、经济社会发展现实阶段的有机结合。二是道德标准日益权力化，规则却处于重构中。将美国式价值观奉为圭臬的地区矛盾频发，美国式信条被当作权力博弈的工具。其中根源非美国式经验所能理解。

美国真正的挑战是在日益复杂的国际体系中，迎接由于零和博弈消失和新兴市场国家崛起带来的多重挑战。与美国价值观相左的国家或者其他力量自然成为美国的竞争对手。美国追求竞争优势不再仅限于单纯的实力地位和控制关键敏感地区，还包括令竞争对手接纳自己的能力。

第二节　地缘政治的机遇与挑战

百年来，美国围绕两大洋和欧亚大陆，利用每一次战争或者危机，扩展军事力量布局，淡化海陆强权对抗对国际秩序的支配效应，毁誉参半地助推了全球化过程。旧式地缘政治逻辑，正在不以任何人的主观意志为转移地退出时代舞台。

利益扩展与分配取决于实力地位。今天，一处乱则处处乱，一处危则处处危。美国地缘政治行为目标是军事、经济、意识形态等多种手段并举，力争避免出现全球性常规战争的对等对手；防范出现与美国利益与安全诉求对立的国际同盟；防止全球范围内任何对美国利益至关重要的地区被敌对力量控制；运用传统经济与军事实力，在全球海洋、太空、网络等全球公共领域追求主导地位；在欧亚大陆上，通过有效威慑而尽量避免危机、战争，构建不平衡的地区安全秩序，维护地区和平。因此，美国既要超前遏制其他力量扩张，也要激励自己扩展。这导致欧洲、印太、西亚、中亚、非洲、北极、南极、美洲大陆等重要地缘政治板块中，传统上边缘与中心、主要与次要、纵深与前沿等，出现不可思议的模糊。美国全球军事力量布局的重点，不仅取决于对手，还取决于在全球范围内受安全威胁的程度和能够达到的威慑效果。

一　在竞争与合作中巩固全球海权

谁掌控连接各个大陆的海洋，谁就掌控世界命运。在全球化历史进程中，国家利益存在于国门内外，没有海权便无法掌控自己的命运。海权争夺由此而出。在唯有海上通道才能到达全球的年代，海权争夺胜利者掌握霸权。美国从威尔逊时代推行"公海航行自由"开始，直到今天成为全球洋面上的"巨无霸"，一条清晰的轨迹印证着：控制海洋是美国成为超级大国的历史起点。维护、拓展全球海权也是美国所有地缘政治行为的基础。

首先，具有史无前例优势的海军是美国全球海权地位的象征。"根据2010年的数据统计，美国海军11艘核动力航母中的任何一艘，都是其他任何一个海上强国无法复制的；拥有10艘大型两栖登陆舰，其他国家与之技战术性能匹敌的两栖登陆舰总共只有3艘，它们还是美国的盟国；海军战机是其他国家总和的两倍；核动力攻击潜艇数量超过世界其他国家总和；主力战舰一次性集射导弹的数量超过其后 20 国海军主力战舰的总和；战舰总排水量是其后 13 个国家海军的总和。"① 美国海军对其他海上力量的优势超过了英国在鼎盛时期相对于其他海上强权的优势。仅此一点，便能断定，美国"终结了大国争夺海权以谋取世界霸权的历史进程"②。当今，除北极等少数地区外，地表几乎已经没有公共陆地区域，只有少数地区要么存在主权控制，要么被争议主权者控制。美国陆军和空军必须经过复杂、耗时的远程投送，穿越、使用其他国家领土领空，才能体现战略意志与能力。全球大部分海洋是不受各国主权管辖的公共区域。作为世界上唯一一支具有全球部署和跨洋作战能力的美国海军，能够"在公海、濒海、重要海上航线上等全球关键海域，随时根据需要，建立局部优势，防范对手控制关键海域"③。这包括既可以实施优势条件下的大国舰队决战，也可以从战舰上发射各类制导导弹、从航母上出动舰载机，对沿海和内陆敌对性政治、经济、军事等重要目标实施精确打击；通过海上航线游走于多个沿海区域；与处于安全威胁中的盟友伙伴展开联合训练甚至联合行动等。因此，在美国维护全球霸权的军事手段中，受到限制和威胁最少的海军，将可能根据不同规模和性质事态，派出规模不同的舰队，摇摆于战争边缘与和平之间，既避免了外交宣战后丧失策略灵活性，又明确地表明态度，处于相对主动位置，成为支持伙伴、震慑对手的重要利器。

其次，"航行自由"成为美国干预全球争议海域的行为观念。以实力求自由，自由就容易异化为毫无拘束的野心。从 1991 年至 2019 年的 28 年间，美国国防部共发布 27 部《"航行自由"行动报告》，涉及亚洲、欧洲、非洲、南美洲等大部分争议海域相关国家和地区。它们的共同点是：

---

① Robert M. Gates, Remarks at the Navy League Sea – Air – Space Exposition, Washington: Petegam, May 3, 2010, p. 2.

② R. B. Watts, "The End of Sea Power," *Proceedings Magazine*, September 2009, Vol. 135/9/1, p. 279.

③ The US Sea Services (Navy, Marines, Coast Guard), A Cooperative Strategy for 21st Century Seapower, Washington: The Pentagon, March 2015, p. 20.

防止沿海国家过度主张海洋权益；不承认历史归属在主权争议中有效性；不承认《联合国海洋法公约》规定的领海基线划定；要求所有沿海国家尊重包括军舰在内的所有合法舰艇在未超过12海里领海范围内的"无害通过"权，反对歧视性措施；不承认领海宽度超过12海里的主张；不承认对12海里之外的管辖权；不承认违背《联合国海洋法公约》的群岛主张。美国政府认为："如果纵容沿海国家挑战国际海洋法规范所主张的海域管辖权，所有国家依据国际法享有的权利将受到侵害。"① 这表明，美国推行"航行自由"的真实目的是，防止在主权争议海域爆发破坏现状的行为，削弱美国的海上影响力。争议海域相关濒海大国是既定秩序的潜在挑战者。美国海军若既能不在公海受到干扰，又能在争议海域"随心所欲"，就能阻止潜在挑战者有朝一日变成现实挑战者。"航行自由"成为塑造局势的观念，作为美国重要海上行为准则，被超强海军用至极致。

最后，全球海洋战略格局的深刻变化为美国扩展全球海权提供了强劲的利益驱动。众多新兴市场国家为全球经济注入新的活力与机遇，对全球市场和贸易体系产生日益强烈的冲击。全球市场和贸易体系内几乎所有重要国家和国际组织，对海外贸易、海洋经济、海外能源高度依赖，全球性海洋利益竞争态势正在快速形成。各个国家不断努力扩大开采海洋资源、增强对重要海上航线的影响力，导致多样化商业利益背后渗透着越来越复杂的地缘政治关系。

全球性跨国贸易行为中的90%依赖海运，全球有连接太平洋与大西洋的北冰洋航线、连接欧亚大陆东端与北美大陆的太平洋航线、连接中东与欧洲和东亚的印度洋–地中海航线等1200多条海上航线。它们既成为大国之间共享经济繁荣的纽带，也成为大国竞争博弈的必争重地。安全威胁和发展机遇同步增加，未来的海权秩序不再仅仅取决于海军优势和支配全球贸易的能力。

---

① U. S. Department of Defense, *Freedom of Navigation（FON）Program 2019*, Washington: Government Printing Office Publishing, 2020, p. 49.

美国全球海权的主要挑战有三个方面。

一是在主权争议海域进行复杂的平衡。海洋对各国和地区安全、繁荣日益重要，大国间围绕海域主权争议的政治安全、国际地位、经济利益、秩序规则等展开全方位博弈，难以接受和平谈判、国际法仲裁。但是，它们之间利益紧密关联，不至于贸然开启战端。面对僵持局面，美国难以表明主权立场，只能为保持暂时的和平现状而随机摇摆、左右支绌地平衡。当所有相关方均依赖或者希望美国"主持公道"而不过激，美国反而有可能在平衡复杂矛盾中激化矛盾，而不是解决矛盾。只要主权争议不会激化危机，美国就会既无力也无心解决。

二是抵消军事技术优势的海上威胁。美国海军只需要盯着少数对手，但花费巨额经费建造的航母、大型巡洋舰、驱逐舰等受到更多、更廉价、更简单的武器的威胁。新型导弹可以从陆地、海岸、空中、水下打击任何目标，微型、隐身、无人操作的水下和水面武器将成为大国海军的普通装备，远程无人机、网络与电子战等技术手段，可以攻击舰队的指挥控制系统。这些新型作战能力，使美国的对手控制关键海域的效费比更高。

三是单独承担独霸海洋后的国际责任。一方面，包括美国在内的每个大国越来越依赖全球市场和贸易体系，美国必须对濒海大国尤其是濒海新兴市场国家保持应有敬畏，既避免过度刺激，又要保持有限的明确施压，才能从中获益。另一方面，美国必须保持超强的海军，能够"自由地出入于争议海域，灵活封锁对方海岸、控制重要海上航线，公开直接或者秘密间接地施加影响"[①]。由于海上航线对全球市场和贸易体系产生日益重要的影响，如果美国不能垄断全球海上航线，就不能在竞争与合作的复杂利益格局中成为仲裁者。但是，美国独自控制或者吓阻其他大国使用重要海上航线的风险和成本正在不可阻挡地增大。如果美国为打击对手，必须领导所有利益相关方对其实施孤立，同时需要对盟友和伙伴利益补偿。然

---

① Kevin Rowlands, "Decided Preponderance at Sea: Naval Diplomacy in Strategic Thought," *Naval War College Review*, Vol. 65, No. 4, 2012, pp. 89 – 105.

而，所有大国越来越依赖海洋确保增加安全与繁荣的机遇，美国凭借超强的海上力量单独称霸海洋，不仅需要增强应对大国舰队决战、海上核战争、支援盟国或者伙伴应对危机的能力，还需要建立具有包容性的全球海洋集体安全体系，建构公海秩序，促进海权与陆权一体融合。这样庞大的目标将会耗尽美国全球军事资源。

全球市场和贸易体系扩展了海权内涵，单独垄断海权不可能成为唯一受益者。美国如果塑造排他性世界海权，早晚将高度依赖于其他海上强国。无法排斥他人，却又极力排斥他人，正是英国世界海权衰落的根本症结。

美国海军未来全球布局，不再着眼全球范围内分区域部署，应对地区性危机或者局部战争，而将依托覆盖全球各个角落的交通体系与信息网络，发展全球快速反应和部署能力、主导态势能力，以及与相关国家和组织制定规则的能力等，频繁地采取全球机动配置、建立全球海上同盟或者联合行动、关键海域定期巡航等，将防范战略竞争对手、影响盟友和伙伴、促进全球海上合作等，置于同等重要的地位。

二　为维护在欧亚大陆主导地位需要合作性制衡

美国全球霸权兴于海上，成于陆上。第二次世界大战至今，美国拓展陆权的行为是，从西欧、东亚、东南亚等边缘地带向腹地挺进。欧亚大陆成为美国支配全球的最后一块顽石：既可能成为最危险的陷阱，也可能成为迈向人类文明历史最高峰的最强劲跳板。

首先，美国主导下的欧亚大陆均势体系暂无被打破可能。在欧洲，除俄罗斯外，其余大国之间矛盾已经缓和，不至于爆发战争。巴尔干半岛、黑海、波罗的海等"火药桶"和大国角力点，在北约东扩进程中作为海权大国制衡陆权大国能力缺口的历史价值已经消失。在东亚和东南亚，美日同盟、美韩同盟、美国与东盟日益深化的关系，鲜明地反映着美国不可取代的地位。在中东，美国不仅强力制裁伊朗、叙利亚等，还赢得了沙特阿拉伯、阿联酋、科威特等温和的阿拉伯国家的亲美立场。在中亚，美国与中亚五国展开持续性安全、经济、能源合作，形成美国、俄罗斯、中国三个大国与中亚五国之间的复杂平衡。在可预见的未来，欧亚大陆上难以出现垄断性的陆地强权挑战美国。

其次，政治文明成为影响欧亚大陆秩序日益重要的因素。百年来，欧亚大陆上多个具有长期独特历史文化的古老民族，在加速构建现代国家制度的同时，不可避免地卷入地缘政治博弈旋涡。所有自认为历经数千年而不衰的古老民族，如果在构建现代国家制度过程中没有找到新的生命力，将会在新一轮地缘政治博弈大潮中走向没落、陷入失败。然而，它们的成败不是取决于现代国家制度本身，而是取决于现代国家制度能否激发民族文化中的开放和创新基因。欧亚大陆秩序超越了国家间实力格局在地理上的分布，成为政治、经济、文化等国家综合利益共同载体。可见，美国对欧亚大陆秩序的冲击，不是传统海权制衡陆权的历史翻版，而是在现实主义和理想主义的不断权衡中，打破均势缔造和平的旧权力守则和推动地区开放走向一体化的时代趋向。美国与欧亚大陆上大国之间新的地缘政治博弈，不再是划分势力范围的对抗与妥协，抑或重组势力范围的冲突与战争，而是现代国家制度融入民族文化体系过程中的博弈。支配地缘政治关系的不仅是国家地理位置与实力的对比，更为重要的是基于意识形态差异化下的政治文明。

最后，陆权秩序受制于海权秩序。美国在欧亚大陆上的地缘政治行为，可谓近海者成。尤其是近年来，北约东扩接纳立陶宛、拉脱维亚和爱沙尼亚，使之与芬兰半岛构成了波罗的海枷锁；巴尔干半岛成为美国强化控制黑海的桥头堡；伊拉克成为美国抵消伊朗在霍尔木兹海峡影响力的杠杆。美国影响欧亚大陆秩序的基础是可靠的海权。欧亚大陆秩序的关键在于全球海洋秩序。一旦美国全球海权地位有变，欧亚大陆秩序也会随之受到颠覆性影响。美国在欧亚大陆影响力最薄弱之处是中亚，在全球洋面上最薄弱之处是北极。俄罗斯北连北极，是北冰洋海岸线最为漫长的国家；南接中亚，是中亚地区中民族文化最接近、地区影响最深刻的国家。未来，对美国全球海权和欧亚大陆陆权地位同步构成最严重挑战的是潜力巨大的俄罗斯。展望新的陆权秩序，无疑应当聚焦于美俄地缘政治博弈，而美俄地缘政治博弈未来的制高点又在北极。欧亚大陆陆权秩序变化，不仅取决于美国如何继续由边缘地带向心脏地带挺进，还取决于俄罗斯对自己的角色定位以及如何实现这种角色定位。陆权秩序受制于海权秩序的时代仍然要长期延续。

美国相对于欧亚大陆上的任何大国，常规军力、经济和科技实力等方面均无可匹敌，却存在被认为是战争竞争对手的挑战者。它们即使不希望与美国出现紧张与麻烦，也会在美国战争竞争压力下与之互动，再现历史上霸权博弈。同时，恐怖主义、极端主义、核扩散、跨国犯罪、民族分裂势力等全球公害仍然存在，使美国与欧亚大陆上各个大国安全与利益交融紧密，共同地极力避免大国战争。

全球化发展失衡导致逆全球化潮流出现、大国间传统地缘政治博弈与历史积怨等因素，在阻止增加大国间安全互信时，制造了美国构建欧亚大陆秩序的多重困境。一方面，美国推动欧亚大陆走向一体化，极有可能面临义务过多、负担过重的危险。另一方面，如果欧亚大陆在某一个或者少数几个强大力量主导下走向一体化，美国面临被排斥在欧亚大陆之外的危险，导致市场丧失、能源短缺、军事优势迅速消失。再一方面，美国在欧亚大陆上的合作，容易出现在应对公共安全威胁领域，难以出现在武器控制、地区安全秩序等涉及根本利益的敏感领域。如果不发生大国战争而仅是低烈度紧张局面，长期对峙有利于美国；如果在欧亚大陆上与美国友好的力量中，出现一个不仅拥有强大的军事实力、充满着经济活力，还具有强大的文化影响力的国家，继续与其保持长期友好，将潜在地不利于美国巩固主导地位。因此，美国既不能容忍"第二个苏联"，也不希望矛盾丛生而陷入无休止的动荡。对美国最为有利的格局是，既存在必须由美国仲裁、平衡的矛盾，又存在有限合作。美国最集约的战略是，不推动矛盾解决，保持对所有相关方的绝对优势，超前震慑最有可能的既定和平破坏者，无论他是盟友抑或对手。美国最粗放的战略是，在一次未知代价与风险的战争中，"帮助"解决矛盾。战争容易导致民族主义大行其道，使欧亚大陆充斥愤怒、仇恨。因此，美国针对盟友，必须展示一定程度的"独断"，针对对手，需要在一定程度上显示"善意"。

当前，欧洲虽然趋向团结，但内部矛盾众多。何况，早在第一次世界大战时期，美国国内有识之士便提出："一个处于均势状态下的欧洲，有利于美国的安全。"① 在可预见的未来，它既不可能与美国展开对等的地缘政治对抗，经济、科技竞争力也不可能超越美国。更加重要的是，欧亚大陆上部分大国缺乏互相强烈吸引的文化认同。即使有两个以上大国反对美国，也是基于共同的现实需要，而非共同内心驱动。美国保持优势与维持欧亚大陆现状同等重要。

即使美国与欧亚大陆上多个大国的矛盾几乎同步、多层激化，合作也不可能消除，而是受到大国博弈影响。在意识形态对立、历史争端未解、共同威胁淡化的今天，大国之间经济贸易争端和地缘政治斗争激化实属必然。但经济贸易争端与大国地缘政治、国际问题话语权争端等相比，具有鲜明的特殊规律。大国间虽有矛盾激化危险，但不存在零和博弈的基础条件，而是进入了难以界定的复杂时代，合作型制衡应时而出。合作型制衡是亦敌亦友的大国博弈的结果，而非极端现实主义和实力政策的结果。

第三节　军事优势的动机与原理

在人类历史中，霸权国家战争不断，最终因穷兵黩武而走向衰落。但是，百年来的美国不仅战争不断，而且为保持、巩固、扩大军事优势，看似"不惜血本"，却似乎正在颠覆历史常规定律。这其中值得所有人深思。

一　维持军事优势是美国维护全球霸权的最廉价方式

百年来，美国对对手实施威慑、外交孤立、意识形态渗透、经济封

---

① Lioyd E. Ambrosius, *Wilsonian Statecraft: Theory and Practice of Liberal Internationalism during World War I*, Wilmington: Scholarly Resources Inc., 1991, p. 24.

锁、武力攻击，对盟国或者伙伴在其危险时付诸外交、经济、物资支持，甚至与其联军作战，无一不是建立在军事优势的基础之上。没有军事优势，就没有美国全球霸权。两次大战时期，美国成为战胜国。冷战时期，美国迫使苏联花费巨大代价追求军力均势。冷战之后，美国越来越注重保持和扩大军事优势。

美军作为地位重要、职能日益广泛的政策工具，或者直接体现政治意图，或者间接影响他国政府或者国际组织，确保美国的政治和经济利益。美军在美国对外行为中承担的职能包括：掌握世界军事情报，尤其是对手和盟国的军事动态；进行军事外交行动，如联合演习、军事情报交流等；联军作战，主要是应对公共安全领域内挑战；实施武力威慑，比如，进入他国主权范围内陆地、海洋、天空等非公共区域；扶植军事代理人，帮助其他武装力量增长作战能力；保持长期军事存在，如建立永久性或者临时性军事基地；攻击敌对国家或者非国家组织。美军实质上成为一支可以独立影响其他国家和地区的力量。

美军职能最广泛时，也是美国在影响国际社会具有更多的选项之时。保持和扩大军事优势成为维持美国全球霸权的最廉价方式。在和平时期为保持军事优势的投资远远小于战争和危机时期为获得胜利的投资。扩大军事优势可以避免通过劳民伤财的战争和危机以稳定地区秩序。超强的军事存在对地区现实和潜在的挑战者构成政治、外交、经济等各种方式无法取代的战略威慑，弱化了挑战者野心膨胀的心理诱因。无法追赶的军事优势是防范挑战者破坏地区稳定最可靠的盾牌。超强的军队可以主动吸引更多盟友伙伴，不需要付出更多成本维持和巩固同盟。在一个不平衡却互相依赖的世界里，集体安全有利于每一个国家减少维护安全的成本和风险。不断增强的军事优势将吸引更多希望成为美国的盟国和伙伴的国家和组织，融入更加广泛的集体安全。另外，形成军事优势是一个不断创造新型作战能力优势的军事竞争过程。新型作战能力优势一旦形成，对手在之前军事竞争的成果失效的可能性，将随着新型军事竞争的展开日益增大，制约美国行动自由的手段将日益减少。因此，如果使战略竞争对手的军事资产成为"无用之物",美国即使不断保持、巩固、扩大军事优势的花费巨大,也算作"花小钱办大事"。

美国保持和扩大军事优势也反衬出显而易见的劣势。美军频繁地出现在众多非公共区域,使美国面临着是否是真正的"和平使者"的考验,其在国际舞台上频繁展示的胸怀天下的"天使心灵"也将受到质疑。索马里的梦魇,以及针对某些事态军事恫吓的恐怖阴影依然难以消散。远见的道德与眼前的现实利益,这一对矛盾将再次出现。

二　美军主动变革源自国家创新能力

百年来,美军成为世界军事史上变革意志最强烈、变革行为最频繁的军队。三次抵消战略的共同点是,每当对手具备了制约美军优势或者模仿美军优势的作战能力,美军便先于对手吸收当时最新技术(机械化技术、核技术、信息技术、人工智能技术),塑造新型作战能力。另外,即使技术优势遥遥领先,并承认战争艺术、精神士气、战场环境对战争胜负具有重要影响,美国也会不惜破坏国际军备控制条约,不遗余力地发展新型军事技术,同时千方百计地防范潜在和现实对手甚至盟友,获得相应军事技术。美军主动变革的直接目的是,不断形成新型作战能力优势。美军不断追求新型作战能力优势的原动力是军工企业追求商业利润天性,以及社会崇尚技术创新的实用主义哲学,二者形成两股强大的力量。

美国信奉市场经济是经济繁荣的根本。市场经济的主体是企业,企业在市场中生存的必要条件是通过竞争谋求利润。比起思想、组织、行为方式等领域,技术领域是最直接体现企业竞争力、最便于企业获得巨额利润的领域。军工企业在资本天然的逐利本性驱动下,一边不断研发注入最新科技成果的武器装备,一边引导美军更新武器装备的需求。当多家军工企业如此逐利时,美军根据需求组织竞标。竞标中,多家军工企业竞相使自己的武器装备符合美军需求,以获得大宗合同,最大限度地占据市场份额。在此过程中,完善成熟的市场机制有利于各个军工企业防范竞争对手制造黑幕和陷阱,促使它们按照相同的标准、在相对公开的条件下竞争。

尊重和鼓励资本无限逐利天性的市场经济，激励着企业竞争，促使商用科技和商业管理不断变革，从而驱动美军变革。比如，2019 年 3 月 27 日，谷歌公司总裁桑达·皮查尔宣布，将坚决支持美军变革。现代先进产业的显著特点是开源与共享。植入现代商业与科技力量的军工产业，与不断出现的新的作战需求，使美军变革不是基于现实紧迫作战任务而被动变革，而是基于整个国家追逐商业利益的内在期望主动变革，因而融入充满竞争的市场，造就了与社会和商业领域变革同步的利益格局调整。新的市场竞争模式反过来激励美军吸收新技术、新思想、采用新的管理方式和行为方式。因此，美军变革的根本动力是利于产生新技术并打破旧利益格局的市场竞争。市场竞争推动技术发展和商业模式不断更新，最终使军队成为社会经济发展、科技进步和市场商业竞争激励的最先受益者之一，以及生成相应的战略调适能力。

美军习惯于将技术创新作为解决难题的优先办法。比如，美军 1979 年发现华约军队许多重要目标建在深达 5 米的地下，因而提出研发钻地炸弹，而不是先研究地下作战的战法。科学实用主义对美国的重要影响是，企业、大学高度注重基础科学研究。基础科学研究相对于商业、军事等应用领域科学研究，投入时间长、回报隐性，而一旦取得突破，便能推动应用科学研究成果"井喷"式涌现。一方面，集多种功能于一体的新型武器装备加速取代以数量支配效能、功能单一的旧式武器装备。另一方面，所有应用领域研究受益于基础领域研究，加快了经济社会发展的最新成果与军事领域的最新成果融合。比如，美国引领以计算机为起点的信息科技革命，促使美军武器系统集侦察、打击、评估与控制等功能于一体，提升了作战效能，减少了物资消耗与人员伤亡。

美军新型作战能力优势的背后是涵盖军队、商业力量、科研资源、社会组织、政治力量等各领域的军事创新系统。美军一边积极吸收新技术，一边研究基于新技术的作战方式，为培养人才、战备、训练、管理、后勤保障提供正确需求，再在实战和演习中比对和校正。商业力量围绕美军变革需求这一巨型"蛋糕"展开市场竞争，使美军可以选择最适用于未来任务和满足军队现实需要的武器装备。专业性军事评论和美军行动、重要军官任命等，都暴露在国会和发达媒体监督之下。国家和社会参与监督军队发展、讨论军事问题最大的好处就是，当没有先例可以遵循或者法律界定模糊时，可以充分调动各方面利益相关体和智力资源，处置新的情况，解决新问题，有利于构建出变革型和学习型体制机制，使美军求新、求变、求作为的精神动力得到激发，而不是受到压制。

美军新型作战能力优势深深根植于美国政治、经济、文化和社会等领域蕴含的自我变革能力优势之中，其效果也远远超出了军事领域，扩展至更加宽广的领域。直接效果就是通过提升单个作战平台的技战术性能，增强武器系统的作战效能。作战效能是将信息、火力、机动等作战能力转化为作战功能的效果，令单一的侦察、火力打击、机动等作战平台被集侦察感知、火力打击、机动、评估检验甚至自我保障功能于一体的武器系统替代。武器系统不是单个作战平台的组合而是功能的组合，使围绕单个作战平台以及操作人员而确定的部队编成及其相应指挥体系遭到颠覆，进而推动军队编制体制发生变革，最终产生新的军事政策和武装力量制度。军事政策和武装力量制度的更新，又将反作用地推动政治、经济、文化、社会等方面发生变化。

可知，美军新型作战能力优势根源于国家综合实力优势，同时也巩固了国家综合实力优势，尤其是国家创造优势的能力。经济、科技、军事方面复杂而又庞大的数据，仅仅是这一能力的表象。国家创造优势的能力是将对手引入己方优势领域内展开竞争的能力，使自己总是处于新型领域的先行者和引领者地位。这种优势地位一旦与全球贸易和市场体系内的知识产权保护、技术垄断与禁运等措施结合，将导致其他国家（无论是盟友、伙伴抑或敌对国家），在门槛更高的领域，投入更多资源，承担更多风险。

美军主动变革引起其他国家争相效仿，导致美军不仅因技术引领而强大，更因为思维方式、行为方式的引领而强大。美军不自觉地迫使对手只能追随自己的发展轨迹时，使之难以辨识自己的劣势正在扩大或者新的劣势正在形成。因此，在全球市场和贸易体系中，美国保持军事优势的最佳方法，不是保密而是公开。当今，智能化工具逐步取代人工、关乎人体生命的远程智能医疗日益盛行、无孔不入的媒体与可视化工具遍布各大城市、颠覆人类常识的新材料和新工艺层出不穷、军用技术与民用技术通用性快速提升，任何一个国家都不可能垄断某项军事技术。垄断某项军事技术等于旧式封闭的"自杀"。开放将使美军成为先行者，成为众多其他军队争相仿效的对象。总之，美军主动变革创新导致对手被动应对，被迫进行创新能力遭到剥夺的有害军事竞争。

第四节　美军未来能力的优势与劣势

百年来，美国国家安全环境与战争威胁不断演变，美军既要防范、遏制互相毁灭的核战争，又要应对、打赢在全球重要地区爆发的常规战争。在兼具威慑与实战的需求和变革驱动中，美军重点打造核作战能力、太空作战能力、特种作战能力、网络战能力等，形成了威慑与实战并重、层次分明又互相交叉的能力体系，而不仅是进攻能力与防御能力的简单综合。随着智能时代的到来，智能化作战能力成为美军能力体系中日益重要的部分。

一　强大却制造安全困境的战略威慑能力

互相毁灭的战争不可想象，战略威慑能力成为最"无用"也最"有用"的能力。当前，美军战略威慑能力的基础是导弹防御系统、核武器、全球快速打击武器、天基与网络武器、心理认知武器等。它们使美军战略威慑行动不局限在单独某个战场空间，而是超越单一领域在多个领域融合式进行。比如，网络与实体空间的战略威慑行动走向一体化。"如果美国遭到网络攻击，将有权使用物理摧毁手段实施报复"[1]。可见，战略威慑

---

[1] Jack Goldsmith, General Cartwright on Offensive Cyber Weapons and Deterrence, Washington: U. S. Department of Defense, November, 8, 2011, p. 23.

行动与战略威慑能力融为一体。

新兴科技军事化产生许多新的安全领域。人工智能、大数据技术、新材料技术、物联网、脑控与控脑技术等新兴技术军事化后，3D 打印的爆破装备、远程遥控无人机、生物基因药品等在全球市场体系中可以非常方便地获取，数据信息和社会心理对国家安全影响日甚等因素，不以人的意志为转移地冲击着全球战略格局和世界安全环境，颠覆了衡量战略主动与被动、军事优势与劣势、外交敌友多寡、法律与伦理的逻辑，战争与和平的界限越来越模糊，道义标准和物质需求越来越融合。新兴科技军事化对大国博弈产生革命性影响，美国战略威慑能力的优势既明显也脆弱。

一方面，作为新兴科技军事化的引领者，美国更容易破坏大国之间战略力量的脆弱平衡。另一方面，战略威慑能力相对陈旧的大国军队对战略力量对比的担心日益深重，将专注于升级或者增强某一项或者少数几项威慑力量手段，降低美国战略威慑效应。因此，美军强大的战略威慑能力导致了美国和其他大国共同的安全困境：互相面临新的战略威慑，处于不确定性危险当中。这导致美国投入大量资源制造也许永远无法使用的战略力量后，不可能一劳永逸地保证自我安全，反而会刺激其他国家寻找和制造美国的安全漏洞。

二 高度依赖情报与远程精确打击的联合作战能力

使用最频繁的作战能力，通常变化最无常。尽管海湾战争以来，美军常规作战能力变化越来越令人目不暇接，却有清晰的总取向：联合作战能力。核心基础技术特质决定作战能力特质。联合作战能力的核心基础技术是信息技术与动力技术。信息技术使信息的生成、传输、处理不受陆海空天等自然空间阻碍，动力技术的发展使机动投送手段和火力打击手段可以突破不同维度空间限制，比如气垫船突破海陆限制，航天飞机突破大气层限制，直升机突破地面限制等。这两项技术结合在一起，放大为对整体空间的运用。

美军联合作战的基本模式是，在陆海空天电磁和网络等空间进行实时、精确侦察、定位目标，显示战场态势；之后，将目标信息和战场态势在不同军种部队和武器系统之间共享；最终，经过指挥人员、技术人员处理后，及时地发出作战指令，控制部队和武器系统作战行动。

美军联合作战能力的原理是，各类作战力量一体化地实施信息运作和远程精确打击。前者使美军选择有利的战场与作战时机，后者使美军付诸相对安全和低消耗的作战行动。

美军信息运作的目的是确保情报优势，力争追求战场单向透明，进而将情报优势快速转换为火力优势，最终达成行动优势。其中，先进的信息系统是情报优势转化为行动优势的基础。这两个系统以运用侦察手段为起点，将侦察而来的情报，经过指挥中心处理后形成指令，再以武器系统对其使用为终点。这个闭合回路包含着信息过滤、筛选、分类、显示、融合、存储和分发等所有环节，所花费的时间和所需专业性人才、设备的数量与质量决定作战行动效率甚至成败。

美军情报优势的物质基础不是单项侦察手段或者通信手段的集合，而是将侦察、通信、计算等各种设备融合后，任务范围可覆盖全球和全维战场的信息系统。信息系统构成非常复杂，将太空侦察和通信卫星、空中侦察机和预警机、地面和海上侦察设备直接通联，实现快速感知、快速反应、快速判断、快速控制。阿富汗战争中，美军空中侦察的目标信息，只需要经过 10 分钟便到达相关地面作战部队。海湾战争中，这一流程是 2 ~ 3 小时。

具有特定功能的单项设备通常在特定条件下产生特定效能，信息系统由多个具有特定功能的设备根据各自特定功能，在优势互补中不间断地侦察监视，将目标信息转化为作战指令，从一个武器系统传递到另一个武器系统。但是，这不能消除结构性短板。美军地理信息系统可能会因为部分地区交通和经济社会的巨大变化而失效，因而仍然需要人力情报弥补技术情报劣势。

战争是双方活着的人的对抗，决定情报价值的是人，而不是技术手段。技术手段是人的素质能力的强化与延伸而不是替代，仍然依赖于人的知识、技能和心理。比如，信息运作难以超越国际道义和跨越民族文化差异，导致美军哪怕是小概率地毁伤民事设施、造成平民伤亡的事件，也将面临国际社会的政治与舆论压力。

当今，美军建立了从太空到地面和海洋，从技术侦测到人力侦察，从军用到民用、商用的信息系统，其联合作战力量超越了军事范畴，成为整个国家甚至整个国际同盟政治、军事、商业和社会力量资源的整合。

在信息运作之外，美军联合作战的核心是远程精确打击，主要有三个趋势：一是战场全球化；二是平台无人化；三是行动一体化。

战场全球化，是指美军远程精确打击可以从全球大多数地点发起攻击，打击全球范围内被信息系统侦测到的目标。平台无人化，是指美军将装备越来越多的无人机、无人战车等无人化装备，它们还将携带制导装置和弹药直接参与作战，并成为主要的作战力量。行动一体化，是指美军侦察、打击和评估等基本环节不需要依赖烦琐、复杂的人力，而是自主"一站式"完成。未来美军远程精确打击的优势不仅是更加快速和精确，还更加令人难以捉摸，既可加快作战节奏，也可控制作战进程。

但是，技术的对抗性运用，使美军信息运作与远程精确打击支撑下的联合作战出现两个劣势。一是联合作战所需的技术设备分布于全球各个地域、海域、空域和太空，最终仍然依赖于数量众多、分散于全球的地面设施。美国需要在外交、经济，甚至在道德上，付诸巨大努力才能护卫其安全，确保其顺畅运行。美军的弱点在全球任何地点都可能存在，对手即使运用最简单的手段也可能击败美军。二是武器系统之间无法完全兼容。不同武器系统来自不同军工企业，出于市场竞争和保护知识产权，有意制造"与众不同"的武器系统；各个军种对作战环境的适应性的需求不同，即使是相同类型分属不同的军种武器系统之间，也难以完全兼容，限制了目标信息和作战指令在武器系统之间的快速流动，降低了作战效能。这几乎是美军无解难题。

三　以人为核心的智能化作战能力

美国拥有全世界最发达的智能化产业和最具活力的智能化科技资源，美军智能化作战能力因此引领全球。所有革命性作战能力均根源于革命性科技。智能化作战能力的革命是因为智能化武器系统比信息化武器系统"多了一个大脑"。智能化武器系统相对于传统机械化、信息化武器系统，最为特殊一点是，被人工智能技术赋予了只有人才拥有的主观意识，并可突破人生理功能的极限。人驾驶坦克、飞机受到体能、注意力等多项生理功能限制，但无人坦克、无人机却是"不知疲倦"的。人脑在疲劳情况下分析能力和计算能力会下降，但智能化信息处理系统不会"脑疲劳"，始终具有强大、精准的计算能力。智能化武器系统不仅能够代替人从事许多危险、艰苦、烦琐、机械重复的行动，还越来越能"思考"。

美军智能化武器系统自主完成战场感知、打击、防御、机动、评估、保障等作战行动功能日益强大，虽然不能完全将人从危险行动中解放出来，但可以极大增强作战行动的灵敏性、杀伤力，还由模仿人的本能反应、简单的计算与逻辑推理，升级为复制的理性、逻辑和道德。未来，美军人机协同作战将可能逐步演变为人机分离作战，人成为专职决策者和战局控制者。

美军智能化作战能力的优势和劣势非常明显，优势主要有两方面。一是智能化武器系统无须经过复杂的人工计算与情报运作，只根据计算机程序，自动选择打击目标，自主趋利避害地适应战场，最大限度地避免无用信息干扰。二是智能化武器系统不依赖大量设备，便可实施简单、高效的作战行动。因此，智能化作战最大限度地摆脱了安全漏洞多得难以想象的庞大复杂的作战体系。其劣势主要是，超强作战效能背后对美军带来的道德风险。高速、隐身智能化武器系统可以在比人们想象的短得多时间内，实现大气层内外的全球打击。但是，无法识别军人或者平民的智能化武器系统不受控制的杀戮，将削弱人的决策功能。因此，美军强大的智能化作战能力未必会带来胜利，却可能因它而陷入失败甚至自我毁灭。因为技术革命带来的伦理颠覆，必定违背美国的道德信条，而这正是美国力量的重要源泉之一。

机器不可能具备人的主观意志、感情、创造性思维，尽管未来人工智能技术突破后，美军智能化武器系统自主能力会有飞跃性提高，但不可能摆脱依附于人、听命于人的战争工具的根本属性。美军智能化作战能力的核心仍然是人。正如傻瓜相机会自动调焦但不会自动按下快门一样，智能化武器系统不会自动发动作战，而是根据人赋予的程序行事。人不仅决定作战行动的发起与结束，还对使用智能化武器系统的时机、规模、种类、条件等，具有唯一决定作用。人的核心地位丧失，胜利就丧失了。智能化作战能力的表象是超强速度与杀伤力、低消耗与安全性，但本质是将决胜性战场引入人的思想域。美国未来从事的智能化战争，真正内核是人的意志与情感。

第五节　战争策略的利与弊

策略是需求与风险兼顾之术。美国维护全球霸权的战争需求与风险，决定着美国的战争策略。美国是百年来国际体系变迁的最大受益者，决定其战争策略是为巩固、优化现有国际体系服务的。而现有国际体系又受到美国国内的政治、经济、社会的影响。当利益多元时，美国从无战争全胜之策；当国际国内一体时，美国也容易避免全败之战。

一　战争需要兼顾国家威望、经济成本、社会情绪

内心理想越完美，对现实差异越敏感。自认"上帝选民"的美国民众，对自身生活方式的热爱几乎到了孤芳自赏的地步，容易将任何可能的外部威胁看成是对生活方式的威胁。自认为过于美好而更加容易倾向于防范他人，导致将战争当成"惩戒"他人恶意的必要之举。因此，历届美国政府必须兼顾国家威望、经济成本、社会情绪，而不仅关注战场上对敌人造成的损失。因此，百年来美国判别战争总是毁誉不一。

　　美国的安全和利益取决于全球范围内信息基础设施、空天系统、银行、海外资产、交通枢纽、能源供给地、贸易线等，因而促使其未来最常见的战略策略是"利用昂贵的武器，实施远程打击、空中打击、网络攻击、天基作战，充分发挥火力优势，直接达成政治意图"[①]。本质上，这样的战争策略根本谈不上政治意图，因为"世界面临的安全挑战，在众多反复变幻的威胁当中，变得越来越难以预测和确定"[②]。全球安全的威胁不再源起于利益争夺，而是起源于国际社会中的"离心者"和"孤立者"的不受国际责任制约，以及难以捉摸的行为。可以预见，美国不再仅是主动寻找对手，孤立之、削弱之，还将创造有利的全球军事态势。美国的战争策略不会再遵循由小到大、由常规战争到核战争的逐步升级或者灵活反应，也不会将各个地区进行轻重之分，而是在全球多个地区、多个方向，保持常态化军事威慑与主动制造危机，根据潜在或者现实对手的薄弱之处，主动施压，防止对方在美国的薄弱之处和全球的危险之处实行蚕食战略。

　　由于所有大国均具备全球行动能力或者能对全球其他地区安全秩序产生重大影响，美国最佳战略策略不是大国战争，而是在多个地区实行"小打小闹"的"外科手术式打击"，甚至在平时将压力推向对手。这对美国提出了一个全新挑战：从政治、经济、社会、军事技术等方面，对行动目的、地区、持续时间、手段、规模（含参战部队数量）进行精确控制。这不是一系列可以通过数据和逻辑便能分析和预判的挑战。美国首先需要主动塑造有利的态势，其次才需要处理危机时的灵活反应，方能适应变化中的全球战略环境。

二　战争胜利的必要条件是以全球军力体系压制地区性军力

　　美军总是试图在从小规模地区危机与冲突到地区性局部战争、从关键

---

① Jonathan D. Caverley, "The Myth of Military Myopia: Democracy, Small Wars, and Vietnam," *International Security*, Vol. 34, No. 3, 2010, p. 157.

② U. S. Department of Defense, *Military Transformation and Changable War*, Washington: Government Printing Office Publishing, 2004, p. 1.

敏感区域战争到全球性战争等所有规模与强度的行动中，与政治、外交、经济、社会等领域的行动进行密切配合。这表明，构成美国全球霸权的有三大体系。一是独立完整的战略攻防力量体系，部署于太空、天空、海洋、陆地四位一体的核打击力量和导弹防御系统。二是保持灵活合作的全球军事同盟与伙伴体系，在全球范围内特定的重要地区，以军事同盟或者军事合作形式，保持前沿存在，形成对危机的慑止之势。三是依托国土和海外基地的战争动员、力量投送体系，当地区性危机恶化或者扩散蔓延导致战局不可控制时，通过全球机动与打击力量，取得战争胜利，稳定全球态势。美国为塑造全球态势和遏制对手，必须以全球性军力体系压制地区性军力体系。基于大国间具备互相攻击本土的能力，美国国土安全与所有海外军事设施安全处于同等威胁和产生同样影响。因此，作为全球霸权的美国，不可能容忍地区霸权。

地区性大国军队无须在周边构建军事基地、建立军事同盟，也能够利用远程精确火力和远程投送部队，在周边地区把握战略主动权。美国如果仅在地区性大国所在地区里与之博弈，将永远处于无法预知的危险当中，因而必须利用全球性军力体系震慑地区性军力体系，或使地区性大国在周边麻烦缠身。否则，美国将直面来自全球的军事风险。美军推出的常规快速全球打击计划正是出自这一战略意图，即"针对全球任何目标，可以在2小时内实现快速、精确打击"①。

未来美国全球性军力体系将是以全球监视系统为基础，以分散部署于全球范围内的精确打击平台、无人作战平台、远程的空中隐身和海上作战平台、水下作战力量、极地作战力量、常规陆军部队等为主，针对地区性大国军队展开同步行动。同时，美国也会千方百计地阻止地区性大国完成全球性军事部署和形成全球性军力体系。在可预见的未来，没有任何一个国家或者军事组织能够形成如美国般的全球性军事存在。

---

① U. S. Department of Defense, *Quadrennial Defense Review Report*, Washington：Government Printing Office Publishing，2006，p. 49.

全球性军力体系可以灵活地运用各种方式实施威慑，如封锁关键性海上航线、瘫痪对手指挥控制系统、展开空天威慑等。多样灵活的威慑可能使对手无法明确预判遭受的报复而知难而退。换言之，美国全球性军力体系，既是最新型部队或者作战平台，也可能包括传统甚至旧式部队或者作战平台。它们任意组合，确保美军根据事态进展采取各种强度和规模的威慑行动，以灵活掌控局面。另外，这种军力体系下的威慑行动，可以最大限度地摆脱对基地的依赖，行动更加持久；即便不在危机区域内做出快速反应，也可以在其他地区做出反应。如果短期内危机没有消失，美军可以选择在更多的地点、利用更多力量，实施更大规模、强度可控的作战行动。

美军全球性作战体系优点是，能够吓阻大国挑起战争的意志，快速控制危机事态，弱点是无法根据美国自身的政治和经济等诉求，对各种威胁进行理性的预想、排序，最终忽视能力短板，出现被人所乘的危险。全球性军力体系只适用于针对信息环境相对公开透明的大国。但是，美国地区性军力体系有足够的能力隐匿行动，却不能隐藏所有脆弱环节，可能终将处于"四处灭火"的疲劳之态。

另外，全球性军力体系要求美军聚焦于注重未来新型技术，相对容易忽略急需实用的传统技术。构建全球性军力体系耗时耗力，在总资源不变的情况下，容易导致减少对急需实用的关切。在阿富汗20多年的美军，缺少急需的防弹衣、头盔、反装甲火力等传统装具，是其最终撤出的关键因素。

总之，指望全球性军力体系包打天下本身就是美国的弱点。如果不加选择性地利用全球性军力体系应对所有国家安全威胁，最终可能导致军力无限制地扩张，超出自身财力，以及民众生活与心理的承受能力。

参考文献

Daniel J. Boorstin, *The Americans: The Colonial Experience*, New York: Vintage Books, 1958.

Atexide Tocqueville, *Democracy in America*, New York: Vintage Books, 1945.

John C. Chalberg, *Isolationism: Opposing Viewpoint*, San Diego, Cal.: Greenhaven Press, Inc., 1995.

Gary M. Watton and Ross M. Robertson, *Economy History of the United States*, New York: Harcourt & Brace Company, 1983.

Thomas A. Bailey, *A Diplomatic History of the American People*, Englewood Cliffs: Prentice Hall Inc., 1980.

Ernest May, *Imperial Democracy: The Emergence of America as a Great Power*, New York: Harcourt & Brace Company, 1961.

John C. Chalberg, *Isolationism: Opposing Viewpoint*, San Diego: Greenhaven Press, Inc., 1995.

U. S. Department of Commerce, *Historical of Statistic of Colonial Time to 1970*, Washington: Government Printing Office Publishing, 1971.

H. Faulkncr, *American Economic History*, New York: Harper & Brothers Publishing, 1960.

Paul Bairoch, "International Industrialization Levels from 1750 to 1980," *Journal of European Economic History*, Vol. 11, No. 6, 1982.

Raymond A. Esthus, "Isolationism and World Power," *Diplomatic History*, Vol. 2, No. 2, Spring 1978.

Nicholas J. Spykman, *The Geography of Peace*, New York: Harcourt & Brace Company, 1944.

Arthur S. Link ed. , *The Papers of Woodrow Wilson: A Press Release, August 4, 1914*, New Jersey: Princeton University Press, 1975.

William C. Wilder, *Henry Cabot Lodge and the Search for an American Foreign Policy*, Berkeley: University of California Press, 1985.

B. J. Hendrick, *The Life and Letters of Walter H. Page*, New York: Doubleday Page Company, 1930.

Woodrow Wilson, *Advising Congress to Declare War on Germany*, Washington: National Archives and Daily Records Congress, April 2, 1918.

White House, *History of the Budget of Federal Government*, Washington: Government Printing Office Publishing, 2006.

K. Jack Bauer and Stephen S. Roberts, *Register of Ships of U. S. Navy, 1775 - 1990*, Westport, CT: Greenwood Press, 1991.

Louis Morton, "War Plan Orange, Evolution of a Strategy," *World Policys*, November 2, 1959.

Steghen Howen, *To Ocean under the Sun: U. S. Navy*, New York: The Macmillan Company, 1997.

State Department, *The Ambassador in Great Britain (Page) to the Secretary of State, Supplement in the World War, August 5, 1914*, Washington: Government Printing Office Publishing, 1928.

State Department, *The British Ambassdor (Spring Rice) to President Wilson, the Lansing Paper, 1914 - 1920, Washington, October 15, 1914*, Washington: Government Printing Office Publishing, 1939.

State Department, *The Secretary of State to Chairman of the Committee on Foreign Relations Committee (Stone), Supplement in the World War, 1914*, Washington: Government Printing Office Publishing, 1914.

John Milton Cooper, Jr. , *The Vanity of Power: American Isolationism and the First World War 1914 - 1917*, Westport, CT: Greenwood Press, 1969.

U. S. Navy, *Office of the Comptroller Expenditures of the Navy*, Washington:

Government Printing Office Publishing, 1960.

Gcorge Bear, *One Hundred Years of U. S. Navy*, *1890 – 1990*, California: Stanford University Press, 1996.

Bernard, Ireland, *War at Sea 1914 – 1915*, London: Cassell Wellington House Publishing, 2003.

James. M. Morris, *History of the U. S. Navy*, New York: People Publishing House, 2003.

U. S. Navy, *American Naval Policy from 1790 to 1924*, Washington: Government Printing Office Publishing, 1944.

Allan P. Mlillett and Peter Maslowski, *A Military History of the United States*, New York: Freedom Press Publishing, 1984.

James M. Morris, *History of the United States Navy*, New York: People Publishing House, 2003.

State Department, *Address of the President of the United States Delivered at a Joint Session of the Two Houses of Congress*, *January 8, 1918 Supplement in The World War*, Washington: Government Printing Office Publishing, 1933.

Josephus Daniels, *The Wilson Era*, *Years of War and After*, *1917 – 1923*, Chapel Hill: North Carolina University Press, 1946.

State Department, *The Special Representative (House) to the Secretary of State*, *Supplement in the World War*, *Paris*, *November 3, 1918*, Washington: Government Printing Office Publishing, 1933.

Bernard Ireland, *War at Sea 1914 – 1915*, London: Cassell Wellington House Publishing, 2003.

U. S. Navy, *American Naval Policy from 1790 to 1924*, Washington: Government Printing Office Publishing, 1944.

George Bear, *One Hundred Years of U. S. Navy*, *1890 – 1990*, Califoria: Stanford University Press, 1996.

Arthur S. Link ed. , *The Papers of Woodrow Wilson*, *Negotiation about Navy*,

March 7, 1918, New Jersey: Princeton University Press, 1981.

State Department, *The Lansing Papers*, *1914 – 1920*, *Washington*, *December 9, 1917*, Washington: Government Printing Office Publishing, 1940.

State Department, *1918*, *Russia*, *Vol. 2*, Washington: Government Printing Office Publishing, 1931.

Cordon Martel, *American English Relation Reconsidered*, *1890 – 1993*, London: Rootledge II New Fetter Lane, 1994.

August Heckscher ed. , *The Politics of Woodrow Wilson: Selections from His Speech and Writings*, New York: Harper & Brothers Publishing, 1956.

Arthur S. Link ed. , *The Papers of Woodrow Wilson: Speech for Peace*, *1912*, New Jersey: Princeton University Press, 1973.

Arthur S. Link ed. , *The Papers of Woodrow Wilson: Diplomatic in Paris*, *January 18, 1919*, New Jersey: Princeton University Press, 1973.

Arthur S. Link ed. , *The Papers of Woodrow Wilson: Diplomatic in Paris*, *July 1, 1919*, New Jersey: Princeton University Press, 1979.

Arthur S. Link ed. , *The Papers of Woodrow Wilson: Diplomatic in Paris*, *July 1, 1919*, New Jersey: Princeton University Press, 1979.

Robert D. Schulzinger, *American Diplomacy in the Twentieth Century*, London: Oxford University Press, 1984.

Thomas Andrew Bailey, *Woodrow Wilson and the Lost Peace*, Chicago: Quadrangle Books, 1963.

Philip Wander, *The Rhetoric of American Foreign Policy*, Westport, CT: Greenwood Press, 1990.

Fredrick S. Calbown, *Power and Principle: Armed International in Wilsonian Foreign Policy*, Kent: The Kent State University Press, 1986.

Kenneth Paul Jones ed. , *U. S. Diplomats in Europe*, *1919 – 1941*, Santa Barbara, 1981.

B. J. McKcroher, *Arms Limitation and Disarmament: Restraines on War*, *1899 –*

1939, London: Cassell Wellington House Publishing, 1992.

Cerald E, *Wheeler, Prelude to Pearl Harbor: U. S. Navy and the Far East, 1921 – 1931*, New York: Columbia University Press, 1963.

William L. Neumann, *America Encourters Japan from Perry to McArthur*, Baltimore: The John Hopkins University Press, 1963.

Lewis Ethan Ellis, *Frank B. American and Foreign Relation: 1925 – 1929*, New Brunswick: Rutgers University Press, 1961.

Frank Costigliola, *Awkward Dominion: American Political, Economic, and Cultural Relations with Europe, 1919 – 1933*, New York: Cornell University Press, 1984.

Drew Pearson and Constantine Brown, *The American Diplomatic Game*, New York: New York University, 1935.

Elting Morison, *The Turmiol and Tradition: A Study of the Life and Times of Henry L. Stimson*, New York: Vintage Books, 1964.

Drew Pearson and Constantine Brown, *The American Diplomatic Game*, New York: Vintage Books, 1935.

Dorothy Borg, *The United States and the Far Eastern Crisis of 1933 – 1938*, New York: Vintage Books, 1973.

Fred Greene, "The Military View of American National Policy, 1904 – 1940," *The American Historical Review*, 1961, Fall.

Mark S. Watson, *Chief of Staff, Prewar Plans and Preparations*, Washington: U. S. Army, 1974.

Stephen Roskill, *The Period of Reluctant Rearmament 1930 – 1939*, London: Cassell Wellington House Publishing, 1976.

Louis Morton, "War Plan Orange: Evolution of a Strategy," *World Politics*, November 1, 1959.

L. Pratt, "The Anglo – American Naval Conversation on the Far East of January, 1938," *International Affair*, Vol. 47, 1971.

Samuel. Rosenman, *The Public Papers and Addresses of Franklin D. Roosevelt*, *1937*, New York: The Macmillan Company, 1941.

Hakolv Lickes, *The Secret Diary of Harold Lickes*, New York: Simon & Schuster, 1954.

Janes H. Herzog, *Closing the Open Door*, *American － Japanese Diplomatic Negotiations*, *1936 － 1941*, U. S. Navy, 1973.

Frank Costigliola, *Awkward Dominion: American Political*, *Economic*, *and Cultural Relations with Europe*, *1919 － 1933*, New York: Harcourt & Brace Company, 1976.

U. S. Department of Commerce and Bureau of the Census eds. , *Historical Statistics of Colonial Times to 1970*, *Part 2*, Washington: Government Printing Office Publishing, 1989.

Manfred Jonas, *The United States and Germany*, *A Diplomacy History*, New York: Cornell University Press, 1981.

Patricia Clavin, *The Failure of Economic Diplomacy: Britain*, *Germany*, *France and the United States*, *1931 － 1936*, New York: Columbia University Press, 1996.

U. S. Army and Navy Committee, Report of the America － British Staff Conversations, Washington: U. S. Army and U. S. Navy , Mar, 27, 1941.

State Department, *Documents on German Foreign Policy*, *1918 － 1945*, Washington: Government Printing Office Publishing, 1959.

Charles C. Tansill, *Back Door to War: The Roosevelt Foreign Policy*, *1933 － 1941*, Chicago: Regnery, 1952.

Franklin D. Roosevelt, *The Public Papers and Addresses of the President of the United States*, *1939*, New York: The Macmillan Company, 1941.

Henry L. Stimson and McGeorge Bundy, *On Active Service in Peace and War*, New York: Harper & Brother Publishing, 1948.

William Lunchtenburg, *Franklin D. Roosevelt and the New Deal*, New

York: Cornell University Press, 1963.

World Peace Foundation ed. , *Documents on American Foreign Relations*, Vol. 3, New Jersey: Princeton University Press, 1941.

State Department, *Foreign Relations of the United States Diplomatic Papers*, Washington: Government Printing Office Publishing, 1941.

Roosevelt, Franklin D, *The Public Papers of the President of the United States* (*1941*), Washington: Government Printing Office Publishing, 1945.

U. S. Army and Navy Committee, *Plans for Global War Rainhow—5 and the Victory Program*, Washington: U. S. Army and U. S. Navy, 1992.

Angus Maddison, "Statistics on World Population, GDP and Per Capital GDP," *International Affairs*, Spring, 1943.

David Reynolds, *From World War Two to Cold War: Churchill, Roosevelt and the International History of the 1940s*, London: Oxford University Press, 2006.

Christopher Thomas, *Allies of A Kind: The United States, Britain and the War against Japan, 1941 – 1945*, London: Oxford University Press, 1978.

J. M. A Gwyer, *Grand Strategy*, New York: Vintage Books, 1945.

Henry I. Shaw, Jr. Bernard C. Nalty, Edwin T. Tumbladh, *Central Pacific Drive*, Washington: Government Printing Office Publishing, 1966.

Frank O. Hough, *The Island War: The United States Marine Corps in the Pacific*, London: Oxford University Press, 1947.

Keith Sainsbury, *Churchill and Roosevelt at War: The War They Fought and the Peace They Hoped to Make*, New York: The Macmillan Company, 1994.

State Department, *Pacific Island after War, Navy Opinion*, Washington: Government Printing Office Publishing, 1967.

W. R. Louis, *Imperialism at Bay: The United States and the Decolonization of the British Empire, 1941 – 1945*, London: Oxford University Press, 1978.

Cordell Hull, *The Memoirs of Cordell Hull*, New York: Macmillan Publishing Company, 1948.

David Warner, Warren Kimball, David Reynolds, *FDR's World: War, Peace and Legacies*, New York: Macmillan Publishing Company, 2008.

Robert H. Ferrell ed. , *Off the Record: The Private Papers of Harry S. Truman*, New York: Harper & Brothers Publishing, 1980.

Joseph M. Jones, *The Fifteen Weeks*, New York: Harcourt & Brace Company, 1955.

John Gimbel, *The Origins of Marshall Plan*, California: Stanford University Press, 1976.

Arthur M. Schlesinger, *The Dynamics of World Power: A Documentary History of the United States Foreign Policy 1945 – 1973*, Vol. 2, *Eastern Europe and the Soviet Union*, Washington: Government Printing Office Publishing, 1986.

Harry S. Truman, *Public Papers of the President of the United States（1946）*, Washington: Government Printing Office Publishing, 1962.

John Lewis Gaddis, *The United States and the Origins of the Cold War, 1941 – 1947*, New York: Columbia University Press, 1972.

Melvyn P. Leffler, *A Preponderance of Power: National Security, the Truman Administration, and the Cold War*, Califoria: Stanford University Press, 1992.

Thomas Parrish, *Berlin in the Balance 1945 – 1949: The Blockade the Airlift the First Major Battle of the Cold War*, Washington: Addison & Wesley, 1998.

Miller Roger G. , *To Save a City: The Berlin Airlift 1948 – 1949*, Texas: A & M University Press, 2000.

Max Charles, *Berlin Blockade*, London: Allan Wingate, 1959.

State Department, *Policy in Germany 1948*, Washington: Government Printing Office Publishing, 1973.

Paul Preston, "British Documents on Foreign Affairs," *The Foreign Office Confidential Print*, Series F, 2002.

Alan Bullock, *Ernest Bevin: Foreign Secretary 1945 – 1951*, London: Oxford University Press, 1985.

Welter Lafeber, *America, Russia and the Cold War*, Washingtong: John Wiley & Sons, 1976.

Davison W. Phillips, *The Berlin Blockade: Study in Cold War Politics*, New Jersey Princeton University Press, 1958.

Davison W. Phillips, *The Berlin Study in Cold War Politics*, New Jersey: Princeton University Press, 1958.

John Lewis Gaddis, *The Long Peace*, London: Oxford University Press, 1987.

Charles E. Bohlen, *Witness to History, 1929 – 1969*, London: Weidenfeld & Nicolon, 1973.

John Blasing, *The Secretary of Defense and the Partnership for Peace: A Policy for a Safer World*, New York: New York University Press, 1950.

Wichard Woyke, *Foundation and History of NATO, 1948 – 1950*, London: Oxford University, Providence: Berg Publishers, 1993.

North Atlantic Military Committee, "The Strategic Concept for the defense of the Noah Atlantic Area," *The Standing Group to the Transmitting*, October 19, 1949.

State Department, *Cold War 1946*, Washington: Government Printing Office Publishing, 1984.

George Kennan, *American Diplomacy 1900 – 1950*, Chicago: Chicago University Press, 1951.

U. S. Congress, National Security Act of 1947, National Archives and Records Administration, 1947.

McArthur, McArthur's Speech at the Japanese Surrender Ceremony, Spetember 2, 1945, https://www. ximalaya. com/sound/107807364? source = m_jump, finally accessed on: August 20, 2023.

State Department, *Policy toward Japan 1949*, Washington: Government Printing Office Publishing, 1950.

State Department, *Allied with Japan 1948*, Washington: Government Printing Office Publishing, December 30, 1974.

William R. Nester, *Power across the Pacific*, New York: New York University Press, 1996.

State Department, *Peaceful Negotiation in China*, *1946*, Washington: Government Printing Office Publishing, 1972.

Robert H. Ferrelled. , *Off the Record: The Private Papers of Harry S. Truman*, New York: Harper & Brothers Publishing, 1980.

National Security Council, *The Position of the United States with Respect to Asia*, Washington: Government Printing Office Publishing, December 30.

State Department, *East Asia and Pacific Multilateral Relations 1950*, Washington: Government Printing Office Publishing, 1976.

State Department, *East Asia and Pacific Multilateral Relations 1950*, Washington: Government Printing Office Publishing, 1977.

State Department, *Presidential Statement about Korea 1950*, Washington: Government Printing Office Publishing, 1976.

Alan Bullock, *Ernest Bevin: Foreign Secretary*, New York: Norton, 1983.

National Security Council, *Basic National Security Policy 1952 – 1954*, Washington: Government Printing Office Publishing, 1976.

Bennett Kovrig, *Of Walls and Bridges: The United States and Eastern Europe*, New York: New York University Press, 1991.

Waiter L. Hixson, *Putting the Curtain: Propaganda, Culture, and the Cold War, 1945 – 1961*, London: St. Martin, 1997.

State Department, *The Relationship with Soviet Union 1955 – 1957*, Washington: Government Printing Office Publishing, 1989.

John Newhouse, *War and Peace in the Nuclear Age*, New York: Vintage Books, 1988.

Waiter L. Hixson, *Putting the Curtain: Propaganda, Culture, and the Cold*

War, *1945 – 1961*, London: St. Martin, 1997.

H. W. Brands, "The Age of Vulnerability: Eisenhower and the National Insecurity State," *American Historical Review*, Vol. 94, 1989.

Dwight Eisenhower, *The White House Years: Mandate for Change 1953 – 1956*, New York: Doubleday Company, 1963.

Townsend Hoopes, *The Devil and John Foster Dudles*, Boston: The Atlantic Monthly Press, 1973.

Robert Divine, *Eisenhower and the Cold War*, London: Oxford University Press, 1981.

State Department, *The Strategy of Mass Retaliation 1957 – 1961*, Washington: Government Printing Office Publishing, 1984.

Campbell Craig, *Destroying the Village: Eisenhower and Thermonuclear War*, New York: Columbia University Press, 1998.

National Security Council, *Memorandum about the Strategy of Mass Retaliation 1958 – 1960*, Washington: Government Printing Office Publishing, 1996.

State Department, *The Strategy of Mass Retaliation 1957 – 1961*, Washington: Government Printing Office Publishing, 1984.

John Lewis Gaddis, *Russia*, *the Soviet Union and the United States 1781 – 1976*, London: Oxford University Press, 1978.

Douglas Little, *American Orientalism: The United States and the Middle East since 1945*, Chapel Hill: North Carolina University Press, 2002.

Sir Robin Renwick, *Fighting with Allies: America and Britain in Peace and at War*, London: Oxford University Press, 1996.

Anthony Gorst, *Contemporary British History: 1931 – 1961*, London: The Pinter Publisher, 1991.

Michael Michaud, *Reaching for the High Frontier: The American Pro – Space-Movement*, *1972 – 1984*, Westport: Praeger Publishers, 1986.

John M. Logsdon, Exploring the Unknown: Selected Documents in the

History of Civil Space Program, Washington: U. S. National Security Archive SP – 4407, 1995.

U. S. Army, Memorandum for Deputy Chief of Staff, Washington: U. S. Army, December 18, 1952.

National Security Council, *Scientific Satellite Program*, Washington: Government Printing Office Publishing, 1955.

Dwright D Eisenhower, Discussion at the 339th Meeting of the National Security Council, Washington: U. S. National Security Council, October 10, 1957.

State Department, *Out Space Program*, Washington: Government Printing Office Publishing, 1962.

Donald R. Baucom, "Space and Missile Defense," *Joint Force Quarterly*, Winter, 2002.

John F. Kennedy, If the Soviets Union Control Space, They Can Control Earth, Washington: National Archive, October 10, 1960.

Philip Tanbman, *Secret Empire: Eisenhower, the CIA, and the Hidden Story American Space Espionage*, New York: Simon & Schuster, 2003.

State Department, *Indian – China, 1952 – 1954*, Washington: Government Printing Office Publishing, 1984.

Dwight D. Eisenhower, *Public Papers of the President of the United States (1955)*, Washington: Government Printing Office Publishing, 1954.

John Lewis Gaddis, *Strategies of Containment*, London: Oxford University Press, 1982.

State Department, *Documents on American Foreign Relations 1961*, Washington: Government Printing Office Publishing, 1962.

John Fitzgerald Kennedy, The Speech about the National Defense at Congress, Washington: National Archives and Daily Records Congress, March 28, 1961.

John Lewis Gaddis, *Strategies of Containment*, London: Oxford University

Press, 1982.

John F. Kennedy, *The Public Papers of the President of the United States* (*1963*), Washington: Government Printing Office Publishing, 1965.

John Lewis Gaddis, *Strategies of Containment*, London: Oxford University Press, 1982.

William Stiver, *American Confrontation with Revolutionary Change in the Middle East 1948 - 1983*, New York: Palgrave Macmillan, 1986.

Robert J. McMahon, *The Cold War on the Periphery: The United State, India and Pakistan*, New York: Columbia University Press, 1994.

State Department, *South Asia 1961 - 1963*, Washington: Government Printing Office Publishing, 1964.

National Security Council, *Telegram from New Delhi to the Secretary of State*, Washington: Government Printing Office Publishing, 1963.

National Security Council, *Telegram from Moscow to Secretary of State*, Washington: Government Printing Office Publishing, 1964.

National Security Council, *National Security Action Memorandum No. 289*, Washington: Government Printing Office Publishing, 1964.

State Department, *Near East Region Arabian Peninsula*, *1964 - 1968*, Washington: Government Printing Office Publishing, 1964.

RobertJ. McMahon, "U. S. Cold War Strategy in South Asia: Making A Military Commitment to Pakistan, 1947 - 1954," *Journal of American History*, Vol. 13, 1988.

Harold A. Gould and Sumit Ganguly, eds. , *The Hope and the Reality: The United States - Indian Relations from Roosevelt to Reagan*, Denver: Colorado University Press, 1971.

State Department, *Memorandum of Conversation*, *June 1*, *1963*, Washington: Government Printing Office Publishing, 1963.

H. W. Brenda, *The Wages of Globalism: Lyndon Johnson and the Limits of*

American Power, London: Oxford University Press, 1995.

U. S. Department of Defense, "Cleveland to Leddy, November 5, 1966," *National Archive and NATO Files*, 1967.

State Department, *France away from NATO, 1964 – 1968*, Washington: Government Printing Office Publishing, 1971.

U. S. Department of Defense, Bator to LBJ, Telegram, April 11, 1966, National Archive and Chronological Files, 1968.

Lawrence S. Kaplan, *NATO and the United States: The Enduring Alliance*, Boston: Tweyne Publiehers, 1988.

Doris Kearns, *Lyndon Johnson and the American Dream*, New York: Harper & Brothers Publishing, 1999.

Andrew J. Birtle, "Provn, Westmoreland, and the Historians: A Reappraisal," *The Journal of Military History*, Vol. 72, No. 4, 2008.

State Department, *Vietnam 1961 – 1963*, Washington: Government Printing Office Publishing, 1970.

Richard A. Alanson, *American Foreign Policy since the Vietnam War*, Boston: M. E. Sharpe Inc. , 1996.

Anthony O. Edmonds, *The War in Vietnam*, Westport, CT: Greenwood Press, 1998.

John F. Kennedy, *The Public Papers of the Presidents of the United States* (*1963*), Washington: Government Printing Office Publishing, 1965.

Sepence C Herring, *Americas Longest War: The United States and Vietnam, 1950 – 1975*, London: Oxford University Press, 1993.

J. Fendrich, "The Forgotten Movement: The Vietnam Antiwar Movement," *Sociological Inquiry*, Vol. 73, No. 3, 2003.

Henry Kissinger, *Diplomatic*, New York: Simon & Schuster, 1994.

Richard Nixon, *The Public Papers of the Presidents of the United States* (*1971*), Washington: Government Printing Office Publishing, 1971.

Kenneth N. Waltz, *The United States and Western Europe*, Kansas City: Missouri, 1971.

Franz Schurmann, *The Foreign Politics of Richard Nixon: The Grand Design*, San Francisco: University of California. Berkeley, 1978.

State Department, *Soviet Union 1969 – 1976*, Washington: Government Printing Office Publishing, 1977, p. 589.

Stephen Daggett, Costs of Major Wars, Washington: Congress Archive, 2010.

State Department, *Vietnam 1969 – 1973*, Washington: Government Printing Office Publishing, 1975.

Alexander B. Downes, "How Smart and Tough are Democracies? Reassessing Theories of Democratic Victory in War," *International Security*, Vol. 33, No. 4, 2009.

Richard P. Stebbins and Elaine P. Adam, Documents of American Foreign Relations, 1968 – 1969, Washington: State Department, 1972.

State Department, *Diplomatic toward China*, *1969 – 1976*, Washington: Government Printing Office Publishing, 1969.

William J. Perry, "Military Technology: An History Perspective," *Technology in Society*, 2004.

Robert Tomes, The Cold War Offset Strategy: Originsand Relevance, Washington: Annual Report to the Congress for Fiscal, 1977.

Ronald Reagan, Address to the Nation on Defense and National Security, Washington: National Archives, March 23, 1983.

Ronald Reagan, Address in a Joint Session of the Congress on the State of the Union, Washington: National Archives, February 6, 1985.

Charles Willam Maynes, *The Rise and Fall of the Reagan Doctrine*, New Jersey: Transaction Publishers, 1990.

Ronald Reagan, *Address before a Joint Session of the Congress on the State of the*

Union, February 6, 1985.

James M. Scott, *Deciding to Intervene: The Reagan Doctrine and American Foreign Policy*, Durham: Duke University Press, 1996.

Robert D. Schlzinger, *Diplomacy since 1900*, London: Oxford University Press, 1998.

Caspar Weinberger, *Fighting for Peace: Seven Critical Years in the Pentagon*, New York: Warner Books, 1990.

William J. Broad, *Teller's War: The Top Secret Story behind the Star Wars Deception*, New York: Simon & Schuster, 1992.

Paul Lettow, *Ronald Reagan and His Quest to Abolish Nuclear Weapons*, New York: Random House, 2005.

Malcolm Wallop, "Opportunities and Imperatives of Ballistic Missile Defense," *Strategic Review*, Fall, 1979.

Donald Bacon, *The Origins of SDI, 1944 – 1983*, Lawrence: Kansas University Press, 1992.

Philip M. Boffey, eds., *Claiming the Heavens: The New York Times Complete Guide to the Star War Debates*, New York: Times Books, 1988.

Ronald Reagan, *The Reagan Diaries*, New York: Harper Collins Publishers, 2007.

Robert Mc Farlane and Zofia Smardz, *Special Trust*, New York: Cadell & Davies, 1994.

National Security Decision Directive 85, *Eliminating the Threat from Ballistic Missiles*, Washington: Government Printing Office Publishing, March 25, 1983.

Larry Pressler, *Star Wars: The Strategic Defense Initiative Debates in Congress*, New York: Praeger Publishers, 1986.

National Security Decision Directive 116, *Strategic Defense Initiative: Congressional and Allied Consultation*, Washington: Government Printing Office Publishing, 1983.

National Security Decision Directive 119, *Strategic Defense Initiative*, *Congressional and Allied Consultation*, Washington: Government Printing Office Publishing, 1984.

Johnson Freezer, *Space as a Strategic Asset*, Englewood Cliffs: Prentice Hall Inc. , 1980.

Stephen Hadley and Harold Browned, *The Strategic Defense Initiative*, *Shield or Spear?* Boulder: Westview Press, 1987.

State Department, *Telegram from the Central Intelligence Agency to Multiple Recipients*, *March 30*, *1982*, Washington: Government Printing Office Publishing, 2015.

State Department, *Briefing Memorandum from the Assistant Secretary of State for Inter – American Affairs*, *March 29*, *1982*, Washington: Government Printing Office Publishing, 2015.

State Department, *Telegram to the Embassy in Argentina*, *April 1*, *1982*, Washington: Government Printing Office Publishing, 2015.

State Department, *Telegram to the Embassy in the United Kingdom*, *April 1*, *1982*, Washington: Government Printing Office Publishing, 2015.

Weinberger Caspar, *Fighting for Peace: Seven Critical Years in the Pentagon*, New York: Warner Books, 1990.

State Department, *Action Memorandum from the Director of the Bureau of Politic – Military Affairsto the Secretary of State for Political Affairs*, *April 13*, *1982*, Washington: Government Printing Office Publishing, 2015.

State Department, *Message from the Ambassador to Argentina to the Assistant Secretary of State for Inter – American Affairs*, *May 12*, *1982*, Washington: Government Printing Office Publishing, 2015.

State Department, *Telegram to Secretary of State Haig*, *June 19*, *1982*, Washington: Government Printing Office Publishing, 2015.

State Department, *Telegram from Shultz to the Embassy in the United King-*

dom, *September 29*, *1982*, Washington: Government Printing Office Publishing, 2015.

William G. Hyland, *The Reagan Foreign Policy*, Washington: First Meridian Printing, 1987.

Timothy P. Maga, *Hands across the Sea: The United States – Japan Relationship 1961 – 1981*, Ohio: Ohio University Press, 1997.

John Lyman Jr, *Sea Power: 600 Warship Plan*, U S. Naval Institute, 1983.

James D. Watkins, *The Maritime Strategy*, U S. Naval Institute, 1986.

George H. Bush, *The Speech in Texas University*, Washington: National Archives, May 12, 1989.

U. S. Department of Defense, *Conduct of the Persian Gulf War: Final Report*, Washington: Government Printing Office Publishing, 1992.

Anthony H. Cordesman and Abraham R. Wagner, *The Lessons of Modern War: The Gulf War*, Boulder: Westview Press, 1996.

Bill Clinton, The Speech about the United States Diplomatic Policy in San Francisco, Washington: National Archives, February 26, 1999.

The White House, *National Security Strategy of Engagement and Enlargement*, Washington: Government Printing Office Publishing, 1994.

Bill Clinton, *The Speech about the United States Peaceful Action in Globle*, Washington: National Archives, May 2, 1994.

Anthony Lake, "The Speech about the United States and World Peace after Cold War," *Senate Hearing Recording Paper*, March 5, 1996.

Anthony Lake, "From Containment to Enlargement," *Senate Hearing Recording Paper*, September 21, 1993.

Strobe Talbott, *The Russia Hand: A Memory of Presidential Diplomacy*, New York: Random House, 2002.

Ronald Asmus, Richard Kugler and Stephen Larrabee, "Building a New NATO," *Foreign Affairs*, Vol. 72, No. 5, 1993.

James M. Gold and Michael Mc Faul, *Power and Purpose: The United States Policy toward Russia after the Cold War*, Washington: Brookings Institution Press, 2003.

John Borawski, "Partnership for Peace and Beyond," *International Affairs*, Vol. 71, No. 2, 1995.

Warren Christopher, "Senate Hearing: Russian Crisis in the Future," *Senate Hearing Recording Paper*, February 4, 1994.

Strobe Talbott, *The Russia Hand: A Memory of Presidential Diplomacy*, New York: Random House, 2002.

NATO, Joint Declaration in Foreign Ministerial Meeting, Brussels: North Atlantic Council, December 1, 1994.

Bill Clinton, Remarks to the Conference on Security and Cooperation in Europe in Budapest, Washington: National Archives, December 1, 1994.

Warren Christopher, *In the Stream of History: Shaping Foreign Policy for a New Era*, New York: Stanford University, 1995.

The United States Congress, NATO Participation Act Amendments of 1995, National Archives and Records Administration, 1995.

NATO, Joint Declaration in Foreign Ministerial Meeting, Brussels: North Atlantic Council, December 10, 1996.

Ronald Asmus, "Opening NATO's Door: How the Alliances Remade Itself for a New Era," *International Affair*, Spring, 1997.

Madeleine Albright, Prepared Statement before the Senate Armed Services Committee on NATO Enlargement, Washington: State Department, April 23, 1997.

Bill Clinton, *News Conference with President Boris Yeltsin in Helsinki*, March 21, 1993.

Zbigniew Bzrenzingski, "The Premature Partnership," *Foreign Affairs*, Vol. 73, No. 3, 1994.

NATO, Alliance Strategy, Brussels: North Atlantic Council, April 25, 1999.

State Department, *The United States Militant Strategy*, Washington: Government Printing Office Publishing, 1997.

U. S. Joint Chiefs of Staff, 2010 Joint Operation Vision, Washington: The Pentagon, 1996.

U. S. Air Force, 21st Air Force Vision, Washington: The Pentagon, 1996.

U. S. Navy, 2020 Naxy Vision, Washington: The Pentagon, 2000.

State Department, *Quadrennial Defense Review Report 2001*, Washington: Government Printing Office Publishing, September 30, 2001.

The White House, *The National Security Strategy of the United States 2002*, Washington: Government Printing Office Publishing, September 1, 2002.

George W. Bush, The Speech in West Point, Washington: National Archives, June 1, 2002.

The White House, *The National Security Strategy of the United States 2002*, Washington: Government Printing Office Publishing, 2002.

Douglas Kellner, "9/11, Spectacles of Terror, and Media Manipulation: A Critique of Jihadist Bush Media Politics," *Critical Discourse Studies*, Vol. 1, No. 1, 2004.

Bruce Riedel, "Al Qaeda Strikes Back," *Foreign Affairs*, Vol. 86, No. 3, 2007.

George W. Bush, The State of Union, Washington: National Archives, January 31, 2002.

George W. Bush, "The Speech on Iraq and the Middle East Peace Process," *New York Times*, February, 27, 2003.

Colin Powell, The Speech about Partnership in Middle East, Washington: Traditional Foundation, December 13, 2002.

GeorgeW. Bush, Inaugural Speech, Washington: National Archives,

January 20, 2005.

George W. Bush, The State of the Union, Washington: National Archives, January 20, 2004.

State Department, *Militant Transformation Report*, Washington: Government Printing Office Publishing, April 27, 2001.

U. S. Department of Defense, *Four Years Defense Report*, Washington: Government Printing Office Publishing, 2001.

U. S. Department of Defense, *National Defense Report 2002*, Washington: Government Printing Office Publishing, 2002.

U. S. Congress, *2003 Fiscal Year Defense Authorized Act*, Washington: Government Printing Office Publishing, 2002.

George W. Casey, "The Army of the 21st Century," *Army Magazine*, Vol. 59, No. 10, 2009.

U. S. Department of Defense, *Quadrennial Defense Review Report*, Washington: Government Printing Office Publishing, 2006.

Ash Carter, 2017 Defense Posture Statement: Taking the Long View, Investing for the Future, Washington: U. S. Department of Defense, 2016.

U. S. Department of Defense, *Sustaining Global Leadership Priority for 21st Century Defense*, Washington: Government Printing Office Publishing, 2012.

U. S. Joint Chiefs of Staff, The National Military Strategy of the United States 2015, Washington: The Pentagon, June, 2015.

The White House, *National Space Policy of the United States*, Washington: Government Printing Office Publishing, 1994.

Centre for Defense Information, The Bush National Space Policy: Contrasts and Contradictions, Washington: The Pentagon, 2002.

The White House, *National Space Policy of the United States*, Washington: Government Printing Office Publishing, 2006.

Institute of Air and Space Law, Peaceful and Military Uses of Outer Space:

Law and Policy, McGill University, February, 2005.

The White House, *National Space Policy of the United States*, Washington: Government Printing Office Publishing, 2010.

Tener Brinton, "Obama's Proposed Space Weapon Ban Draws and Mixed Response," *International Affair*, February 4, 2009.

The White House, *National Space Policy of the United States*, Washington: Government Printing Office Publishing, 2010.

Barack Hussein Obama, *The Speech about Statement of National Space Policy*, Washington: National Archive, June 28, 2010.

Steven Holland, *White House Defense Space Plan from Astronaut Critics*, Washington: Government Printing Office Publishing, 2010.

Barack Hussein Obama, The Speech about Space Exploration in the 21st Century, Washington: National Archive, April 15, 2010.

U. S. Department of Defense, *Long Range Research and Development Plan Request for Information*, Washington: Government Printing Office Publishing, December 3, 2014.

U. S. Department of Defense, Military Robotics: The Future of War, Washington: The Pentagon, February 2, 2018.

Robert O. Work and Shawn Brimley, 20YY: Preparing for War in the Robotic Age, Washington: The Pentagon, January, 2014.

Chuck Hagel, Defense Innovation Days Opening Keynote, Washington: The Pentagon, September 3, 2014.

The White House, *A National Security Strategy in Global Age*, Washington: Government Printing Office Publishing, 2000.

The White House, *A National Security Strategy in Cyber Space*, Washington: Government Printing Office Publishing, 2003.

James R. Clapper, Worldwide Threat Assessment of the US Intelligent Community, Washington: The Pentagon, February 9, 2016.

U. S. Department of Defense, *Strategyfor Operating in Cyberspace*, Washington: Government Printing Office Publishing, 2011.

U. S. Department of Defense, *The DOD Cyber Strategy*, Washington: Government Printing Office Publishing, 2015.

U. S. Department of Defense, *Summary of the 2018 National Defense Strategy*, Washington: Government Printing Office Publishing, 2018.

Tim Kaine, "A New Truman Doctrine: Grand Strategy in a Hyperconnected World," *Foreign Affairs*, Vol. 96, No. 4, July/August, 2017.

Friedbert Pfluger, "Human Rights Unbound: Carter's Human Rights Policy Reassessed," *Presidential Studies Quarterly*, Fall1, 1989.

Rex W. Tillerson, "Remarks on Defining Our Relationship with India for the Next Century," *New York Times*, October 18, 2017.

The White House, *A New National Security Strategy for a New Era*, Washington: Government Printing Office Publishing, 2017.

U. S. Department of Defense, *Summary of the 2018 National Defense Strategy*, Washington: Government Printing Office Publishing, 2018.

James N. Mattis, Remarks at the United States Indo – Pacific Command Change of Command Ceremony, Washington: The Pentagon, May 30, 2018.

Donald Trump, "Highlights of Reuters Interview with Trump", *Fox News*, May 19, 2017.

Donald Trump, The Remarks as Signing an Executive Order on the National Space Council, Washington: National Archives, June 30, 2017.

Scott Pace, Final for Delivery and Public Distribution Embargoed before Delivery of Remarks, Washington: National Archives, December 13, 2017.

Space Center, UCS Satellite Database, Washington: The Pentagon, December, 2018.

Office of the Director of National Intelligence, *The National Intelligence Strategy of the United States*, Washington: Government Printing Office Publishing, 2019.

Intelligence Agency, Challenges to Security in Space, Washington: The Pentagon, February, 2019.

U. S. Congress, Defense Authorization Act of 2020, National Archives and Records Administration, 2019.

Joint Chiefs of Staff, Space Operations: Joint Publication 3 – 14, Washington: The Pentagon, April 10, 2018.

Fox News, "Highlights of Reuters Interview with Trump," *Fox News*, May 19, 2017.

The United States Government Accountability Office, *Nuclear Weapons Sustainment: Fiscal Year 2018 Nuclear Forces Budget Estimates*, Washington: Government Printing Office Publishing, 2017.

U. S. Department of Defense, *The Nuclear Posture Review*, Washington: Government Printing Office Publishing, 2018.

U. S. Department of Defense, *Threats to Nuclear Stability—Not so MAD*, Washington: Government Printing Office Publishing, 2018.

U. S. Department of Defense, *The Nuclear Posture Review*, Washington: Government Printing Office Publishing, 2018.

Brian Rose, *Rethinking Approaches to Strategic Stability in the 21st Century*, Washington: Institute of Center for Global Security, February, 2017.

Colin Gray, *Maintaining Effective Deterrence*, Washington: Army War College Strategic Studies Institute, August, 2003.

U. S. Department of Defense, *DOD Initiates Process to Elevate U. S. Cyber Command to Unified Combatant Command*, Washington: Government Printing Office Publishing, 2017.

Kurt Wiener, *Woodrow Wilson and World Order*, Chapel Hill: The University of North Carolina Press, 1980.

Richard Bensel, *Sectionalism and American Political Development, 1880 –*

1980, Madison: Wisconsin University Press, 1984.

Robert Kagan, *The World America Made*, New York: Knopf, 2012.

Gorge Silauen, *U. S. Geopolitical Strategy 1890 – 1987*, Susax: Vitsheef Capmany, 1988.

Robert M. Gates, Remarks at the Navy League Sea – Air – Space Exposition, Washington: The Pentagon Washington: The Pentagon, May 3, 2010.

R. B. Watts, "The End of Sea Power," *Proceedings Magazine*, Vol. 135, No. 9, September 1, 2009.

The US Sea Services (Navy, Marines, Coast Guard), A Cooperative Strategy for 21st Century Seapower, Washington: The Pentagon, March, 2015.

U. S. Department of Defense, *Freedom of Navigation (FON) Program 2019*, Washington: Government Printing Office Publishing, 2020.

Kevin Rowlands, "Decided Preponderance at Sea: Naval Diplomacy in Strategic Thought," *Naval War College Review*, Vol. 65, No. 4, 2012.

Lioyd E. Ambrosius, *Wilsonian Statecraft: Theory and Practice of Liberal Internationalism during World War I*, Wilmington: Scholarly Resources Inc. , 1991.

Jack Goldsmith, General Cartwright on Offensive Cyber Weapons and Deterrence, Washington: U. S. Department of Defense, November 8, 2011.

Jonathan D. Caverley, "The Myth of Military Myopia: Democracy, Small Wars, and Vietnam," *International Security*, Vol. 34, No. 3, 2010.

U. S. Department of Defense, *Military Transformation and Changable War*, Washington: Government Printing Office Publishing, 2004.

U. S. Department of Defense, *Quadrennial Defense Review Report*, Washington: Government Printing Office Publishing, 2006.

图书在版编目（CIP）数据

美国百年全球战略：第一次世界大战以来美国全球
霸权的历史演进／窦国庆著．-- 北京：社会科学文献
出版社，2024.1
　　ISBN 978 - 7 - 5228 - 1910 - 5

　　Ⅰ.①美…　Ⅱ.①窦…　Ⅲ.①国家战略 - 全球战略 -
研究 - 美国　Ⅳ.①D771.2

中国国家版本馆 CIP 数据核字（2023）第 105236 号

美国百年全球战略
——第一次世界大战以来美国全球霸权的历史演进

著　　者／窦国庆

出 版 人／冀祥德
责任编辑／赵怀英　王玉敏
文稿编辑／王亚楠
责任印制／王京美

出　　版／社会科学文献出版社·联合出版中心（010）59367153
　　　　　　地址：北京市北三环中路甲 29 号院华龙大厦　邮编：100029
　　　　　　网址：www. ssap. com. cn
发　　行／社会科学文献出版社（010）59367028
印　　装／北京盛通印刷股份有限公司

规　　格／开　本：787mm×1092mm　1/16
　　　　　　印　张：22.5　字　数：334 千字
版　　次／2024 年 1 月第 1 版　2024 年 1 月第 1 次印刷
书　　号／ISBN 978 - 7 - 5228 - 1910 - 5
定　　价／89.00 元

读者服务电话：4008918866